한국 민주주의와 언론의 자유

문소영 · 문재완 · 박용상 · 박진우
원우현 · 지성우 · 황성기

法 文 社

발 간 사

　본서는 지난해(2022년) 9월 27일 한국프레스센터에서 유기천교수기념사업출판재단이 주최한 제18회 심포지엄 "한국 민주주의와 언론"을 최종적으로 정리 편집한 결과물입니다. 발표와 토론의 요약문은 「월송회보」 제17호(2022)에 실린 바 있는데, 본서는 발표문과 토론문들을 수정·보완하여 최종적으로 단행본 연구서로 출판하는 것입니다.

　본 재단이 언론문제에 관하여 학술심포지엄을 갖자는 논의는 오래전부터 있었는데, 알고 보면 특별한 이유가 있습니다. 대체로 칠순을 넘긴 분들은 아직도 기억하시겠지만, 월송께서는 1960년대 한국의 사회와 대학이 소용돌이치는 때에 언론의 무책임한 보도에 부딪히며 피해자로 사셨고, 미국으로 망명하신 후 마지막 병석에서도 언론의 실상과 문제점을 분석한 책을 읽다가 작고하셨습니다.

　비단 이러한 개인적 차원에서만이 아니라, 한국 사회의 자유민주주의적 발전을 위하여 언론의 역할과 책임이 중요하다는 것은 주지의 사실입니다. 그러면서도 언론도 선문분야가 되다 보니 일반인으로서는 그 내막과 대책을 잘 모르는 것이 사실입니다. 언론은 입법, 사법, 행정에 이어 '제4의 권력'이라 불리기도 합니다. 언론은 여론을 조작하고 사람들의 행동을 강제할 수 있는 또 하나의 권력기관입니다. 그러니 정치권력은 늘 언론을 장악하려 합니다. 그래서 언론을 바르게 비판적 시각으로 바라보는 것이 말처럼 쉬운 일은 아닌 것 같습니다. 감시자는 누가 감시하는가? 언론을 담당하고 있는 언론인의 자질은 어떻게 확보되는가? 궁금한 것이 한두 가지가 아닙니다.

저는 일본에 갈 때마다 일본 신문은 1면 하단이 거의 전부 책광고로 채워져 있는 것을 봅니다. 이에 비해 한국 신문들은 대기업들의 전면 광고를 많이 싣고 책광고는 거의 보기 힘듭니다. 견물생심(見物生心)이라고, 이러한 상태에서 독서도 하지 않으면서 노벨문학상을 바랄 수 있을까요? 영국 로이터저널리즘연구소의 세계언론 신뢰도 조사에서 한국은 수년째 40위 꼴찌에 가깝다고 합니다. 기술과 경영이 부실해서일까요? 언론인들의 윤리와 책임성에 문제가 있는 것일까요? 언제쯤 우리는 언론을 신뢰하고 깨끗하고 공정한 정신적 분위기 속에서 살 수 있을까요? 이러한 질문은 새롭게 자유민주주의의 건설을 지향하는 현 정국에서도 깊이 숙고하고 실천해야 할 당면과제임은 말할 필요가 없습니다.

이번 심포지엄에 서울대 법대를 졸업하고 다년간 언론법을 연구하신 발표자와 토론자를 포함하여 각 언론 분야의 전문가도 참여하여 바른 진단과 처방, 고견을 제시해주셨으리라 믿습니다. 또한 이런 문제에 대해 지속적으로 관심을 갖고 연구해 나가기를 희망하시는 분이 계시면 본 재단은 가능한 범위에서 지속적으로 최대한 도움을 드리도록 하겠습니다.

심포지엄 발의에서부터 본서가 나오기까지 면밀하게 참여 노력하신 재단 관계자들과 법문사에 깊이 감사드립니다.

2023년 11월 4일
(재)유기천교수기념사업출판재단
이사장 최 종 고

차 례

1. 민주주의와 언론의 자유 (박용상) ···································· 1

 Ⅰ. 언론중재법 개정 – 징벌적 손해배상제도 ···················· 3
 Ⅱ. 언론중재법 개정 – 디지털 피해구제제도 신설 ·················· 5
 Ⅲ. 정보통신망법에 의한 피해구제절차 ······················ 10
 Ⅳ. 방송통신심의위원회 명예훼손분쟁조정부의 조정 절차 ·········· 13
 Ⅴ. 피의사실 공표와 수사공보지침 ·························· 16
 Ⅵ. 검토 및 비판 ·································· 19

2. 한국 민주주의와 언론 (박진우) ······························ 27

 Ⅰ. 들어가며 ·································· 29
 Ⅱ. 민주주의와 언론의 자유 ····························· 30
 Ⅲ. 여론의 다양성 확보 차원에서 최근 문제되는 사안 ·············· 40
 Ⅳ. 권력에 대한 비판과 감시 측면에서 최근 문제되는 사안 ········· 55
 Ⅴ. 나오며 ····································· 88

[토론문]
한국 민주주의와 언론 (지성우) ····························· 92

3. 한국 민주주의와 인터넷미디어 (문재완) ···························· 99

    Ⅰ. 한국 민주주의 위기의 원인 ································ 101

    Ⅱ. 민주주의와 언론의 자유 ································· 103

    Ⅲ. 인터넷과 언론의 자유 ··································· 118

    Ⅳ. 인터넷 공론장의 회복 ··································· 134

[토론문]

한국 민주주의와 인터넷미디어 (황성기) ······················· 153

4. 종합토론문 ·· 161

[종합토론문]

한국 민주주의와 언론 (원우현) ······························· 163

[종합토론문]

한국 민주주의와 언론 (문소영) ······························· 168

5. 명예훼손의 위법성 조각사유에 관한 반성적 고찰 (박용상) ········· 173

서 언 ··· 175

제1부 명예훼손의 위법성 조각사유 및 개선점 ················· 177

    Ⅰ. 한국 법제상 위법성 조각사유 개관 ······················ 177

    Ⅱ. 정당한 이익 보호의 항변 - 개인 간의 비공적 사항에 관한

       명예훼손 ··· 201

    Ⅲ. 언론의 공익보도 항변 ··································· 219

제 2 부 위법성 논의와 명예훼손죄 폐지 논쟁 ························· 253

Ⅰ. 서 론 ··· 253
Ⅱ. 비교법적 고찰 ·· 255
Ⅲ. 쟁점 ─ 논거와 비판 ·· 261
Ⅳ. 결 론 ··· 319

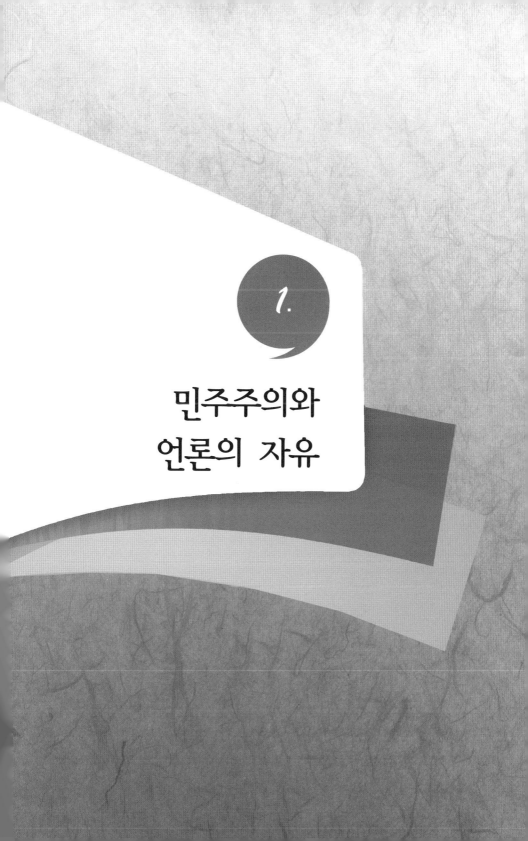

1.

민주주의와
언론의 자유

[기조발제]

민주주의와 언론의 자유

박 용 상(변호사)

최근 몇 년간 한국에서 언론의 자유에 관한 논의를 보면 크게 보아 언론의 자유를 긍정적 입장에서 이를 촉진하거나, 아니면 부정적 입장에서 이를 제한하려는 움직임과 그에 대한 반대 논의가 거세게 대립하는 양상을 보여 왔다.

논란된 대표적 문제는 언론 관계법의 개정에 관한 것으로서 첫째 명예훼손에서 징벌적 손해배상제도를 도입하려는 시도와 디지털 시대 언론 피해구제제도의 도입, 둘째 사실적시 명예훼손죄를 폐지하자는 주장에 관한 논란, 셋째 피의사실공표를 위요한 수사공보제도의 개선에 관한 논의를 꼽을 수 있을 것이다.

Ⅰ 언론중재법 개정 – 징벌적 손해배상제도

2021년 문재인 정부의 집권 다수당인 민주당은 언론개혁의 이름 하에 피해구제의 실효성을 높이기 위해 이른바 징벌적 손해배상제를 도입하는 언론중재법 개정안을 제안하였다. 개정안의 핵심은 고의 또는 중과실에 의한 허위·조작보도를 행한 가해자에 대해 가중된 손해배상(이른바 징벌적 손해배상) 책임을 부과하자는 것이다.

우리 명예훼손법제에서 징벌적 배상 제도의 도입 여부는 오랜 논의의 과제였다. 이것은 우리 불법행위 법제의 기본에 관련되면서 명예훼손제도의 근간에 관한 문제였다. 민주당은 언론에 의한 피해 구제의 실효성을 높이기 위한다는 명분을 내걸었지만, 정작 이를 실현하기 위해 제시된 개정안에 대하여는 여러 비판이 제기되었다.

개정안은 고의 또는 중과실에 의한 허위·조작보도라는 새로운 구성요건을 규정하면서 그에 대한 법률효과로서 5배 이내의 징벌적 손해배상제를 도입하고, 고의 중과실을 추정하는 요건으로서 허위·조작보도를 보복적이거나 반복적으로 한 경우, 정정보도·추후보도가 된 해당 기사를 충분한 검증절차 없이 복제·인용한 경우, 기사의 내용과 다른 제목·시각자료를 조합하여 기사내용을 왜곡해서 보도하는 경우 등 세 가지를 제시하였다.

나아가, 위와 같은 가중된 법률효과에 따른 언론보도의 위축효과를 완화하기 위한 예외 규정으로 이른바 공인은 이 청구권을 주장할 수 없다고 하여 청구권의 주체를 제한하면서, 공직자윤리법 상의 고위 공직자이거나 공공기관의 임원 외에 그 후보자를 포함시키고 있다. 또 보도 사항의 내용이 공익신고자보호법상의 공익침해행위에 관한 보도, 부정청탁 금지법상의 금지행위에 관한 보도, 이에 준하는 공적 관심사항으로서 언론의 사회적 책임 수행에 필요하다고 인정되는 보도에는 징벌적 배상을 적용하지 않도록 하였다.

허위 조작보도의 요건과 언론사 등의 고의·중과실 추정조항에 관하여는 명확성 원칙에 반하고 언론의 공익 사항에 관한 보도 비판을 위축시킬 우려가 있다는 비판이 제기되었고, 이러한 비판은 학계 및 언론계의 공감을 얻은 것으로 보인다.

그러나 징벌적 배상제도의 도입 자체가 위헌인가 여부를 논하기보다는 입법정책적 입장에서 이 제도를 어떠한 요건과 효과를 가진 것으로 디자인할 것인가가 더 문제라고 생각한다. 그리고 사회적 합의를 모아 이를 도입하는 경우에도 그 시행상의 시행착오를 피하기 위해 신중하고 세심한 토론과 숙의를 거쳐야 할 것이다. 필요한 제도로 논의되어 왔다 하더라도 그 배후에 정치적 이해관계가 드러난다면 제도 본연의 의미가 퇴색될 수밖에 없다.

Ⅱ 언론중재법 개정 – 디지털 피해구제제도 신설

오히려 언론중재법 개정과 관련하여 더욱 중요한 것은 디지털 시대에 언론 보도로 인한 개인법익 침해에 대해 적합하고 효과적인 구제제도를 마련하는 것이다. 디지털 시대에 걸맞는 피해구제제도를 만들어 실행하는 일이 더 시급한 것이다.

기존 언론중재법은 아날로그 시대에 오프라인 미디어를 염두에 두고 제정된 것이어서 디지털의 시대의 언론 피해구제에는 무력할 수밖에 없다. 예를 들어, 기존의 정정보도 및 반론보도 등 청구권에 의한 구제는 인용되는 경우에도 한 차례의 정정 또는 반론을 게재·방송함으로써 끝날 뿐, 온라인에 존재하는 위법성이 확인된 침해 기사는 그 존재를 유지하게 되고(손해배상이 명해진 기사의 경우에도 마찬가지다), 포털 등의 검색 서비스에 의해 언제나 검색될 수 있어 피해를 지속시킬 수 있다. 언론중재위원회는 2015년 디지털미디어 시대에 걸맞는 언론 피해구제제도를 마련하기 위해 디지털미디어 특성을 반영한 언론중재법 개정안을 마련한 바 있다. 2016. 10. 28. 국민의힘 의원 등 10인 의원의 발의로 언론중재 및 피해구제 등에 관한 법률 일부개정법률안이 성립 제출되었으나, 동 개정안은 20대 국회가 종료됨으로써 폐기되었다.

그 개정안의 골자는 ① 인격권에 기한 방해배제청구권을 명문화하여 정보통신망에 의한 인격권 침해 표현행위의 피해구제를 위해 적용힐 수 있도록 하고, ② 인터넷 보도 기사에 대한 댓글의 인격권 기타 권리침해행위의 구제방안, 그리고 ③ 중재위와 법원에서 구제가 확정된 기사와 동일한 내용이 정보통신망에 확산되는 경우 구제방안에 관해 ④ 언론중재위원회에 조정·중재를 신청하여 구제받을 수 있는 절차를 명문화하는 데 있었다.

우선 위법한 침해적 보도 기사가 온라인에 존속할 뿐 아니라 이를 퍼가 전파하는 행위가 손쉽게 이루어진다면 그 피해를 배가시킬 뿐 아니라 그러한 동일한 내용의 펌글 등이 계속 검색될 수 없도록 하지 않으면 진정한 구제가 이루어진 것으로 볼 수 없다.

따라서 언론중재위원회의 조정결정 또는 법원 재판 등에 의해 기사의 삭제 및 정정이 확정된 경우 피해자는 원기사를 복제·전파한 자를 상대로 그 취지에 맞도록 삭제·정정하도록 요구할 수 있고, 그 복제·전파기사가 소재하는 사이트(블로그, 카페, 게시판 등)를 관리하는 자에 대해 그 취지에 따라 삭제 또는 차단 등 필요한 조치를 취할 것을 청구할 수 있게 하는 방안이 필요하고 이를 중재위원회에서 다루게 하는 것이 합리적이라고 생각된다.

그뿐 아니라 피해자는 포털 등 검색 사업자에 대해 위법성이 확인된 침해적 기사를 검색에서 제외되도록 청구할 수 있어야 할 것이다. 그리고 해당 보도 중 일부만이 위법한 경우 및 원 기사에 대해 정정 또는 추후보도가 명해진 경우에는 보완수정 또는 추가보충에 의해 업데이트된 내용만이 검색되도록 하여야 하고(정정 또는 추후보도가 명해진 경우에는 원 기사에 그 수정된 내용을 설명하여 첨부하거나 링크에 의한 참조의 방법이 구사될 수 있음), 업데이트되지 않은 원 기사나 그와 동일한 내용의 펌기사 등은 검색에서 제외되도록 하는 조치가 법률에 명시되어야 할 것이다.

1. 기사 열람차단청구권

이러한 취지에서 위법한 침해적 기사의 삭제 및 열람 차단청구는 필요한 것이지만, 민주당의 개정안에서는 그러한 취지가 충분히 이해되도록 작성되지 않아 불필요한 위헌 논란을 자초하고 있다.

2. 기사 댓글

기사 댓글에 의한 피해가 널리 인식되고 있음에도 위법한 침해적 댓글에 대한 합리적 구제절차는 마련되지 않고 있다. 언론사 등은 자율적으로 위법한 침해적 댓글에 대처하는 노력을 기울이고 있으나, 그것이 미진한 경우 피해자는 위법한 침해 댓글에 대해서는 댓글시스템을 설치하고 관리·운영하는 인터넷 신문 및 인터넷뉴스서비스사업자를 상대로 중재위에 구제 청구권을 행사할 수 있게 해야 한다. 이 경우 그 작성자가 언론사인 온라인 기사에 대한 불만이면 언론중재위의 관할이지만, 그 기사 댓글은 독자들이 작성한 것이어서 이를 위원회가 함께 다룰 수 있는지 의문이 제기될 수 있다.[1]

그러나 인터넷 기사의 댓글(comment)은 게시자 개인들의 표현행위(이른바 이용자생성콘텐트, user-generated content, UGC)이지만, 그것은 인터넷 언론이 설정한 의제에 관해 독자들의 의견을 제시하는 것이기 때문에 당해 미디어의 저널리즘 활동의 일부를 이루는 것이고,[2] 이러한 UGC도 언론사 사이트에 게시되면 그 언론사의 기사와 같은 파급력을 갖게 된다. 나아가 인터넷 기사의 댓글 시스템의 설치·운영·

---

[1] 이 경우 피해자는 정보통신망법에 따라 개개 댓글 게시자를 상대로 방송통신심의위원회에 분쟁조정을 신청할 수밖에 없을 것이나 이것은 후술하는 바와 같이 심히 불편하고 불합리한 것이다.

[2] 새로운 유형의 상호작용적·쌍방향적 미디어의 개념, 유럽인권재판소 2013. 10. 10. Delfi v. Estonia 판결 및 동 사건의 2015. 6. 16. 대심판부 판결 참조.

관리는 인터넷 언론사가 행하는 것이며, 거기에 타인의 권리를 침해하는 이용자의 댓글을 제거하지 않은 인터넷 언론사는 게시자와 함께 손해배상책임을 부담하게 된다.[3] 그리고 댓글의 위법성 여부는 해당 기사의 위법성 여부 판단과 밀접하게 관련되어 있기 때문에 관련 기사의 위법성 여부를 심리한 중재위가 댓글의 위법성 여부를 판단하게 하는 것이 경제상·실무상 효율적이고 합리적이다. 따라서 인터넷 언론 기사에 관한 분쟁을 관할하는 언론중재위원회에 그에 관한 조정 중재 관할을 부여하여 일괄적 해결을 도모하는 것이 바람직한 것이다.

3. 펌글의 처리

또 인터넷 보도 기사가 확산·전파되는 펌글에 의한 피해는 막중함에도 이를 구제할 방법이 없었다. 언론중재위원회는 개정안으로 인터넷 상 침해적 보도에 수반하여 또는 그것이 확산·전파되어 피해가 확대되는 것을 방지하기 위하여, 중재위 또는 법원이 심리한 또는 심리 대상 사건의 침해적 보도와 동일한 내용이 인터넷에 확산되는 경우(이른바 펌글) 이에 대한 피해자의 구제 청구를 중재위가 함께 관할할 수 있게 하여 일괄적 구제가 가능하게 하고 있다.

이렇게 중재위 개정안에 의하면 인터넷 언론 기사나 그 댓글 및 복제·전파물은 헌법상 언론(미디어)의 자유의 영역에 속하는 것이기 때문에, 그 위법성 판단 및 규제 여부를 정보통신사업자 등의 임의적 규제(임시조치)에서 제외시키고, 언론보도에 관한 분쟁 처리 관할권을 갖는 중재위에 일원화하여 피해자의 편의를 도모하고 언론의 자유에 기여하게 될 것이다. 인터넷 시대에 인터넷 기사는 쉽게 전파·복제되고 그 침해적 효과가 엄청나게 증가하고 있어 그 구제책을 강화할 필요

---

3) 대법원 2009. 4. 16. 선고 2008다53812 판결 및 위 유럽인권재판소 Delfi 판결 참조.

성이 부인될 수 없고, 피해자의 입장에서 보면 언론보도 및 그와 관련한 피해를 원스톱서비스에 의해 구제받을 수 있게 된다. 또 정보통신사업자, 사이트 운영자 또는 포털들의 입장에서 보더라도, 이 부문에 관해서는 법적 판단의 부담과 그 오류로 인한 책임부담에서 해방되게되므로(개정안 제18조의2 제7항 참조) 개정안은 이들을 위해서도 유리한 것이라고 생각된다.

4. 1인 미디어에 의한 피해 구제

현행법에 의하면, 실제로 인터넷 언론 매체의 기능을 수행하면서 발행되고 있음에도 불구하고, 전기통신사업법상 부가통신사업자가 아닌 자 또는 인터넷 신문 사업자로 등록하지 아니한 주체가 발행하는 보도(유사뉴스서비스 전자간행물)에 대해서는 그에 의해 권리를 침해당한 국민이 구제를 위해 중재위에 조정·중재를 신청할 수 없다.

발전과 혁신을 거듭하는 정보통신 기술의 변화에 비추어 애플리케이션에 의한 모바일 뉴스서비스, 뉴스 큐레이션 서비스, 뉴스 펀딩 서비스, SNS에 의한 뉴스서비스 등 새로운 형태의 상호작용적, 쌍방향 저널리즘에 의한 뉴스서비스가 인격권을 침해하는 경우 간편 신속한 언론중재위의 절차를 이용할 수 없지만, 이러한 피해구제의 사각지대를 없애기 위해 중재위원회가 이들의 특성과 기능을 심의하여 본법의 구제절차를 적용할 수 있도록 하는 조치가 필요하다.

중재위원회의 개정안은 동법이 적용되지 않는 간행물로서 인터넷 신문이나 인터넷 뉴스서비스의 기사 또는 시사에 관한 정보·논평 및 여론을 이동통신서비스 기타 방식에 의해 계속적·상시적으로 일반에게 제공하는 전자간행물("유사 뉴스서비스 전자 간행물")에 의해 피해받았다고 주장하는 자의 구제신청을 접수 처리할 수 있도록 규정을 신설하고 있다.

Ⅲ 정보통신망법에 의한 피해구제절차

한편, 언론이 아닌 주체(개인이나 법인)가 게시한 온라인 정보에 의해 발생한 피해를 구제받기 위하여는 정보통신망법이 정하는 절차에 따르게 되어 있다. 이 경우 현행법제는 디지털 커뮤니케이션의 특성을 살린 피해 구제 절차를 마련하지 못하고 있다.

1. 임시조치 제도의 흠결

현행 정보통신망법은 이용자는 사생활의 침해 또는 명예훼손 등 타인의 권리를 침해하는 정보를 정보통신망에 유통시켜서는 아니되고, 정보통신서비스제공자는 자신이 운영·관리하는 정보통신망에 위와 같은 정보가 유통되지 아니하도록 노력하여야 한다고 규정하는 동시에(동법 제44조 제1항, 제2항[4]), 사생활 침해나 명예훼손 등 피해자는 해당 정보를 취급한 정보통신서비스 제공자에게 침해사실을 소명하여 그 정보의 삭제 또는 반박내용의 게재를 요청할 수 있고(제44조의2 제1항), 그에 대하여 사업자는 지체 없이 삭제·임시조치 등 필요한 조치를 할 의무를 부과하고 있다(동조 제2항). 여기서 사업자가 행해야 할 구제조치로서는 피해자의 요청에 따라 ① 삭제 ② 임시조치[5] ③ 반박내용의 게재 등이 규정되어 있고, 그 밖에 피해자의 요청이 없는

---

4) 이 규정이 ISP에게 일반적 모니터링의무를 부과하거나 이러한 의무의 해태가 ISP의 불법행위의 근거로 보아서는 안 될 것이다. 그러한 의무의 부과는 고지에 따라 침해 자료를 제거한 ISP에게 면책을 부여하는 면책조항과 부합할 수 없기 때문이다. 세계적 조류에도 부합하지 않는다.

5) '임시조치'는 피해자에 의한 정보의 삭제요청에도 불구하고 법률상 이익 침해 여부를 판단하기 어렵거나 이해당사자 간에 다툼이 예상되는 경우에 임시적으로 30일간 접근을 차단하는 것으로 규정되고 있다(제44조의2 제4항).

경우에도 ④ 임의의 임시조치(제44조의3)를 할 수 있는 것으로 규정되고 있다.

이상 삭제 및 임시조치 제도는 인터넷 서비스 사업자가 피해자의 요청에 따라 제3자가 작성·게재한 법익 침해 정보의 삭제 등 조치를 취할 의무(고지 및 제거 체제, notice and take-down regime)를 법으로 규정하였다는 점에서 사업자의 자율규제를 법적으로 수용한 것이며, 정부가 행할 규제를 사업자로 하여금 대행케 한 것이라고 볼 수 있다.[6] 인터넷상의 위법행위는 정보통신서비스에 의해 그 서비스 플랫폼에서 이루어지는 것이어서 그에 대한 단속 역시 정보통신서비스 제공자 자신이 실행할 수밖에 없는 일이고, 그로 하여금 규제를 대행하게 하는 것이 가장 효율적이고 합리적이라는 점에서 이러한 자율 및 공동규제 프레임은 여러 국가에서 법제화되고 있다.[7][8]

이렇게 정부가 행할 규제를 사업자에게 맡겨 대행하게 하는 경우 정부는 이러한 사업자의 자율규제가 제대로 기능하도록 입법적 배려를 해야 한다. 즉, 입법자는 사업자에 의한 자율규제를 뒷받침하고 이를 고무하기 위해 사업자가 위법적 정보를 제거하는 절차와 요건을 분명히 법으로 정함과 동시에 그러한 조치를 취한 사업자의 면책을 보장하는 조치가 필요한 것이다.[9] 여기서 기본적인 것은 온라인 위법

---

6) 현행 정보통신망법이 규정한 임시조치 제도의 유래를 보면, 이것은 인터넷 등장 초기부터 인터넷 서비스 사업자(ISP)가 자신의 서비스 내에 유통되는 불법 정보의 단속을 위해 약관에 의해 자율적으로 시행해 온 관행으로서 서비스 플랫폼인 ISP가 동시에 규제 플랫폼으로 역할할 수 있다는 점에 착안하여 법이 이를 수용하게 된 것이라고 할 수 있다.

7) 미국의 DMCA와 유럽연합의 전자상거래 지침의 고지 및 제거조치(notice and take down regime) 참조.

8) 인터넷상의 내용 규제는 기존의 공권력에 의한 일방적 규율에만 의존할 수 없고, 인터넷 관계 참여자, 특히 인터넷 서비스 사업자의 자율규제와 협력이 불가 피하기 때문에 이를 법적으로 수용하면서 공권력에 의해 그 흠결을 보완하는 공동규제의 형태가 바람직하며, 이러한 공동규제 체제가 제국에서 일반화되고 있는 경향이다.

행위를 방지할 필요성과 인터넷의 자유로운 정보유통 간에 적절한 균형이 취해져야 한다는 점이다.[10]

2. 복원청구절차의 신설 필요성

정보통신망법의 임시조치 제도는 그 시행 후 피해를 당했다고 주장하는 사람들의 일방적 의견만을 받아들여 게시물을 차단함으로써 온라인 상 표현의 자유를 침해하고, 특히 권력이나 부를 가진 사람들이 사회적 비판을 억제하는 수단으로 남용되고 있으며, 사법권 아닌 행정기관에 위법성 여부를 판단시킨다는 점에서 위헌이라는 논란이 이어져 왔다. 더욱이 현행 정보통신망법의 삭제 및 임시조치제도에는 피해자 측이 구제를 받기 위해 취해야 할 요건이나 절차에 관한 사항만을 규정할 뿐, 삭제 또는 차단되는 정보를 게시한 표현행위자가 서비스사업자에게 이의하여 이를 복원할 수 있는 절차에 관하여는 아무 규정이 없다. 이 때문에 동 조항은 인터넷 표현행위자의 표현의 자유를 침해한다는 비판이 제기되어 왔고, 그 비판은 법적으로 정당한 것이었다. 미국 저작권법(DMCA)이 상세히 규정하는 바와 같이 이 단계에서부터 게시자에게 반대신청의 기회를 부여하고 서비스사업자에 의한 복원절차(take-down and put-back regime)를 규정할 필요가 있다고 생각된다.

그러나 헌법재판소는 2012년 이를 임시조치 등 제도를 규정한 조항을 합헌으로 판단하면서 "이 사건 법률조항은 사생활을 침해하거나 명예를 훼손하는 등 타인의 권리를 침해하는 정보가 정보통신망을 통

---

9) 제44조의2(정보의 삭제요청 등) 제5항은 "정보통신서비스 제공자는 필요한 조치에 관한 내용·절차 등을 미리 약관에 구체적으로 밝혀야 한다"고만 규정할 뿐 그 구체적 내용을 지시하고 있지 않다.

10) Assaf Hamdani, WHO'S LIABLE FOR CYBERWRONGS? 87 CNLLR(Cornell Law Review, May, 2002), p. 956.

해 무분별하게 유통되는 것을 방지하기 위하여 권리침해 주장자의 삭제요청과 침해사실에 대한 소명에 의하여 정보통신서비스 제공자로 하여금 임시조치를 취하도록 함으로써 정보의 유통 및 확산을 일시적으로 차단하려는 것이므로, 그 입법목적이 정당하고 수단 또한 적절하다."고 판시하였다.[11]

나아가 헌재는 "위와 같이 임시조치가 이루어진 이후에 정보게재자가 이의를 제기하면서 '재게시청구'를 해 올 경우 정보통신서비스 제공자가 어떠한 조치를 취해야 하는지, 최장 30일의 임시조치 기간이 지난 후에는 해당 정보에 대해서 어떠한 조치를 취해야 하는지 등에 관해서는 이 사건 법률조항이 명확하게 규율하지 않고 있는바, 이 부분은 정보통신서비스 제공자와 이용자들 사이의 자율에 맡겨져 있다" 고 판시하여 국가입법권의 해태를 묵인하고 있다. 또 이러한 무관심 때문에 정부를 대신하여 온라인상 불법행위를 단속하면서 차단 및 제거를 이행한 ISP의 면책의 요건 및 효과에 관하여도 명확한 기준을 제시하지 못하여 인터넷 커뮤니케이션의 주역인 ISP의 법적 지위를 불안하게 하고 있다.

Ⅳ 방송통신심의위원회 명예훼손분쟁조정부의 조정 절차

전술한 바와 같이 현행 정보통신망법에 의하면, 개인법익 침해정보에 관해서는 정보통신사업자가 제1차적 자율규제 주체로서 피해자의 요청을 받아 임시조치 여부를 결정하는데, 여기서 구제가 거부된 피해자는 방송통신심의위원회에 분쟁조정을 신청할 수 있게 되어 있다(정보통신망법 제44조의10 제1, 2항).[12]

---

11) 헌재 2012. 5. 31. 선고 2010헌마88 결정 [임시조치 합헌 결정]
12) 현행 정보통신망법은 방송통신심의위원회 산하에 5명 이하의 위원으로 구성된

이 경우 피해자가 방송통신심의위원회에 조정을 신청하려면 우선 피신청인을 특정하기 위해 해당 정보통신사업자에게 개개 게시물에 관해 게시자의 실명을 밝히도록 요구하는 절차를 거쳐야 한다.[13]

이와 같이 피해자는 가해자의 신원을 알아낸 후에 그를 피신청인으로 하여 방통심의위에 조정을 신청할 수 있게 된다. 신청을 접수한 심의위는 조정전 합의를 시도하게 되고, 조정전 합의가 이루어지지 아니하면 다시 심의위 산하의 명예훼손분쟁조정부에 회부하여 조정절차를 진행하게 된다(동 규칙 제13조 제1항, 제14조). 조정부는 60일 이내에 합의안을 작성하여 심의위에 건의하게 되고, 심의위에서는 양 당사자가 동의하는 경우에 한해 조정이 성립되게 된다(이상 방통심의위의 명예훼손분쟁조정절차 등에 관한 규칙 참조).

이상 정보통신망법의 명예훼손분쟁조정 절차에 관한 규정을 보면 법원에 제소하기 전에 신속·간이한 분쟁해결 절차를 마련하려 한 입법 의도는 기본적으로 바람직한 것이지만, 재판청구권의 법리에 따라 정해져야 할 여러 문제를 결여하여 불완전한 입법에 머물고 있다.

가해자인 게시자의 신원을 밝혀내는 이용자정보 제공청구절차에서 이미 상당한 기간과 어려움이 수반될 뿐 아니라 이를 거쳐 밝혀진 신원자를 상대로 방통심의위에 피해 구제조정을 신청하더라도 상대방이

명예훼손 분쟁조정부를 두고 정보통신망을 통하여 유통되는 정보 중 사생활의 침해 또는 명예훼손 등 타인의 권리를 침해하는 정보와 관련된 분쟁의 조정업무를 처리하게 하고 있다(동법 제44조의10 제1항, 제2항).

13) 명예훼손 분쟁조정 절차 등에 관한 규칙에 의하면, 이용자 정보의 청구는 동 규칙에 의해 역시 명예훼손 분쟁조정부에 청구하여야 하며, 조정부는 특별한 사유가 없는 한 정보제공청구를 접수한 날부터 30일 이내에 해당 이용자 정보의 제공 여부를 결정하고(동 규칙 제29조 제1항), 10일 이내에 정보통신서비스제공자에게 사건번호, 청구인의 성명, 정보통신서비스제공자의 명칭, 청구정보를 기재하여 정보제공을 요청하여야 한다(동조 제2항). 조정부는 해당 정보통신서비스제공자로부터 정보제공을 받은 경우에 정보제공을 받은 날부터 10일 이내에 사건번호, 청구인의 성명, 청구정보, 제공정보 등을 기재하여 청구인에게 통지하여야 한다(동조 제4항).

조정을 받아들이지 않는 한 만족적인 해결이 이루어질 수 없다. 명예훼손분쟁조정부의 기능은 당사자 간의 화해를 권고하는 소극적인 조정(調停) 기능에 국한되고 있어 실효적인 분쟁 해결을 기할 수 없고, 문제된 정보의 위법성 여부를 판단하는 실체적 판단을 할 수 없게 되어 있기 때문이다. 사이버상의 권리분쟁에 관하여 신속한 처리를 위해 새로운 법정기관을 신설하여 대처하려는 것이라면, 언론중재위원회에 인정되고 있는 강제조정의 권한을 조정부에도 인정하되, 사법적 기본권의 요청에 부응하기 위해 대심적 구조에 의해 분쟁 당사자의 청문의 권리를 보장하는 동시에 법원에서 사후심사를 받을 수 있게 하는 방안이 바람직하다.

첫째, 전술한 바와 같이 이러한 절차를 대량으로 게시되는 언론 보도 기사의 댓글이나 순식간에 무제한 퍼져나가는 펌기사에 관한 분쟁에 적용한다면 그 피해의 구제는 극히 어려울 것이므로 이에 관해서는 언론중재위원회의 일괄적 관할에 맡겨야 한다는 점은 전술한 바와 같다.

둘째, 실제로 인터넷 언론 매체의 기능을 수행함에도 불구하고 전기통신사업법상 부가통신사업자가 아닌 자 또는 인터넷 신문 사업자로 등록하지 아니한 주체(이른바 1인 미디어)가 발행하는 보도(유사뉴스 서비스 전자간행물)에 의한 분쟁에 관하여 중재위의 관할로 하여 간편 신속한 해결을 추구할 필요가 있다함은 전술한 바와 같다.

셋째, 명예훼손분쟁조정부의 절차에서 가해자의 신원을 개시하는 절차와 분쟁을 조정하는 절차를 디지털화하여 온라인상에서 분쟁을 해결하는 방안을 찾아 시도할 필요가 있다. 예를 들어, 피해 구제의 방안 및 절차도 정보통신망상 커뮤니케이션의 특성에 맞추어 각종 문서는 전자문서로 갈음할 수 있게 하고, 시행상 필요한 통지, 고지, 송달, 기타 의사표시의 전달은 원칙적으로 전자적 방법에 의하도록 하고, 나아가 익명의 표현의 자유를 보호하기 위해 가해자(게시자)의 실명을 밝힐 필요 없이 인터넷 아이디(또는 이메일 아이디)만으로 절차 상의 행위 등을 할 수 있게 하는 방안이 가능할 것이다.

넷째, 그 외에 소극적인 조정기능에 국한된 명예훼손분쟁조정부의 기능을 강화하여 강제조정의 기능을 부여하고 그에 필요한 적법절차의 요청과 사후적 사법심사를 보장하는 내용이 포함되어야 할 것이다.

Ⅴ 피의사실 공표와 수사공보지침

우리 형법에 특유한 피의사실공표죄(제126조)는 오랜 논란의 중심이었다. 동조는 아무 유보나 예외없이 피의사실의 공표를 금지하고 있다. 피의사실공표를 에워싼 논란은 그 가부에 관해 직접 이해관계를 갖는 피의자의 인권과 효율적 수사기능을 추구하는 수사기관, 그리고 공공의 알 권리를 대변하는 언론 등 이해당사자 간에 첨예하고 복잡한 논쟁을 야기하며, 법 규정과 현실 간의 간극은 이러한 논란을 더욱 심화하게 되었다.

한편에서 사문화된 동 규정의 취지를 살려 그 실효성을 확보하여야 한다는 주장이 제기된다. 검찰 등 수사기관은 국민의 알 권리를 위해, 수사와 관련된 잘못된 보도나 추측기사를 방지하기 위해 수사공보는 불가피하다는 입장을 내세우지만, 그에 대해 비판적 논자들은 수사기관이 수사 성과를 내세우거나, 수사 편의를 위해 단편적 혐의 사실을 누출함으로써 선정적 언론 보도를 유발하여 수사에 유리한 여론을 조성하고, 이러한 의도는 언론 측의 선정적 동기와 결합하여 피의자 등의 인권을 침해하는 폐해를 더 키워왔다고 비난한다.

다른 한편에선 동죄로 인해 국민의 관심이 지대한 사건에 관하여 국민의 알 권리가 차단(遮斷)된다는 비판도 강력히 제기되어 왔다. 수사기관의 활동이 공정하게 진행되고 있는지 감시하고 이를 통제하는 언론의 역할이 제한되어서는 안 되고, 특히, 집권세력 또는 권력자의 비리나 범죄를 수사하는 경우 피의사실공표죄의 존재는 밀실수사, 편파적 수사에 의해 부패 및 비리가 은폐된다는 문제가 제기되었다.

1. 대법원 판례－피의사실공표죄의 위법성 조각사유

대법원은 1999년 피의사실공표죄에 해당하는 행위의 위법성이 조각될 수 있는 수사기관의 공식발표의 요건에 관하여 ① 일반 국민들의 정당한 관심의 대상이 되는 사항에 관하여 ② 객관적이고도 충분한 증거나 자료를 바탕으로 한 사실 발표에 한정되어야 하고, ③ 정당한 목적 하에 수사결과를 발표할 수 있는 권한을 가진 자에 의하여 공식의 절차에 따라 행하여져야 하며, ④ 무죄추정의 원칙에 반하여 유죄를 속단하게 할 우려가 있는 표현이나 추측 또는 예단을 불러일으킬 우려가 있는 표현을 피하는 등 그 내용이나 표현 방법에 대하여도 유념하여야 한다고 판시하였다. 이를 선례로 하여 동일한 취지의 판례가 이어지게 되었다.[14]

2. 수사기관의 공보지침

한편, 형법상 피의사실공표죄가 엄존함에도 불구하고 수사기관은 국민의 알 권리를 위해 또는 각종 언론매체의 요청에 따라 수사결과를 발표하는 관행이 이어져 왔다. 범죄행위에 대한 언론의 보도가 대부분 경찰과 검찰 등 수사기관의 정보에 의존할 수밖에 없는 상황에서 이들 기관은 국민의 알 권리를 위해 최소한의 공보활동을 하지 않을 수 없었다.

이에 관해 법무부는 2005. 4. 25. 수사단계에서 피의사실 공표로 인

---

14) 대법원 2001. 11. 30. 선고 2000다68474 판결, 대법원 2002. 9. 24. 선고 2001다49692 판결 등.

한 피조사자들의 인권침해를 방지하기 위하여 "수사과정의 인권보호 강화 종합대책"을 마련하고, 2006. 6. 26. '인권보호수사준칙'(법무부훈령 제556호)을 개정 시행하게 되었다. 동 훈령은 비공개의 원칙을 확인하면서 예외적으로 공개가 허용되는 요건을 정하였다. 그에 이어 2010년 노무현 전 대통령 서거를 계기로 수사과정의 취재·보도에서 침해적 영향을 방지하기 위해 상술한 2006년 훈령을 확대 보완한 '인권보호를 위한 수사공보준칙'(수사공보준칙)[15]이 제정 시행되었고, 동 훈령은 문재인 정부 들어 2019. 12. 1. '형사사건 공개금지 등에 관한 규정'[16]으로 대체되었다. 지난 문재인 정권에서 수사공보제는 고위공직자범죄수사처 설치와 검경 수사권 조정 등 민주당이 검찰 개혁 입법을 마무리한 뒤 내세운 개혁 조치의 하나였다. 검찰 수사과정에서 자행되어 온 여러 폐해를 시정한다는 의도를 가지고 시도되었다고 하지만, 그러한 의도보다는 정권 권력 층의 비리를 엄폐한다는 의도가 더 드러난다면 그 시대적 정당성은 상실되는 것이다.

문재인 정부 들어 수사공보에 관한 규율은 큰 변화를 겪게 되었다. 첫째 종전 다소 개방적이었던 수사공보 및 보도는 폐쇄적 비밀주의적 경향으로 변하였고, 둘째, 문재인 정부의 검경 수사권 조정에 따른 형사소송법 개정에 따라 수사 홍보 및 보도에도 변화가 이루어졌다는 점이다. 이것은 검찰 및 경찰의 보도 훈령에 반영되고 있다.

2019년 새로 제정된 검찰과 경찰의 공보 관계 훈령은 공개가 금지되는 피의사실의 범위를 명확히 함과 동시에 형사사건의 피의사실 공

---

15) 2010. 1. 19. 제정 법무부훈령 제761호 제761호 '인권보호를 위한 수사공보준칙'(수사공보준칙)은 공보담당자를 정하고, 공소제기 전의 수사사건에 대하여는 혐의사실 및 수사상황을 비롯하여 그 내용 일체를 공개하여서는 아니 된다고 하여 원칙적 비공개 예외적 공개의 요건을 정하여 시행하여 왔으나, 2019. 10. 30. 형사사건 공개금지 등에 관한 규정이 제정됨과 동시에 폐지되었다(그 상세한 내용에 관해서는 박용상, 언론의 자유(2013), 863면 참조).

16) 법무부훈령 제1265호, 2019. 11. 29. 일부개정

개를 엄격히 금지하고 있다. 즉 "공소제기 전 형사사건에 대하여는 혐의사실 및 수사상황을 비롯하여 그 내용 일체를 공개해서는 안 된다(제5조). 공소제기 후의 형사사건에 대하여는 국민들에게 알릴 필요가 있는 경우 공개할 수 있다"고 규정하고(제6조) 수사상 편의를 위한 일정한 경우만을 예외로 하고 있다(제9조 제1항). 피의자의 인권을 보호한다는 것이었지만, 공공의 알 권리라는 중대한 반대 이익에 관한 배려는 존재하지 않는다. 이로 인해 관행화되어 왔던 공개소환의 금지, 수사과정에 대한 촬영 일체 금지, 구두 브리핑제의 폐지 등 기존 대부분의 공보관행이 모두 금지되었다.

Ⅵ 검토 및 비판

경찰과 검찰 등 수사기관의 범죄 수사 사항의 공보에 관한 행정적 규율은 복잡한 이해관계를 조절하여야 하기 때문에 신중하고 면밀한 검토를 요한다고 할 수 있다. 그러나 이른바 검찰 개혁의 일환으로 2019년 전면 개정된 법무부 및 경찰의 훈령은 피의자의 인권을 보호하는데 주안점을 둔 것이라고 하나, 언론의 취재 보도활동을 지나치게 제한하여 국민의 알 권리를 제한한다는 비판이 제기되고 있다.

첫째, 법체계상의 문제로 법률에 의해 금지되는 피의사실을 법무부의 행정규칙으로 그 위법성 조각사유를 정하여 공개할 수 있도록 한 것이 가능한가 하는 의문이 제기된다.[17] 그러나 형법이 피의사실공표죄에 위법성 조각사유를 별도로 두지 않은 것은 입법의 불비이고, 이 문제에 관해 대법원은 판례에 의해 피의사실공표가 허용되는 위법성

---

17) 김재윤, 피의사실공표죄 관련 법적 쟁점 고찰, 언론중재, 2010년 가을호, 87(100)면. 박희봉·한동섭, 범죄보도에서 알 권리와 인격권의 조화-수사공보규정에 대한 비판적 분석을 중심으로, 언론과 법(한국언론법학회, 2020), 97(132)면 참조.

조각사유의 요건을 제시하였다. 법무부의 수사공보지침 역시 법과 현실의 간극에서 생긴 혼란을 해결하기 위해 실무상 필요에 따른 불가피한 조치라고 할 수 있다. 다만, 대법원의 판례가 엄존함에도 불구하고 동 훈령의 어디에도 대법원 판례의 취지를 언급하거나 이에 따르려는 노력이 없다는 점은 문제로 지적되지 않을 수 없다.

둘째, 수사공보에 있어서 중요한 관점은 알 권리와 피의자의 인격권 및 수사의 능률 등을 조화하는 세심한 비교형량 기준의 설정이다. 그럼에도 2019년 전면 개정된 법무부 훈령은 "공소제기 전 형사사건에 대하여는 혐의사실 및 수사상황을 비롯하여 그 내용 일체를 공개해서는 안 된다"고 규정하여(법무부훈령 제1265호 제5조), 수사기밀 보호에만 치중하고 있다. 그 예외로서 공개가 허용되는 사유를 들고 있으나, 거기에는 수사기관의 자의를 견제할 수 있는 사유가 포함되어 있지 않다.[18] 이와 관련하여 특히 문제되는 것은 권력형 범죄 및 정치적 범죄가 은폐될 우려이다. 언론과 시민단체 측에서는 인권존중이란 명목으로 수사 사항이 공개되지 않고 권력이나 검찰 수사에 대한 감시와 보도가 봉쇄되면, 권력형 비리에 연루된 정치인이나 공직자에 대한 밀실 수사를 조장하는 방편이 될 수 있다는 비판을 제기하였다.[19]

셋째, 부정·비리에 관한 수사는 관련자의 폭로 또는 언론의 의혹보도에서 시작하여 수사가 개시되는 것이 보통인데, 수사가 개시된 후 수사기관이 독점하는 수사상황에 관해 일체의 공개를 금지하는 것은 언론의 보도의 자유 및 국민의 알 권리에 대한 침해로서 과잉금지의

---

18) 검찰의 독점적 수사 및 기소 권한이 통제되어야 한다는 검찰 개혁의 관점에서 보더라도 검찰이 적극적으로 과도하게 권한을 남용하는 경우는 물론 소극적으로 권한을 행사하지 않음으로써 사건을 은폐하려는 시도에 대한 대책이 필요한 것이다.

19) 독일의 경우 강력범, 광범위한 경제사범이나 중요한 환경사범 또는 여타 공적 생활의 인물이 관여되거나 정치적 의미를 갖는 주목을 끄는 범죄의 수사절차가 개시되거나 중요하게 진전되거나 종결된 경우에는 기자들에게 공개하고 있다(전술 독일 Saarland주 언론 공보 지침 4.4.항).

원칙에 위반될 소지가 크다. 제 외국의 예를 보면, ① 재판결과에 영향을 미칠 우려가 있는 사항의 공개나 그러한 목적의 공개[20]는 금지되지만,[21] ② 당해 사건의 수사주체인, 구체적으로 이를 담당하는 경찰 또는 검찰의 관할 부서, 피의자·참고인 등의 소환 일자 및 장소, 압수·수색영장의 발부 및 실시 사실, 경찰의 수사완료 및 검찰 송치 사실, 기소 및 기소된 범죄사실의 요지 등 수사절차와 관련된 객관적 사실 등은 공개되고 있다. 이들 사항에 관한 일괄적 제보 금지는 언론의 자유를 침해하는 위헌적인 처사가 될 것이다.

넷째, 동 훈령은 피의자 등의 초상권 보호를 강화한다는 명목으로, 참고인 소환이나 피고인 소환 등 수사상황의 공개를 금지함은 물론 포토라인을 일체 폐지함으로써 언론의 취재 및 공공의 알 권리를 봉쇄한다는 점에서 위헌의 문제를 야기할 수 있다.[22] 현재 시행 중인 특정강력범죄의 처벌에 관한 특례법 제8조의2(피의자의 얼굴 등 공개), 성폭력처벌법 제25조(피의자의 얼굴 등 공개)에 해당하지 않는 경우라 하더라도 다수 피해자가 생긴 경제사범뿐 아니라 반사회적·반윤리적 행태로 광범위한 논란을 야기한 자의 초상공개도 금지하게 되면 그들의 생생한 모습을 알 정당한 시민의 권리를 침해하게 되어 위헌적인 형량이 된다고 보아야 할 것이다.[23]

---

20) 예컨대, 미국에서는 피의자의 성품 및 평판이나 수사에 응하는 태도, 유무죄에 영향을 미칠 수 있는 증거의 상세 내용 및 평가, 그리고 수사의 기법에 관한 내용은 공개가 금지되나, 피의자의 실명, 나이, 거주지, 직업, 결혼 여부 등 인적사항, 기소요지, 체포당시의 상황, 사건의 정책적 의미에 대한 정보는 공개가 허용된다.

21) 전술한 미국의 2018년 개정 연방법무성 매뉴얼(Justice Manual, 이전의 US Attorney's Mannual)의 규정 내용 및 박용상, 언론의 자유(2013), 851면 이하 참조.

22) 수사기관이 참고인 소환이나 피고인 소환 등 수사상황을 공개하지 않는 경우 언론의 해당 사건에 대한 취재경로가 제한되어 피의사실 보도 자체가 어려워질 수 있다(전술 박희봉·한동섭의 논문, 111면 참조).

23) 전술한 미국의 2018년 개정 연방 법무성 매뉴얼(Justice Manual)에 의하면, 법

다섯째, 수사기관의 적극적인 피의사실공표에 대해서는 여러 규제조치가 마련되어 있으나, 정작 문제되는 것은 수사기관의 수사 해태 및 엄폐의 문제가 더 큰 것이다. 과거의 관행을 보아 공보지침에 명시되어야 할 사항을 보자면, 우선 수사기관이 상부에 보고해야 할 중요 사건[24]에 관하여 보고한 사항에 관해 기자들의 요청이 있는 경우 그 내용의 요지를 공개하도록 하는 방안이 고려될 수 있다. 그리고 사건 엄폐 및 지연을 방지하기 위해 담당 검사 및 경찰관은 사건 수리 후 처리기간을 넘긴 경우에는 매 1주일마다 그 지연 사유를 밝혀야 하고 이행하지 않는 경우에는 문책할 수 있는 조항이 신설되어야 한다.

여섯째, 공소장 공개의 시기에 관한 문제가 논란되고 있다. 최근에는 기소가 되었다 하더라도 공판정에서 진술되기 전까지는 공소장 내용의 공개와 보도를 금지하는 조치가 문제되었다. 이 때문에 공소가 제기된 후 수년, 수개월간 첫 공판을 열지 않은 법원의 조치가 비난의 대상이 되었고, 검찰은 국회의 자료 요청에도 공판 개시 전이라는 이유로 공소장 공개를 거부하는 사태가 야기된 바 있다.

외국의 예를 보면, 영미의 경우에는 보통법상 공문서공개의 원칙 및 공정보도의 특권 법리에 따라 기소 후 기소장의 공개에는 아무 제약이 따르지 않는다. 독일이나 오스트리아 등 일부 유럽국가에서 기소

무성 직원은 법원의 명령이 없는 한 뉴스 미디어의 사안에 관한 취재 또는 보도의 합법적 노력을 방해해서는 안된다. 직원은 범죄현장 등 모든 사람에게 적용되는 접근 제한을 집행할 수 있다. 범죄의 방지 및 공공의 신뢰 제고 등 법집행 목적을 촉진하기 위해 법무성 직원은 관할 검사장의 사전 승인으로 법집행활동에 관한 기록 및 보도에 관해 미디어를 도울 수 있다. 수색영장 또는 체포영장이 집행되는 경우 관할 검사장의 명시적인 승인 없이는 미리 뉴스 미디어에 알릴 수 없다(1-7.710-Assisting the News Media).

24) 검사와 사법경찰관의 상호협력과 일반적 수사준칙에 관한 규정 제7조(중요사건 협력절차)는 많은 피해자가 발생하거나 국가적·사회적 피해가 큰 중요한 사건을 중요사건으로 규정하며, 검찰보고사무규칙 제3조(보고대상)는 "정부시책에 중대한 영향을 미칠만한 사건"이나 "특히 사회의 이목을 끌만한 중대한 사건"을 중요사건으로 정한다.

행위 기타 형사절차에 관한 행위는 공개된 청중에게 낭독되기 전에 보도하는 것이 금지되고 있으나, 이것은 법원의 공판에서 진술됨에 의해 재판공개주의가 실현된다는 구제도적인 관념에 의한 것이고, 미디어에 의한 간접공개가 일반화되고 그 바람직한 효과가 인정된 후에는 공개법정에서의 진술에 큰 의미를 둘 필요가 없게 되었다. 독일의 연방형사소송규칙[25]은 검찰은 공적 기능을 이행하는 미디어와 협력하되, 미디어에 대한 정보 제공은 소송관여자의 권리나 수사에 방해되지 않는 한에서 허용된다고 하며, 공소의 제기 및 공소장의 내용은 공소장이 피고인에게 송달되거나 기타 알려진 후에는 원칙적으로 공공에 알려질 수 있다.[26]

결국 현재 제국의 예를 보면 기소를 기점으로 이를 피의자에게 알린 이후에는 그 공개 및 보도가 허용되는 것으로 처리되고 있다. 우리의 경우에도 공판기일에 낭독시까지 공개가 금지되는 경우 폐해를 방지하기 위해 공소장은 기소 시부터 공개되고 이에 관한 보도가 허용되는 것으로 명시할 필요가 있다.

일곱째, 공보활동에서 피의자 및 수사대상자의 인권을 보장하려는 취지를 실질적으로 살리려면 그들이 입장을 표명할 기회를 부여하여야 함에도 이를 고려하지 않고 있다는 점에 문제가 있다.[27] 독일의 경우를 보면, 공소의 제기 여부와 공소장의 내용은 피고인에 대한 고지 이후에만 공개될 수 있으며,[28] 검찰이 언론에 대해 서면으로 설명과

---

25) Richtlichen für das Strafverfahren und das Bußgeldverfahren (RiStBV) vom 1. Januar 1977 zuletzt geändert mit Wirkung vom 1. September 2016.

26) Nr. 23 der RiStBV.

27) 법무부 훈령 제1373호[시행 2021. 8. 17.]에 의하면 공소제기 전 예외적으로 공개하는 경우 피의자 또는 피의자의 법정대리인, 변호인이 공개 후 30일 이내에 반론요청을 한 경우에는 공개하는 동일한 방식과 절차에 따라 그 반론내용도 공개하도록 규정한 바 있으나, 현행 법무부훈령 제1437호[시행 2022. 7. 25.]에서는 같은 법조가 삭제되었다.

28) Nr. 23 der Richtlichen für das Strafverfahren und das Bußgeldverfahren, in

정보를 제공할 때에는 동시에 소송관계인에게도 그 내용을 알려야 하며, 사건에 관한 검찰의 기자회견에는 피의자와 그 변호인이 출석하여 반대의견을 제시할 수 있도록 알려주어야 할 의무가 있다.[29]

여덟째, 과거 수차에 걸쳐 제·개정된 법무부 훈령의 제정과정을 보면 미디어 측의 사정이나 의견이 전혀 반영되어 있지 않다. 법정모욕죄 제도에 의해 수사 및 재판보도에 가장 엄격한 규제체제를 갖고 있는 영국의 예를 보아도, 2015년 제정 '보도 제한 지침'(Reporting Restrictions Guide)[30]은 공개된 사법의 원리를 실현함에 있어서 법관과 미디어 양자에 적용되는 상세한 규율을 정하고 있으며, 법원이 공개 및 보도를 제한하는 명령을 내림에는 그에 관한 미디어 측의 의견을 듣고, 결정 후 그 규제조치를 알려주게 되어 있다(동 지침 6). 또 동 지침에 수용된 2005년 협약("Publicity and the Criminal Justice System" 일명 "Protocol")[31]에 의하면, 형사소송에서 검사가 수집·준거한 자료는 미디어의 취재에 개방되고 있다. 미디어에 공개되는 자료는 법원에 제출된 지도, 사진 등 문서와 비디오, 진술서, CCTV 영상 등 일체의

---

der Fassung der Bekanntmachung vom 17. Sept. 1987 (BAnz. Nr. 181, S. 13361).

29) Allgemeine Verfügung Informationserteilung an Presse und Rundfunk (AV des MdJ Nr. 12 1986) vom 18. Juli 1986, Gem. Min. Blatt Saarland S. 390

30) Reporting Restrictions Guide, Reporting Restrictions in the Criminal Courts April 2015 https://www.judiciary.uk/wp-content/uploads/2015/07/reporting-restrictions-guide-may-2016-2.pdf. 이것은 Judicial College(사법연수기관), 미디어법 협회, 편집인협회 및 뉴미디어협회에 의해 채택된 것이다.

31) Reporting Restrictions Guide, Reporting Restrictions in the Criminal Courts April 2015 (Revised May 2016). 5.1 Media access to prosecution materials https://www.judiciary.uk/wp-content/uploads/2015/07/reporting-restrictions-guide-may-2016-2.pdf. 동 협약(the "Protocol")은 경찰(Association of Chief Police Officers), 검찰(Crown Prosecution Service) 및 언론 등 3자가 합의에 의해 미디어에 신속하고 적절한 시기에 형사절차의 관련 자료에 대한 취재를 보장함으로써 그에 대한 공개 보도와 수사·기소절차의 투명성과 책임성을 보장할 목적으로 제정한 것이다.

자료를 포함한다.

앞으로 훈령을 개정하는 경우에는 언론계를 대표할 수 있는 이익단
체와 시민단체들의 의견을 듣고 이를 반영하는 절차가 이행되어야 할
것이다.

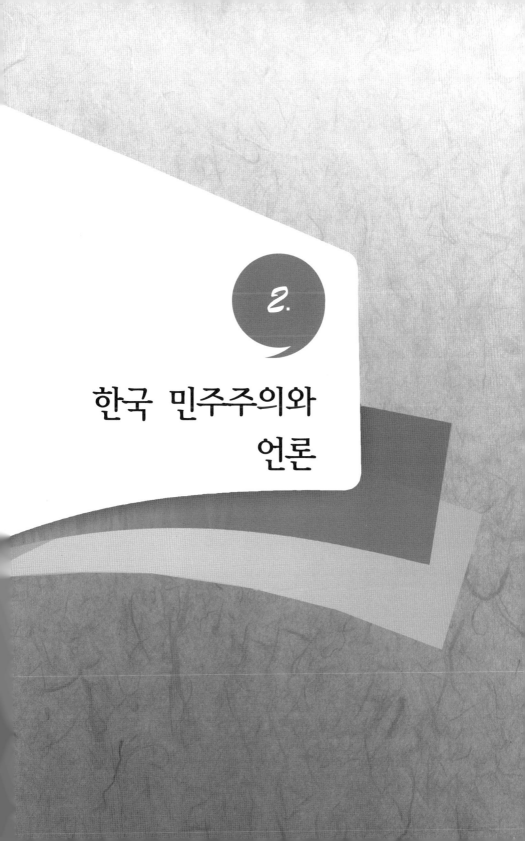

2.

한국 민주주의와
언론

한국 민주주의와 언론

박 진 우(가천대 교수)

Ⅰ 들어가며

　인간이 살아가는 정치공동체의 통치 형태는 고대 로마의 공화정으로부터 중세 절대왕정체제를 거쳐 근대 이후에는 민주정체와 전제정체로 양분된 모습을 보여주었다. 공산주의가 몰락한 오늘날 현대에서는 대부분의 국가가 민주주의를 표방함으로써 국가공동체의 통치체제는 민주주의 정치체제가 대세로 자리잡았다. 민주주의를 표방하는 국가 가운데는 민주주의가 완전히 정착된 국가도 있는 반면 권위주의적 색채를 띠는 국가도 존재하는데, 민주주의 성숙 정도를 파악하는 하나의 척도가 되는 요소가 바로 언론의 자유라는 기본권의 보장 정도라 할 수 있다. 민주주의가 성숙한 국가는 예외 없이 언론의 자유 보장 수준이 높고 그 범위가 넓은 반면 민주주의가 미성숙한 권위주의 국가에서는 언론의 자유에 대한 제약과 간섭 정도가 높기 때문이다. 이처럼 언론의 자유와 민주주의는 밀접한 상관관계를 가지고 있어서 한 국가의 민주주의를 이해함에 있어서 그 나라의 언론의 자유에 대한 보호 수준과 언론의 자유 제한 문제 등 언론의 자유를 둘러싼 제반 문제들을 심도 있게 연구할 필요가 있다고 할 것이다.

　대한민국은 1948년 제헌 헌법에서 민주공화국을 표방하고 언론의 자유를 규정한 이래 현행 제6공화국 헌법에 이르기까지 모든 헌법에서 빠짐없이 언론의 자유를 규정하고 언론의 자유를 보장하였다. 헌법현실에서 비록 언론의 자유가 후퇴한 적도 있었지만 헌법이 규정하는 언론의 자유와 함께, 언론의 자유를 통해서 한국의 민주주의는 점진적 발전을 이루어 오늘날의 한국 민주주의 꽃을 피웠다. 그런데 한국 민주주의 발전과 성취에 지대한 공을 세운 언론의 자유가 최근 몇 년간 다양한 정치적 요인과 과학정보통신 기술의 비약적 발전에 따른 환경적 요인 등이 결합되어 언론의 존립이 위태로워지고 언론 본연의 기능 수행에 대한 장애를 불러오는 등의 위기상황에 직면해 있다. 언론의 자유를 위협하는 원인은 무엇이고 그러한 위험으로부터 언론의 자유를 지키고 유지할 수 있는 대책은 무엇인지를 살펴보는 것은 한국 민주주의의 퇴보를 방지하고 민주주의를 유지·발전하는 데 이바지할 것이다.

본 발표문은 이러한 문제의식을 토대로 Ⅱ에서는 민주주의와 언론의 자유에 대한 일반론을 살펴본 다음, 최근 언론의 자유에 대한 위협 원인을 크게 여론의 다양성 측면과 권력에 대한 비판·감시 측면으로 구분하여 Ⅲ에서 여론의 다양성 측면에서 최근 문제되는 사안을, Ⅳ에서 권력의 비판·감시 측면에서 최근 문제되는 사안을 면밀하게 검토하고자 한다.

Ⅱ 민주주의와 언론의 자유

1. 언론의 자유의 의의

1) 언론의 자유의 개념

좁은 의미에서의 언론의 자유라 함은 사상이나 의견·지식 등을 담화·토론·방송 등을 통하여 불특정 다수인에게 표명하거나 전달하는 자유를 의미한다. 이러한 언론의 자유는 구술에 의한 사상이나 의견의 표현이라는 점에서 문서·사진 등 문자나 형상에 의한 사상·의견의 표현을 의미하는 출판의 자유와 구별된다. 반면, 넓은 의미에서의 언론의 자유는 구술에 의한 것이냐 아니면 문자에 의한 표현방식이냐의 구별 없이 사상이나 의견 등을 자유롭게 표명하고 전달할 수 있는 자유인 '표현의 자유'를 뜻한다.[1]

이러한 언론의 자유를 과거에는 개인이 국가권력의 간섭을 배제하고 사상이나 의견 등을 자유롭게 표명할 수 있는 개인적인 기본권으로 이해하였지만 오늘날에는 언론의 자유는 개인의 언론의 자유는 물론이고 보도의 자유를 중심으로 하는 언론기관(언론매체)의 언론의 자유까지도 포함하는 것으로 이해하는 것이 일반적이다. 그러므로 언론매체 설립의 자유, 언론매체의 취재의 자유와 보도의 자유, 언론매체의 보급 내지 전파의 자유도 헌법상의 기본권인 언론의 자유의 내용을 구성하게 된다.

2) 언론의 자유의 연혁: 역대 헌법에서의 언론의 자유 조항

근대적 기본권의 한 유형으로서의 언론의 자유는 버지니아 권리장전과 프랑스 인권선언에서 규정된 이래로 오늘날 각국 헌법에서 이에 관한 규정을 두고 있다. 헌법에서 언론의 자유가 규정되고 있는 현실은 민주국가의 헌법이든 전체주의 국가의 헌법이든 국가체제와 상관없이 공통적으로 나타나는 현상이다. 우리도 제헌헌법부터 언론의 자유를 규정한 이래 현행 제6공화국 헌법에 이르기까지 빠짐없이 언론의 자유를 헌법에서 규정하고 있지만 세부적인 면에서는 각각의 공화국 헌법이 차이를 보이고 있다. 우리 헌법사에서 개별 공화국 헌법이 언론의 자유를 규율하고 있는 양태를 살펴보면 다음과 같다.

---

1) 본 발표문에서는 언론의 자유를 넓은 의미에서의 언론의 자유인 '표현의 자유'를 뜻하는 것으로 사용하고자 한다.

제헌헌법 제13조는 "모든 국민은 법률에 의하지 아니하고는 언론, 출판, 집회, 결사의 자유를 제한받지 아니한다"고 규정함으로써 언론의 자유를 헌법에서 기본권으로 규정하되 개별적 법률유보를 설정하고 있었다. 제헌헌법 제28조에서 일반적 법률유보조항을 두고 있었음에도 불구하고 언론의 자유에 관한 제13조에서 개별적 법률유보 조항을 두었다는 점이 특색이다. 언론의 자유에 대한 제헌헌법 조항은 이후 1952년 헌법과 1954년 헌법에서 그대로 유지되었다.

제2공화국 헌법은 제13조 제1문에서 "모든 국민은 언론, 출판의 자유와 집회, 결사의 자유를 제한받지 아니한다"고 규정함으로써 제1공화국 헌법에서 규정하고 있던 개별적 법률유보를 삭제하였고 언론의 자유에 대한 제한은 헌법 제28조 제2항2)의 일반적 법률유보 조항에 따르도록 규정하였다.

제3공화국 헌법 제18조는 이전 헌법과 달리 언론의 자유를 포함한 표현의 자유에 관하여 비교적 상세한 내용을 담고 있었다. 그렇지만 언론의 자유에 관한 기본적 골격은 제2공화국 헌법과 거의 유사하였다. 즉, 제3공화국 헌법 제18조 제1항은 "모든 국민은 언론·출판의 자유와 집회·결사의 자유를 가진다"고 규정하여 제2공화국 헌법과 마찬가지로 제1공화국 헌법에 규정되어 있던 개별적 법률유보를 두지 않았고 언론의 자유에 대한 제한도 일반원칙인 제32조 제2항3)에 따르도록 하는 규정방식을 취하고 있었다.

기본권의 보장 측면에서 암흑기라 할 수 있는 제4공화국 헌법 아래

---

2) 제3차 개정헌법 제28조 제2항: 국민의 모든 자유와 권리는 질서유지와 공공복리를 위하여 필요한 경우에 한하여 법률로써 제한할 수 있다. 단, 그 제한은 자유와 권리의 본질적인 내용을 훼손하여서는 아니되며 언론, 출판에 대한 허가나 검열과 집회, 결사에 대한 허가를 규정할 수 없다.
3) 제5차 개정헌법 제32조 제2항: 국민의 모든 자유와 권리는 질서유지 또는 공공복리를 위하여 필요한 경우에 한하여 법률로써 제한할 수 있으며, 제한하는 경우에도 자유와 권리의 본질적인 내용을 침해할 수 없다.

에서 언론의 자유도 예외일 수 없었다. 제4공화국 헌법은 언론의 자유와 관련하여 다시 제1공화국 시절로 회귀하는 내용을 두었는데 제4공화국 헌법 제18조는 "모든 국민은 법률에 의하지 아니하고는 언론·출판·집회·결사의 자유를 제한받지 아니한다"고 규정하여 제2공화국과 제3공화국 헌법에서 삭제되었던 개별적 법률유보를 부활하였다. 제4공화국 기간 동안 긴급조치가 여러 차례 발령되었는데 그 가운데 언론의 자유를 제한·박탈하는 내용의 긴급조치가 있었음은 주지하는 바이다.

제5공화국 헌법은 제4공화국 시절 자행된 언론의 자유 말살에 대한 반성적 성찰에서 언론의 자유와 관련하여 개별적 법률유보를 삭제하고 언론의 자유에 대한 제한을 일반원칙에 맡기는 등 제3공화국 헌법의 규정 태도로 복귀하였다. 제5공화국 헌법 제20조 제1항은 "모든 국민은 언론·출판의 자유와 집회·결사의 자유를 가진다"고 규정하였고, 제35조 제2항은 "국민의 모든 자유와 권리는 국가안전보장·질서유지 또는 공공복리를 위하여 필요한 경우에 한하여 법률로써 제한할 수 있으며, 제한하는 경우에도 자유와 권리의 본질적인 내용을 침해할 수 없다"고 규정함으로써 기본권 제한의 일반원칙인 일반적 법률유보조항을 설정하여 언론의 자유에 대한 제한도 제35조 제2항에 따라 가능하도록 하였다.

현행 제6공화국 헌법은 제5공화국 헌법 조항을 계승하여 제21조 제1항에서 언론의 자유를 비롯한 표현의 자유를 규정하고 있고 언론의 자유에 대한 제한은 일반원칙인 제37조 제2항에 의하여 가능하도록 규정하고 있다. 한편 제6공화국 헌법에서는 제5공화국 헌법에 없던 조항이 새롭게 추가되었는데 "언론·출판에 대한 허가나 검열과 집회·결사에 대한 허가는 인정되지 아니한다"는 제21조 제2항과 "통신·방송의 시설기준과 신문의 기능을 보장하기 위하여 필요한 사항은 법률로 정한다"는 제21조 제3항이 바로 그것이다.

2. 언론의 자유의 법적 성격

우리 헌법 제21조가 규정하고 있는 언론의 자유의 법적 성격과 관련하여 개인적 자유권설, 제도적 보장설 등 다양한 견해[4]가 존재한다.

개인적 자유권설은 언론의 자유를 대국가적·소극적 방어권으로 이해하여 국민이 국가권력의 간섭과 방해를 받지 아니하고 자유롭게 사상이나 의견 등을 표명하고 전달할 수 있는 기본권으로 이해하는 입장이다. 다시 말해, 개인적 자유권설은 헌법이 규정하고 있는 언론의 자유를 주관적 공권으로 이해하는 입장이다. 반면 제도적 보장설은 민주국가에서는 민주주의 체제를 형성하고 유지하는데 필수적인 자유로운 여론형성과 여론존중이 보장되어야 하고 언론의 자유는 이러한 자유로운 여론형성에 기여하는 자유언론제도를 헌법적으로 보장하는 제도적 보장으로 이해해야 한다는 입장이다.

생각건대, 우리 헌법 제21조가 규정하고 있는 언론의 자유가 주관적 공권인 자유권적 기본권으로서의 성격을 가진다는 점에는 의문의 여지가 없다. 따라서 모든 국민은 국가권력의 간섭과 방해를 받지 아니하고 자유롭게 사상이나 의견을 표명하고 전파할 자유를 가진다. 그렇지만 언론의 자유를 주관적 공권으로서의 성격만 가지는 것으로 이해하는 것은 언론의 자유를 제대로 정확하게 이해한 것으로 볼 수 없다. 언론의 자유는 의사표현에 대한 국가의 간섭을 배제할 수 있는 주관적 공권에 그치지 않고 한 걸음 더 나아가, 자유로운 여론형성과 여론존중을 통하여 민주주의를 유지·발전시키기 위해 국가권력과 그 구성원 모두가 존중하고 실천하여야 하는 객관적 가치질서로의 성격도 뚜렷하게 가지고 있다.[5] 주관적 공권성과 객관적 가치질서성이라는 기본권의 이중적 성격이 명확하게 표출되는 기본권이 바로 언론의 자

---

4) 성낙인, 헌법학, 법문사, 2022, 1330-1331면; 권영성, 헌법학원론, 법문사, 2010, 497면.
5) 이러한 성격을 강조한 견해로는 허영, 한국헌법론, 박영사, 2021, 620면 참조.

유라 할 수 있다. 언론의 자유에 내재된 객관적 질서로서의 성격으로
부터 자유언론제도의 보장이 자연스럽게 도출된다. 자유로운 여론의
형성을 가능하게 하여 국가사회 내부에 존재하는 다양한 사상과 의견
이 자유롭게 표출되고 또 전파될 수 있도록 기능하는 것이 바로 자유
언론제도의 본질이기 때문이다. 그러므로 언론의 자유는 주관적 공권
으로서의 성격은 물론 객관적 가치질서로서의 성격도 가지며 자유언론
제도의 헌법적 보장이라는 제도적 보장으로서의 성격까지도 가진다고
이해하는 것이 헌법해석상 타당하다.[6]

한편, 헌법상 언론의 자유가 주관적 공권으로서의 성격과 제도적
보장으로서의 성격을 모두 가지고 있는 것으로 언론의 자유를 이해하
더라도 어떤 성격이 강조되고 상대적으로 더 강하게 나타나는지는 개
인(자연인)의 언론의 자유와 미디어매체(언론기관)의 언론의 자유로 구
분하여 파악할 필요가 있다. 개인의 언론의 자유에서는 제도보장적인
성격보다는 주관적 공권성이 강조되고 소극적·방어적 기본권으로서
의 특성이 두드러지게 나타나는 반면, 미디어매체의 언론의 자유에서
는 주관적 공권으로서의 성격도 나타나지만 자유언론제도의 보장이라
는 특성이 상대적으로 강조된다.[7] 미디어매체가 가지는 언론의 자유는
오늘날 민주주의의 유지·발전이라는 강한 공적 기능을 담당하고 있
기 때문이다. 따라서 헌법상 언론의 자유를 이해함에 있어서 미디어매
체의 언론의 자유 특히 보도의 자유에서는 이와 같은 자유언론제도의
보장이라는 측면이 더 강조되고 있음을 유념할 필요가 있다.[8]

---

6) 김학성, 헌법학원론, 피앤씨미디어, 2019, 603-604면.
7) 정종섭, 헌법학원론, 박영사, 2022, 635면.
8) 박용상, 언론의 자유, 박영사, 2013, 103-104면.

3. 현대 민주주의 정치체제에서 언론의 자유가 담당하는 기능 내지 가치

1) 언론의 자유가 담당하는 기능 일반

일찍이 언론법학자 에머슨(T.I. Emerson)이 적절히 지적한 바와 같이, 언론의 자유는 ① 개인의 인격의 자유로운 형성과 전개, ② 진리발견에의 기여, ③ 입헌민주주의의 유지·발전, ④ 사회의 안정과 변화 사이의 균형 추구 등의 역할을 담당한다.[9]

첫째, 언론의 자유는 우리 헌법 제10조 인간의 존엄과 가치에 기반한 인간의 존엄성을 유지하고 개성을 신장하는데 필수불가결한 조건을 이룬다. 인간의 존엄과 개성의 자유로운 신장을 위해서는 자신의 생각이나 의견 등을 자유롭게 표현하는 것이 가능해야 하기 때문이다.

둘째, 진리를 발견함에 있어서 언론의 자유는 막중한 기여를 한다. 어떤 문제와 관련하여 다양한 의견이 - 그것이 진실된 주장이든, 허위의 주장이든 - 사상의 자유시장[10]이라는 오픈된 공간에서 자유롭게 개진될 수 있다면 토론을 통하여 종국에는 진리에 도달할 수 있게 될 것이다. 이러한 절차 속에서 언론의 자유는 진리발견에 크나큰 기여를 하게 됨은 부인할 수 없는 사실이다.

셋째, 언론의 자유를 억압하는 사회는 구성원들의 이성적인 판단을 곤란하게 할 뿐만 아니라 변화하는 환경에 적응할 수 있는 정보의 유통 및 새로운 사상을 개발하는 것이 곤란하게 되어 사회의 발전을 저해하고 사회의 고정화를 재촉하게 된다. 그러므로 사회의 안정과 변화 사이의 균형을 추구하기 위해서는 언론의 자유의 보장이 필수적이다.

---

9) 성낙인, 앞의 책, 1325면.
10) 밀턴은 「아레오파지티카」에서 사상의 자유시장론을 주장했는데 밀턴의 주장 요지는 다음과 같다.
　　"진리와 허위가 서로 맞붙어 싸우도록 하자. 자유롭고 공개된 승부에서 진리가 패배했던 선례가 있었던가? 모든 사람이 자유롭게 말할 수 있도록 하라. 그러면 진실의 편이 반드시 승리한다. 허위의 주장은 공개된 자유시장에서 다투다가 결국 패배하게 된다."

마지막으로, 언론의 자유는 입헌민주주의 유지와 발전에도 필요불가
결한 요소로 기능하는데 이에 관하여는 항을 바꾸어 상설하기로 한다.

2) 민주주의 체제에서 언론의 자유가 가지는 기능 내지 역할

근대 입헌주의 체제가 성립된 이후 민주주의 정치체제는 주권재민
을 본질로 하는 국민주권주의를 기본원리로 하여 성립되고 운영된다.
민주정체는 국민의 정치적 사상과 의견의 존재를 전제로 선거와 국민
투표를 통해서 주권을 행사하도록 설계되어 있다. 따라서 국민의 정치
적 의사와 의견의 형성을 촉진하고 이를 통해 주권자의 주권 행사가
올바르게 작동될 수 있도록 기능하는 언론의 자유는 민주정치의 생명
선과도 같은 필수적 수단이라 할 수 있으며,[11][12][13] 주권재민의 원리는
언론의 자유를 통해서 민주주의의 이상인 자기통치(self-governance)로
구현된다.[14] 그러므로 민주주의 실현의 방법적 기초 내지 필수적 수단
인 언론의 자유가 보장되지 않고 언론의 자유가 심각하게 제약을 받
는 환경에서는 민주주의의 정상적인 구현도 불가능하다. 한 국가의 민
주주의 성숙도를 판단함에 있어서 언론의 자유의 보장 정도가 중요한
평가척도라고 인식되는 이유도 바로 이 때문이다.[15]

---

11) 김철수, 헌법학신론, 박영사, 2013, 907면.

12) 마이클존(A. Meiklejohn)도 그의 저서 『Political Freedom』에서 "국민은 스스로
   가 통치과정에 참여하여 자신의 손으로 자기를 통치할 헌법상의 권한을 가지고
   있다. 표현의 사유는 스스로를 통지하는 자가 헌법상의 권한을 충분히 행사하기
   위하여 필수불가결한 것"이라고 함으로써 표현의 자유의 헌법적 가치를 강조하
   였다.

13) 헌재 1992.6.26. 90헌가23: 언론·출판의 자유는 현대 자유민주주의의 존립과
   발전에 필수불가결한 기본권이며 이를 최대한도로 보장하는 것은 자유민주주의
   헌법의 기본원리의 하나이다.

14) 헌재 1999.6.24. 97헌마265: 언론의 자유는 개인이 언론 활동을 통하여 자기의
   인격을 형성하는 개인적 가치인 자기실현의 수단임과 동시에 사회 구성원으로서
   평등한 배려와 존중을 기본원리로 공생·공존관계를 유지하고 정치적 의사결정
   에 참여하는 사회적 가치인 자기통치를 실현하는 수단이다.

15) 허영, 앞의 책, 620면.

　오늘날 언론의 자유가 민주주의 체제에서 가지는 기능 내지 가치는 개인의 언론의 자유를 통해서도 실현되지만, 주로 신문·방송 등 언론매체(미디어)의 보도의 자유를 통하여 실질적으로 구현된다. 비록 유튜브나 SNS와 같은 새로운 미디어매체의 등장과 보편화로 인하여 신문·방송 등 기존 언론매체가 담당했던 역할 내지 기능의 상당 부분을 유튜브와 SNS가 떠맡고 있지만 기존 언론매체가 가지는 민주주의 형성·유지라는 역할은 아직도 여전히 유효하고 중요하다. 언론매체는 국가권력과 국민 사이에서 국가권력에 대한 비판과 감시를 통하여 국정운영이 여론의 지지 내지 승인을 받게 하는 동시에 종국적으로는 주권자가 다음 선거에서 국정담당자를 심판하는 것을 가능하게 하며, 국민들 사이에 존재하는 다양한 정치적 견해와 의사를 결집하여 국정담당자에게 전달하는 통로로서 기능한다. 언론매체의 언론의 자유인 보도의 자유가 헌법적으로 중요시되는 이유도 바로 이러한 언론매체의 공적 기능 때문이다.

4. 민주주의 구현에 기여하기 위해 언론매체의 언론의 자유가 갖추어야 할 조건

　언론의 자유가 가지는 제 가치 가운데 입헌민주주의의 유지·발전이라는 가치는 주로 언론매체의 보도의 자유를 통하여 실질화되고 구현됨은 앞에서 살펴본 바와 같다. 그렇다면 언론매체의 보도의 자유가 민주주의 실현의 방법적 기초 내지 전제조건으로서의 기능을 충분히 발휘하기 위해서는 어떠한 물적 기반 내지 환경을 갖추어야 하는지를 생각하지 않을 수가 없다. 입헌민주주의의 유지와 발전을 위하여 언론매체의 언론의 자유 즉, 보도의 자유가 제 기능을 다하기 위해서는 ① 사회 내 존재하는 다양한 여론의 충실한 반영, ② 권력에 대한 비판과 감시라는 두 가지 조건을 충족하여야 한다. 이를 분설하면 다음과 같다.

우선, 언론매체는 사회 각계각층에 산재하는 다양한 여론을 보도할 수 있는 환경을 구비하여야 한다. 여론의 주체인 국민은 서로 다른 다양한 이해관계와 목적을 가진 존재이므로 그들이 가진 정치적 의사나 의견은 필연적으로 다원성을 띨 수밖에 없다. 사회 내 존재하는 이러한 다양한 의견이나 견해가 언론매체를 통하여 표출될 수 있고 널리 전파가 가능할 때 민주주의가 온전히 구현될 수 있다. 언론의 자유 특히, 매스미디어의 보도의 자유에서 제도보장적 성격을 보다 강조하는 것도 언론매체의 보도의 자유가 민주주의 실현에 기여하는 강한 공적 기능 때문이다. 따라서 언론매체가 각계각층의 다양하고 다원적인 여론을 충실하게 보도할 수 있도록 하는 물적·법적 기반을 조성할 필요가 있다. 언론의 독과점을 타파하고 지역 언론의 활성화를 도모해야 이유도 바로 다양한 여론을 국가권력 담당자와 사회 구성원들에 전달하고 전파하기 위한 목적에서 비롯된다.

다음으로, 언론매체의 언론의 자유가 민주주의의 방법적 기초로서의 기능을 제대로 수행하기 위해서는 외부적 압력이나 간섭 없이 권력에 대한 비판과 감시를 이행할 수 있어야만 한다. 대의민주주의가 보편화된 오늘날, 주권자로서의 국민은 자신을 대신하여 국가의사나 국가정책을 결정할 대표자(대표기관)를 선거를 통해서 선출하고 차기 선거를 통해서 대표자의 교체도 할 수 있는 헌법상의 권한을 가진다. 이러한 민주국가의 국정운영 시스템이 정상적으로 작동되기 위해서는 주권자인 국민이 나라가 어떻게 돌아가고 있는지, 자신이 선출한 대표자가 국정운영을 제대로 하고 있는지, 대표자가 자신의 권한을 남용하지는 않는지 등에 대하여 소상히 알 필요가 있다. 제대로 정확히 알아야만 주권자인 국민은 국정운영과 관련한 정치적 견해와 판단을 생성할 수 있으며 이러한 정치적 견해와 판단이 정립되어야만 선거를 통한 올바른 주권행사가 가능해지기 때문이다. 민주정체의 정상적인 작동을 위해 필요한 권력에 내한 비판과 감시는 개개인의 언론의 자유를 통해서도 실현가능하지만 대부분은 언론매체의 보도의 자유를 통하여 실현된다. 그러므로 권력에 대한 비판과 감시를 불가능하게 하거나 곤란하게 하는 제도의 법률적 차원에서의 도입은 헌법이 보장하는 언론의 자유에 대한 심각한 도전으로 간주될 수 있다.

결론적으로 언론의 자유가 가지는 제 가치 특히 민주주의 유지 및 발전에 기여하는 기능이 제대로 수행될 수 있기 위해서는 사회 내 존재하는 각계각층의 다양한 여론을 충실하게 반영할 수 있어야 하며 어떠한 압력이나 간섭을 받지 않고 언론이 권력에 대한 비판과 감시를 자유롭게 할 수 있어야 한다는 조건 내지 환경이 갖추어져야 한다. 그런데 2020년대 들어와서 이러한 조건 내지 환경 조성을 위협하는 입법시도와 사례들이 나타나고 있어 언론의 자유 측면에서 헌법적으로 면밀한 검토를 할 필요성이 제기된다. 이와 관련해서는 항을 바꾸어서 Ⅲ에서는 여론의 다양성 확보 측면에서 문제되는 사안들을 검토하고, Ⅳ에서는 권력에 대한 비판과 감시라는 측면에서 문제되는 사안들을 상세히 검토하고자 한다.

Ⅲ 여론의 다양성 확보 차원에서 최근 문제되는 사안

1. 법조기자단 사안

1) 사안의 경과

행정부를 비롯한 거의 모든 국가기관과 지방자치단체는 효율적인 국정홍보와 국민의 알권리 보장을 위한 취재의 편의제공을 목적으로 출입기자 등록제와 기자실을 운영하고 있다. 출입기자 등록제와 기자실 운영에 관한 일반적인 법률은 존재하지 않으며 이를 운영하는 국가기관 또는 지방자치단체가 행정규칙인 내규[16]·규정[17] 또는 지방자치단체의 조례[18] 등을 통하여 이에 관한 사항을 규율[19]하고 있다.

취재의 편의와 효율적인 국정홍보 등의 목적에서 운영되고 있는 출입기자단은 일정한 요건을 갖춘 언론매체와 소속 기자에게 열려 있어 기자단 참여에 장벽이 없도록 개방적으로 운영될 필요가 있지만 높은 진입장벽의 존재 등 여러 사유로 기자단이 폐쇄적으로 운영되고 있는 국가기관도 상당수인 것이 현실이기도 하다. 폐쇄적인 기자단 운영의 대표적인 사례로는 법원과 검찰청의 기자단인 소위 '법조기자단'을 들 수 있다.[20] 신생 언론매체 소속 기자 혹은 기자단 미가입 언론매체 기자가 법원이나 검찰청을 출입하고 기자실을 사용하기 위해 청사 기자실 사용 및 출입증 발급 신청을 청사 관리주체에게 할 경우 기자실 사용 및 출입증 발급 여부를 출입기자단에게 전적으로 위임하여 기존 법조출입기자단이 신생 매체 혹은 기자단 미가입 매체 소속 기자의 기자단 가입 여부를 판단하여 가입을 허용하면[21] 청사 관리주체가 이를 수용하여 허락하는 것이 법조기자단 운영에서 관행처럼 정립되었다.

위와 같은 법조기자단의 폐쇄적인 운영에 대하여 언론매체 「미디어오늘」이 서초동 서울법원종합청사의 관리주체인 서울고등법원을 상대로, 「뉴스타파」와 「셜록」은 검찰청사를 관리하는 서울고등검찰청을 상

---

16) '국회출입기자 등록 및 취재 지원 등에 관한 내규'가 대표적이다. 사법부에서는 '법원홍보업무에 관한 내규', '법원청사 관리내규'를 마련하고 있다.

17) '서울검찰청사 관리 및 운용에 관한 규정'이 대표적이다.

18) '수원시 지역언론 육성 및 지원에 관한 조례'(경기도 수원시조례 제3917호)가 대표적이다.

19) 출입기자 등록 및 기자단 운영을 규율하는 법령이나 행정규칙을 마련하지 않은 채 운영하고 있는 국가기관도 상당수에 이른다.

20) 특히 검찰 기자단의 폐쇄적인 운영 방식과 관련하여 2020년 11월 검찰기자단 폐지 국민청원이 청와대 홈페이지 게시판에 올라와 약 34만 명이 이에 동의를 하였다. 청와대는 2021년 1월 26일 검찰 기자단 운영 방식을 개선할 필요성이 있다는 답변을 하였다.

21) 가입허용을 위해서는 신생매체 등이 3명 이상의 기자로 구성된 법조 팀을 6개월 이상 운영하면서 법조 기사를 꾸준히 써야 하고, 기자단의 찬반 투표를 거쳐 기자단 재적 인원 3분의 2 이상 출석과 과반수 이상이 찬성해야 한다.

대로 '기자실 사용 및 출입증 발급 거부 취소 소송'을 2021년 3월 제기했다. 미디어오늘이 제기한 행정소송은 2021년 11월 19일 서울행정법원이 취소판결을 함으로써 원고인 미디어오늘의 손을 들어주었다. 피고 서울고법의 항소로 2심이 진행되었는데 2022년 7월 13일 서울고등법원 제11행정부가 1심 판결을 취소하고 미디어오늘의 청구를 각하했다. 이에 원고의 상고로 대법원의 최종심판을 기다리고 있다. 한편 뉴스타파·셜록이 서울고검을 상대로 제기한 행정소송은 2022년 6월 9일 서울행정법원 제12재판부가 '기자실 사용 여부 등을 법조 출입 기자단 결정에 맡기는 검찰의 관행이 위법하다'는 취지로 원고승소 판결을 선고하였고 이에 대하여 현재 서울고검이 항소한 상태이다.

2) 법조기자단의 운영방식과 언론매체의 보도의 자유

법원이나 검찰청 청사 기자실 사용 및 출입증 발급을 위해서는 법조기자단에 가입하여야 하며 법조기자단에 가입하지 않은 기자와 비교할 때, 법조기자단에게는 단순한 취재의 편의제공 수준을 넘어 여러 가지 혜택을 부여하고 있다. 대표적으로 기자단 소속이 아닌 기자에겐 판결문을 직접 제공하지 않는다는 점, 기자단 소속 기자들만이 공보판사실에 들러 판결문을 공개 열람할 수 있다는 점, 기자단 소속 기자들만이 기자실을 독점적·배타적으로 사용할 수 있다는 점, 유명 사건 피의자의 구속영장 발부 결과와 같은 긴급 공보 자료도 기자단에만 제공되고 법정 내 노트북 사용에도 기자단에 더 높은 수준의 편의가 제공되는 점 등을 들 수 있다.

따라서 출입기자단에게 다양한 혜택을 부여하면서도 출입기자단 가입 여부를 기존 출입기자단의 투표로써 사실상 결정하고 이를 토대로 공물관리주체가 기자실 사용 및 출입증 발급 여부를 기계적·형식적으로 허가한다는 것은 합리적 근거 없이 자의적인 차별적 취급을 하는 것으로 평등원칙을 위반하는 것일 뿐만 아니라 아무런 법률적 근거도 없이 국가기관이 언론매체의 취재의 자유를 제약하는 것으로 헌법상 보장된 언론의 자유에 대한 중대한 제한이 된다. 또한 이러한 법조기자단 운영행태는 다양한 관점을 가진 여러 언론매체가 법원과 검찰청을 상대로 자유롭게 취재하는 것을 곤란하게 함으로써 다양한 시각에서 법조영역에 관한 사항이 보도되는 것을 원천적으로 막아 여론의 다양성 확보에도 장애가 되고 권력에 대한 비판과 감시라는 언론의 공적 책무 수행에도 지장을 초래한다. 법원이나 검찰청 청사관리주체가 기자실 사용 및 출입증 발급 여부를 전적으로 출입기자단에 위임할 것이 아니라 이러한 문제를 취급함에 있어서 국회가 국회규칙인 '국회출입기자 등록 및 취재 지원 등에 관한 내규' 제정을 통해서 국회 스스로 일정한 요건을 구비한 언론매체와 소속 기자들에게 국회출입 및 기자실 사용을 허가하는 것처럼 공물의 관리주체가 스스로 결정권을 행사하는 방향으로 개선할 필요성이 크다고 하겠다.

2. 대기업의 방송사 주식·지분 소유제한 문제: SBS 사안

1) 문제의 소재

언론기업의 대기업화, 독점화에 따른 여론의 독점과 왜곡을 방지하기 위하여 신문법 등 미디어 관련 법률은 신문·방송·통신 간 겸영 금지를 규정[22]하고 있었다. 이러한 신문·방송·통신 의 원천적 겸영 금지는 미디어 업계가 규모의 경제를 실현하는데 지장을 초래하고 언론매체 사이의 융합화 추세 등 언론 환경에도 적합하지 않다는 비판

---

22) 대표적으로 「신문 등의 자유와 기능보장에 관한 법률」(법률 제7369호) 제15조 제2항(일간신문과 뉴스통신진흥에 관한 법률의 규정에 의한 뉴스통신은 상호 겸영할 수 없으며, 방송법에 의한 종합편성 또는 보도에 관한 전문편성을 행하는 방송사업을 겸영할 수 없다)이 있었다.

을 지속적으로 받아왔다. 그리하여 2006년 헌법재판소는 신문 등의 자유와 기능보장에 관한 법률 제15조 제2항과 제3항[23]에 대하여 이종(異種) 매체 사이의 겸영금지는 합헌이지만 동종 매체 사이의 일률적 겸영금지는 직업의 자유와 재산권을 침해한다는 이유로 헌법불합치결정을 내렸다.[24] 2006년 헌법재판소 결정을 반영하는 동시에, 언론환경에 부합하고 신문의 자유와 신문산업 발전을 위한 법적 기반을 획기적으로 확충할 목적에서 「신문 등의 진흥에 관한 법률」이 2010년 새롭게 제정되었는데 동법은 일간신문과 뉴스통신의 상호 겸영금지를 폐지하고 일간신문·뉴스통신 또는 방송사업법인의 주식·지분 소유자의 일간신문법인의 주식 및 지분 취득 제한을 폐지하였다.

이러한 변화에도 불구하고 여론의 다양성 확보 및 여론의 독과점과 이에 따른 여론 왜곡 방지를 위하여 미디어 관련 법률은 일정한 규제조항을 여전히 두고 있다. 「신문 등의 진흥에 관한 법률」은 대기업의 일반일간신문 소유 등을 제한하는 조항[25]을 두고 있으며 특히 방송법은 좀 더 엄격한 제한 규정을 마련하고 있다. 즉 누구든지 대통령령으로 정하는 특수한 관계에 있는 자가 소유하는 주식 또는 지분을 포함

---

23) 신문 등의 자유와 기능보장에 관한 법률 제15조 3항: 일간신문·뉴스통신 또는 방송사업을 경영하는 법인이 발행한 주식 또는 지분의 2분의 1 이상을 소유하는 자(대통령령이 정하는 동일계열의 기업이 소유하는 경우를 포함한다)는 다른 일간신문 또는 뉴스통신을 경영하는 법인이 발행한 주식 또는 지분의 2분의 1 이상을 취득 또는 소유할 수 없다.

24) 헌재 2006.6.29. 2005헌마165 등.

25) 제18조(대기업의 일반일간신문 소유제한 등)
① 「독점규제 및 공정거래에 관한 법률」 제2조 제11호에 따른 기업집단 중 자산총액 등 대통령령으로 정하는 기준에 해당하는 기업집단에 속하는 회사와 그 계열회사(대통령령으로 정하는 특수한 관계에 있는 자를 포함한다)는 일반일간신문을 경영하는 법인이 발행한 주식 또는 지분의 2분의 1을 초과하여 취득 또는 는 소유할 수 없다.
② 일반일간신문을 경영하는 법인의 이사(합명회사의 경우에는 업무집행사원, 합자회사의 경우에는 무한책임사원을 말한다) 중 그 상호 간에 「민법」 제777조에 따른 친족관계에 있는 자가 그 총수의 3분의 1을 넘지 못한다.

하여 지상파방송사업자 및 종합편성 또는 보도에 관한 전문편성을 행하는 방송채널사용사업자의 주식 또는 지분 총수의 100분의 40을 초과하여 소유할 수 없으며(방송법 제8조 제2항), 「독점규제 및 공정거래에 관한 법률」 제2조 제11호에 따른 기업집단 중 자산총액 등 대통령령으로 정하는 기준에 해당하는 기업집단에 속하는 회사(이하 "대기업"이라 한다)와 그 계열회사(특수관계자를 포함한다) 또는 「신문 등의 진흥에 관한 법률」에 따른 일간신문이나 「뉴스통신 진흥에 관한 법률」에 따른 뉴스통신을 경영하는 법인(特殊關係者를 포함한다)은 지상파방송사업자의 주식 또는 지분 총수의 100분의 10을 초과하여 소유할 수 없으며, 종합편성 또는 보도에 관한 전문편성을 행하는 방송채널사용사업자의 주식 또는 지분 총수의 100분의 30을 초과하여 소유할 수 없다(방송법 제8조 제3항). 만약 방송법 제8조 제2항과 제3항을 위반하여 주식 또는 지분을 소유한 자는 그 소유분 또는 초과분에 대한 의결권을 행사할 수 없을[26] 뿐만 아니라 방송법 제18조 제1항[27]에 따른 각종 제재처분을 받을 수 있다.

  미디어관련 법률이 정하고 있는 소유 등 제한과 관련하여서는 그동안 별다른 문제가 발생하지 않았지만 최근 서울방송의 대주주인 태영(TY홀딩스)이 「독점규제 및 공정거래에 관한 법률」 제2조 제11호에 따른 기업집단 중 자산총액 등 대통령령으로 정하는 기준에 해당하는 기업집단[28]에 포함됨으로써 지상파방송사업자인 서울방송 주식 총수

---

26) 방송법 제8조 제12항.
27) 방송법 제18조 제1항: 방송사업자·중계유선방송사업자·음악유선방송사업자·전광판방송사업자 또는 전송망사업자가 다음 각 호의 어느 하나에 해당하는 경우에는 과학기술정보통신부장관 또는 방송통신위원회가 소관 업무에 따라 허가·승인 또는 등록을 취소하거나 6개월 이내의 기간을 정하여 그 업무의 전부 또는 일부를 정지하거나 광고의 중단 또는 제16조에 따른 허가·승인의 유효기간 단축을 명할 수 있다.
28) 방송법 시행령 제4조 제1항: 법 제8조 제3항에 따라 지상파방송사업 및 종합편성 또는 보도에 관한 전문편성을 행하는 방송채널사용사업을 겸영하거나 그 주

의 100분의 10을 초과 보유하게 되는 문제가 발생하였다.[29] 그리하여 방송법 관련 규정에 따라 서울방송의 대주주인 태영그룹이 서울방송 주식 총수의 100분의 10 초과 보유분을 매각하여야 하는지 여부, 방송통신위원회는 방송법 제8조 제3항이 금지하는 발행주식 총수의 100분의 10 초과 보유 사태를 해소하기 위하여 서울방송의 대주주인 TY홀딩스[30]에 대하여 시정명령을 내리를 수 있는지 등 복잡한 문제가 수면위로 부상하였다. 만약 TY홀딩스가 초과 보유 주식을 매각할 경우에는 최대 주주로서의 자격은 물론 서울방송에 대한 지배력마저 상실할 확률이 높다.

2) 견해의 대립

(1) 초과 보유분을 매각해야 한다는 견해

방송법 제18조 제1항에 따른 제재를 받지 않고 서울방송이 지상파 방송사업자 지위를 계속 유지하려면 태영그룹(TY홀딩스)이 서울방송 주식 총수의 100분의 10을 초과하는 주식을 매각하여야 한다는 견해이

식 또는 지분을 소유할 수 없는 기업집단에 속하는 회사와 그 계열회사는 「독점규제 및 공정거래에 관한 법률」 제2조 제11호 및 제12호에 따른 기업집단 및 계열회사 중에서 같은 법 제31조에 따라 지정된 상호출자제한 기업집단 중 상호출자제한 기업집단으로 지정된 날을 기준으로 자산총액이 10조원 이상인 기업집단에 속하는 기업으로 한다.

29) 서울방송의 주식소유 지분구조를 보면, TY홀딩스가 36.92%를 보유하고 있으며 국민연금(11.5%)과 브이아이피자산운용(8.02%), 한국투자신탁운용(7.98%)이 주요 주주로 되어 있다.

30) 그동안 서울방송의 대주주는 지주회사 설립, 인수합병 등으로 변화가 있었는데 서울방송 대주주의 변동관계를 간략히 설명하면 다음과 같다. 1990년 태영건설이 민방 사업자로 선정되어 서울방송 주식 30%를 보유한 최대주주가 되었다. 태영은 방송사의 소유·경영 분리를 명분으로 2008년 지주회사 SBS미디어홀딩스를 설립했고, 태영은 SBS미디어홀딩스 지분을 61.22%를 보유하며 SBS를 지배했다. 이후 태영그룹은 2020년 9월 투자사업 부문의 TY홀딩스와 건설전문 사업회사인 태영건설로 인적 분할에 나서며 지주회사 체제로 전환했고, SBS미디어홀딩스 최대주주였던 TY홀딩스는 2021년 SBS미디어홀딩스를 흡수합병함으로써 오늘날 TY홀딩스-서울방송 지배구조에 이르렀다.

다. 방송법 제8조에 따른 소유·지분 규제의 대상이 되는 대기업집단
의 기준인 '대통령령으로 정하는 자산총액'이 2008년 12월 31일 10조
원으로 정해진 이래 지금까지 변동이 없는 것은 시대상황과 우리의
경제규모 및 그동안의 경제발전에 비추어 적절하지 않다는 비판이 제
기되지만 입법정책적 차원에서의 자산총액 상향 조정은 별론으로 하
고 지금 현재의 방송법령의 규정을 지켜야 하며 서울방송에 대한 예
외적인 취급과 적용배제는 불가함을 그 근거로 한다.

(2) 방송법 부칙 제9조 제2항에 따라 주식을 계속 보유할 수 있다는 견해

방송법 제8조 제3항에도 불구하고 서울방송 사례의 경우에는 방송
법 부칙 제9조 제2항의 적용에 따라 TY홀딩스가 계속하여 주식을 보
유해도 위법이 아니라는 견해가 있다. 방송법 부칙 제9조 제2항은 지
금 현재의 방송법이 2000년 3월 새롭게 제정될 당시에 마련된 조항으
로, "이 법 시행당시 종전의 방송법 또는 종합유선방송법에 의하여 방
송사업의 허가를 받거나 그 주식 또는 지분을 소유하고 있는 자가 대
기업과 그 계열회사(특수관계자를 포함한다)에 해당되게 되는 경우에는
이 법 제8조 제3항 및 제4항의 규정에 불구하고 그 자가 소유하고 있
는 주식 또는 지분의 한도 안에서 주식 또는 지분을 계속 소유할 수
있다."고 규정하고 있다. 따라서 2000년 현재의 방송법이 제정될 당시
에 종전 방송법에 따른 방송허가를 받은 서울방송과 서울방송의 주식
을 소유하고 있었던 대영그룹(TY홀딩스)은 방송법 제8조 제3항의 소유
제한 조항에도 불구하고 계속 주식을 보유할 수 있다는 것이다.

3) 사안의 검토

방송법 제8조 제3항만을 놓고 본다면 서울방송의 최대주주인 TY홀
딩스는 공정거래위원회에 의하여 자산규모가 10조원을 넘는 대규모기
업집단에 지정됨으로써 서울방송 발행주식 총수의 100분의 10을 초과

하는 주식을 보유할 수 없는 것으로 이해할 수 있다. 하지만 방송법 부칙 제9조 제2항까지 고려하여 방송법 제8조를 해석한다면 결론은 달라질 수 있다. 그렇다면 방송법 부칙 제9조 제2항을 어떻게 해석하는 것이 타당하고 합리적인지를 생각해 보아야 한다.

방송법 부칙 제9조 제2항이 도입될 당시 방송법 제8조 제3항[31]이 대규모기업집단 중 대통령령이 정하는 기준에 해당하는 기업집단이 속하는 회사와 그 계열회사는 지상파방송사업자의 주식 또는 지분을 일체 소유할 수 없도록 규정하고 있었던 관계로, 방송법(법률 제6139호)이 제정되기 이전에 이미 지상파방송사업자의 주식 또는 지분을 소유하고 있었던 자가 방송법 시행 이후 대기업과 그 계열회사(特殊關係者를 포함한다)에 해당하게 될 경우에 보유하고 있던 주식 또는 지분을 모두 처분하여야 하고 이러한 상황은 방송법 제정 이전에 이미 취득한 법률상 지위에 소급적 변동을 강제하는 것임과 동시에 법치국가원리인 신뢰보호의 원칙에 위배되므로 기존의 법률관계를 존중하고 당사자의 신뢰이익보호를 위하여 마련된 것으로 이해하는 것이 타당하다. 따라서 방송법 시행 당시 종전의 방송법에 의하여 방송사업의 허가를 받았던 서울방송과 서울방송 주식을 소유하고 있는 태영그룹(TY홀딩스)은 부칙 제9조 제2항에 근거하여 방송법 제8조 제3항에도 불구하고 계속하여 그 주식을 보유할 수 있다고 해석하는 것이 타당하다. 소유제한 등과 관련하여 2000년 방송법 (폐지)제정 당시에는 대기업의 지상파방송사업자의 주식 또는 지분 일체 보유금지를 규정하고 있었으나 2009년 법 개정으로 현행과 같이 발행주식 총수의 100분의 10

---

31) 방송법(법률 제6139호) 제8조 제3항: 제2항의 규정에 불구하고 대규모기업집단 중 대통령령이 정하는 기준에 해당하는 기업집단이 속하는 회사(이하 "大企業"이라 한다)와 그 계열회사(特殊關係者를 포함한다) 또는 정기간행물의등록등에 관한법률에 의한 일간신문이나 통신을 경영하는 법인(特殊關係者를 포함한다)은 종합편성 또는 보도에 관한 전문편성을 행하는 방송사업을 겸영하거나 그 주식 또는 지분을 소유할 수 없다.

초과보유 금지로 완화되었는데 이러한 완화가 부칙 제9조 제2항의 도입취지를 고려한 해석에 영향을 주지는 않는다. 그러므로 현행 방송법 제8조 제3항이 규정하는 발행주식 총수의 100분의 10 초과보유 금지에도 불구하고 방송법 부칙 제9조 제2항에 따라 TY홀딩스는 기존 서울방송 주식을 계속하여 보유할 수 있다고 보아야 한다.

이와 같은 법해석론과는 별도로 입법정책적 측면에서는 방송법 제8조 소유 등 제한의 적용을 받는 대기업집단의 기준인 '자산총액 10조원' 부분을 증액할 필요성이 있다. 일정한 자산규모를 기준으로 방송의 소유제한 규제를 하는 방식은 2002년 말 방송법시행령 개정으로 도입되어 처음에는 자산총액 3조원 이상인 대기업이 규제 대상으로 되었다. 도입 당시인 2002년 한국의 GDP는 784조 7,410억원, 1인당 GDP는 1만 3,165달러 수준이었다. 그런데 2008년 소유 등 제한 규제를 받는 대기업 기준이 현재와 같은 자산총액 10조원으로 증액되었는데 2008년 한국의 GDP는 1,154조 2,160억원, 1인당 GDP는 2만 1,350달러였다. 2021년 한국 GDP 2071조 6,580억원, 1인당 GDP 3만 5,168달러라는 점을 고려한다면 2008년 제정된 자산총액 10조원을 14년째 고수한다는 것은 현실과 맞지 않아 보인다. 한국의 경제규모와 그동안의 물가상승률 등을 고려한다면, 방송의 소유제한 규제를 받게 되는 대기업집단의 범위를 자산총액 20조원(또는 15조원)으로 증액하는 것을 검토할 필요가 있다.

3. 지역언론매체의 고사 문제

1) 지역언론매체가 당면한 현황

서울에 본사를 두고 전국을 커버리지로 하는 중앙언론매체와 달리 일부 특별시·광역시·특별자치시·도·특별자치도 또는 시·군·자치구 지역을 주된 커버리지(보급지역)로 하는 지역언론매체는 2000년

대 들어와서 서울 중심의 뉴스 소비 성향의 심화, 중앙언론매체의 공격적 영업활동 및 활자매체의 영향력 쇠락 등 복합적 요인으로 인하여 중앙언론매체보다 상대적으로 빠른 쇠락의 길에 접어들었으며 2010년 이후 전개된 모바일 중심의 뉴스소비 행태와 유튜브를 중심으로 한 SNS의 발달 및 지역인재의 수도권으로의 유출 등의 복합적 원인이 결합되어 지역언론매체는 현재 그 존립기반마저 위태로운 상황을 마주하고 있다. 다음의 세 가지 사례는 2020년대 지역언론매체가 당면한 위기 상황을 잘 보여준다.

■ **사례 1**

한국ABC협회가 인증한 2020년도 발행부수 현황을 보면 상위 30위까지 순위 가운데 지역신문 10개 매체가 이름을 올렸지만 10개 매체의 유료발행부수를 모두 합산해도 약 39만 부에 불과하여 발행부수 1위인 중앙언론매체 조선일보의 40% 수준에 불과하고 매일신문을 제외한 9개 매체는 모두 유료발행부수 5만 부를 넘지 않는 참담한 수준이다.

■ **사례 2**

모바일 환경에서의 뉴스 소비는 포털의 비중이 절대적이다. 국내 양대 포털인 네이버와 다음으로부터 전재료, 광고료 등을 받는 최고 등급의 제휴인 콘텐츠제휴 매체에 2021년까지 지역언론은 단 3개 매체(매일신문, 부산일보, 강원일보)에 불과했다. 이 3개 매체도 포털 뉴스제휴평가위원회의 정식 심사를 통해 모바일 포털에 입점한 것이 아니라 기존 PC 웹체제에서 입점해 있었던 관계로 포털이 해당 매체의 기존의 지위를 존중하여 모바일 체제에서도 입점을 허용해주었기 때문에 가능했던 것이다. 그동안 많은 지역언론매체들이 포털 뉴스제휴평가위원회에 포털 입점 신청을 했지만 입점 심사에서 중앙언론매체에 밀려서 모두 탈락하였다.[32]

---

32) 국민 절대 다수가 포털을 통해 뉴스를 소비하는 환경에서 포털 내 최고 등급 제휴인 콘텐츠제휴 매체에 지역언론매체가 3개에 불과한 현실은 지역언론 매체의 고사와 지역의 목소리를 사장시킨다는 문제점을 인식하고 포털 뉴스제휴평가위

■ 사례 3[33)]

　　대구광역시에 기반을 둔 매일신문의 유튜브채널 TV매일신문은 지난해 10월 22일 '[관풍루 하이라이트] 원희룡 부인 정신과 전문의 강윤형 "이재명, 소시오패스 경향"' 제목의 유튜브 영상을 게시했다. 해당 영상이 유튜브에 올라온 후 여러 다른 매체에서 이 영상을 재가공해 보도에 사용했는데 해당 영상에 대한 조회수를 보면 2022년 1월 기준 TV매일신문이 올린 원 영상 조회수는 1만8267회로 가장 적은 반면, 중앙매체인 YTN이 재가공한 영상의 조회수는 617,279회를 기록했고 JTBC(407,222회), MBC(204,946회), 채널A(24,224회) 영상 조회수가 모두 TV매일신문 영상 조회수보다 높았다.

2) 지역언론매체의 존립을 보장해야 할 당위성

　　신문의 공적 기능 내지 책무는 세상에 발생하는 소식과 정보를 충실하게 전달하여 국민들의 다양한 의견 형성에 기여하는 것이다. 이와 같이 언론이 다양한 여론 형성에 이바지하기 위한 필요충분조건은 바로 다양한 시각과 관점을 가진 여러 언론매체가 존립하는 것이라 할 것이다. 다양한 언론매체가 다양한 시각을 통하여 국민들에게 정보와 지식을 전달함으로써 수용자인 국민들 또한 다양한 의사 형성이 가능해지게 된다. 그런데 다양한 언론매체가 존재하더라도 서울에 본사를 둔 소위 중앙 일간지들이 서울과 수도권 중심으로 벌어지는 뉴스를 중점적으로 보도하고 지방에서 발생한, 지방 거주 시민들에게는 어쩌

원회는 2021년 4월, 별도의 특별 심사전형을 통해 전국을 9개 권역별로 나누어 지역신문·방송사들이 경쟁을 통해 권역별로 가장 점수가 높은 1개 언론사만 콘텐츠제휴를 맺도록 하는 특별 심사규정을 도입하였다. 이러한 특별전형을 통해 선정된 8개 지역언론매체가 포털에 입점하여 2022년 1월 1일부터 네이버, 다음에서 뉴스를 서비스하고 있다.

33) 박한우·윤호영, "네트워크 미디어 유튜브에 나타난 서울중심 언론의 지역 언론 콘텐츠 전재: TV매일신문의 원희룡부인 인터뷰 사례 분석", 한국콘텐츠학회논문지 제22권 제6호, 한국콘텐츠학회, 2022, 138-141면.

면 더 중요한 소식을 소홀히 취급하게 되면 지방 거주 시민들은 정작 자신들에게 중요하고 자신들 생활에 더 영향력이 큰 소식을 접할 수 없게 된다. 우리 지방자치제가 전면적으로 시행된지 25년이 훌쩍 지났음에도 지방자치가 완전하게 뿌리내리지 못하고 중앙정치로부터 독립하지 못한 채 중앙정치에 예속되어 있는 것도 어쩌면 지역언론매체가 쇠락의 길로 접어든 것과 무관하지 않다. 그렇지 않아도 '서울공화국'이라는 말이 유행할 정도로 정치, 경제, 사회, 문화 등 생활의 모든 면을 서울이 압도하는 경향이 점점 더 심화되고 있는 상황에서 지역언론매체가 존폐의 위기 상황에 맞닥뜨려 있다면 여론의 다원성, 지방자치 나아가 한국 민주주의 발전에 장애요소로 기능할 것이다. 지역언론매체의 존립이 보장되도록 입법적, 정책적 노력을 경주해야 하는 것도 바로 이 때문이다.

3) 지역언론매체의 존립을 위한 대책

(1) 지역신문발전지원 특별법 제정과 상설법제화

2000년대 들어 열악한 환경에 처한 지역언론매체 특히 지역신문의 건전한 발전기반 조성을 통하여 여론의 다원화, 민주주의의 실현 및 지역사회의 균형 발전에 이바지함을 목적으로 지역신문발전지원 특별법이 2004년 3월 제정되었다. 이 특별법은 제정 당시 6년간 효력을 지속하는 한시법이었는데 2010년과 2016년 두 차례 기한 연장을 통해 2022년 12월 31일까지 효력을 유지하게 되었다. 하지만 지역신문의 건전한 발전기반을 조성하여 여론의 다원화, 민주주의의 실현 및 지역 균형 발전을 이루기 위해서는 지역신문에 대한 상시 지원을 할 필요성이 제기되어 부칙의 한시적 규정을 삭제하는 법 개정이 2022년 1월 이루어져 2022년 4월 12일부터 상설적인 법률로 2022년 8월 현재 시행되고 있다.

동 특별법에 의하면, 지역신문의 발전을 지원하기 위하여 문화체육관광부에 지역신문발전위원회를 설치하고[34] 지역신문의 발전과 지원을 위하여 정부의 출연금을 중심적 재원으로 한 지역신문발전기금을 조성하며[35] 동 기금을 ① 지역신문의 경영여건 개선을 위한 지원, ② 지역신문의 유통구조 개선에 관한 지원, ③ 지역신문의 발전을 위한 인력양성 및 교육·조사·연구, ④ 지역신문의 정보화 지원, ⑤ 그 밖에 지역신문의 경쟁력 강화와 공익성 제고를 위하여 필요한 사업으로서 대통령령으로 정하는 사업에 사용[36]하도록 규정하고 있다.

지역신문발전지원 특별법은 열악한 지역신문의 존립유지 및 발전을 위해 신문에 대한 우편·철도요금 감면 등과 같은 간접지원방식이 아니라 지역신문사에 대하여 직접적인 재정지원을 하는 직접지원방식을 채택하고 있는데 2004년 특별법 제정 이후 2021년까지 지역신문발전기금이 점진적으로 줄어드는 경향이 있었지만 한시법에서 상시법으로 법 개정이 된 첫 해인 2022년 7월, 기획재정부는 문화관광체육부가 편성하여 제출한 '2023년도 지역신문발전기금 운용계획안'에서 소외계층 구독료지원, 지역신문활용교육(NIE)지원 사업비를 2022년 대비 10억 5000만원 대폭 삭감하여 문제가 되고 있다.

생각건대, 지역신문발전기금이 지역언론매체의 발전기반조성을 통한 여론의 다원성 확보와 지방권력에 대한 견제와 비판 기능 유지를 목적으로 한다는 점에서 지역 사회 취약계층의 정보 격차를 해소하고 지역 미래 독자의 읽기 문화 확산에 이바지하는 공익사업일 뿐만 아니라 지역신문 경영 여건을 개선하기 위한 핵심 사업인 구독료 지원 사업 예산을 대폭 삭감한 것은 지역신문발전지원 특별법의 입법취지에도 부합하지 않으며 특히 지역신문에 대한 지속적이고 안정적인 지원을 위해 한시법에서 상시법으로 전환한 목적에도 맞지 않는다. 여론

---

34) 지역신문발전지원 특별법 제7조.
35) 지역신문발전지원 특별법 제13조.
36) 지역신문발전지원 특별법 제15조.

의 다원성 확보와 민주주의의 실현 및 지역사회의 균형 발전에 기여
하기 위해서 구독료지원 사업 예산을 증액하지는 못한다 하더라도 전
년도 수준을 유지하는 것이 적절하다.

(2) 포털에서의 지역 기사의 활성화

오늘날 대부분의 한국민들은 모바일에서 포털을 통해 뉴스를 접하
는 것이 보편화되었다. 이러한 뉴스소비환경에서 포털 뉴스 콘텐츠제
휴 매체로 지역언론매체가 3개밖에 선정되지 못했다는 점은 문제가
많았다. 지난해 포털 뉴스제휴평가위원회가 특별심사를 통하여 지역언
론매체 8곳을 포털 콘텐츠제휴 매체로 선정한 것은 만시지탄이지만
바람직한 결정이었다. 그러나 아직도 포털에서 양적으로나 질적으로
뉴스 소비자의 선택을 받는 기사는 중앙언론매체의 중앙 관련 기사이
다. 이러한 현상이 발생하는 데는 몇 가지 이유가 있다. 첫째는 콘텐
츠제휴 매체로 선정된 지역언론매체마저도 포털 뉴스에 중앙관련 기
사를 많이 현출하고 지역관련 기사 현출 비율이 그리 높지 않기 때문
이다. 지역관련 기사는 아무래도 관심도가 떨어지고 그래서 뉴스소비
자가 클릭을 많이 하지 않기 때문에 중앙관련 기사보다 수입 면에서
불리하기 때문이다. 둘째, 포털의 뉴스 카테고리 분류에서도 '지역' 또
는 '지방'이라는 카테고리가 전면에 등장하지 않기 때문이다. 대표적
포털인 '네이버' 웹에서의 뉴스 카테고리는 '정치', '경제', '사회', '생활/
문화', 'IT/과학', '세계', '랭킹', '신문보기', '오피니언', 'TV', '팩트체크'
로 구성되어 있고 지방뉴스는 '사회' 카테고리 속의 하부 메뉴로 들어
가 있다.[37] 분류 카테고리에 없거나 1차적으로 시야에 들어오지 않기
때문에 자연스럽게 지역뉴스는 뉴스소비자의 관심에서 멀어질 뿐이다.
따라서 포털에서 지역뉴스가 활성화되고 다양화되려면 다음과 같은

---

37) 또 다른 포털인 'Daum'의 뉴스 카테고리는 '홈', '사회', '정치', '경제', '국제', '문
화', 'IT', '연재', '포토', '팩트체크'로 구성되어 있으며 지역 또는 지방 뉴스는 네
이버와 달리 하부 카테고리로도 분류하지 않고 있다.

방안의 도입을 고민해야 한다. ① 지역언론매체의 지역 뉴스의 경우 중앙매체의 중앙관련기사와 동일한 평면에서 동일한 기준으로 전재료, 광고료 등을 산정할 것이 아니라 지역뉴스에 대하여는 일정한 비율을 가산해 주는 방식으로 전재료, 광고료 수입을 정산할 필요가 있다. 그래야만 지역언론매체가 지역관련 뉴스를 지금보다 더 많이 보도할 것이기 때문이다. 기사에 대한 조회수를 기준으로 수입을 보장하는 현행 방식으로는 지역뉴스의 활성화를 기대하기 어렵다. ② 포털의 뉴스 카테고리에 '지역' 또는 '지방' 카테고리가 '정치', '경제', '사회' 등과 대등하게 나란히 표기되어야 한다. 지역관련 기사가 인기가 없으니 포털에서 지역 카테고리가 사라지거나 하부 카테고리에 배치하게 되고 이러한 행태는 다시 지역관련 뉴스를 뉴스소비자로부터 외면받게 하는 악순환을 낳게 된다. ③ 위치기반 서비스를 활용하여 뉴스소비자가 접속하는 지역의 뉴스가 우선적으로 현출되는 방식을 선택할 수 있도록 하는 것도 고려할 만하다.

Ⅳ 권력에 대한 비판과 감시 측면에서 최근 문제되는 사안

1. 「언론중재 및 피해구제 등에 관한 법률」 개정안 사태

1) 「언론중재 및 피해구제 등에 관한 법률」 개정안 관련 입법 경과

언론사의 언론보도로 인하여 침해되는 명예나 권리 그 밖의 법익에 관한 다툼이 있는 경우 이를 조정하고 중재하는 등의 실효성 있는 구제제도를 확립함으로써 언론의 자유와 공적 책임을 조화하는 것을 목적으로 2005년 제정된 「언론중재 및 피해구제 등에 관한 법률」(이하에서는 '언론중재법'으로 약칭함)은 그간 개별 법률들에 산재해 있던 언론보도로 인한 피해의 구제를 단일화하였다는 점에서 그 의의를 찾을 수 있다. 언론중재법은 언론보도로 인한 피해 구제와 관련하여, 언론보도 또는 게재로 인한 분쟁조정·중재 및 침해사항을 심의하기 위한 언론중재위원회 설립, 기존의 손해배상제도와 구별되는 새로운 피해구제수단으로서 정정보도청구권·반론보도청구권·추후보도청구권 제도 신설 및 조정과 중재의 구분 등을 새롭게 규정하였다.

  2005년 언론중재법 제정 이후 2022년 7월 31일 현재까지 총 5차례 법 개정이 이루어졌지만 2009년 법개정을 제외한 나머지 4차례의 개정은 다른 법률 개정 사안을 반영한 것이거나 법문장의 한글화 그리고 중재위원 결격 사유의 추가라는 경미한 법 개정이었다. 언론중재법에 대한 실질적인 개정은 2009년 개정이 사실상 유일한데, 2009년 법 개정은 기존 언론중재법 조항에 대한 헌법재판소의 위헌결정을 반영하여 이를 결정취지에 맞게 정비하고 언론중재법 적용 대상에 인터넷 뉴스서비스와 인터넷 멀티미디어 방송을 추가하는 등 그동안 운영상 나타난 미비점을 개선·보완하기 위한 목적이었다. 이처럼 언론중재법은 제정 이후 지금까지 5차례밖에 법 개정이 이루어지지 않았지만 기존의 언론중재법을 개정하기 위한 시도는 부단히 이루어지고 있었다. 제19대와 제20대 국회 입법기 동안 발의된 언론중재법 개정안은 21개에 달했지만 의회기의 만료로 인하여 전부 폐기되었다.[38] 2020년 5월 30일 시작된 제21대 국회에서는 정청래의원 등 11인이 발의한 「언론중재 및 피해구제 등에 관한 법률」 개정안(의안번호: 2100294)을 필두로 2022.7.31.까지 총 18개의 언론중재법 개정안이 발의 또는 제안[39]

---

38) 제19대와 제20대 국회에서 발의되었던 언론중재법 개정안의 세부 주요 내용에 대하여는 조소영, "언론중재법 개정안의 입법과정과 내용상의 쟁점", 언론과 법 제20권, 제3호, 언론중재위원회, 2021, 160-161면; 양재규, "언론분쟁조정제도 개선 방안에 대한 검토와 전망 – 언론중재법 개정안을 중심으로", 언론중재 통권 제158호, 언론중재위원회, 2021, 50-51면 참조.

39) 언론중재법 소관 상임위원회인 문화체육관광위원회가 위원회대안으로 제안한 법률안(의안번호: 2112222).

되었다. 제19대와 제20대 국회 8년의 입법기 기간 동안에 언론중재법 개정안이 21개 발의되었는데 제21대 국회 불과 2년의 기간 동안에 총 18개의 개정안이 발의 또는 제안된 것은 이례적이라 볼 수 있다. 이처럼 제21대 국회에서 언론중재법 개정안 발의가 큰 폭으로 증가한 이유 내지 배경에는 바로 2019년 대한민국을 흔들었던 이른바 '조국 사태'가 자리 잡고 있다.40) 가뜩이나 기성 언론 특히 보수 메이저 언론에 대하여 우호적인 감정을 갖고 있지 않았던 당시 여당인 더불어민주당은 2020년 4월 제21대 총선에서 국회 재적의원 과반수를 훌쩍 뛰어넘는 압승을 거두자 검·경 수사권 조정 및 고위공직자범죄수사처 신설과 함께 언론개혁 문제에 본격적으로 뛰어들어 소속 의원들이 언론중재법 개정안을 경쟁적으로 발의했다.

검·경 수사권 조정 등을 자신들의 뜻대로 완수한 여당은 2021년 서울시장과 부산시장 재·보궐선거에서 참패를 하자 그 원인이 보수 언론의 편파적인 보도 때문이라고 인식하면서 기존 언론환경을 그대로 두고 1년 후 실시될 제20대 대통령선거에 임할 경우 대통령선거에서도 자신들이 패배할 것이라는 위기감에 2021년 8월부터 언론중재법 개정에 집중하였다. 그리하여 2021년 8월 18일 야당인 국민의 힘 소속 위원들이 불참한 가운데 문화체육관광위원회 안건조정위원회를 개최하여 계류 중인 16개 언론중재법 개정안을 통합·조정하여 문화체육관광위원회 대안을 만들어 안건조정위원회를 통과시켰고 다음날인 8월 19일 문화체육관광위원회 전체회의를 개최하여 야당 상임위원들 전원이 불참한 가운데 위원회 대안을 통과시켰다. 8월 25일 법제사법위원회를 통과한 언론중재법 개정안(위원회 대안)은 원래 8월 30일 본

---

40) 이는 제21대 국회에서 발의된 언론중재법 개정안 17개가 모두 당시 여당이었던 더불어민주당 소속 의원들이 발의했고 소관 상임위가 대안으로 제안한 법률안도 상임위에서 다수를 차지하고 있던 더불어민주당 소속 위원장과 상임위원들이 추진했다는 점으로 충분히 추측할 수 있을 것이다.

회의에 회부하기로 했으나 여야 8인 협의체의 4번에 걸친 협상이 결렬되어 9월 27일 본회의에 상정하기로 여야 사이에 잠정 합의를 하였다. 하지만 그 사이에 여당의 언론중재법 개정안 강행처리에 대하여 국내·외에서 비판여론이 강하게 일어났고 계속된 여야 협상에도 불구하고 여야 간에 언론중재법 개정안 본회의 처리에 대하여 합의가 이루어지지 않아 여야는 당초에 잠정합의했던 9월 27일 본회의 상정을 철회하는 대신 여야 동수의 18인 위원으로 구성되는 「언론·미디어 제도개선 특별위원회」를 만들어 2021.12.31.까지 언론중재법 개정안을 포함한 언론과 미디어 전반에 관한 개선방안을 논의하기로 했다.

애초에 언론중재법 개정안을 강행처리하려던 여당이 법안의 본회의 상정을 철회하고 언론·미디어 제도개선 특별위원회를 구성하여 연말까지 법안에 대한 심도 있는 논의를 의도했지만 여·야 각 당의 제20대 대통령 후보 선출과 '대장동 사건'에 관한 격렬한 정쟁 등으로 별다른 소득 없이 언론·미디어 제도개선 특별위원회의 활동종료 시간이 다가왔고 국회는 2021.12.31. 본회의에서 언론·미디어 제도개선 특별위원회 활동시한을 2022년 5월까지 연장하는 결의안을 통과시켰다. 그러나 2022년 3월 9일 제20대 대통령선거일까지 언론·미디어 제도개선 특별위원회는 활동을 사실상 하지 않았고 2022년 3월 9일 실시된 제20대 대통령선거에서 더불어민주당이 패배함에 따라 언론개혁의 일환으로 언론중재법 개정을 추진했던 더불어민주당은 더 이상 언론중재법 개정안을 밀어붙일 동력을 상실하였다. 그리하여 언론·미디어 제도개선 특별위원회는 한 발짝도 전진하지 못한 채 2022년 5월 24일 활동을 종료하게 되었으며 2021년 여름 첨예한 대립 사태를 초래했던 언론중재법 개정안은 소리 소문 없이 사라졌다.

2) 언론중재법 개정안[41]의 주요 내용

국회 문화체육관광위원회가 기존에 발의되었던 16개의 언론중재법 개정안을 본회의에 부의하지 아니하기로 하는 대신 16개 언론중재법 개정안의 내용을 통합·조정하여 마련한 위원회 안의 주요 내용은 다음과 같다.

첫째, 언론중재위원회 위원의 정원을 상향 조정하고 위원의 자격요건을 강화하였다. 종전 언론중재위원회 위원 정수는 40명 이상 90명이내였는데 이를 60명 이상 120명 이하로 상향 조정했으며 종래에는 '법관의 자격 있는 사람' 또는 '변호사 자격이 있는 사람'으로 규정하고 있었던 위원의 자격요건을 '법관으로 5년 이상 재직한 사람', '변호사로 5년 이상 재직한 사람'으로 규정하여 위원 자격요건을 강화[42]하였다.

둘째, 언론중재법 개정안은 정정보도청구의 청구기간을 연장하는 등 정정보도청구권의 내용을 대폭 강화하였다. 현행 언론중재법은 해당 언론보도 등이 있음을 안 날부터 3개월 이내에, 해당 언론보도 등이 있은 후 6개월 이내에 그 언론보도 등의 내용에 관한 정정보도를 청구할 수 있도록 규정하고 있는데, 개정안에서는 정정보도 청구기간을 연장하여 해당 언론보도 등이 있음을 안 날로부터 6개월 이내에, 해당 언론보도 등이 있은 날로부터 1년 이내로 규정하고 있다. 정정보도의 청구방식도 다양화하여 서면, 전자우편, 인터넷 홈페이지를 통하여 정정보도를 청구할 수 있도록 하고 정정보도청구를 받은 언론사 등의

---

41) 2021년 8월 19일 문화체육관광위원회 전체 회의에서 위원회 안으로 제안한 개정안(의안번호: 12222)을 의미한다.

42) 이외에도 종전 언론중재법이 중재위원의 자격요건으로 '언론에 관하여 학식과 경험이 풍부한 사람'을 규정하고 있었는데 개정안에서는 이를 '언론에 관하여 학식과 경험이 풍부하거나 「신문 등의 진흥에 관한 법률」 제2조 제12호에 따른 독자 또는 「방송법」 제2조 제1호에 따른 시청자를 대표할 수 있는 사람'으로 보다 구체적으로 규정하고 있다.

대표자가 3일 이내에 청구인에게 수용여부에 대한 통지를 하지 않을 경우에는 정정보도 수용을 거부한 것으로 간주하는 내용을 신설하였다. 또한 정정보도의 요건도 대폭 강화하여 원칙적으로 원 보도와 같은 시간·분량 및 크기로 정정보도를 하도록 하되, 정정보도를 청구받은 내용이 원 보도의 일부인 경우에는 원 보도의 시간·분량 및 크기의 2분의 1 이상으로 하도록 강제하고 있으며 인터넷신문사업자 및 인터넷뉴스서비스사업자에게 정정보도를 쉽게 검색·확인할 수 있도록 필요한 기술적 조치를 취해야 하는 의무를 부과하는 조항을 새롭게 규정하고 있다.

셋째, 추후보도청구와 관련하여, 비위혐의와 관련된 행정처분을 받았다고 보도 또는 공표된 자가 관련 행정처분이 무효확인·취소판결 또는 이와 동등한 형태로 종결되었을 경우에도 추후보도를 청구할 수 있음을 새롭게 규정하고 있다.

넷째, 기사의 열람차단에 대한 정의[43]를 신설하고, 인터넷신문이나 인터넷뉴스서비스의 주요한 내용이 진실하지 아니하거나 사생활의 핵심영역을 침해하는 경우 및 인격권을 계속적으로 침해하는 경우 등으로 피해를 입은 자는 해당 기사의 열람차단을 청구할 수 있도록 하는 기사열람차단청구권을 신설하고 있다. 개정안은 기사열람차단청구권의 경우 정정보도청구권의 요건 및 행사에 관한 언론중재법 규정을 준용하도록 규정하고 있다.

마지막으로, 허위·조작보도에 대한 특칙을 규정하여 이른바 '징벌적 손해배상제도'를 언론보도로 인한 피해에 도입하고 있다. "허위·조작보도"의 개념을 허위의 사실 또는 사실로 오인하도록 조작한 정

---

43) "기사의 열람차단"이란 인터넷신문이나 인터넷뉴스서비스에 의하여 보도 또는 매개된 기사가 「정보통신망 이용촉진 및 정보보호 등에 관한 법률」 제2조 제1항 제4호에 따른 이용자에게 노출되지 않도록 차단·관리하는 것을 말한다(개정안 제2조 제17의2호).

보를 언론, 인터넷뉴스서비스, 인터넷 멀티미디어 방송을 통해 보도하거나 매개하는 행위로 정의하고, 법원은 언론 등의 고의 또는 중과실로 인한 허위·조작보도에 따라 재산상 손해 등이 있다고 판단되는 경우에 손해액의 5배를 넘지 않는 범위에서 손해배상액을 정할 수 있도록 하면서도 예외적으로 특정 범위의 사람[44]에 대한 언론보도 등과 공공의 이익을 위한 일정한 언론보도 등[45]에는 징벌적 손해배상제도의 적용을 배제하고 있다. 개정안은 징벌적 손해배상제도뿐만 아니라 징벌적 손해배상과 관련한 법률상 추정에 관하여도 규정하고 있는데, 언론보도 등이 ① 보복적이거나 반복적으로 허위·조작보도를 한 경우, ② 정정보도·추후보도가 있었음에도 정정보도·추후보도에 해당하는 기사를 별도의 충분한 검증절차 없이 복제·인용 보도한 경우, ③ 기사의 본질적인 내용과 다르게 제목·시각자료(사진·삽화·영상 등을 말한다)를 조합하여 새로운 사실을 구성하는 등 기사 내용을 왜곡하는 경우에 해당할 때에는 법원은 고의 또는 중과실이 있는 것으로 추정하도록 규정[46]하고 있다.

3) 언론중재법 개정안에 대한 찬성론과 반대론

여당이었던 더불어민주당이 강행처리를 시도했던 언론중재법 개정안에는 중재위원 정수의 증원과 자격요건 강화 등 타당한 내용도 포함되어 있었지만 언론보도에 대한 징벌적 손해배상제이 도입과 관련하여 이를 찬성하는 입장과 반대하는 입장이 첨예하게 대립되었고 이

---

44) 공직자윤리법 제10조 제1항 제1호부터 제12호까지에 해당하는 사람 및 그 후보자와 대통령령으로 정하는 대기업 및 그 주요주주, 임원.

45) ① 「공익신고자보호법」 제2조 제1호의 공익침해행위와 관련한 사항에 대한 언론보도, ② 「부정청탁 및 금품 등 수수의 금지에 관한 법률」에서 금지하는 행위와 관련한 사항에 대한 언론보도, ③ 그 밖에 제1호 및 제2호에 준하는 공적인 관심사와 관련한 사항으로 제4조 제3항에 따른 언론의 사회적 책임을 수행하는 데 필요하다고 인정되는 언론보도를 의미한다.

46) 개정안 제30조의2 제2항.

러한 찬·반 양론은 결국 언론중재법 개정안 자체에 대한 찬성과 반
대로 귀결되었다. 언론중재법 개정안에 대한 찬성론과 반대론의 내용
과 논거를 아래에서 살펴본다.

(1) 찬성론

언론중재법 개정안, 그 중에서도 징벌적 손해배상제 도입과 관련하
여 찬성하는 입장은 잘못된 언론보도 등으로 인한 피해를 구제하기
위하여 징벌적 손해배상제가 도입되어야 하며 허위·조작보도의 재발
방지와 억제 효과를 유도하기 위해서는 징벌적 손해배상제가 필요하
다고 한다.[47] 언론보도 등으로 인한 피해의 효율적인 구제를 위해 징
벌적 손해배상제도를 도입하여야 한다는 주장은 언론의 사회적 책임
과 한계를 규정하고 있는 헌법 제21조 제4항[48]을 주요 논거로 삼고
있다.

(2) 반대론

언론보도 등에 대한 징벌적 손해배상제 도입에 반대하는 입장[49]은
현행법 아래에서도 허위사실에 대한 보도의 경우 형법이나 정보통신
망 이용촉진 및 정보보호 등에 관한 법률에 따라 형사처벌이 가능하
고 민사상 손해배상청구도 가능함에도 불구하고 여기에 더하여 징벌
적 손해배상제도까지 도입하는 것은 이중적 제재가 될 소지가 다분하
고 징벌적 손해배상제도를 규정하고 있는 언론중재법 개정안 제30조
의2 내용 중 상당 부분이 모호하고 추상적인 규율을 하고 있어 헌법

---

47) 김준현·양재규, 언론에 대한 징벌적 손해배상 도입에 따른 법적·실무적 쟁점.
　　「2020년 언론중재위원회 토론회 종합보고서」. 언론중재위원회, 2020, 58-77면.
48) 헌법 제21조 제4항: 언론·출판은 타인의 명예나 권리 또는 공중도덕이나 사회
　　윤리를 침해하여서는 아니된다. 언론·출판이 타인의 명예나 권리를 침해한 때
　　에는 피해자는 이에 대한 피해의 배상을 청구할 수 있다.
49) 문재완, "언론보도에 대한 징벌적 손해배상의 헌법적 한계", 외법논집 제45권 제
　　3호, 한국외국어대학교 법학연구소, 2021; 지성우, "언론중재법 개정안에 대한
　　비판적 검토", 관훈저널 통권 제160호, 관훈클럽, 2021; 조소영, 앞의 논문 등.

상 명확성 원칙에 위배되며 무엇보다 징벌적 손해배상제도가 언론매체의 언론의 자유(보도의 자유)를 침해할 소지가 다분하다고 주장한다. 이러한 반대론의 입장은 언론의 자유는 헌법 제21조 제1항이 보장하고 있는 기본권으로 최대한 보호 내지 보장되어야 하며 언론의 자유가 가지는 헌법적 가치에 기반하고 있다.

4) 언론중재법 개정안의 쟁점에 대한 검토

(1) 쟁점 정리

언론중재법 개정안이 담고 있는 쟁점을 정리하면 다음과 같이 3가지로 정리할 수 있다. 첫째, 가장 논란이 되는 쟁점은 두말할 나위 없이 허위·조작보도에 대하여 징벌적 손해배상제를 도입하고 있는 점이다. 둘째, 언론사 등이 정정보도를 할 경우 원 보도와 같은 시간·분량 및 크기로 정정보도하는 것을 원칙으로 하되, 정정보도를 청구받은 내용이 원 보도의 일부분인 경우에는 원 보도의 시간·분량 및 크기의 2분의 1 이상으로 하도록 규정하고 있는 점이다. 마지막으로, 기사열람차단청구권을 도입하여 개정안 제17조의2 제1항의 사유가 있는 경우 언론보도 등으로 인하여 피해를 입은 자가 해당 인터넷신문사업자 또는 인터넷뉴스서비스사업자에게 해당 기사의 열람차단청구를 할 수 있도록 규정하고 있는 점이다.

(2) 각 쟁점별 검토

가. 소위 '징벌적 손해배상제' 도입 문제

언론중재법 개정안은 제30조의2를 신설하여 허위·조작보도에 대하여 손해액의 5배까지 배상하도록 하는 소위 '징벌적 손해배상제'를 도입하고 있다.[50] 즉, 언론중재법 개정안 제30조의2 제1항은 "법원은 언

---

50) 징벌적 손해배상제의 국내도입현황에 대하여 상세한 사항은 무재와, 앞의 논문, 5-8면 참조.

론 등의 고의 또는 중과실로 인한 허위·조작보도에 따라 재산상 손해를 입거나 인격권 침해 또는 그 밖의 정신적 고통이 있다고 판단되는 경우에 보도에 이르게 된 경위, 보도로 인한 피해정도, 언론사 등의 사회적 영향력과 전년도 매출액을 적극 고려하여 손해액의 5배를 넘지 않는 범위에서 손해배상액을 정할 수 있다."고 규정하고 있으며, 개정안 제2조 제17의3호는 허위·조작보도를 '허위의 사실 또는 사실로 오인하도록 조작한 정보를 언론, 인터넷뉴스서비스, 인터넷 멀티미디어 방송을 통해 보도하거나 매개하는 행위'로 개념정의를 하고 있다.

언론중재법 개정안이 새롭게 도입하려고 의욕했던 징벌적 손해배상제에 대하여는 언론보도 등으로 인하여 피해를 입은 자의 피해구제를 위해 도입의 필요성이 있고 헌법 제21조 제4항에 근거를 두고 있으므로 헌법적으로 도입에 따른 문제가 없다는 주장이 있다. 이러한 주장에 대하여 일부 수긍이 되는 측면이 있긴 하지만 다음과 같은 이유로 징벌적 손해배상제의 법률상 도입에는 헌법적으로 문제가 있다고 생각한다.

먼저, 허위의 보도, 사실로 오인케 하는 보도로 인하여 피해를 입은 자가 해당 피해를 구제받을 수 있는 제도가 민·형사상으로 충분히 구비되어 있음에도 현행 제도에 부가하여 새롭게 징벌적 손해배상제를 도입해야 할 당위성 내지 필요성이 있는가 하는 점이다. 언론보도 등으로 피해를 입은 자는 형법, 정보통신망 이용촉진 및 정보보호 등에 관한 법률에 따른 형사고소 등을 통하여 구제받을 수 있을 뿐만 아니라 민법 제750조, 제751조 등에 의하여 손해배상을 청구할 수 있다. 징벌적 손해배상제 도입에 찬성하는 견해는 언론보도 등으로 피해를 받은 자가 민법상 손해배상청구를 하는 경우 법원에서 인정하는 위자료 등 배상액이 현실적으로 적다는 점을 근거로 드는데 그렇다면 법원의 배상액을 현실화하는 방안을 모색하는 것이 오히려 현실성이 있고 피해자 구제에 더 바람직한 것이 아닌가 하는 의문이 든다.

둘째, 개정안이 도입하고 있는 징벌적 손해배상제는 손해액의 5배까지 배상액 인정을 가능하게 하고 있는데 이러한 과도한 배상액의 인정은 필연적으로 언론보도의 위축을 초래하게 되어 종국적으로 언론매체의 언론의 자유를 제한할 수밖에 없다.[51] 그렇다면 언론중재법 개정안이 도입하려는 징벌적 손해배상제는 과잉금지원칙을 위배하여 우리 헌법 제21조 제1항이 보장하는 언론의 자유를 침해하는지 여부를 면밀히 검토해 보아야 한다. 징벌적 손해배상제를 도입하려는 언론중재법 개정안이 입법목적의 정당성을 인정할 수 있겠지만 과연 수단의 적절성과 피해의 최소성을 인정할 수 있을지에 대하여는 회의적이다. 왜냐하면 손해액의 5배까지 배상할 수 있도록 하는 것이 민·형사상의 다른 수단이 충분히 갖추어져 있다는 점에서 입법목적을 달성하는데 적절한 수단이 될 수 있을지 의문이며 보도의 자유를 최소한도로 침해하는 수단인지도 의문[52]이기 때문이다.

셋째, 징벌적 손해배상제를 규정하고 있는 언론중재법 개정안 제30조의2가 기본권제한에서 요구되는 명확성의 원칙과 입법위임을 할 때 지켜야 하는 포괄위임금지의 원칙을 제대로 준수하고 있지 않다는 점이다. 개정안에 따르면, 언론 등이 허위보도 또는 조작보도를 할 경우 징벌적 손해배상책임을 지게 되는데 비록 개정안 제2조에서 허위·조작보도의 개념 정의를 하고 있음에도 불구하고 징벌적 손해배상책임의 요건사실인 허위·조작보도의 개념이 불분명하고 추상적이라는 비판을 피할 수 없다.[53] 개정안에서 정의하고 있는 허위·조작보도의 개념에 '의도성', '정치적·경제적 이득 추구' 등을 추가하여 이를 보다 구체화할 필요가 있고 특히 조작보도의 경우에 개정안의 정의처럼 '사

---

51) 같은 입장으로 지성우, 앞의 논문, 159면.
52) 이에 대하여 문재완 교수는 실제 손해의 5배를 징벌적 손해배상으로 할 수 있도록 하는 입법은 그 자체로 침해의 최소성 원칙을 위반한다고 보기 어렵지만 법익의 균형성 원칙에 위배된다는 입장이다. 문재완, 앞의 논문, 13-18면.
53) 같은 입장으로 지성우, 앞의 논문, 161면.

실로 오인하도록 조작한 정보'로 개념을 규정할 경우 피해자의 자의적인 법해석으로 징벌적 손해배상청구소송의 남발로 이어질 위험성이 농후하다. 그러므로 조작보도의 정의를 '검증된 사실로 오인하도록 하는 조작한 정보'로 재정의할 필요가 있다. 한편, 언론중재법 개정안 제30조의2 제3항은 징벌적 손해배상제를 적용하지 않는 인적 범위를 설정하고 있는데 적용이 배제되는 인적 범위로 '대통령령으로 정하는 대기업 및 그 주요주주, 임원'을 설정하고 있다. 우리 헌법 제75조는 법률이 위임명령에 어떤 사항을 위임하기 위해서는 '구체적으로 범위를 정하여' 위임하도록 하는 포괄적 위임입법금지 원칙을 규정하고 있다. 여기서 '구체적으로 범위를 정하여'라고 함은 법률 그 자체에 이미 대통령령으로 규정될 내용 및 범위의 기본적 사항이 구체적으로 규정되어 있어서 누구라도 당해 법률 그 자체에서 대통령령에 규정될 내용의 대강을 예측할 수 있어야 함을 의미하고 그렇게 하지 아니한 경우에는 헌법이 설정한 위임입법의 한계를 일탈한 것으로 위헌을 피할 수 없게 된다. 징벌적 손해배상제 적용에서 제외되는 '대기업 및 그 주요주주, 임원'이 어느 범위까지 대통령령으로 규정될지를 언론중재법 개정안 제30조의2 제3항으로는 미루어 짐작하는 것이 어렵다. 적용 배제되는 대기업이 10대 대기업인지, 30대 대기업인지, 100대 대기업인지 가늠하기 어렵고 주요주주는 발행주식의 몇 %를 보유한 주주가 적용배제 대상인지, 임원은 어느 범위까지가 적용배제 대상이 되는지 쉽게 예측할 수 없기 때문이다.

넷째, 언론중재법 개정안은 다양한 이유로 언론의 자유 특히, 언론 매체의 보도의 자유를 제약 내지 위축시켜 결국 언론의 공적 책무인 동시에 언론의 자유가 가지는 헌법적 가치인 (정치적·경제적·사회적) 권력에 대한 비판과 감시 기능의 약화를 초래하게 된다. 개정안이 언론의 자유를 위축시키는 이유로는 ① 최대 5배까지 가중된 손해배상액을 들 수 있다. 손해배상액이 손해액의 최대 5배까지 확장되면 피보

전금액의 증가로 인하여 손해배상을 청구하는 자가 언론사나 언론종사자를 상대로 고액의 가압류신청이 가능하게 되고[54] 이 자체로 상당한 위축효과를 가져오게 될 위험성이 높다. ② 징벌적 손해배상제를 도입하고 있는 법률은 2022년 7월 31일 현재 18개[55]에 이르는데 이 가운데 16개 법률은 손해배상액의 최고한도를 손해액의 3배로 규정하고 있으며 자동차관리법[56]과 신용정보의 이용 및 보호에 관한 법률[57]만 배상액 최고한도를 손해액의 5배로 규정하고 있다. 자동차관리법과 신용정보의 이용 및 보호에 관한 법률에서 손해액의 5배까지 가중적 손해배상을 허용하는 것은 법 위반으로 인한 피해가 광범위하고 생

---

54) 최근 호반건설은 비록 법원이 기각결정을 했지만 자사에 관한 비판적 보도를 한 KBS 정모 기자 개인을 상대로 10억원의 손해배상청구를 하면서 정모 기자의 급여에 대해 가압류신청을 했는데 이러한 호반건설의 행태에 대하여는 여러 비판이 제기되었다.

55) 현재 징벌적 손해배상제를 규정하고 있는 법률은 다음과 같다. ① 하도급거래 공정화에 관한 법률, ② 기간제 및 단시간근로자 보호 등에 관한 법률, ③ 파견근로자 보호 등에 관한 법률, ④ 대리점거래의 공정화에 관한 법률, ⑤ 개인정보보호법, ⑥ 신용정보의 이용 및 보호에 관한 법률, ⑦ 가맹사업거래의 공정화에 관한 법률, ⑧ 제조물 책임법, ⑨ 공익신고자 보호법, ⑩ 대규모유통업에서의 거래 공정화에 관한 법률, ⑪ 독점규제 및 공정거래에 관한 법률, ⑫ 환경보건법, ⑬ 축산계열화사업에 관한 법률, ⑭ 대·중소기업 상생협력 촉진에 관한 법률, ⑮ 특허법, ⑯ 부정경쟁방지 및 영업비밀보호에 관한 법률, ⑰ 산업기술의 유출방지 및 보호에 관한 법률, ⑱ 자동차관리법.

56) 자동차관리법 제74조의2 제2항: 제1항에도 불구하고 자동차제작자 등이나 부품제작자 등이 결함을 알면서도 이를 은폐·축소 또는 거짓으로 공개하거나 제31조 제1항에 따라 지체 없이 시정하지 아니하여 생명, 신체 및 재산에 중대한 손해를 입은 자가 있는 경우에는 그 자에게 발생한 손해의 5배를 넘지 아니하는 범위에서 배상책임을 진다.

57) 신용정보의 이용 및 보호에 관한 법률 제43조 제2항: 신용정보회사 등이나 그 밖의 신용정보 이용자(수탁자를 포함한다. 이하 이 조에서 같다)가 고의 또는 중대한 과실로 이 법을 위반하여 개인신용정보가 누설되거나 분실·도난·누출·변조 또는 훼손되어 신용정보주체에게 피해를 입힌 경우에는 해당 신용정보주체에 대하여 그 손해의 5배를 넘지 아니하는 범위에서 배상할 책임이 있다. 다만, 신용정보회사 등이나 그 밖의 신용정보 이용자가 고의 또는 중대한 과실이 없음을 증명한 경우에는 그러하지 아니하다.

명·신체에 대한 중대한 침해를 유발한다는 점을 입법자가 고려한 것으로 볼 수 있다. 하지만 언론 등의 허위·조작보도에 따른 피해가 이와 동등하거나 유사한 정도의 법익침해를 가져온다고 할 수 있을지는 심히 의문이다. ③ 개정안은 제30조의2 제2항에서 일정한 경우 법원으로 하여금 고의 또는 중과실이 있는 것으로 추정하도록 강제하고 있는데 이러한 입증책임의 전환이 법이론상 합리적이고 타당한지 의문이다. 소송법의 일반 이론상 불법행위로 인한 손해배상의 입증책임은 주장하는 자(피해가 발생했다고 주장하는 피해자)에게 있는 것이 원칙이지만 고도의 전문성을 요하는 분야라서 피해자의 입증이 곤란하거나 혹은 피해자와 가해자 사이의 정보의 불균형 등과 같은 사유가 존재하여 피해자로 하여금 입증하도록 하는 것이 형평에 맞지 않는 경우일 때 예외적으로 입증책임을 전환한다. 그런데 언론 등의 허위·조작보도의 사례가 과연 소송법상의 일반원칙에 대한 예외사유에 해당된다고 할 수 있을지는 의문이다. 최대 5배의 손해배상액을 규정하고 있는 자동차관리법[58]과 신용정보의 이용 및 보호에 관한 법률[59]에서도 입증책임을 언론중재법 개정안처럼 전환하고 있지 않다는 점은 시사하는 바가 크다. ④ 징벌적 손해배상제를 도입할 경우 권력에 대한 비판·감시 기능이 무력화된다는 비판적 여론을 반영하여 개정안은 제30조의2 제3항에서 공직자윤리법상 재산공개 대상자인 고위 공무원

---

58) 제74조의2 제3항: 제1항 또는 제2항의 손해를 입은 자가 다음 각 호의 사실을 증명한 경우에는 해당 자동차 또는 자동차부품에 제31조 제1항에 따른 결함이 있었고, 그 결함으로 인하여 손해가 발생한 것으로 추정한다. <신설 2020. 2. 4.>

　1. 해당 자동차나 자동차부품이 정상적으로 사용되는 상태에서 제1항 및 제2항의 손해가 발생하였다는 사실

　2. 제1호의 손해가 자동차제작자 등이나 부품제작자 등의 실질적인 지배영역에 속한 원인으로부터 초래되었다는 사실

　3. 제1호의 손해가 해당 자동차나 자동차부품의 결함 없이는 통상적으로 발생하지 아니한다는 사실

59) 신용정보의 이용 및 보호에 관한 법률 제43조 제2항 단서.

과 공기업 임원 등의 경우에는 징벌적 손해배상제의 적용을 배제하고 있는데 이와 같은 적용배제 대상이 합리적이고 실효성이 있는지 의문이다. 권력에 비판적인 언론에 대하여 공직자윤리법 제10조 제1항의 적용대상이 아닌 공무원을 동원하여 징벌적 손해배상청구를 함으로써 개정안 제30조의2 제3항을 우회할 수 있기 때문이다. 그리고 대법원 판례[60]에 의하면, 공무원을 포함한 공직자 개인에 대한 악의적이거나 심히 경솔한 공격으로서 현저히 상당성을 잃은 표현으로 평가되지 아니하는 한 언론보도에 대하여 쉽게 명예훼손책임을 인정하지 않음에도 불구하고 개정안 제30조의2 제3항이 고위 공무원에 대하여만 징벌적 손해배상제 적용을 배제하는 것은 실효성도 그다지 높지 않다고 할 것이다.

나. 기사열람차단청구권의 문제

언론중재법 개정안 제17조의2는 기사열람차단청구권을 신설하고 있는데, 인터넷신문이나 인터넷뉴스서비스를 통한 언론보도 등으로 인하여 개정안에서 정하는 사유로 피해를 입은 자는 해당 인터넷신문사업자 또는 인터넷뉴스서비스사업자에게 언론보도 등의 열람차단을 청구할 수 있도록 규정하고 있다. 개정안은 열람차단을 청구할 수 있는 사유를 ① 언론보도 등의 제목 또는 전체적인 맥락상 본문의 주요한 내용이 진실하지 아니한 경우, ② 언론보도 등의 내용이 개인의 신체,

---

60) 대법원 2011. 9. 2. 선고 2010도17237 판결: 정부 또는 국가기관의 정책결정이나 업무수행과 관련된 사항은 항상 국민의 감시와 비판의 대상이 되어야 하고, 이러한 감시와 비판은 이를 주요 임무로 하는 언론보도의 자유가 충분히 보장될 때 비로소 정상적으로 수행될 수 있으며, 정부 또는 국가기관은 형법상 명예훼손죄의 피해자가 될 수 없으므로, 정부 또는 국가기관의 정책결정 또는 업무수행과 관련된 사항을 주된 내용으로 하는 언론보도로 인하여 그 정책결정이나 업무수행에 관여한 공직자에 대한 사회적 평가가 다소 저하될 수 있더라도, 그 보도의 내용이 공직자 개인에 대한 악의적이거나 심히 경솔한 공격으로서 현저히 상당성을 잃은 것으로 평가되지 않는 한, 그 보도로 인하여 곧바로 공직자 개인에 대한 명예훼손이 된다고 할 수 없다.

신념, 성적(性的) 영역 등과 같은 사생활의 핵심영역을 침해하는 경우, ③ 그 밖에 언론보도 등의 내용이 인격권을 계속적으로 침해하는 경우로 설정하고 있다.

현재 뉴스 소비의 주된 행태가 인터넷을 기반으로 소비되고 있는 실정이고 인터넷 환경은 광파성(廣播性), 무한복제성, 반영구성이라는 특성을 가지고 있다. 인터넷을 중심으로 하는 이러한 미디어 환경 변화에 따른 언론보도의 피해를 구제하기에는 구시대 뉴스 제공방식인 신문과 방송에 최적화된 피해구제 방식으로는 적합하지도, 충분하지도 않다는 비판61)은 이미 오래전부터 제기되었다. 따라서 기사열람차단청구권을 언론중재법 개정안이 신설한 것은 전체적인 방향과 취지에서는 긍정적으로 평가할 수 있는 부분이다. 다만 다음과 같은 몇 가지 측면에서는 재검토가 필요하다고 할 것이다.

첫째, 기사열람차단청구권을 행사할 수 있는 요건이 포괄적이고 추상적으로 규정되어 있어서 오·남용의 위험성이 있다는 점이다. 언론보도 등으로 피해를 입은 자가 해당 기사에 대한 열람차단을 청구할 수 있는 요건이 불명확하고 추상적이면 차단청구권 행사를 남발할 수 있고 법원이 이를 인용할 경우 해당 기사는 온라인에서 사실상 퇴출되는 효과를 받게 되므로 언론매체의 보도의 자유를 심각하게 제약할 수 있다. 그러므로 기사열람차단청구권의 행사요건을 보다 더 명확하게 규정할 필요가 있다. 명확성 원칙을 견지하기 위해 개정안 제17조의2 제1항 제2호에서 정하고 있는 '사생활의 핵심 영역을 침해하는 경우'와 제17조의2 제1항 단서에서 규정하는 기사열람차단청구권 적용배제 사유인 '언론보도 등의 내용이나 표현이 공적인 관심사에 관한 것으로서 여론형성 등에 기여하는 경우'는 보다 명확하고 구체적으로 규

---

61) 구본권, "오래된 기사의 인터넷 유통과 피해 현황", 언론중재 통권 제119호, 언론중재위원회, 2011, 18면; 윤영철, "디지털시대 언론피해구제 개선방향에 관한 연구", 미디어와 인격권 통권 제1호, 언론중재위원회, 2015, 24면.

정할 필요가 있다. 한편, 인터넷에 현출된 언론보도 등은 사실상 반영구적으로 보존되므로 개정안 제17조의2 제1항 제3호의 요건[62]은 불필요한 요건이라 판단된다.

둘째, 개정안은 열람차단청구권에 대하여는 정정보도청구권의 요건 및 행사에 관한 규정을 준용하도록 하고 있는데 기존의 레거시미디어인 신문과 방송에 대한 피해구제 수단인 정정보도청구권 규정을 인터넷 미디어 환경에서의 피해구제를 위하여 새롭게 마련한 기사열람차단청구권에 준용하도록 하는 것은 적절하지 못하다. 특히 정정보도청구권의 행사는 현행 언론중재법상 해당 언론보도 등이 있음을 안 날부터 3개월 이내에, 해당 언론보도 등이 있은 후 6개월 이내에 할 수 있는데 인터넷신문이나 인터넷뉴스서비스를 통한 언론보도의 경우 인터넷이라는 매개체의 특성상 언론보도 등이 있은 후 얼마의 기간 동안 청구하도록 하는 것은 사실상 의미가 없다. 그러므로 기사열람차단청구권의 청구기간과 관련하여서는 언론보도 등이 있음을 안 날만을 기준으로 독립적으로 설정할 필요가 있다.[63]

다. 정정보도 방식의 강제 문제

현행 언론중재법은 언론사 등이 정정보도를 할 경우에는 특정한 방식과 형태를 강제하지 않고 '그 사실공표 또는 보도가 이루어진 같은 채널, 지면(紙面) 또는 장소에서 같은 효과를 발생시킬 수 있는 방법으로' 하도록 규정하고 있는데 반해, 개정안은 원칙적으로 정정보도를 같은 채널, 지면(紙面) 또는 장소에서 정정의 대상인 언론보도 등과 같은 시간·분량 및 크기로 보도하도록 강제하고 있다.

언론사 등이 정정보도를 할 경우 어떤 방식과 형태로 할 것인지는 신문의 경우는 편집의 자유, 방송의 경우는 편성의 자유 영역에 포함

---

62) 그 밖에 언론보도 등의 내용이 인격권을 계속적으로 침해하는 경우.
63) 같은 취지의 견해로, 양재규, 앞의 논문, 56면.

되어 언론사 등이 자유롭게 결정할 수 있음이 원칙이다. 그런데 과거에는 정정보도를 지면의 모서리 부분에 작게 기사화하거나 방송의 끝부분에서 짧게 언급하는 것이 보편적인 방식이었으므로 피해구제 측면에서 매우 미흡하였다. 그래서 언론중재법은 '무기대등의 원칙' 내지 '형평의 원칙'에 따라 원 보도와 동일한 효과가 발생할 수 있도록 정정보도를 해야 함을 규정하였다. 하지만 개정안은 현행 언론중재법에서 더 나아가 정정보도의 시간, 분량 및 크기를 법정화하여 원 보도와 같은 시간·분량 및 크기로 해야 함을 강제하고 있다. 이러한 개정안의 태도는 언론보도 등으로 인한 피해자의 피해구제 측면만을 지나치게 강조하고 언론매체의 언론의 자유에 속하는 편집·편성의 자유를 과도하게 침해하는 위헌성을 내포하고 있다. 이와 같은 정정보도의 방식 강제는 언론의 자유와 언론피해구제가 상호 충돌하는 상황에서 규범조화적인 해결방안을 모색함에 있어서도 바람직하지 않다고 할 것이다. 무기대등의 원칙과 형평의 원칙이라는 면을 고려하고 언론의 자유인 편집·편성의 자유도 기본권으로 보장되어야 한다는 점에서는 현행 언론중재법의 입법태도가 오히려 더 타당하다고 판단된다.

2. 공영방송[64]의 지배구조와 사장 선임의 문제

1) 서

미디어매체 가운데 방송매체도 언론의 자유의 일환으로서의 방송의 자유라는 기본권을 향유한다. 그리하여 방송매체는 국가권력으로부터 간섭이나 방해를 받지 않고 자유롭게 방송을 편성·제작·송출할 자

---

64) 현재 '공영방송'이란 용어의 정의를 내리고 있는 법률은 존재하지 않고 '공영방송'이란 용어도 공직선거법(제8조의7, 제82조의2, 제137조의2 등)에서 거의 유일하게 사용되고 있다. 문화방송이 공영방송에 해당하는지에 관해서는 논란의 여지가 있지만 특별한 사정이 없는 한 본 항에서는 한국방송공사, 문화방송, 한국교육방송공사를 공영방송으로 분류하고자 한다.

유를 가지며 여론의 형성을 통한 사회의 비판과 감시 및 민주주의 구현이라는 공적 책무 내지 공적 기능을 담당한다. 이처럼 방송매체도 언론의 자유를 가지고 사회의 다양한 여론을 수집하여 국가와 국민에게 전달한다는 공적 기능을 수행한다는 점에서 인쇄매체와 기본적으로는 동일하지만 방송이 한정된 국가자원인 주파수를 사용한다는 점, 방송이 사회에 미치는 영향력이 막중하다는 점 등을 근거로 방송매체의 방송의 자유는 신문의 자유보다 상대적으로 많은 제약과 규제를 받는다. 방송 관련 법률들이 헌법이 보장하는 방송의 자유를 구체적으로 형성하는 성격을 가지는 동시에 방송의 자유를 규제하는 성격을 띠는 것도 바로 이 때문이다.

현행 제6공화국 헌법이 시행된 이후 그간 방송관련 법률들은 방송의 독립성, 공정성, 공익성 등을 구현하기 위하여 필요한 사항들을 규정함으로써 방송의 자유를 구체화하는 노력을 경주해 왔다. 이러한 노력에도 불구하고 방송 관련 법률에서 여당과 야당, 방송 경영진과 방송근로자 사이에서 첨예한 대립과 갈등을 보여준 것은 바로 공영방송의 지배구조와 사장 선임 방식의 문제였다. 공영방송의 지배구조와 사장 선임 방식에 관하여 첨예한 대립을 하는 결정적인 이유는 방송이 가지는 정치적, 사회적 영향력이 여전히 중대하여 정권을 장악한 정치세력이 방송을 장악하려는 유혹을 떨치지 못하기 때문이다.

최근 국회 다수당 지위를 가진 더불어민주당이 공영방송 지배구조 개선과 새로운 사장 선임방식을 주요 골자로 하는 방송관련 법률개정 안[65]을 소속 의원 전원 명의(대표발의: 정필모의원)로 발의했다. 2019년부터 2021년까지 더불어민주당은 검·경 수사권조정과 검찰수사권 박탈 문제에 집중하느라 이 문제를 등한시하였는데 검·경 수사권조정

---

65) 방송통신위원회의 설치 및 운영에 관한 법률 일부개정법률안, 방송법 일부개정 법률안, 방송문화진흥회법 일부개정법률안, 한국교육방송공사법 일부개정법률안 을 말한다.

과 검찰수사권 박탈 문제가 해결되고 제21대 후반기 원구성을 완료하면서 공영방송 지배구조 등의 문제를 다루는 소관 상임위원회인 과학기술정보방송통신위원회 위원장을 앞으로 1년간 더불어민주당이 맡기로 함에 따라 더불어민주당이 당론으로 채택하여 발의한 방송관련 법률안 개정안의 처리에 속도가 붙을 전망이다.

이하에서는 공영방송의 지배구조와 관련하여 현행 법률은 어떻게 규율하고 있는지 먼저 살펴본 다음, 더불어민주당이 발의한 법률개정안의 내용을 살펴보고 문제점을 검토하는 순서로 논의를 진행하고자 한다.

2) 공영방송 지배구조와 사장 선임과 관련한 현행 법률

현재 대한민국의 지상파방송사업자는 2 공영방송 - 1 반(半) 공영방송 - 민영방송 3분할 체계로 구성되어 있다. 이러한 지상파방송사업자 가운데 공영방송인 KBS는 방송법에서, EBS는 한국교육방송공사법에서, 반 공영방송인 MBC는 방송문화진흥회법에서 각각 근거조항 및 규율조항을 두고 있다. 공영방송사들은 모두 공사의 경영에 관한 최고 의결기관으로 이사회를 두고 있는데 이사회의 구성원인 이사 임명과 사장 선임과 관련하여 방송주무 부서인 방송통신위원회가 실질적으로 간여하고 있다. 그러므로 방송통신위원회의 구성방식과 권한 등에 관하여 먼저 살펴본 다음 공영방송의 현행 지배구조를 살펴보기로 한다.

(1) 방송통신위원회의 구성과 권한

방송과 통신에 관한 규제와 이용자 보호 등의 업무를 수행하기 위하여 대통령 소속으로 방송통신위원회를 설치하고[66] 위원장 1인, 부위원장 1인을 포함한 5인의 상임인 위원으로 구성[67]한다. 위원장 및 위

---

66) 방송통신위원회의 설치 및 운영에 관한 법률 제3조 제1항.
67) 방송통신위원회의 설치 및 운영에 관한 법률 제4조 제1항.

원은 방송 및 정보통신 분야의 전문성을 고려하여 대통령이 임명하는데 위원 5인 중 위원장을 포함한 2인은 대통령이 지명하고 3인은 국회의 추천을 받아 임명을 한다. 이 경우 국회는 위원을 추천할 때 대통령이 소속되거나 소속되었던 정당의 교섭단체가 1인을 추천하고 그 외 교섭단체가 2인을 추천한다.[68] 위원의 임기는 3년으로 하되, 한 차례에 한정하여 연임할 수 있다.[69] 방송통신위원회 위원 구성을 전적으로 정치적 국가기관인 대통령과 국회에 맡겼기 때문에 추천자와 정치적 색채를 같이 하는 위원으로 방송통신위원회가 구성되는 이와 같은 현상을 가리켜 이른바 '정치적 후견주의'라 명명하고 있다.

방송통신위원회의 설치 및 운영에 관한 법률 제11조 제1항은 방송통신위원회의 소관사무를 열거하고 있는데[70] 법 제12조에서 규정하고 있는 소관 사무에 대하여 방송통신위원회는 심의·의결 권한을 가진다. 방송통신위원회의 심의·의결 사항 중 공영방송 지배구조와 관련한 사항으로는 ① 한국방송공사의 이사 추천 및 감사 임명에 관한 사항,[71] ② 방송문화진흥회의 이사 및 감사 임명에 관한 사항,[72] ③ 한국교육방송공사의 사장·이사 및 감사의 임명에 관한 사항[73]이다. 한편, 방송통신위원회의 회의는 재적위원 과반수의 찬성으로 의결하도록 규정[74]하고 있으므로 한국방송공사의 이사 추천 등 공영방송의 지배구조와 관련한 심의·의결에서도 당연히 재적위원 과반수 찬성이 필

---

68) 방송통신위원회의 설치 및 운영에 관한 법률 제5조.
69) 방송통신위원회의 설치 및 운영에 관한 법률 제7조 제1항.
70) ① 방송광고정책, 편성평가정책, 방송진흥기획, 방송정책기획, 지상파방송정책, 방송채널정책에 관한 사항, ② 조사기획총괄, 방송통신시장조사, 방송통신이용자 보호, 시청자 권익증진, 인터넷 윤리, 건전한 인터넷 이용환경 조성에 관한 사항, ③ 방송용 주파수 관리에 관한 사항, ④ 그 밖에 이 법 또는 다른 법률에서 위원회의 사무로 정한 사항.
71) 방송통신위원회의 설치 및 운영에 관한 법률 제12조 제2호.
72) 방송통신위원회의 설치 및 운영에 관한 법률 제12조 제3호.
73) 방송통신위원회의 설치 및 운영에 관한 법률 제12조 제4호.
74) 방송통신위원회의 설치 및 운영에 관한 법률 제13조 제2항.

요하다.

(2) 한국방송공사의 지배구조

한국방송공사는 방송법 제4장에서 설치근거를 두고 있는데 한국방송공사의 독립성과 공공성을 보장하기 위하여 공사 경영에 관한 최고 의결기관으로 이사회를 두고 집행기관으로 사장 1인, 2인 이내의 부사장, 8인 이내의 본부장 및 감사 1인을 두고 있다. 한국방송공사 이사회는 이사장을 포함한 11인의 이사로 구성되며 이사는 각 분야의 대표성을 고려하여 방송통신위원회에서 추천하여 대통령이 임명한다. 이사장은 이사회에서 호선으로 선출한다. 이사회는 방송법 제49조에서 열거하는 사항을 심의·의결하는데 이사회에서의 의결에는 재적이사 과반수의 찬성이 필요하다. 이사회는 한국방송공사 사장 임명에서 제청권을 행사한다. 현행 방송법은 한국방송공사 사장 선임방식으로 이사회의 제청과 대통령 임명을 규정[75]하고 있을 뿐 사장 선임과 관련하여 구체적인 방식과 절차를 규정하고 있지는 않다. 다만 이사회가 사장을 제청하는 때에는 그 제청기준과 제청사유를 제시하여야 함을 규정하고 있을 따름이다.[76]

한국방송공사 이사회는 이사장 포함 11인의 이사로 구성되는데 이사 선임에 있어서 방송통신위원회의 추천을 거치도록 함으로써 정치적 후견주의가 지배하는 방송통신위원회의 영향 때문에 한국방송공사 이사회도 정치적 후견주의의 그늘을 벗어나지 않은 채 이사구성에서 여당과 야당 추천 비율이 7 대 4를 유지하는 것이 관례이자 불문율로 되어 있다.

(3) 문화방송(MBC)의 지배구조

반 공영방송 사업자인 문화방송의 최다출자자는 방송문화진흥회로

---

75) 방송법 제50조 제2항.
76) 방송법 제50조 제3항.

방송문화진흥회와 문화방송을 규율하기 위하여 방송문화진흥회법이 제정되어 있다. 법인인 방송문화진흥회는 문화방송의 경영에 대한 관리 및 감독을 주된 업무로 하는데[77] 방송문화진흥회의 중요 사항을 심의·의결하기 위하여 이사회를 둔다.[78] 이사회는 이사장 1명을 포함한 9명의 이사로 구성된다.[79] 이사는 방송에 관한 전문성 및 사회 각 분야의 대표성을 고려하여 방송통신위원회가 임명하고 이사장은 이사들의 호선으로 선출한다.[80] 방송문화진흥회 이사회는 중요사항의 의결에 있어서 재적이사 과반수의 찬성으로 의결한다.[81] 한편, 문화방송의 사장 선임은 구체적인 절차와 방식이 법률에 규정되어 있지 않다. 문화방송이 상법상 주식회사의 형태를 갖추고 있으므로 그간 최다출자자인 방송문화진흥회가 추천한 인사가 사장으로 선임되는 것이 불문율이었다. '문화방송의 사장 추천에 관한 사항'은 방송문화진흥회법 제10조 제10호가 이사회의 심의·의결사항으로 규정하고 있다.

문화방송의 최다출자자인 방송문화진흥회 이사회 구성원인 9인의 이사는 방송통신위원회가 임명을 하도록 되어 있으므로 정치적 후견주의가 지배하는 방송통신위원회의 영향력이 역시 방송문화진흥회 이사 구성에도 미쳐서 지금까지 여와 야의 이사추천 비율이 6 대 3을 유지해 오고 있다.

---

77) 방송문화진흥회법 제5조(업무): 진흥회는 다음 각 호의 업무를 수행한다.
   1. 방송문화의 발전과 향상을 위한 연구 및 학술사업
   2. 진흥회가 최다출자자인 방송사업자의 경영에 대한 관리 및 감독
   3. 방송문화진흥자금의 운용·관리
   4. 그 밖의 공익 목적의 사업
   5. 제1호부터 제4호까지의 업무에 부대되는 업무
78) 방송문화진흥회법 제9조.
79) 방송문화진흥회법 제6조 제1항.
80) 방송문화진흥회법 제6조 제3항, 제4항.
81) 방송문화진흥회법 제9조 제4항.

(4) 한국교육방송공사의 지배구조

교육방송을 효율적으로 실시함으로써 학교교육을 보완하고 국민의 평생교육과 민주적 교육발전에 이바지함을 목적으로 한국교육방송공사가 한국교육방송공사법에 의하여 설치되어 있다. 한국교육방송공사는 교육방송의 독립성과 공공성을 확보하고 공사의 업무에 관한 중요 사항을 의결하기 위하여 이사회를 두는데[82] 이사회는 방송통신위원회가 임명하는 비상임이사 9명[83]으로 구성하며[84] 이사회에서 호선을 통하여 이사장을 선임한다.[85] 한국교육방송공사의 업무에 관한 중요 사항을 의결함에 있어서 이사회는 재적 구성원 과반수의 찬성으로 의결한다.[86] 한편 집행기관인 한국교육방송공사 사장은 방송통신위원회 위원장이 방송통신위원회의 동의를 받아 임명하도록 한국교육방송공사법이 규정[87]하고 있다.

한국교육방송공사 이사회의 구성원인 이사 전원을 방송문화진흥회 이사와 마찬가지로 방송통신위원회가 임명하고 특히 한국교육방송공사 사장의 경우 방송통신위원장이 방송통신위원회 동의를 받아 임명하도록 규정되어 있으므로 한국교육방송공사의 경우에도 정치적 후견주의가 지배하는 방송통신위원회의 영향력에서 벗어날 수 없는 구조임은 문화방송의 경우가 크게 다르지 않다.

(5) 소 결

방송 관련 전반적인 사무를 담당하는 방송통신위원회는 5인의 위원

---

82) 한국교육방송공사법 제13조 제1항.
83) 방송통신위원회가 임명하는 이사에는 교육부장관이 추천하는 사람 1명과 대통령령으로 정하는 교육 관련 단체에서 추천하는 사람 1명이 포함되어야 한다(한국교육방송공사법 제13조 제3항).
84) 한국교육방송공사법 제13조 제2항.
85) 한국교육방송공사법 제13조 제4항.
86) 한국교육방송공사법 제13조 제6항.
87) 한국교육방송공사법 제9조 제2항. 한편 감사는 방송통신위원회에서 임명한다(한국교육방송공사 제9조 제3항).

으로 구성되는 합의제 행정기관이다. 5인의 위원은 대통령과 여당이 지명 또는 추천하는 3인의 위원과 야당이 추천하는 2인의 위원으로 이루어진다. 그리하여 여당과 야당이 3 대 2 비율로 방송통신위원회를 구성하여 합의제로 현안을 처리하는데 방송통신위원회의 회의는 재적 위원 과반수의 찬성으로 의결하도록 규정[88]하고 있으므로 여와 야가 첨예하게 대립하는 정책이나 사항의 결정에 있어서는 결국 정부·여당의 입장에 서게 될 가능성이 높다. 이는 정치적 후견주의 방식으로 방송통신위원회를 구성하도록 한 현행 법률에 따른 당연한 결론이다.

앞서 살펴본 바와 같이 방송통신위원회는 현행법에 따라 공영방송 지배구조에도 깊숙이 관여를 하고 있는데 지상파 공영방송인 한국방송공사 이사를 추천하고 한국교육방송공사 이사를 임명하며 준공영방송인 문화방송의 최다출자자인 방송문화진흥회 이사를 임명한다. 정치적 후견주의가 지배하는 방송통신위원회 구성은 한국방송공사, 방송문화진흥회, 한국교육방송공사의 이사 추천 또는 임명에도 영향을 미쳐 여당과 야당이 일정한 비율[89]로 이들 기관의 이사를 차지하게 된다. 공영방송의 역할수행에 중대한 영향력을 가진 집행기관인 사장 임명에서도 이사회가 결정적인 역할을 담당하는데 이사회 구성에서 이미 정치적 후견주의가 자리 잡고 있고 이사회에서의 의결은 재적이사 과반수의 찬성을 요한다는 법조항이 맞물려 정부여당에 우호적인(친화적인) 인사가 사장으로 선임되는 것이 관행이었다.[90] 다시 말해, 「방송통신위원회 → 공영방송의 이사 선임과 이사회 구성 → 공영방송 사장 선임」이라는 수직적 구조가 형성되게 된다. 이와 같은 수직적 구성체계로 인하여 정부와 여당은 비록 의회에서 소수당에 불과할지라도 방

---

88) 방송통신위원회의 설치 및 운영에 관한 법률 제13조 제2항.
89) 각 공영방송사의 이사회 구성 결과에서 여와 야의 비율을 보면, 한국방송공사 7 대 4, 방송문화진흥회 6 대 3, 한국교육방송공사 6 대 3이다.
90) 한국교육방송공사 사장은 방송통신위원장이 방송통신위원회 동의를 받아 임명하므로 역시 마찬가지로 정치적 후견주의의 영향을 받을 수밖에 없다.

송통신위원회를 장악할 수 있고 이를 토대로 공영방송을 장악할 수 있게 된다. 그리하여 현행 헌법 시행 이후 모든 정권은 예외 없이 방송을 장악하려는 유혹을 받았고 실제로 방송을 장악하려는 시도를 해 온 것이다.

3) 더불어민주당의 공영방송 지배구조 개선 관련 법률 개정안

(1) 법률 개정안 발의 경과

정권을 장악했을 때에는 공영방송의 지배구조 개선에 소극적이다가 정권을 잃은 후에는 방송개혁에 적극성을 보여준 것이 그간의 관례였다. 더불어민주당도 2017년 집권 이후 5년간 공영방송의 지배구조 개선 의지를 보여주지 않고 소극적 스탠스를 유지하다가 2022년 제20대 대통령선거에서 패배한 이후 갑자기 공영방송의 지배구조 개선에 적극성을 보이기 시작했다. 그리하여 문재인 정부 임기 종료 2주일이 채남지 않은 시점인 2022년 4월 27일 정필모 의원이 대표발의하고 소속 의원 171명 전원이 서명한 공영방송 지배구조 개선 관련 법률 개정안 4개(방송통신위원회의 설치 및 운영에 관한 법률 개정안·방송법 개정안·방송문화진흥회법 개정안·한국교육방송공사법 개정안)를 발의했다. 반면 지난 3월 대통령선거에서 승리한 국민의힘 당은 야당에서 집권여당으로 변신하였기에 공영방송 지배구조 개선에 시큰둥한 반응을 보이고 있고 더불어민주당의 법안 발의에 관련 법률안을 발의하는 등의 맞대응을 하지 않고 있다. 하지만 제21대 국회 후반기 원구성과 관련하여 공영방송 지배구조 관련 법률안을 소관하는 상임위원회인 과학기술정보방송통신위원회 위원장을 더불어민주당이 1년 동안, 그 다음 1년 간을 국민의힘 당이 맡기로 합의함에 따라 소관 상임위원회 위원장을 맡게 된 더불어민주당이 소속 의원 전원이 서명한 공영방송 지배구조 개선 법률 개정안을 2022년 하반기 본격 심의에 착수하여 처리할 가능성이 높아졌다.

(2) 더불어민주당이 발의한 법률 개정안의 주요 내용

더불어민주당이 공영방송 지배구조 개선과 사장선임 방식 개선을 위하여 발의한 법률 개정안의 주요 내용은 다음과 같다.

첫째, 현행 공영방송 지배구조 관련 법률이 정치적 후견주의 입장을 취하는 관계로 공영방송이 정치적 종속성을 면하지 못한다는 반성적 고려에서 현행 폐쇄적인 한국방송공사·방송문화진흥회·한국교육방송공사의 이사회를 운영위원회 체제로 각각 확대·개편하고 그 구성원인 운영위원을 25인으로 증원하면서 방송통신위원회가 방송에 관한 전문성과 지역성 및 사회 각 분야의 대표성을 고려하여 임명하되 특정 성(性)이 위원 전체의 10분의 7을 초과하지 않도록 하고 있다.

둘째, 방송통신위원회가 한국방송공사·방송문화진흥회·한국교육방송공사의 운영위원을 임명할 때에는 국회 등 일정한 단체[91]가 추천한 사람을 포함하도록 규정하고 한국방송공사·방송문화진흥회·한국교육

---

91) ① 국회 교섭단체가 의석 수 비율에 따라 추천하는 사람 7명과 비교섭단체가 추천하는 사람 1명. 다만 대통령이 소속되거나 소속되었던 정당의 국회 교섭단체가 추천하는 사람은 4명을 넘지 않도록 하며, 국회 소관 상임위원회의 의결로 확정하여 추천한다.
② 방송통신위원회가 선정한 방송 및 미디어 관련 학회가 추천하는 사람 3명
③ 한국방송공사·방송문화진흥회가 최다출자자인 방송사업자·한국교육방송공사의 시청자위원회가 추천하는 사람 3명
④ 방송통신위원회가 다음 각 목에 따라 선정한 방송 관련 단체가 추천하는 사람 7명
가. 한국방송협회가 추천하는 사람 2명
나. 한국방송공사·방송문화진흥회가 최다출자자인 방송사업자·한국교육방송공사의 종사자 대표가 추천하는 사람 2명
다. 방송 전문성과 방송 보도, 제작, 기술 등의 직종 대표성을 고려해 방송기자연합회, 한국피디연합회, 한국방송기술인연합회가 추천하는 각 1명.
⑤ 대한민국시도의회의장협의회가 추천하는 사람 4명(한국방송공사 및 방송문화진흥회에 한정한다)
⑥ 교육부에서 선정한 교육 관련 단체가 추천하는 사람 2명과 전국시도교육감협의회가 추천하는 사람 2명(한국교육방송공사에 한정한다)

방송공사의 운영위원을 추천하는 경우, 각 추천 주체는 공정성 및 투명성 확보를 위하여 대통령령으로 정하는 바에 따라 공모·의견수렴 등의 과정을 거치도록 규정하고 있다.

셋째, 현행법이 공영방송 사장 임명과 관련하여 구체적인 방식과 절차를 규정하지 않고 각 공영방송사의 이사회에 일임(한국방송공사, 문화방송)하고 있거나 방송통신위원장이 방송통신위원회 동의를 받아 임명(한국교육방송공사)하도록 하고 있는데 반해, 더불어민주당이 발의한 법률 개정안은 사장 선임과 관련하여 한국방송공사·방송문화진흥회·한국교육방송공사 공히 동일하게 시청자사장추천평가위원회가 복수의 사장 후보자를 추천하고 운영위원회에서 재적 운영위원 3분의 2 이상의 찬성으로 의결하여 실질적으로 결정하도록 규정하고 있다.[92] 사장 후보자 임명제청(한국방송공사와 한국교육방송공사) 또는 추천(문화방송)에 관한 사항이 2회 이상 부결되는 경우에는 운영위원회가 대통령령으로 정하는 별도의 공론조사 방식을 통하여 사장후보자 임명제청 또는 추천할 수 있도록 규정하고 있다. 시청자사장추천평가위원회의 설치와 운영에 관한 사항은 신설되는 각 운영위원회의 심의·의결 사항으로 개정안은 규정하고 있다.

(3) 더불어민주당의 법률 개정안에 대한 검토

현행법이 취하고 있는 정치적 후견주의 입장을 탈피함으로써 공영방송이 정치적 영향력에서 벗어나 독립성과 정치적 중립성을 보장할 수 있도록 하는 공영방송 지배구조 개선과 관련한 법률 개정안을 더불어민주당이 발의한 것은 긍정적인 평가를 받을 가치가 충분히 있다. 그동안 여당, 야당 가릴 것 없이 정권만 획득하면 예외 없이 공영방송

---

92) 운영위원회의 심의·의결로 사장 후보자가 실질적으로 결정된다. 최종적으로 한국방송공사는 대통령이 임명하며, 주식회사인 문화방송은 최다출자자인 방송문화진흥회의 추천으로 주주총회에서 결정되고, 한국교육방송공사 사장은 방송통신위원장이 임명하게 된다.

을 장악하려는 유혹을 벗어던지지 못했던 근본 원인은 바로 현행법이 채택하고 있는 정치적 후견주의 때문이었다. 따라서 기존 공영방송 이사회를 각 분야 전문가 및 사회 각 분야 대표성을 반영한 운영위원회로 확대 개편하면서 운영위원회 구성원인 운영위원 중 국회가 추천한 운영위원 비율을 1/3 이하로 줄인 것은 바로 정치적 후견주의의 영향을 최소화하려는 노력의 일환으로 긍정적 측면이 있다. 그렇지만 더불어민주당이 발의한 공영방송 지배구조 개선 법률 개정안은 다음과 같은 문제점을 내포하고 있다.

우선, 앞에서 살펴본 바와 같이, 현행법 체계는 「방송통신위원회 구성 → 공영방송의 이사 선임과 이사회 구성 → 공영방송 사장 선임」이라는 수직적 구조를 취하고 있는데 방송통신위원회의 구성방식을 현행처럼 그대로 유지한 채 기존 공영방송의 이사회를 운영위원회 체제로 확대개편을 하면 그 효과가 반감될 수밖에 없다. 즉, 합의제 행정기관인 방송통신위원회의 위원 구성방식을 대통령과 정부여당 추천 3인/야당 추천 2인 방식으로 유지하고 방송통신위원회 의결도 재적 위원 과반수 방식을 그대로 둔 채, 더불어민주당이 발의한 개정안 규정대로 공영방송 운영위원회 위원을 방송통신위원회가 임명하도록 하면 특정 추천위원에 대하여 방송통신위원회가 재적위원 다수결로 거부할 수 있고 이는 공영방송 운영위원회 구성 자체를 장기간 지연시킬 위험성이 있다.[93]

둘째, 개정안은 현행법이 취하고 있는 정치적 후견주의를 완화하기

---

93) 예를 들어, 방송통신위원회 위원 구성이 정부여당 추천 3인과 야당 추천 2인으로 구성되어 있다고 한다면 더불어민주당 발의 개정안대로 방송종사자 대표가 추천하는 사람 또는 방송기자연합회・한국피디연합회・한국방송기술인연합회가 추천하는 사람에 대하여 방송통신위원회 위원 중 3인은 거부 입장을, 2인은 찬성 입장을 표명할 가능성이 농후하고 이럴 경우 현행법은 최종 결론을 재적 다수결로 결정하도록 규정하고 있으므로 방송통신위원회의 최종입장은 해당 운영위원 임명 거부로 결론날 수밖에 없다.

위하여 공영방송 운영위원회 위원 구성에서 국회가 추천하는 인사를 전체 위원 25인 중 8인으로 제한하고 있다. 이와 같이 개정안이 규정하고 있는 것은 독일연방헌법재판소가 2014년 선고한 「ZDF 지배구조 판결」의 영향을 받은 것으로 보인다.[94] 하지만 개정안을 좀 더 상세히 살펴보면 한국방송공사와 방송문화진흥회의 경우 대한민국시도의회의 장협의회가 추천하는 4인도 운영위원으로 선임되기 때문에 정치권의 영향을 받을 수밖에 없는 운영위원 수는 12인으로 늘어나 운영위원회의 절반에 육박한다.[95] 그러므로 개정안이 정치적 후견주의를 완전히 탈피하였다거나 정치적 후견주의를 상당부분 완화하였다는 평가를 내릴 수도 없다.

셋째, 전문가 및 사회 각 분야의 대표성과 지역성을 충실히 반영하기 위하여 기존 이사회를 대체하는 운영위원회를 구성하고 공영방송 사장 선임에서 특별다수제를 채택함으로써 특정한 이념이나 성향을 가진 인사가 공영방송 사장으로 선임되는 것을 예방하려는 개정안의 입법목적은 충분히 이해가 가는 바이지만, 사장 선임을 제외한 나머지 공영방송 운영위원회 심의·의결 사항에 대하여는 현행 방식 그대로 재적 과반수 동의를 요하는 것으로 개정안은 규정하고 있으므로 사장 선임을 제외한 나머지 공영방송 운영위원회 심의·의결 사항에 대하여는 특정 정파 또는 이념적 성향을 가진 운영위원들이 운영위원회 결정을 좌우할 수 있게 되는 위험이 있다. 이 점은 현 여당이 우려하는 지점이기도 하다.

---

94) 독일연방헌법재판소의 제14차 방송판결인 ZDF 지배구조 판결에서 연방헌법재판소는 공영방송 이사회에서 정치인과 현직 관료의 비율을 1/3 이하로 줄이도록 판시했다.

95) 한국교육방송공사의 경우에도 교육부 선정 교육단체가 추천한 2인 및 전국시도교육감협의회가 추천한 2인이 운영위원으로 들어가는데 이 역시 마찬가지로 정치적 영향력을 배제할 수 없다는 점에서는 한국방송공사와 방송문화진흥회의 경우와 다르지 않다.

넷째, 개정안은 사장 선임과 관련하여 한국방송공사·방송문화진흥회·한국교육방송공사 모두 동일하게 시청자사장추천평가위원회가 복수의 사장 후보자를 추천하고 재적 운영위원 3분의 2 이상의 찬성으로 의결하여 결정하도록 하고 만약 사장후보자 임명제청 또는 추천에 관한 사항이 2회 이상 부결되는 경우에는 운영위원회가 대통령령으로 정하는 별도의 공론조사 방식을 통하여 사장후보자 임명을 제청 또는 추천할 수 있도록 규정하고 있는데, 원칙과 예외에 있어서 연관성 내지 합리성이 상당히 결여되어 있다. 원칙은 운영위원회의 의결로 결정하도록 하는데 2회 이상 부결될 경우에는 공론조사 방식으로 사장 후보자를 결정하도록 규정하고 있기 때문이다. 재적 운영위원 3분의 2 이상 찬성을 얻기가 쉽지 않다는 점을 고려할 때, 개정안에서 사장 임명과 관련한 핵심은 원칙보다 오히려 예외인 공론조사 방식에 있는 것이 아니냐는 의구심마저 드는 대목이다.

마지막으로, 개정안은 한국방송공사·방송문화진흥회·한국교육방송공사의 운영위원을 추천하는 경우 각 추천주체는 공정성 및 투명성 확보를 위하여 대통령령으로 정하는 바에 따라 공모·의견수렴 등의 과정을 거쳐야 함을 규정할 뿐 각 추천단체가 개정안에서 정한 요건이나 절차를 위배하여 위원 추천을 하거나 혹은 부정한 방법으로 추천을 한 경우 일정 기간 추천에서의 배제 등과 같은 제재조항을 두고 있지 않아서 추천과정에서의 공정성 및 투명성 확보의 실효성을 거둘 수 있을지도 의문이다.

(4) 사 견

공영방송 지배구조와 사장선임과 관련하여 개인적인 의견을 정리하면 다음과 같다.

첫째, 공영방송 지배구조와 사장 선임에 정치적 영향력을 배제 혹은 최소화하기 위해서는 최상위층에 위치하는 방송통신위원회 구성

방식부터 개선하여야 한다. 방송통신위원회의 구성에서 정치적 기관인 대통령과 국회의 전적인 관여가 가져온 필연적 결과로서 방송통신위원회는 정치적 종속성으로부터 자유로울 수가 없게 되었다. 더군다나 2012년 이후 공고화된 양당체제는 여야 사이에 치열한 정치적 대립과 갈등을 불러왔고 정부여당과 야당은 자신들에게 우호적이고 친화적인 인물을 방송통신위원으로 추천함으로써 정치권에서의 대립 양상은 방송통신위원회 구성과 운영에서도 고스란히 나타났다. 이러한 정치적 후견주의 경향을 탈피하고 방송통신위원회의 직무수행에서 정치적 영향력을 배제 내지 최소화하려면 방송통신위원회 구성 방식부터 달라져야 한다. 정치적 국가기관인 대통령과 국회가 방송통신위원회 위원 구성에 전적으로 관여하는 현행 시스템은 필연적으로 정치적 영향을 받을 수밖에 없는 구조이기 때문이다. 현행 헌법은 정치적 중립성이 고도로 요청되는 헌법기관 구성에서는 국가권력의 3축인 「대통령－국회－대법원장」이 함께 공동으로 구성에 관여하는 방식을 채택하고 있다. 헌법재판소와 중앙선거관리위원회 구성방식[96]이 바로 그것이다. 법률적 차원에서는 국가인권위원회법[97]이 마찬가지의 방식을 취하고 있다. 따라서 정치적 중립성 제고를 위하여 방송통신위원회 구성에서도 헌법이 채택하는 이러한 방식을 차용할 필요가 있다. 방송통신위원회 위원 정수를 현행 5인에서 9인으로 증원하고 9인의 위원 모두를 대통령이 임명하되, 3인은 국회에서 추천한 자를, 3인은 대법원장이 추천한 자를 임명하도록 하고 국회가 위원을 추천할 때 대통령이 소속되거나 소속되었던 정당의 교섭단체가 1인을 추천하고 그 외 교섭단체가 2인을 추천하도록 개선하는 것이 정치적 영향력을 최소화하는 데 있어서 현행 방식보다 적절하다고 판단된다.[98]

---

96) 헌법 제111조, 제114조.

97) 국가인권위원회법 제5조.

98) 사실 이러한 구성방식은 2000년 이른바 '통합 방송법'이 제정되기 이전 구 방송

둘째, 현행 방송통신위원회의 설치 및 운영에 관한 법률 제12조는 방송통신위원회의 소관 사항 중 심의·의결 사항을 열거하고 제13조에서 "위원회의 회의는 재적위원 과반수의 찬성으로 의결한다."고 규정함으로써 심의·의결 사항 모두에 대하여 재적위원 과반수의 찬성으로 결정하도록 하고 있다. 이러한 규정 태도는 위원 구성 방식과 맞물려 정부여당에 우호적인 방향으로 또는 정부여당이 추진하는 정책 방향대로 방송통신위원회의 의사가 결정되도록 하므로 방송통신위원회 심의·의결 사항 중 보다 중요한 정책 결정 사항 예를 들어, 공영방송의 이사 및 감사 임명 사항이나 지상파방송사업자·공동체라디오방송사업자의 허가·재허가에 관한 사항, 종합편성이나 보도에 관한 전문편성을 하는 방송채널사용사업자의 승인에 관한 사항 등은 재적 과반수 찬성이 아니라 재적 2/3 이상의 찬성과 같은 가중된 정족수를 적용할 필요가 있다. 정치적 영향력을 최소화할 수 있기 때문이다.

셋째, 공영방송 이사회를 운영위원회로 확대·개편하는 방안은 독일의 정치사회적 전통과 관습[99]을 무분별하게 우리 방송 체제에 대입하는 것으로 찬성하지 않는다. 대신 공영방송 이사회의 부분적인 개선을 할 필요성은 있다. 현행법은 공영방송 이사회의 구성원인 이사의 자격 요건을 구체적으로 규정하지 않고 추상적이고 불완전한 일반적인 요건[100]을 규정할 따름이다. 이러한 규정 태도가 이사 추천에서 정치권에 우호적인 인물을 선정하도록 하는 하나의 요인으로 작용하고

법이 방송위원회 구성 방식으로 규정하고 있었던 방식이었다.

99) 독일 방송평의회 제도의 연원과 역사에 관하여 상세한 사항은 심영섭, "독일 방송평의회 제도를 통해 본 한국 공영방송 지배구조의 재구조화", 문화와 정치 제5권 제3호, 한양대학교 평화연구소, 2018, 146-149면 참조.

100) 한국방송공사 이사의 경우에는 "이사는 각 분야의 대표성을 고려하여 방송통신위원회에서 추천하고 대통령이 임명한다."고 규정(방송법 제46조 제3항)하고 있으며 방송문화진흥회 이사는 "이사는 방송에 관한 전문성 및 사회 각 분야의 대표성을 고려하여 방송통신위원회가 임명한다."고 규정(방송문화진흥회법 제6조 제4항)하고 있을 따름이다.

있음을 부인할 수 없다. 그러므로 적어도 방송통신위원회의 설치 및 운영에 관한 법률 제5조에서 규정하는 방송통신위원의 요건과 동등하거나 이와 유사한 수준으로 이사의 자격요건을 세밀하게 규율할 필요가 있다. 또한 공영방송 이사회의 이사 정원을 늘려 방송 종사자를 대표하는 자와 지역대표성을 가지는 자가 이사회에 들어갈 수 있도록 할 필요성도 있다. 다만, 더불어민주당의 개정안처럼 방송 종사자나 지역대표성을 가진 자 다수가 공영방송의 이사로 되는 것에는 반대한다. 공영방송이 공법상 법인의 형태를 취하고 있고 법인의 최고의사결정 기구인 이사회 구성에 방송사업자와 근로계약을 체결한 근로자가 추천한 이사가 다수 포진하는 것은 우리의 법제도와 법운영 현실과 맞지 않기 때문이다.

넷째, 앞에서 주장한 바대로 방송통신위원회 위원 구성 및 공영방송 이사회의 개선이 이루어진다면 공영방송 사장선임은 현행 방식을 유지하는 것도 나쁘지 않다고 생각한다. 다만 현재 공영방송 사장선임은 이사회에서 재적 과반수 찬성으로 결정되는데 사장 선임에서는 가중된 정족수를 요하는 것으로 개선할 필요가 있다. 특정한 정치적 경향을 가진 인사가 사장으로 선임되는 것을 예방하고 정치적 중립성과 독립성을 담보할 수 있기 때문이다.

Ⅴ 나오며

이상에서 최근 언론의 자유를 위태롭게 하는 사안들을 여론의 다양성 측면과 권력에 대한 비판·감시 측면으로 구분하여 그 문제점을 자세히 살펴보았다. 본문에서 의논한 사항을 종합적으로 정리하면 다음과 같다.

첫째, 여론의 다원성 확보와 보장 측면에서 ① 법조기자단의 폐쇄적인 운영은 보다 개방적인 시스템으로 개선될 필요가 있으며 법원과 검찰청 청사를 운영하는 공물관리주체가 청사 출입과 기자단 가입 문제에 주체적으로 대처하는 방향으로 나아가야 한다. ② 대기업의 지상파방송 주식·지분 등의 보유는 여론의 독점화를 초래할 위험성 때문에 규제를 할 필요가 있지만 현행 소유 등 제한 기준인 「자산총액 10조원」이상은 2022년 대한민국의 경제 규모와 물가 인상 등 제반 여건을 고려할 때 적절하지 못하므로 제한 기준인 자산총액의 인상을 고려하여야 한다. ③ 지역언론매체가 처한 현실은 지역언론의 존립 기반마저 상실하게 할 정도이고 지역언론매체의 소멸은 지역의 다양한 여론 반영을 곤란하게 하며 지방권력에 대한 견제 약화와 이로 인한 지방자치의 정상적 운영에 차질을 초래하여 종국적으로 민주주의에 대한 위기를 가져올 위험성이 높다. 따라서 지역언론이 당면한 환경을 타파하기 위해 직접적 지원을 아끼지 않아야 한다. 직접적 지원의 축소에 따른 재정적 이득보다 지역언론의 소멸에 따른 국가사회적 손실이 훨씬 크기 때문이다.

둘째, 언론의 자유가 가지는 권력에 대한 비판·감시 기능이라는 측면에서 ① 2021년 더불어민주당이 추진했던 '언론중재 및 피해구제 등에 관한 법률' 개정 시도는 언론매체의 보도의 자유를 위축시켜 언론이 가지는 권력에 대한 비판과 감시 기능을 크게 저하시킬 위험성이 클 뿐만 아니라 헌법이 보장하는 언론의 자유를 과도하게 제한하는 것으로 위헌성이 농후하다. ② 더불어민주당이 2022년 4월 소속 의원 전원이 서명하여 발의한 이른바 공영방송 지배구조와 사장선임 방식 개선을 위한 공영방송 관련 법률 개정안들도 입법목적의 정당성을 일정 부분 수긍할 수 있지만 방송통신위원회 위원 구성을 현행 방식 그대로 둔 채 공영방송의 이사회와 사장 선임 방식만 변경하려는 것으로 법률 개정을 통해 달성하려는 공영방송의 정치적 종속성 탈피 목적을 달성할 수 있을시는 의문이다. 공영방송이 성치권력의 영향력으로부터 벗어나기 위해서는 우선 방송통신위원회 구성 방식부터 개선할 필요가 있다고 하겠다.

1948년 건국 이후 74년 동안 한국의 언론의 자유는 때로는 퇴보를 한 적도 있었지만 점진적으로 꾸준히 발전을 했고 특히 현행 헌법 시행 이후에는 완전한 정치적 민주화의 성취와 더불어 언론의 자유도 비약적 발전을 거듭하였다. 하지만 국경없는 기자회가 매년 발표하는 세계언론지수(Press Freedom Index) 순위가 40위권에 머무르고 있는 현실은 아직도 우리의 언론의 자유가 개선되어야 할 여지가 많음을 시사하고 있다. 대한민국의 경제 규모와 위상에 걸맞은 언론의 자유 생태계를 조성하고 국민 모두가 언론의 자유를 제약 없이 충분히 누릴 수 있도록 부단한 노력을 경주하여야 한다.

참고문헌

구본권, "오래된 기사의 인터넷 유통과 피해 현황", 언론중재 통권 제119호, 언론중재위원회, 2011.

권영성, 헌법학원론, 법문사, 2010.

김준현·양재규, 언론에 대한 징벌적 손해배상 도입에 따른 법적·실무적 쟁점. 「2020년 언론중재위원회 토론회 종합보고서」. 언론중재위원회, 2020.

김철수, 헌법학신론, 박영사, 2013.

김학성, 헌법학원론, 피앤씨미디어, 2019.

문재완, "언론보도에 대한 징벌적 손해배상의 헌법적 한계", 외법논집 제45권 제3호, 한국외국어대학교 법학연구소, 2021.

박용상, 언론의 자유, 박영사, 2013.

박한우·윤호영, "네트워크 미디어 유튜브에 나타난 서울중심 언론의 지역 언론 콘텐츠 전재: TV매일신문의 원희룡부인 인터뷰 사례 분석", 한국 콘텐츠학회논문지 제22권 제6호, 한국콘텐츠학회, 2022.

성낙인, 헌법학, 법문사, 2022

심영섭, "독일 방송평의회 제도를 통해 본 한국 공영방송 지배구조의 재구조화", 문화와 정치 제5권 제3호, 한양대학교 평화연구소, 2018.

양재규, "언론분쟁조정제도 개선 방안에 대한 검토와 전망 – 언론중재법 개정안을 중심으로", 언론중재 통권 제158호, 언론중재위원회, 2021.

윤영철, "디지털시대 언론피해구제 개선방향에 관한 연구", 미디어와 인격권 통권 제1호, 언론중재위원회, 2015.

정종섭, 헌법학원론, 박영사, 2022.

조소영, "언론중재법 개정안의 입법과정과 내용상의 쟁점", 언론과 법 제20권, 제3호, 언론중재위원회, 2021.

지성우, "언론중재법 개정안에 대한 비판적 검토", 관훈저널 통권 제160호, 관훈클럽, 2021.

허　영, 한국헌법론, 박영사, 2021.

한국 민주주의와 언론

지 성 우(성균관대 교수)

먼저 평소 마음 속으로 존경해온 월송 유기천교수님 심포지움에 토론자로 참여하게 된 것을 헌법과 언론법을 공부하는 학자로서 크나큰 영광으로 생각합니다. 특히 세미나 토론자로 초대해주신 최종고 이사장님과 성낙인 전 서울대 총장님, 박용상 전 언론중재위원회 위원장님, 그리고 재단 관계자분들께도 깊은 감사의 말씀을 전합니다.

과거 한국에서는 국민의 기본권을 제한할 때 그저 실체 없는 '공익(때로는 국익)'을 내세우고 이에 대해 무조건적인 복종을 강요했습니다. 이 과정에서 해방 이후 오랫동안 국민들은 민주적인 '정치적 의사형성의 장'이나 '소통의 장'을 스스로 형성할 수 있는 기회를 제한당해야 했습니다.

그러나 이러한 상황은 최근 진행된 정치적 측면에서의 전반적인 민주화와 더불어 현격히 변화되기 시작하였습니다. 사회집단간의 욕구와 갈등이 다양화·표면화되면서 그동안 당연시되었던 국가우위적 가치관에 대한 회의와 논쟁이 노정되게 된 것입니다. 시대적 아픔에 대한 치열한 문제제기와 시대정신에 대한 논쟁은 장기적으로 한국에서의 진정한 민주주의와 법치주의의 실현에 매우 유익했다고 생각합니다.

이와 같이 한국의 민주주의가 대통령을 비롯한 몇몇 권력기관의 전

유물에서 '국민의 뜻을 모으고, 통합'하는 방향으로 나아갈 수 있도록 '방향지시적' 역할을 담당해왔던 것이 바로 언론이었습니다. 또한 언론법은 그동안 언론(기관)이 '표현의 자유 구현'과 '국가의 정치·경제제도의 근간 형성'이라는 양 측면을 제대로 구현할 수 있도록 규범화·제도화하는 역할을 담당해왔습니다.

현재까지 헌법과 언론법을 공부하는 많은 학자들은 위의 두 측면중 '표현의 자유'에 대해서는 매우 선진적이고 심도 있는 연구결과를 발표하고 있는 반면, '국가의 정치·경제제도'로서의 언론(사)의 현실에 대한 규범적 문제에 대해서는 (내부)정보의 부족으로 인해 상대적으로 논의가 활발하지 못한 편입니다. 이 부분에 대해서는 향후 공정거래법·경제학·회계학 등 인접 학문과의 융합적 연구를 통해 언론법의 지평을 보다 넓혀 나가야 할 것으로 봅니다.

이런 측면에서 보면 박교수님의 발제문에는 2022년 현재 한국에서 발생하고 있는 다양한 언론 관련 현상들에 대한 평가가 규범적 시각에서 논점별로 일목요연하게 정리되어 있어 저로서도 큰 공부가 되었습니다. 박교수님께서 제시해주신 논점이 다양하기 때문에 항목별로 간략히 제 의견을 간략히 말씀드리고자 합니다.

첫 번째 논점인 법원이나 검찰청의 기자실 사용 및 출입증 발급 여부를 전적으로 출입기자단의 결정에 맡기는 관행에 대한 문제제기는 아주 합리적이고 적정하다고 생각합니다.

현재 국회는 국회규칙인 '국회출입기자 등록 및 취재 지원 등에 관한 내규'를 제정해서 국회 스스로 일정한 요건을 구비한 언론매체와 소속 기자들에게 국회출입 및 기자실 사용을 허가하고 있습니다. 법원과 검찰도 향후에는 이러한 규칙제정을 통해 공물의 관리주체가 스스로 결정권을 행사하는 방향으로의 제도개선이 필요하다는데 전적으로 공감합니다.

다만 현실석으로 국회의 사례를 보면 1만여 개가 넘는 다수의 1인

미디어와 유튜버를 비롯한 다양한 SNS사용자들에 대한 출입증 발급의 우선순위 부여 등의 문제가 발생하고 있다고 합니다. 법원과 검찰에서도 자칫 공물의 관리권을 행사하는 과정에서 이와 유사하게 1인 미디어의 표현의 자유를 제약한다는 논란에 휩싸일 가능성도 있어서 이에 대비한 심도 있는 논의와 제도정비가 필요합니다.

두 번째로 SBS의 법정 사유를 초과한 주식처분 문제에 대해서는 SBS를 비롯한 지상파 방송사의 소유·겸영구조 개선의 문제로 확장해서 말씀드리는 것이 좋을 듯합니다.

주지하시는 바와 같이 현행 「방송법」에는 다양한 ① 내용규제, ② 편성규제, ③ 소유·겸영규제 등의 경제적 규제가 산재되어 있습니다. 그 중 방송사업자에 대한 소유·겸영규제는 전 세계에서 유래를 찾아볼 수 없을 정도로 다양하고 강하다는 것이 일반적인 견해입니다.

현행 「방송법」상의 경제적 규제가 과도한가에 대해서는 다양한 견해가 있을 수 있습니다만 멀티미디어의 발전과 1인 미디어의 확장, 해외 글로벌 방송(영상) 사업자의 국내 진출이라는 피할 수 없는 현실을 고려하면 지상파방송사업자에 대한 대기업의 진출과 겸영의 확대를 무작정 현재와 같이 저지하는 것은 자칫 해외사업자들과의 경쟁에서 국내 사업자들이 '역차별'을 당하는 결과를 야기하지 않을까 하는 걱정을 하고 있습니다.

이러한 측면에서 박교수님의 지상파방송사업자에 대한 사업다각화와 겸영 및 지분확대를 위한 입법적 노력이 필요하다는 말씀은 매우 시사하는 바가 크다고 봅니다.

셋째, 지역언론의 발전을 위한 입법과 정책추진이 필요하다는 주장에는 전적으로 동의합니다.

지역언론의 혁신은 지방분권의 성공적인 정착을 위한 절대적 선결과제입니다. 지방자치가 시작된 지 30년 가까이 되었지만 지역의 이슈가 중앙무대에서 주요 이슈로 자리잡은 일은 매우 희소합니다. 향후에도 지역언론의 올바른 비판과 감시 기능이 없다면 지방화 역시 왜곡되고 좌초될 수밖에 없습니다.

지역언론 역할의 당위성에도 불구하고 전국의 지역언론이 처한 상황은 열악하기 그지없는 실정입니다. 지역언론의 발전을 위해 신문에서는 언론진흥재단, 방송에서는 방송발전기금 등을 통해 지원을 하고 있습니다. 하지만 그 예산이 크지 않기 때문에 충분한 지원을 하기에는 역부족인 상황입니다.

지난 2020년 구글은 '저널리즘 긴급 구제 펀드'를 만들어 지역언론 지원에 나섰습니다. 조건은 '저널리즘 구현'이었고, 지원금은 지역언론사에서 인건비·인쇄비 등 필요한 곳에 자율적으로 활용하도록 했습니다. 국내 지역지 상당수가 지원을 받았습니다.

이후 글로벌 미디어 기업인 구글은 국내 지역지를 지원하는데 반해, 네이버 등 국내 기업들은 지역언론의 발전을 위해 어떠한 역할을 해 왔는지에 대해 성찰해야 한다는 목소리가 높아지고 있습니다.

향후 지역언론에 대해서는 프랑스 등 유럽식의 적극적·직접적인 지원제도의 도입과 함께 정부와 지역기업의 후원이 강화될 수 있도록 제도를 정비해야 합니다.

넷째, 소위 「언론중재법」 개정을 통한 '징벌적 손해배상제' 도입 등 언론법제 변화의 시도에 대해 말씀드리겠습니다.

이 법 개정안의 핵심쟁점은 허위·조작보도(소위 '가짜뉴스')에 대해서 5배의 징벌적 손해배상제를 도입하고 있는 것입니다. 이 법안의 내용에 대해 다음과 같은 이유로 박교수님의 의견에 동의합니다.

먼저 세계적으로 입법례를 살펴보면 현대 자유민주주의국가에서 단순히 허위사실의 유포를 그 자체만으로 처벌하는 국가는 거의 없습니다.

둘째 허위사실의 표현으로 인한 논쟁이 발생하는 경우, 당해 사안에 관한 사회적 관심을 높이고 참여를 촉진할 수도 있으므로 반드시 공익을 해하거나 민주주의의 발전을 저해하는 것이라고는 볼 수 없습니다.

행위자가 주관적으로 공익을 해할 목적이 있는 경우에도 실제로 표현된 내용이 공익에 영향을 미칠 수 없는 사적인 내용이거나 내용의 진실성 여부가 대중의 관심사가 아닌 때, 내용의 허위성이 공지의 사실인 경우에는 그로 인해 사회적 해악이 발생한다고 단정하기도 어렵기 때문에 '허위'라는 사실 자체를 처벌의 대상이 되어야 한다는 주장은 수용할 수 없습니다.

셋째, '허위사실'에 대해 명확한 개념정의가 있는 것은 아니며, '의견'과 '사실'의 구별, 객관적인 '진실'과 '거짓'을 구별하는 것도 매우 어렵습니다. 실제로 시간이 지난 후에 '진실'과 '거짓'의 판단이 뒤바뀌는 경우도 있을 수 있으므로 '허위사실의 표현'임을 판단하는 과정에는 여러 가지 어려움이 있습니다. 나아가 '진실'과 '거짓'을 사법부가 아닌 언론중재위원회 등 행정기관이 판단하게 하는 것은 자칫 언론의 위축효과와 사전검열금지 위반의 위험성도 존재합니다.

이러한 점을 다각도로 고려하면 단순한 개인의 거짓말이나 가짜뉴스의 경우 이를 처벌의 대상으로 삼는 것은 온당치 못합니다. 또한 어떤 표현이나 정보의 가치 유무, 해악성 유무는 1차적으로 국가, 특히 행정기관에 의해서 재단되어서는 안됩니다. 가짜뉴스의 퇴출문제는 (비록 신속한 해결은 되지 못할지라도) 집단지성에 대한 확고한 신뢰를 바탕으로 시민사회의 자기교정기능과 사상과 의견의 경쟁메커니즘에 맡겨져야 합니다.

박교수님께서 논의하신 마지막 논점 즉 공영방송 이사회의 구조개편 문제에 대해서는 다양한 견해가 개진될 수 있겠습니다.

정치적인 논쟁을 배제하고 내용적인 측면에서만 분석해 보면 이 개정안은 독일의 공영방송 특히 제2독일방송(ZDF)의 사례를 한국에 접목시키려 한 것 같다고 평가되고 있습니다. 아마도 독일이 매우 모범적인 공영방송제도를 택하고 있는 것으로 인식되고 있기 때문인 것으로 사료됩니다.

하지만 독일 사례가 긍정적인 부분도 있지만, 독일의 현행 공영방송이 사회 제도가 그다지 독일 정당들의 정치적인 영향력을 배제하는 데 효과적이지 못함은 물론이고, 수십 명의 위원들로 구성하는 것이 매우 비효율적이라는 학계의 평가가 있는 등 이 제도가 공정한 공영방송 구현을 위한 완벽한 것인가에 대해서는 독일 현지에서도 여전히 논란이 되고 있다는 사실을 지적하고 싶습니다.

또한 이 개정안에 의하면 독일의 공영방송 이사회제도에 비해 언론기관 또는 언론관련 기관 추천인이라는 특정 직군이 과다 대표되는 문제점도 있습니다. 독일 공영방송 이사회는 전 국민의 대표자로 구성된다는 기본 취지를 준수하고 있는 반면, 이 개정안에는 언론 또는 언론관련기관에서 추천된 피추천인들의 비율이 과다계상되는 문제가 발생하기 때문입니다. 향후 이 문제에 대해서는 좀 더 깊은 논의를 통해 사회적인 합의가 도출되기를 기대합니다.

3

한국 민주주의와 인터넷미디어

한국 민주주의와 인터넷미디어

문 재 완(한국외대 교수)

Ⅰ 한국 민주주의 위기의 원인

한국 민주주의는 위기다. 원로 정치학자 최장집 고려대 명예교수는 한국 민주주의는 양극화 심화로 위기를 맞고 있다고 평가한 바 있다.[1] 진보와 보수 간 정치 갈등의 양극화는 이념과 가치의 양극화를 넘어 감정의 양극화로 진행되고 있다는 것이 그의 평가다. 최 교수의 진단은 문재인 정부 때 이루어진 것이지만, 윤석열 정부에서도 한국 민주주의는 동일한 문제에 직면해 있다. 지난 6월 스탠퍼드대학교 월터 쇼렌스틴 아시아태평양연구소가 『위기의 한국 민주주의』(South Korea's Democracy in Crisis) 출간을 기념하기 위하여 열린 세미나에서 김호기 연세대 교수는 한국 민주주의 위협 요소로 비자유주의, 포퓰리즘, 양극화를 들었다.[2]

민주주의 위기는 한국에서만 발견되는 것은 아니다. 하버드 대학 정치학과 교수인 스티븐 레비츠키(Steven Levitsky)와 대니얼 지블랫(Daniel Ziblatt) 역시 극단적인 양극화가 민주주의를 죽일 수 경고하였

---

1) 최장집, "다시 한국 민주주의를 생각한다: 위기와 대안", 한국정치연구 제29집 제2호(2020), 1쪽.
2) 박상현, "한국 민주주의 위기…비자유주의·포퓰리즘·양극화가 위협", 연합뉴스, 2022.06.12.

다.[3] 두 학자는 여러 국가의 비교연구를 통하여 오늘날 민주주의는 '무력을 행사하는 사람들'(men with guns)보다 '선출된 지도자'(elected leaders)에 의해서 더 자주 무너진다고 분석하였다. 레비츠키와 지블랫은 민주주의를 지키는 것은 상호 관용(mutual tolerance)과 제도적 자제(institutional forbearance)라는 규범인데, 극단적인 정치 분열이 민주주의 규범을 훼손하고 민주주의를 붕괴한다고 주장하였다.

민주주의 위기의 원인에 대해서는 학자마다 내놓은 견해가 조금씩 다르지만, 양극화가 한 원인이라는 데는 대다수 전문가가 동의한다. 생각이 같은 사람들끼리 뭉쳐서, 상대방의 생각이 우리와 다를 때 관용하지 못하고, 상대방의 주장을 억누르는 권력을 행사하여 양극단으로 향하는 현상이 민주주의를 위협한다. 양극화 현상은 인터넷이 일상화되면서 더욱 강화되고 있다. 인터넷을 이용하여 시간과 공간을 극복할 수 있게 되면서 사람들은 자기와 비슷한 생각을 하는 사람들을 쉽게 만날 수 되었고, 비슷한 사고방식을 가진 사람들끼리 소통하면서 사고는 더욱 극단으로 향하고 있다.[4]

인터넷에서 나타나는 집단 편향성과 그 산물인 양극화를 극복하지 않고서는 민주주의 위기를 극복하기 쉽지 않다. 여기서 언론의 자유가 중요하다. 언론의 자유는 "무분별한 쏠림 현상을 막을 수 있는 핵심적인 보호 수단"으로 "이견이 숨 쉴 수 있는 공간"을 제공하기 때문이다.[5] 과거 신문과 방송으로 대표되는 매스 미디어(mass media)는 공론장(public sphere)으로 사회적 관심사에 대하여 다양한 의견이 제시되

---

3) Steven Levitsky & Daniel Ziblatt, HOW DEMOCRACIES DIE 9 (Broadway Books, 2018).

4) 비슷한 사고를 하는 사람들끼리 모여 극단화되는 현상에 대해서는 Cass R. Sunstein, GOING TO EXTREMES: HOW LIKE MINDS UNITE AND DIVIDE (Oxford University Press, 2009). 이 책의 번역본으로 캐스 R. 선스타인, 이정인 옮김, 우리는 왜 극단에 끌리는가, 프리뷰, 2011 참고.

5) 캐스 R. 선스타인, 박지우 송호창 역, 왜 사회에는 이견이 필요한가, 후마니타스, 2009년, 173쪽.

고 이를 바탕으로 토론이 이루어지고 그 결과 여론이 형성되는 사회
적 역할을 하였다. 하지만 오늘날 신문과 방송은 레거시 미디어(legacy
media)로 명맥을 이어오고 있을 뿐이다. 사람들은 필요한 정보를 인터
넷 포털에서 얻거나 검색엔진을 통해서 찾고, 소셜 미디어에서 끼리끼
리 의견을 교환한다. 인터넷 포털과 소셜 미디어는 이용자 개인에게
맞춤형 뉴스를 제공해 시민마다 소비하는 뉴스가 다르다. 그 결과 자
신과 다른 의견에 접할 기회는 줄어들고, 집단적 편향성을 나타낼 가
능성은 더욱 커지고 있다.

　이 글은 인터넷이 일상생활이 된 오늘날 언론의 자유가 민주주의를
어떻게 떠받치고 있는지 살펴보고, 인터넷 시대에 민주주의가 건강하
게 유지되고 발전하기 위해서 무엇이 필요한지 살펴보기 위해서 작성
되었다. 특히 공론장의 관점에서 인터넷 포털, 인터넷 검색엔진, 소셜
미디어 등을 검토하고 개선할 방향을 제시하고자 한다. 이러한 논의는
현재 국회에 계류 중인 인터넷 포털 규제 법안의 정당성을 평가하는
데 도움이 될 것으로 기대한다.

Ⅱ 민주주의와 언론의 자유

1. 언론의 자유의 헌법상 의의

　헌법 제21조 제1항은 "모든 국민은 언론·출판의 자유와 집회·결
사의 자유를 가진다."라고 규정하고 있다. 헌법이 언론과 출판을 따로
규정하여 언론은 구두로, 출판은 인쇄물로 하는 표현행위를 의미하는
것처럼 보인다. 하지만 헌법이 규정하는 언론·출판은 의사표현의 방
법을 예시한 데 불과하다. 모든 형태의 의사표현이 언론·출판의 자유
에 의해서 보호된다. 헌법재판소는 언론·출판의 자유를 표현의 자유

라고 부르기도 하고,[6] 학계에서는 자 중에는 언론·출판·집회·결사의 자유를 총칭하여 표현의 자유라고 부르기도 한다.[7] 더 나아가 언론의 의미를 개인이 말이나 글로 자기의 생각을 발표하는 일이라고 넓게 이해하면, 언론·출판의 자유는 언론의 자유라고 부를 수 있다. 결국 언론의 자유와 표현의 자유는 같은 말이라고 할 수 있다. 이에 대하여 표현의 자유는 개인이 주체가 되는 주관적 자유이지만 언론의 자유는 여론형성이라는 언론의 기능보장을 위하여 언론사(미디어)가 주체가 되는 제도적 자유라고 이해하는 견해가 있다.[8] 과거 매스 미디어가 여론형성을 주도하던 시대에는 의미 있는 구분론이지만, 인터넷의 일상화로 개인도 언론사와 마찬가지로 자기 의사를 자유로이 표현하고, 다른 사람들의 의견에 자유롭게 접근할 수 있는 오늘날에는 언론사와 개인을 구분하는 것은 적절하지 않다. 필자는 개인과 언론사 모두 표현의 자유 또는 언론의 자유를 누리는 주체이며, 다만 언론사는 수행하는 사회적 기능에 따라 개인과 달리 취급될 수 있다고 생각한다. 이 글에서는 언론의 자유와 표현의 자유를 동일한 의미로 사용한다.

언론의 자유 또는 표현의 자유를 헌법이 보호해야 하는 정당성을 설명하는 이론으로 사상의 자유시장(marketplace of ideas), 국민의 자기지배(self-government), 인간의 자기실현(self-fulfillment)이 유력하다. 정당성 이론은 표현의 자유의 보호 범위 및 정도를 정하는 데 있어서 중요한 의미를 가진다.

---

6) 헌재 2002. 2. 28. 99헌바117, 판례집 14-1, 118, 124.

7) 양건, 헌법강의 (제10판), 법문사, 2021년, 633쪽; 성낙인, 헌법학 (제22판), 법문사, 2022년, 1323쪽.

8) 대표적인 견해로 박용상, 표현의 자유, 현암사, 2002년, 72쪽. 언론·출판의 자유는 고전적인 자유권으로서의 성격에 언론·출판의 제도적 보장으로서의 성격이 결부된다고 보는 견해 역시 주관적 권리로서 표현의 자유와 객관적 제도로서 언론의 자유를 구분하는 입장이라고 본다. 성낙인, 헌법학 (제22판), 법문사, 2022년, 1331쪽.

1) 사상의 자유시장(marketplace of ideas) 이론

사상의 자유시장 이론에 의하면, 진리는 사상의 자유로운 교환으로 발견되는 것이다. 정부가 옳고 그른 것을 판단하여 나쁜 사상으로부터 국민을 보호하기 위하여 나쁜 사상을 억압할 경우 사회는 합리적인 판단을 내리지 못하게 된다고 본다. 미국 홈즈(Oliver W. Holmes Jr.) 대법관은 1919년 아브람스 사건에서 반대의견을 내면서 "궁극적으로 바람직한 선(善)은 사상의 자유교환에 의하여 이루어진다."고 역설하였다.[9] 사상의 자유시장 이론은 사상의 자유로운 교환이 불가능한 경우에는 정부 개입이 정당하다고 본다. 홈즈 대법관의 '명백하고 현존하는 위험의 기준'(clear and present danger doctrine)이나 배론(Jerome A. Barron) 교수의 '언론사에 대한 액세스권'은[10] 이러한 배경에서 나왔다. 사상의 자유시장 이론에서는 음란물 등 일부 표현이 헌법의 보호를 받지 못한다. 미국 연방대법원은 1944년 음란은 사상의 자유로운 교환이 아니기 때문에 수정헌법 제1조의 보호 밖에 있다는 판결을 내렸다.[11] 반면 우리 헌법재판소는 당초 미국 판례처럼 엄격한 의미의 음란은 사상의 경쟁메커니즘에 의해서도 그 해악이 해소되기 어렵다고 하지 않을 수 없다는 이유로 헌법의 보호영역에서 제외하였으나,[12] 판례를 변경하여 음란물을 보호영역에 포함하고 있다.[13]

---

9) Abrams v. U.S., 250 U.S. 616, 630 (1919). Abrams 사건은 제1차 세계대전 중 사회주의자들이 탄약 등 무기를 생산하지 말도록 촉구하는 유인물을 배포한 혐의로 기소된 사건이다.

10) Jerome A. Barron, Access to the Press—A New First Amendment Right, 80 Harv. L. Rev. 1641 (1967).

11) Chaplinsky v. New Hampshire, 315 U.S. 568 (1942). 헌법에 의해 보호되지 않는 영역에 있는 표현으로는 음란 이외에도 사기, 도발적 언어(fighting words), 명예훼손 등이 있다.

12) 헌재 1998. 4. 30. 95헌가16.

13) 헌재 2009. 5. 28. 2007헌바83.

2) 국민의 자기지배(self-government) 이론

국민의 자기지배 이론에 의하면, 치자(治者)가 갖는 힘의 정당성은 피치자(被治者)의 동의에서 나오며, 피치자가 자기의 동의권을 행사하기 위해서는 개인적인 판단과 공동의 판단을 내리는 데 필요한 표현의 자유를 충분히 누려야 한다. 따라서 의사 표현은 주권자인 국민이 정치적 의사결정을 내리는 데 도움이 되는 한 보호되어야 한다. 미국 정치철학자 마이클존(Alexander Meiklejohn)은 "표현의 자유의 원칙은 추상적인 자연법이나 이성의 법칙이 아니다. 이것은 공공의 문제는 보통선거에 의해서 결정되어야 한다는 미국인의 가장 기본적인 약속에서 연유한 것이다."라고 역설하였다.[14] 국민의 자기지배 이론은 숙의 민주주의(deliberative democracy)로 이어진다. 브랜다이스 대법관(Louis D. Brandeis)은 1927년 Whitney v. California 사건에서 "자유의 가장 큰 위협은 우둔한 국민이며, 공적 토론은 정치적 의무"라고 주장하였다.[15] 따라서 국민이 공적 문제에 관한 토론에 참석할 수 있도록, 즉 자기지배가 이루어지도록 정보가 자유롭게 이동하는데 제약이 있어서는 안 된다고 보았다. 자기지배 이론의 가장 큰 약점은 무엇이 보호받는 정치적 표현이고, 무엇이 그렇지 않은 표현인지 구분하기 힘들다는 문제가 있다. 순수한 정치 문제에 관한 것은 자기지배에 도움이 되고, 순수한 성적 표현은 그렇지 않다는 것은 자명하다. 문제는 중간 영역에 있다.

3) 인간의 자기실현(self-fulfillment) 이론

자기실현 이론은 표현의 자유의 정당성을 인간의 자기실현에서 찾는다. 이 이론에서 표현은 "인간이 생각을 발전시키고, 정신적으로 탐

---

14) Alexander Meiklejohn, POLITICAL FREEDOM: THE CONSTITUTIONAL POWERS OF THE PEOPLE 27 (1960).
15) 274 U.S. 357, 375 (1927).

구하고, 스스로를 긍정하는데 필요한 내적 부분"이다.[16] 사회적 동물인 인간은 자기의 인성을 개발하는 과정에서 형성된 자기 생각과 의견을 표현함으로써 인간으로서 자기의 잠재력을 깨닫는다는 것이다. 자기실현 이론은 자기지배 이론과 달리 표현의 자유를 민주주의를 달성하기 위한 수단으로 보지 않는다. 자기실현 이론은 표현이 개인의 자기개발이나 자기만족에 도움을 주는 한 보호되어야 한다고 주장하기 때문에 자유주의 모델이라고 불리기도 한다. 이론의 전제는 표현(expression)과 행동(action)의 구분에 있다. 지지자들은 표현이 행동에 이르지 않는다면 사회는 그 표현을 보호해 주어야 한다고 주장한다. 하지만 표현의 자유를 지나치게 광범위하게 보호한다는 이유에서 반론도 만만치 않다. 자기지배 이론가인 보크(Robert Bork) 판사는 자기만족이 표현의 자유에 헌법적 보호를 부여하는 이유가 될 수 없다고 비난한다. 사람들은 자기 의견을 내놓을 때뿐만 아니라 주식투자에서도, 성행위에서도 자기만족을 얻을 수 있기 때문이다.[17] 즉 자기실현 이론에서 표현의 자유는 일반적 행동자유권의 한 측면에 불과하게 된다.

4) 사 견

표현의 자유의 고유한 의미는 민주국가의 존립과 발전에 기여하는데 있다. 표현의 자유는 인간이기 때문에 누구나 가지는 권리라기보다는 민주주의 국가에서 국가의 의사를 결정하는 데 필요하기에 보장되는 권리라고 이해할 때 헌법적 의의가 분명해진다. 국민주권주의와 대의제 민주주의를 원칙으로 하는 우리 헌법에서 치자와 피치자가 동일한 국민의 자기지배가 이루어지기 위해서는 표현의 자유가 필수불가

---

16) Thomas I. Emerson, Toward a General Theory of the First Amendment, 72 Yale. L.J. 877, 879 (1963).
17) Robert H. Bork, Neutral Principles and Some First Amendment Problems, 47 Ind. L.J. 1, 25 (1971).

결하다. 표현의 자유는 국민이 선거에서 투표할 때 '내용을 알고 하는 결정'(informed decision)을 내릴 수 있도록 관련 정보와 의견을 전달하기 때문에 민주적 의사결정을 촉진한다. 민주적 의사결정은 모든 국민이 내용을 알고 하는 결정을 위해서 필요한 정보에 접근할 수 있고(알 권리), 의사결정의 대상 안건에 대해서 자유롭게 의견을 피력하고 교환할 수 있을 때(표현의 자유) 비로소 가능하다. 표현의 자유와 알 권리가 동전의 양면과 같다는 것은 이런 의미이다.

 헌법재판소 역시 언론의 자유 또는 표현의 자유의 헌법상 의의를 민주주의와 관련하여 여러 차례 언급한 바 있다. 언론·출판의 자유는 민주주의 체제에 있어서 불가결한 본질적 요소이고, 사상의 자유로운 교환을 위한 열린 공간이 확보되지 않는다면 민주정치는 결코 기대할 수 없다고 본다.[18] 헌법재판소가 표현의 자유를 민주주의 수단으로만 이해하는 것은 아니다. 표현의 자유는 개인이 언론 활동을 통하여 자기의 인격을 형성하는 개인적 가치라는 점을 강조하기도 한다.[19] 그러나 표현의 자유를 개인적 가치로 이해할 경우 표현의 자유를 헌법상 권리로 보호하는 고유한 의미가 사라진다. 자유권의 보호범위는 헌법이 개별자유권을 규정한 목적과 그에 부여한 기능의 관점에서 결정되어야 하는데,[20] 표현의 자유의 헌법적 의의를 자기실현에서 찾으면 헌법 제10조에서 인정되는 일반적 행동자유권과 다를 바 없다. 필자는 민주주의 실현을 위한 수단적 가치로서 표현행위에 대해서는 헌법 제21조에 의해서 두텁게 보호하고, 그렇지 않고 개인의 자기실현과 관련되는 개인적 가치를 갖는 표현행위에 대해서는 일반적 행동자유권으로 보호하는 것이 타당하다고 생각한다.[21] 구분의 실익은 보호 정도의

---

18) 헌재 1998. 4. 30. 95헌가16, 판례집 10-1, 327, 338.
19) 헌재 1999. 6. 24. 97헌마265, 판례집 11-1, 768, 775.
20) 한수웅, 헌법학(제8판), 법문사, 2018년, 457쪽.
21) 문재완, "표현의 자유와 민주주의-청자(聽者) 중심의 표현의 자유 이론을 위한 시론-", 세계헌법연구 제17권 제2호 (2011.08) 참고.

차이에 있다.

2. 숙의 민주주의와 공론장

1) 숙의 민주주의의 중요성

민주주의는 자신의 선호를 나타내는 사람들이 현명하게 선택할 준비가 되어 있지 않으면 성공할 수 없다.[22] 하지만 개인의 선호는 고정된 것이 아니라, 변화의 여지가 있는 것이다.[23] 개인의 선호가 고정불변한 것이라면 민주주의는 고정된 다수의 승리를 확인하는 과정에 불과하다. 민주적 의사결정의 정통성은 다수 의사라는 결과 못지않게 의사를 형성하는 과정에 찾을 수 있다. 숙의 민주주의는 숙의(deliberation), 깊은 생각과 의견 교환이라는 의사형성과정을 중시하는 민주주의다.[24] 개인의 선호는 의사결정 이전에 고정된 것이 아니며, 숙의를 통해서 형성된다고 본다.

숙의 민주주의라는 용어는 1980년 베셋(Joseph Bessette) 교수가 처음 사용하였다.[25] 1990년대 초 민주주의가 숙의적 전환(deliberative turn)을 이루었다는 평가가 나올 만큼 민주주의 위기에 대한 대안으로 비교적 최근 발전한 민주주의 모델이다. 하지만 숙의 민주주의가 지향하는 가치는 근대헌법이 지향하는 민주주의 가치와 다를 바 없다. 미국 하버드 대학의 선스타인(Cass R. Sunstein) 교수는 1787년 제정된 미국 헌법이 국민에 대한 책임, 그리고 숙고와 이성의 교환을 통합하는 체

---

22) Franklin D. Roosevelt: Message for American Education Week, Th American Presidency Project (1938.09.27.), (2022.08.20. 방문) <http://www.presidency. ucsb.edu/ws/?pid=15545>.

23) 데이비드 헬드, 박찬표 역, 민주주의의 모델들, 후마니타스, 2010년, 447쪽.

24) deliberative democracy는 숙의 민주주의 외에도 심의 민주주의, 토의 민주주의 등 다양하게 번역된다. 여기서는 깊이 생각하고 충분히 의논한다는 의미를 담은 숙의(熟議) 민주주의로 사용한다.

25) 데이비드 헬드, 앞의 책, 440쪽.

제를 만들고자 하였다고 본다.[26] 미국 헌법 제정자들의 목표는 성공적인 민주주의 체제를 만드는 것이었고, 이는 선거를 통해 국민의 요구에 민감하게 반응할 뿐만 아니라, 공공 영역에서 이성적인 논의가 이뤄질 수 있도록 보장하는 체제, 즉 숙의 민주주의 체제라는 것이다.[27] 우리 헌법 역시 국민의 자기지배에 기초한 민주주의이며, 이는 숙의 민주주의를 통해서 실현된다.

숙의를 위해서는 이성에 기초한 의견의 교환, 즉 공적인 토론이 필요하다. 숙의는 공개되어 누구나 자유롭게 참여할 수 있어야 한다. 하지만 자유롭고 평등하고 공개된 토론만으로 숙의 민주주의는 성공할 수 없다. 다양한 사고를 하는 사람들이 참여해야 한다. 생각이 같은 사람들끼리, 자신의 속한 집단의 구성원이 아닌 사람들을 제외하고 자기들끼리 모여서 숙의하면 극단적인 결론에 이른다는 것이 경험적으로 입증되었다.[28] 미국 헌법 제정자들은 시민들 간의 의견 충돌을 환영하였으며, 파당들 사이의 다툼이 심의와 숙고를 증진시킬 것이라고 주장하였다. 숙의 민주주의를 위해서는 적절한 이질성, 또는 다양성을 어떻게 확보할 것인가가 중요한 문제로 떠오른다.[29]

2) 공론장과 언론의 자유

숙의 민주주의를 실현하기 위해서 공적인 토론이 이루어지는 장소를 공론장(public sphere)이라고 부른다. 공론장이란 국가와 사회를 매개하는 영역으로, 누구나 동등하게 참여해서 담론(discourse)를 통해서 여론을 형성하는 곳이다. 공론장에서 공적 사안에 대해 시민사회의 다양한 의견들이 합리적 토론을 거쳐 여론으로 형성되는 과정이 민주주의에

---

26) 선스타인, 왜 사회에는 이견이 필요한가, 앞의 책, 264쪽.
27) 선스타인, 위의 책, 265쪽.
28) Cass R. Sunstein, Deliberative Trouble? Why Groups Go to Extremes, 110 Yale L.J. 71 (2000).
29) Sunstein, 위의 논문, p. 115.

서 중요하다. 공론장의 기원은 고대 그리스 도시 국가의 광장(agora)에서 찾을 수 있다. 근대 공론장의 발전을 보면, 17, 18세기 신흥 부르주아 시민계급의 등장과 함께 인쇄신문과 문학작품이 늘어나면서 영국의 커피하우스, 프랑스의 살롱 등 문예공론장이 발전하였고, 정치적 논의가 활발해지면서 문예공론장은 정치공론장으로 발전하였다.30) 18세기 절대지배에 대항하여 부르주아 시민들이 일반적이고 추상적인 법을 요구하고, 여론을 법의 유일한 합법적 원천으로 주장하는 정치의식이 발전하면서 공론장은 정치적 영향력을 가지게 되었다.31) 논변의 힘으로 탄생한 여론은 사태의 본성에 부합하고, 이렇게 탄생한 법은 일반성과 추상성이라는 형식적인 기준 이외에도 합리성이라는 실질적 기준에도 부합한다.

공론장이 숙의 민주주의의 실현이라는 목적을 달성하기 위해서는 공론장 안에서 이성에 기반한 토론이 이루어져야 한다. 이를 위해서는 언론의 자유가 보장되어야 함은 물론이다. 하지만 누구나 떠들 수 있는 언론의 자유보다 중요한 것은 공론장에 참여한 사람들이 들을 만한 내용, 즉 숙의에 도움이 되는 내용이 교환되어야 한다는 것이다. 이렇게 이해하면 언론의 자유는 말하는 사람(speaker)의 권리라기보다 듣는 사람(listener)을 위해서 존재하는 권리라고 할 수 있다. 마이클존(Meiklejohn)의 표현을 빌리자면, 언론의 자유를 규정한 미국 수정헌법 제1조의 궁극적 이익은 화자의 말에 있지 않고(not the words of the speakers), 청자의 마음에 있다(but the minds of the hearers).32) 공론장에 참여한 사람들이 들을 만한 내용은 결국 쟁점에 대한 다양한 견해

---

30) 박홍원, "공론장의 이론적 진화: 다원적 민주주의에 대한 함의", 언론과 사회 제20권 제4호 (2012.11), 186쪽.
31) 위르겐 하버마스, 한승완 역, 공론장의 구조변동: 부르조아 사회의 한 범주에 관한 연구, 나남신서, 2001년, 147~149쪽.
32) Alexander Meiklejohn, FREE SPEECH AND ITS RELATION TO SELF-GOVERNMENT 25 (1948).

라고 할 수 있다. 특히 대립하는 견해가 모두 이야기될 때, 즉 공론장에 참여한 청중이 대립되는 견해를 모두 들을 수 있을 때 공론장은 숙의 민주주의를 실현하는 공간이 된다. 선스타인 교수는 다양한 관점을 가진 사람들이 다양한 견해들을 들을 수 있는 영역을 보장하는 노력이 중요하다고 주장한다.[33] 공론장은 사람들이 자기와 다른 사고를 하는 다양한 사람들을 만날 가능성을 증대시킨다.

민주주의 국가에서 언론의 자유를 헌법적으로 보장한다는 것은 공적 관심사에 대해서 다양한 의견을 듣는 기회를 보장한다는 의미다. 선스타인은 언론의 자유가 기능하기 위해서 두 가지 조건이 필요하다고 말한다.[34] 첫째 사람들은 자신이 선택하지 않은 자료에 우연히 노출되어야 하며, 둘째 공적 토론에 참여하는 시민 대부분이 상당한 정도 공유하는 경험을 가져야 한다. 그동안 신문, 잡지, 방송 등 언론매체는 중개자(intermediaries)로서 사람들에게 다양한 주제에 대하여 여러 견해를 노출시키는, 즉 다양한 견해와의 만남을 보장하는 역할을 하였다.[35] 하지만 언론매체가 중재자가 아니라 권력자로 행세하면 공론장은 붕괴된다. 언론매체가 정치권력과 결탁하거나, 언론시장의 독과점으로 소수의 언론매체가 권력자로 부상하면 공론장은 권력자의 선호에 따라 걸러낸 목소리만 전달하게 된다. 공론장에서 다양성은 사라진다. 다양성이 결여된 공론장은, 언론매체가 하고 싶은 말을 하는 외형을 띠고 있어 언론의 자유가 실현되고 있는 곳 같지만, 다양한 목소리를 듣고자 하는 청자를 위한 언론의 자유가 심각히 훼손된 곳이다.

국가가 보도 내용을 규제하는 것과 보도가 청중의 이익에 부합하도록 제도를 형성하는 것은 구분된다. 언론사도 언론의 자유의 주체이므로 보도 내용에 대한 국가 규제는 엄격한 비례원칙에 따라 정당한 목

---

33) Sunstein, *Deliberative Trouble*, p. 114.
34) Cass R. Sunstein, REPUBLIC.COM, 8~9 (Princeton University Press, 2001).
35) Sunstein, 위의 책, p. 36.

적을 달성하는 데 필요최소한의 범위에 그쳐야 한다. 하지만 공론장 형성과 유지를 위한 국가 간섭은 광범위하게 허용된다. 자유권의 이중적 성격, 즉 주관적 공권이자 객관적 가치질서라는 점을 감안하면, 국가는 국민이 누리는 언론의 자유 영역을 함부로 침해할 수 없을 뿐 아니라, 입법을 통하여 또 법규범의 해석과 적용을 통하여 언론의 자유를 실현하여야 하는 의무를 진다.[36] 국가는 국민이 공동체의 관심사에 관한 다양한 의견을 들을 수 있도록 언론사의 활동을 규율할 수 있다. 이러한 규율은 언론의 자유를 규제하는 것이 아니라, 언론의 자유가 본래 의미대로 실현되도록 규율하는 것이다. 의견 다양성 보장을 위한 규율은 언론보도에 대한 내용심사와 달리 이해하여야 한다.[37] 예컨대 반론권은 보도 내용의 진위를 따지지 않고 인정되므로 언론보도에 대한 내용심사가 아니고, 의견 다양성 보장을 위한 규율이다. 따라서 신문사에 대하여 반론보도를 강제하는 법에 대한 위헌 여부는 엄격한 비례원칙을 적용하는 것이 아니고, 입법형성권의 한계를 심사하는 데 그쳐야 한다고 본다.[38]

---

36) 자유권의 이중적 성격에 관하여는, 한수웅, 앞의 책, 425~427쪽 참고.

37) 이준일 교수는 기본권을 실현하는 데 필수적으로 요구되는 조직이나 절차에 관한 입법은 기본권제한입법과 구분되고, 이러한 입법의 위헌심사기준은 과소보호금지원칙이라고 한다. 이준일, "포털사이트에 대한 법적 규율의 필요성과 내용", 헌법재판연구 제9권 제1호 (2022.06).

38) 그러나 언론의 자유와 관련되는 사안에서 헌법재판소는 거의 예외 없이 비례원칙을 적용한다. 헌법재판소는 초기 판례에서 반론보도청구권(당시 명칭은 정정보도청구권)의 성격을 "헌법상 보장된 인격권, 사생활의 비밀과 자유에 그 바탕을 둔 것이며, 나아가 피해자에게 반박의 기회를 허용함으로써 언론보도의 공정성과 객관성을 향상시켜 제도로서의 언론보장을 더욱 충실하게 할 수도 있다는 뜻도 함께 지닌 것"이라고 하면서 "이 법에 규정한 정정보도청구제도가 과잉금지의 원칙에 따라 그 목적이 정당한 것인가 그러한 목적을 달성하기 위하여 마련된 수단 또한 언론의 자유를 제한하는 정도가 인격권과의 사이에 적정한 비례를 유지하는 것인가의 여부가 문제된다"고 하여 비례원칙을 위헌심사기준으로 삼았다. 헌재 1991. 9. 16. 89헌마165, 판례집 3, 518, 529~534.

3) 신문의 자유와 방송의 자유

언론의 자유의 역사는 미디어의 역사이기도 하다. 정보통신기술의 발전과 함께 새로운 언론매체, 미디어가 등장하였고, 언론의 자유는 확대되었다. 15세기 중반 유럽에서 출판기술의 발전으로 인쇄매체의 시대가 열리고 17세기 신문이 등장하였다. 신문은 초기에 정부의 홍보지, 정당의 선전지로 정파성이 강하였으나, 19세기 후반 신문은 광고를 기반으로 한 대중지로 비즈니스 모델을 성공시키면서 매스 미디어의 시대를 열었다. 20세기 중반까지 신문이 여론을 주도하였다면, 방송기술이 발전하면서 20세기 후반에는 방송이 가장 영향력 있는 미디어로 부상하였다.

언론의 자유는 언론매체마다 향유하는 정도가 다르다. 신문으로 대표되는 출판은 누구나 발행할 수 있지만, 방송은 주파수의 제한으로 국가가 허가하는 사업자만 할 수 있다는 차이로 인하여 언론의 자유제한에 있어서 신문과 방송은 달리 취급된다. 우리 법제상 신문은 등록제로 운영되고 있고(신문 등의 진흥에 관한 법률 제9조 제1항), 지상파 방송은 허가제로 운영되고 있다(방송법 제9조 제1항). 신문과 방송이라는 매체가 제도로서 보장되는지에 대하여 논란이 있다. 미국처럼 언론의 자유를 주관적 공권으로만 이해할 경우 언론사에 대한 특별한 보호 또는 의무 부과는 인정될 수 없다. 미국 연방대법원은 신문에 대하여 반론권을 강제하는 것이 편집권 침해라고 보고 있으며,[39] 방송의 특수성을 인정하여 방송에 대해서만 반론권을 허용한다.[40] 하지만 기본권의 이중적 성격을 인정하는 학계 통설과 헌법재판소 태도에서 보면, 신문과 방송과 같은 매스 미디어는 민주주의 실현과 관련되는 강한 공적인 기능 때문에 자유언론제도로 보호되는 것이 타당하다.[41] 헌

---

39) Miami Herald Publishing Co. v. Tornillo, 418 U.S. 241 (1974).

40) Red Lion Broadcasting Co. v. Federal Communications Commission, 395 U.S. 367 (1969).

법재판소는 신문의 자유와 방송의 자유에 대해서 각각 주관적 공권과
제도적 보장의 성격을 가진다고 판시하였다.[42] 다만 제도적 보장의 내
용에 있어서 신문과 방송은 차이가 있다.

신문의 경우 누구나 발행할 수 있음을 전제하기 때문에 국가는 신
문의 자유로운 발행을 보장하여야 하며, 신문의 내용에 대해서 간섭할
수 없다. 국가가 신문의 자유를 제한할 수 있는 경우는 신문이라는 공
론장이 붕괴된 경우, 즉 신문시장이 독과점화되어 청중인 국민이 중요
한 정치적 쟁점에 대하여 다양한 의견을 들을 수 없는 경우에 한한다.
헌법재판소에 따르면, 객관적 제도로서의 '자유 신문'은 (1) 신문의 사
경제적·사법적(私法的) 조직과 존립의 보장 및 (2) 그 논조와 경향(傾
向), 정치적 색채 또는 세계관에 있어 국가권력의 간섭과 검열을 받지
않는 자유롭고 독립적인 신문의 보장을 내용으로 하는 한편, (3) 자유
롭고 다양한 의사형성을 위한 상호 경쟁적인 다수 신문의 존재는 다
원주의를 본질로 하는 민주주의사회에서 필수불가결한 요소가 된다.[43]
판시내용 중 (1)과 (2)는 언론의 자유를 주관적 공권으로 이해할 경우
에도 보장되는 내용이어서 객관적 제도로서 신문의 자유의 고유한 특
징은 (3)에 있다. 더구나 우리 헌법은 "신문의 기능을 보장하기 위하
여 필요한 사항은 법률로 정한다."고 규정하고 있다(제21조 제3항). 여
기서 신문의 기능이란 공론장을 의미한다. 즉 신문이라는 전체 매체가
공론장으로서 기능하지 못하여 청중인 국민에게 다양한 의견이 전달
되지 못한다면 이를 입법으로 해결해야 한다. 헌법재판소는 "여기서
"신문의 기능"이란 주로 민주적 의사형성에 있고, 그것은 다원주의를

---

41) 허영, 한국헌법론 (전정6판), 박영사, 2010년, 575쪽.
42) 신문의 자유에 대해서는 헌재 2006. 6. 29. 2005헌마165 등, 판례집 18-1하,
337, 384, 방송의 자유에 대해서는 헌재 2003. 12. 18. 2002헌바49, 판례집
15-2하, 502, 517 참고.
43) 헌재 2006. 6. 29. 2005헌마165 등, 판례집 18-1하, 337, 384 (번호는 필자가
설명을 위해 추가함).

본질로 하는 민주주의사회에서 언론의 다양성 보장을 불가결의 전제로 하는 것이므로, "신문의 기능을 보장하기 위하여"란 결국 '신문의 다양성을 유지하기 위하여'란 의미도 포함하고 있다고 할 것이다."라고 설명하였다.[44]

지상파를 전제로 하는 방송의 자유는 조금 다르다. 신문과 달리 방송에 대해서 우리 헌법은 기능 보장을 특별히 언급하고 있지 않다.[45] 그렇지만 주파수 제한이라는 고유의 성질로 인하여 방송에 대한 허가제와 그에 따른 입법은 불가피하다. 방송의 자유는 신문의 자유보다 더 광범위한 입법적 제한을 예정하고 있다. 입법자는 방송의 자유라는 기본권이 하는 기능, 즉 국민의 민주적 의견형성이 현실적으로 구현될 수 있도록, 달리 말하면 방송이 공론장으로 역할을 할 수 있도록 제도를 만들어야 한다. 헌법재판소는 협찬고지 사건에서 "방송의 자유의 보호영역에는, 단지 국가의 간섭을 배제함으로써 성취될 수 있는 방송 프로그램에 의한 의견 및 정보를 표현, 전파하는 주관적인 자유권 영역 외에 그 자체만으로 실현될 수 없고 그 실현과 행사를 위해 실체적, 조직적, 절차적 형성 및 구체화를 필요로 하는 객관적 규범질서의 영역이 존재한다."고 하면서 "입법자는 자유민주주의를 기본원리로 하는 헌법의 요청에 따라 국민의 다양한 의견을 반영하고 국가권력이나 사회세력으로부터 독립된 방송을 실현할 수 있도록 광범위한 입법형성재량을 갖고 방송체제의 선택을 비롯하여, 방송의 설립 및 운영에 관한 조직적, 절차적 규율과 방송운영주체의 지위에 관하여 실체적인 규율을 행할 수 있다."고 판시하였다.[46] 따라서 방송사업자가 협찬을 받은 사실을 고지하도록 의무를 부과하는 법률조항은 방송사업자의 자유를 제한한 것이 아니고, 방송사업자의 방송운영에 관한 활동범위

---

44) 위 판례집.
45) 헌법 제21조 제3항은 '통신·방송의 시설기준'만 법률로 정한다고 규정하고 있다.
46) 헌재 2003. 12. 18. 2002헌바49, 판례집 15-2하, 502, 517.

를 형성한 것이라는 것이 헌법재판소 설명이다.

방송의 자유에 관한 헌법재판소 판례는 지상파방송을 전제로 한 것이어서 케이블방송, 인터넷방송 등 정보통신기술의 발전으로 지상파방송의 한계가 극복된 오늘날에도 여전히 타당한지는 의문이다. 그동안 방송에 대해서는 신문과 달리 공공성을 이유로 진입규제, 소유규제, 시청점유율규제, 내용규제, 편성규제 등 규제가 일반화되었다. 하지만 주파수의 제한이라는 기술적 한계가 사라진 지금도 신문과 달리 방송에 대한 광범위한 규제 또는 규율이 가능한지는 의문이다. 주파수의 제한 외에도 광범위한 영향력, 민주적 의사형성 기여 등 다른 논거로 방송에 대한 규제가 정당하다고 보는 견해도 있다.[47] 하지만 이러한 논거는 방송 본연의 특성에서 기인하는 것이 아니고, 성공한 언론매체의 특성에 불과하다. 신문의 자유에서 보듯이 영향력이 과도한 언론매체에 대하여 민주적 의사형성에 기여하도록 간섭하는 정부 조치는 언론의 자유를 침해하는 것이 아니라 언론의 자유를 실현하도록 하는 것이다. 오늘날 방송의 자유를 언론의 자유와 구분되는 독자적인 기본권으로 인정할 근거는 사라졌다. 방송도 신문과 마찬가지로 설립의 자유가 있으며, 다만 신문보다 강력한 영향력과 침투력, 재정지원 등을 이유로 신문보다 더 강한 구조규제가 허용될 뿐이다. 또 현실적으로 신문사의 수보다 방송사의 수가 적고, 방송사 중에서 지상파방송사의 영향력이 지배적임을 감안하여 지상파방송사에 대해서 의견 다양성을 확보하도록 내용 및 편성규제를 할 수 있다고 본다.[48] 특히 국가기간

---

47) 독일 연방헌법재판소는 방송의 특성을 광범위한 영향(Breitenwirkung), 잠재적 효과(Suggestivkraft) 및 최신성(Aktualität)으로 파악하고, 방송에 대한 특별한 법적 조치가 필요하다고 판시한 바 있다. BVerfGE 90, 60 (87) (최우정, "방송사업의 인수, 합병과 방송의 공공성 확보─SKT와 CJ헬로비전 사례를 중심으로─", 언론과 법 제15권 제1호 (2016.04), 42쪽에서 재인용).

48) 문재완, "방송의 공공성과 구조규제에 대한 비판적 검토", 공법연구 제46집 제4호 (2018.06) 참고.

방송인 한국방송공사(KBS)에 대해서는 민주적 의사형성에 기여하도록 사회적 관심사에 대하여 다양한 견해가 시청자에게 균형 있게 제공되도록 규율할 필요가 있다.

Ⅲ 인터넷과 언론의 자유

1990년대 중반 인터넷이 상용화된 이후 미디어의 지형은 완전히 바뀌었다. 소수의 미디어가 정보를 생산하고, 대중이 이를 소비하는 매스 미디어의 시대는 저물었다. 누구나 정보를 생산할 수 있고, 누구나 정보를 소비하는 시대가 왔다. 인터넷은 언론의 자유와 관련하여 새로운 문제를 제기한다. 그동안 언론의 자유 이론은 국가와 사인 간의 대립을 전제로 하고 있었다. 언론의 자유와 관련된 쟁점들은 언제나 힘 있는 국가가 사인의 자유를 제한하는 것이 정당한지 검토하는 것이었다. 헌법이 금지하는 허가제와 사전검열이 대표적이다. 명예훼손죄와 같은 사후규제에서도 언론보도의 대상이 주로 권력자이어서 국가와 사인 간의 대립구조가 형성되었다. 명예훼손 소송으로 세계적으로 유명한 미국 연방대법원의 1964년 New York Times v. Sullivan 사건과[49] 그 후 발전한 공인이론은 권력자와 언론사 간의 대립사건이다. 인터넷 시대가 도래하면서 상황이 바뀌었다. 누구나 발행인이 될 수 있어서 국가가 주도하는 허가제와 사전검열의 위험성은 거의 사라졌다. 인터넷 중개자 또는 인터넷 플랫폼의 역할이 커지면서 강력한 소수의 사인과 이를 이용하는 다수의 사인 간의 대립이 발생한다. 인터넷에서 사기업이 정보의 내용을 심사한 후 원치 않는 정보의 유통을 억제하는 일, 즉 사적 검열이 광범위하게 발생하고 있다.[50] 국가의 공

---

49) 376 U.S. 254 (1964).

50) 사적 검열과 관련하여 국내 연구는 황성기, "사적 검열에 관한 헌법학적 연구",

권력 행사가 아니라 사인 간 계약을 통해서 언론의 자유가 심각하게 제한된다. 언론의 자유의 실질적 조건은 사람들이 소통하는 인터넷 공간을 지배하는 사적 인프라 소유자의 결정에 달려 있다.[51)

1. 미디어로서 인터넷: 이론과 실제

1) 초기의 이상

인터넷이 상용화되던 초기부터 미디어로서 인터넷의 성격을 어떻게 보아야 할 것인지를 놓고 논란이 있었다. 신문에 가까운 매체로 보아 자유의 시각에서 보아야 할 것인지, 방송에 가까운 매체로 보아 규제의 시각에서 접근해야 하는지에 관한 논란이었다. 하지만 미국 연방대법원은 1997년 인터넷이 방송보다 신문에 가까운 매체라고 판단하면서 논란이 빨리 정리되었다. 인터넷상 유해정보로부터 청소년을 보호하기 위하여 제정된 통신품위법(Communication Decency Act, CDA)에 대하여 연방대법원은 "인터넷상 컨텐츠는 인간의 사고만큼 다양하다."고 언급한 하급심 판결을 인용하면서 인터넷을 방송과 같이 취급하여 규제할 수 없다고 판시하였다.[52) 우리 헌법재판소도 2002년 불온통신 사건에서 인터넷을 공중파와 달리 '가장 참여적인 시장', '표현촉진적인 매체'라고 판시하였다.[53) 헌법재판소는 인터넷의 경우 "전파자원의 희소성, 방송의 침투성, 정보수용자측의 통제능력의 결여와 같은 특성"이 없으며, "오히려 진입장벽이 낮고, 표현의 쌍방향성이 보장되며,

---

세계헌법연구 제17권 제3호 (2011.12); 문재완, "사적 검열과 표현의 자유", 공법연구 제43집 제3호 (2015.02) 등 참고.

51) Jack M. Balkin, Free Speech in the Algorithmic Society: Big Data, Private Governance, and New School Speech Regulation, U.C. Davis L. Rev. 1149, 1153 (2018).

52) Reno v. American Civil Liberties Union, 521 U.S. 844 (1997).

53) 헌재 2002. 6. 27. 99헌마480, 판례집 14-1, 616, 632.

그 이용에 적극적이고 계획적인 행동이 필요하다는 특성을 지닌다."고
보았다. 따라서 "인터넷상의 표현에 대하여 질서위주의 사고만으로 규
제하려고 할 경우 표현의 자유의 발전에 큰 장애를 초래할 수 있다."
는 것이 헌법재판소의 진단이었다. 헌법재판소의 불온통신 판결은 인
터넷 규제에 대한 반론으로 자주 인용된다.

2) 흔들리는 이상론

인터넷이 초기 기대처럼 사상의 자유시장을 완벽하게 실현해주지
못하고 있다. 이론적으로 인터넷에서 누구나 말할 수 있고, 누구나 다
른 사람의 주장을 들을 수 있다. 실제에 있어 인터넷이라는 공론장에
서 의견 다양성은 보장되지 않는다. 인터넷을 통해서 동질의 사람들끼
리 뭉치는 편향성이 강화되면서 인터넷이 민주적 여론형성의 장인지
에 대해서 의문이 생긴다. 미국 헌법학자 볼킨(Jack M. Balkin)은 오늘
날 소셜 미디어가 공론장의 건강을 결정하는 가장 중요한 제도가 되
었지만, 공론장으로서 역할을 적절히 수행하지 못하고 있다고 평가한
다.[54] 한 학자는 인터넷의 도움으로 사람들은 표현할 수 있는 능력이
확장되었지만, 표현할 수 있는 자유는 축소되었다고 진단하고, 인터넷
이 표현의 자유를 촉진시키는 궁극적인 매체라는 생각은 너무 단순한
것이라는 평가한다.[55] 인터넷에서 폐해가 발생하면서 인터넷에 대한
국가 규제의 정당성을 주장하는 견해가 늘어나고 있다.[56] 인터넷을 간
섭 없는 시장으로 보는 것은 그저 신화일 뿐이다.[57] 실제 인터넷 세계

---

54) Jack M. Balkin, How to Regulate (And Not Regulate) Social Media, 1 J.
   Free Speech L. 71, 88 (2021).
55) Moran Yemini, The New Irony of Free Speech, 20 Colum. Sci. & Tech. L.
   Rev. 119, 126 (2018), Available at SSRN: https://ssrn.com/abstract=3247735.
56) 진보적인 헌법학자 볼킨 교수는 인터넷 규제가 필요하다는 입장이다. 현재 미국
   법처럼 인터넷 중재자에 대하여 면책하는 것보다, 책임 부여와 책임 면제 간의
   신중한 조화가 필요하다고 본다. Balkin, 앞의 논문. 이에 대해서는 후술한다.
57) Christopher S. Yoo, Free Speech and the Myth of the Internet as an

는 구글(google)과 페이스북(facebook)과 같은 소수의 사기업에 의해서 통제되고 있다.[58] 유럽연합(EU)은 디지털서비스법(Digital Services Act) 제정에 합의하여, 2024년부터 불법 유해 콘텐츠에 대하여 온라인 플랫폼(online platform)에 책임을 강하게 물을 예정이다. 우르줄라 폰데 어라이엔(Ursula von der Leyen) 유럽집행위 집행위원장은 이와 관련해 "디지털서비스법은 오프라인에서 불법인 콘텐츠는 온라인에서도 불법이어야 한다는 원칙에 실질적인 효과를 가져올 것이다. 온라인 플랫폼의 규모가 클수록 수반되는 책임도 크다."라고 말했다.[59]

헌법재판소도 인터넷의 순기능뿐만 아니라 역기능을 우려한다. 헌법재판소는 2012년 "전기통신망 특히 인터넷 매체는 기존의 통신수단과는 차원이 다른 신속성, 확장성, 복제성을 가지고 있[음]"을 중시하고, "인터넷에서 유통되는 정보는 그 형식의 다양성, 규모 및 전파성에 있어 기존의 정보와는 근본적인 차이가 있고, 계속적으로 새로운 형태로 확대재생산 될 가능성이 높기 때문에 인터넷이 범죄를 조장하거나 범행을 실행하는 데 사용되는 것을 막기 위하여" 방송통신심위원회가 통신내용을 심의하고 시정을 요구하는 것이 정당하다고 보았다.[60] 하지만 전반적으로 헌법재판소는 인터넷 자율성을 아직 믿는 편이다. 인터넷 언론의 자유를 제한하는 법령의 위헌성을 엄격히 심사한다. 헌법재판소는 인터넷언론사에 대해 선거일 전 90일부터 선거일까지 후보자 명의의 칼럼 등을 게재하는 보도를 제한하는 '인터넷선거보도 심의기준 등에 관한 규정'이 과잉금지원칙에 반하여 인터넷언론사의 표현의 자유를 침해한다고 결정하였다. 법정의견은 "인터넷언론의 특성과

Unintermediated Experience, 78 Geo. Wash. L. Rev. 697 (2010).

58) Yemini, 앞의 논문, p. 148.

59) 유럽집행위원회, 안전하고 책임감 있는 온라인 환경 보장 위한 디지털서비스법에 대한 정치적 합의 환영, Press and information team of the Delegation to the Republic of Korea, 2022.04.23.

60) 헌재 2012. 2. 23. 2008헌마500, 판례집 24-1상, 228.

그에 따른 언론시장에서의 영향력 확대에 비추어 볼 때, 인터넷언론에 대하여는 자율성을 최대한 보장하고 언론의 자유에 대한 제한을 최소화하는 것이 바람직하고, 계속 변화하는 이 분야에서 규제 수단 또한 헌법의 틀 안에서 다채롭고 새롭게 강구되어야 한다."고 판시하여,[61] 2002년 불온통신 판례와 동일한 입장이다. 이에 대하여 이선애, 이종석, 이영진 등 세 명의 재판관은 "법정의견은 인터넷 환경의 긍정적인 측면만을 고려한 것일 뿐이고, 동전의 양면처럼 긍정적 측면과 함께 존재하는 인터넷 환경의 부정적인 측면을 전혀 고려하지 않은 것"이라고 비판하였다.[62] 필자는 "인터넷언론이 우리 사회에 미치는 큰 영향력에 비추어보면, 인터넷언론에게 그에 걸맞은 사회적 책임이 요구된다"는 반대의견이 인터넷 현실의 문제를 해결하는 첫 단추라고 본다.

3) 인터넷 특성과 공론장 붕괴

오늘날 일상생활은 인터넷 기반에서 이루어지고 있다. 언론 활동도 인터넷 기반에서 진행된다. 신문과 방송도 인터넷 기반에서 또 인터넷을 이용하여 언론 활동을 한다. 인터넷의 일상화는 편리함을 가져왔지만, 동시에 다양한 폐해도 낳았다. 인터넷이 처음 상용화되던 1990년대 중반 상황과 비교하면, 지금은 인터넷 보급, 정보통신기술의 발전, 온라인 플랫폼의 지배력 등에서 완전히 다른 환경이다. 인터넷을 사상의 자유시장이 실현되는 이상적인 공론장으로 막연히 이해하기보다 인터넷에서 벌어지고 있는 현상을 구체적으로 검토하여 폐해를 최소화하기 위한 노력이 필요하다. 인터넷 공론장을 위협하는 요인은 다음과 같다.

첫째, 뉴스 소비의 편향성이다. 20세기 매스 미디어 시대에는 소수의 미디어가 다수의 청중에게 정보를 제공하는 형태가 주된 공론장

---

61) 헌재 2019. 11. 28. 2016헌마90, 판례집 31-2상, 484, 485.
62) 위 판례집, 508.

모델이었다. 이 모델에서 가장 큰 문제는 공정성이다. 매스 미디어는 어젠더(agenda) 설정과 정보 전달력에서 막강한 영향력을 행사하는데 청중은 매스 미디어에 접근하기 어렵다. 공정하지 못한 언론보도에 대하여 청중이 대응할 수 있는 방법은 거의 없다. 1967년 미국 헌법학자 배론(Jerome A. Barron)이 언론의 자유를 보장하는 헌법상 권리로 액세스(access)권을 주장한 것은[63] 소수의 매스 미디어가 사상의 자유시장을 독과점하고 있어서 언론사가 공론장 역할을 하지 못한다고 보았기 때문이다.[64] 인터넷은 매스 미디어의 문제를 해결하였다. 누구나 인터넷에 접근해서 정보를 습득하고, 자신의 정보를 발표할 수 있게 되었다. 하지만 새로운 문제가 나타났다. 미디어의 장점이 사라졌다. 공론장으로서 신문과 방송의 장점은 종합적인 뉴스를 제공한다는 데 있다. 매스 미디어의 청중은 뉴스 선택권이 없어서 평소 관심 없는 분야의 뉴스도 우연히 접한다. 그 결과 청중은 다양한 정보에 접하고, 다른 사람들과 지식과 경험을 공유한다. 21세기 인터넷 시대에 청중은 사라지고 정보 이용자만 있다. 사람들은 필요한 정보만 선택해서 취득한다. 정보제공자는 개인의 선호에 맞춰 뉴스를 제공한다. 뉴스는 파편화되어 뉴스 소비자가 우연히 다른 종류, 다른 관점의 뉴스를 접할 기회가 점차 사라지고 있다. 공유하는 지식과 경험이 부족하면 숙의 민주주의가 힘들어진다.[65] 더구나 사람들은 집단 내에서 다른 사람들과 상호작용하면서 기존 입장이 극단화되는 경향이 있는데, 인터넷은 여러 영역에서 비슷한 생각을 하는 집단이 자발적으로 집단극단화를 하도록 부채질한다.[66] 편향된 사고와 집단극단화는 자신들과 다른 견

---

63) Barron, 앞의 논문.
64) 문재완, 일인 미디어 시대의 액세스(access)권, 언론과 법 제9권 제2호 (2010.08) 참고.
65) Cass R. Sunstein, #republic: Divided Democracy in the Age of Social Media, Princeton University Press, 2018.
66) 선스타인, 우리는 왜 극단에 끌리는가, 앞의 책, 118쪽.

해를 수용하지 않기 때문에 공론장을 붕괴하고, 숙의 민주주의를 어렵게 한다.

둘째, 불법정보의 확산이다. 인격권 침해 정보, 음란물, 지적재산권 침해 정보 등 불법정보의 유통은 인터넷 이전 시대에도 있었다. 하지만 헌법재판소가 2012년 통신심의 판결에서 적절히 지적하였듯이 인터넷은 다른 정보통신수단과 비교할 수 없을 정도의 신속성, 확장성, 복제성을 가지고 있어 인터넷을 통한 불법정보 유통은 전례 없이 빠르다. 불법정보 중 명예훼손, 프라이버시권 침해 등 인격권 침해 정보는 사회적 논쟁에 참여하는 사람을 대상으로 하여 이들의 사회 참여를 주저하게 만들고, 궁극적으로 민주주의를 저해한다.[67] 인터넷 시대에 새로운 문제로 등장한 가짜뉴스(fake news)와 혐오표현(hate speech) 역시 민주주의를 위협한다. 가짜뉴스는 의도된 허위정보 또는 허위조작정보(disinformation)을 말하는 것으로 정보에 기초한 의사결정을 왜곡해서 민주주의를 위협한다. 가짜뉴스는 또 동질한 사고를 하는 집단의 확증편향(confirmation bias)과 맞물려 인터넷 공간에서 집단극단화를 부추긴다.[68] 혐오표현은 표적집단 구성원들을 침묵시켜 공적 토론에 참여할 실질적 기회를 박탈하는 동시에 공론장 전체 표적집단에 대한 적대적 사상을 만연시키는 방법으로 공론장을 왜곡한다.[69]

셋째, 공론장 집중화 현상이다. 인터넷에서 정보는 거의 모두 인터넷 중개자 또는 온라인 플랫폼을 통해서 유통되면서 인터넷 중개자 또는 온라인 플랫폼이 공론장을 지배하고 있다. 신문의 시대에 누구나 신문을 발생할 수 있지만, 세월이 지나면서 실제 신문시장은 소수의

---

67) 인격권 보호를 민주주의의 구성요소로 보는 견해로, 한수웅, "표현의 자유와 명예의 보호", 저스티스 통권 제84호 (2005.04) 참고.
68) 황용석·권오성, "가짜뉴스의 개념화와 규제수단에 관한 연구 — 인터넷서비스사업자의 자율규제를 중심으로 —", 언론과 법 제16권 제1호 (2017.04), 55∼57쪽.
69) 이승현, "혐오표현 규제에 대한 헌법적 이해", 공법연구 제44집 제4호 (2016.06), 152쪽.

신문사들이 지배하던 것과 유사한 현상이 인터넷에서 벌어지고 있다. 인터넷 시대에 누구나 인터넷을 통해 정보에 접하고 정보를 전달할 수 있지만, 소수의 인터넷 중개자들 또는 온라인 플랫폼들을 통하지 않으면 사람들은 다른 사람들의 정보에 접근할 수 없고, 자신의 정보를 전달할 수 없다. 세계적으로 보면 대부분 국가에서 구글과 페이스북이 공론장을 지배하고 있다. 우리나라에서는 네이버와 카카오(다음은 2014년 10월 카카오와 합병됨)라는 토종 인터넷 포털들의 공론장 영향력이 압도적으로 높다. 토종 인터넷 포털은 가두리 양식장처럼 이용자를 포털 안에 가두어 놓고 뉴스 등 정보를 제공하여, 검색엔진 기반의 구글과 소셜 미디어 기반의 페이스북과 다른 비즈니스 모델을 취하고 있다. 하지만 자신이 생산한 콘텐츠를 제공하는 것이 아니라, 다른 사람들이 생산한 콘텐츠를 중개한다는 점에서 온라인 플랫폼의 일종이다.

앞의 두 가지 요인, 즉 뉴스 소비의 편향성과 불법정보의 확산 역시 온라인 플랫폼에서 발생하고 있으므로 공론장 붕괴의 요인으로 세 번째가 가장 중요하며, 공론장의 해결방법 역시 온라인 플랫폼을 중심으로 찾아야 할 것이다.

2. 인터넷 중개자 또는 온라인 플랫폼의 공론장 지배

1) 인터넷 중개자의 인터넷 지배

누구나 정보를 생산할 수 있는 시대가 되면서 새로운 현상이 나타났다. 과거 매스 미디어 시대에는 정보(언론보도) 생산자와 정보(언론보도) 유통자가 같았다. 신문사업자는 신문을 발행하고 동시에 유통하였다. 2005년 신문법(신문등의자유와기능보장에관한법률, 법률 제7369호) 제정으로 신문유통원이 설립되었지만, 국가가 지원하는 신문유통원은 성공하지 못하고 2010년 폐업되었다. 지상파방송사업자 역시 방송을 제작하거나 구입한 방송물을 편성해서 방송한다. 매스 미디어에서는 어떤 정보를 편집 내지 편성해서 보도할 것인지 결정하는 일이 가장 중요하다. 청자에게 필요한 정보를 골라내고 불법정보를 걸러내는 문지기(gatekeeper) 역할은 매스 미디어가 직접 하였다. 언론의 사회적 기능이 커지면서 사회적 책임론도 커지고, 문지기에게 언론보도의 진실성, 객관성, 공정성 등 덕목을 담보하도록 요구하였다. 일부는 법으로 강제되었다. 2005년 신문법 제5조 제1항은 "정기간행물에 의한 보도는 공정하고 객관적이어야 한다."는 규정을 두었다가, 2010년 '신문 등의 진흥에 관한 법률'(법률 제9785호)로 전문개정되면서 삭제되었다. 방송법은 지금도 보도가 공정하고 객관적이어야 한다고 요구하고 있다(제6조 제1항).

인터넷 시대가 되면서 정보의 생산과 유통이 분리되었다. 인터넷은 속성상 정보 생산자와 정보 이용자를 연결하는 중개자(intermediaries)가 필요하다. 인터넷 이용자가 필요한 정보를 얻기 위해서는 인터넷에 접속해야 하고, 정보를 검색해야 하고, 정보를 쉽게 찾으려면 정보가 모인 곳을 방문해야 한다. 시간이 흐르면서 일부 중개자들이 시장을 지배하기 시작하였고, 규모의 경제가 작용하면서 현재 인터넷 시장은 극소수 중개자들이 지배하는 시장이 되었다. 이용자 정보를 활용해서 개인 맞춤형 서비스를 제공하는 인터넷 서비스의 특성상 정보를 많이 보유한 중개자의 지배력은 더욱 강화되기 쉽다. 세계적으로 검색시장은 구글이, 소셜 미디어 시장은 페이스북이 지배하고 있다. 우리나라의 경우 네이버와 카카오가 글로벌 서비스 사업자에 맞서 영향력을 유지하고 있는 것은 세계적으로 드문 현상이다. 인터넷 중개자를 요즘에는 온라인 플랫폼이라고 부르기도 한다. 인터넷 중개자는 자신의 플랫폼에서 여러 가지 서비스를 복합적으로 제공하기도 한다.

정보 중개자의 인터넷 지배는 인터넷 규제에 있어서 새로운 접근이 필요함을 알려준다. 신문시장이 과점화되어 청중이 다양한 의견을 들을 수 있는 공론장으로 역할을 하지 못한다면 외적 다양성 확보를 위해서 국가의 개입이 정당한 것처럼, 또 지상파방송이 기술적 한계로 허가제로 운영되면서 권력의 지배가 우려되면 내적 다양성 확보를 위해서 국가의 개입이 정당한 것처럼, 인터넷 시장이 중개자의 지배력 강화로 공론장 역할을 하지 못하고 있으면 국가의 간섭은 정당한 것이다. 인터넷의 특수성으로 인하여 국가의 간섭, 즉 중개자 입장에 대한 규제가 인터넷 이용자의 표현의 자유를 침해한다는 우려가 있으나, 이는 인터넷의 단면만 본 것이다. 흔히 인터넷에서는 국가 – 인터넷 사업자 – 인터넷 이용자의 삼각구도가 형성되어 국가가 인터넷 사업자를 규제할 경우 결과적으로 그 폐해는 인터넷 이용자가 보게 된다고 한다.[70] 하지만 인터넷 사업자가 독과점을 형성하고 있는 경우 인터넷 사업자에 대한 규제가 반드시 인터넷 이용자에 대한 제한으로 이어지는 것은 아니다.

2014년 유럽사법재판소(CJEU)의 구글 스페인 판결은 새로운 접근을 잘 보여주고 있다.[71] 이 판결은 스페인 변호사 곤잘레스(Mario Costeja González)가 인터넷 검색사이트 구글(Google)에 자기 이름을 넣어 검색하면 12년 전 자신이 소유하던 부동산의 경매 공고가 실린 신문이 링크되어 나오는 것을 알고, 스페인 정보보호원(AEPD)에 해당 정보의 삭제를 청구하면서 시작된, 소위 잊혀질 권리(right to be forgotten)에 관한 것이다. 그 당시 유럽연합이 일반정보보호규정(GDPR)에 잊혀질 권리를 도입하기로 방침을 정하자, 과거 정보에 대한 삭제가 이용자의 표현의 자유를 침해한다는 반론이 크게 일었다. CJEU는 잊혀질 권리를 검색엔진 회사인 구글에만 적용하고 처음 기사를 게재한 신문사에는 적용하지 않음으로써 인격권과 표현의 자유 간의 조화를 꾀하였다. 구글에서 청구인 이름으로 해당 정보를 검색하지 못하도록 함으로써

---

70) 헌재 2002. 6. 27. 99헌마480, 판례집 14-1, 616, 627.
71) 해당 판결의 내용과 평가에 대해서는 문재완, "잊혀질 권리의 세계화와 국내 적용", 헌법재판연구 제4권 제2호 (2017.12), 9~12쪽 참고.

청구인의 인격권을 보호하고, 해당 정보를 게재한 신문사에 대해서는 아무런 조치를 취하지 않음으로써 인터넷에 해당 정보가 남아 있게 되었다. 또 구글에서 청구인 이름이 아닌 다른 검색어를 사용하여 검색하면 해당 정보를 찾을 수 있다. 잊혀질 권리, 즉 정보삭제권은 완전히 실현된 것은 아니지만, 검색엔진이 주도하는 인터넷 환경에서 사실상 잊혀질 권리가 실현된 것이다.

2) 인터넷 포털 뉴스서비스의 특수성

인터넷 포털은 온라인 플랫폼 중 하나이지만, 다른 나라에서 찾아보기 힘든 독특한 지위를 가진다. 인터넷 포털은 인터넷에서 할 수 있는 모든 것을 한 곳에서 할 수 있도록 지원하는 복합몰이다. 글로벌 온라인 플랫폼 구글(google)과 인터넷 포털이 다른 점은 정보, 문화, 오락의 소재를 인터넷 포털이 직접 제공한다는 데 있다. 뉴스는 이용자를 포털 생태계 안에 머무르게 하는 주요 동인이다. 양대 인터넷 포털인 네이버와 카카오(다음)는 국내 주요 언론사와 계약을 맺고 뉴스를 받아서 제공한다. 뉴스 검색의 대상도 계약을 맺은 언론사에 한한다. 반면 구글은 일부 언론사와 계약을 맺고 뉴스를 제공하고 있을 뿐, 기본적으로 검색 서비스회사다.

네이버는 2000년 15개 신문사 및 통신사 뉴스에 대한 통합검색 서비스를 시작하였고, 다음은 2003년 본격적으로 뉴스서비스를 제공하기 시작하였다. 그로부터 20년이 지난 지금 네이버와 카카오(다음)는 뉴스 이용에서 절대적인 비중을 차지하고 있다. 디지털 뉴스 이용방식에 있어서 인터넷 포털과 같은 검색엔진 및 뉴스 수집 서비스를 통해 이용하는 비율이 68.60%에 이른다.[72] 인터넷 포털을 통한 뉴스 이용률은 2011년 55.4%에서 2020년 75.8%로 증가하였고, 2020년 인터넷

---

72) 최진호, 디지털뉴스리포트 2022, 한국언론진흥재단.

포털 뉴스 이용률과 전체 인터넷 뉴스 이용률(78.7%) 간 차이는 2.9%
포인트에 불과하다.[73] 인터넷 뉴스 이용자는 거의 모두 인터넷 포털에
서 뉴스를 본다는 의미다. 2021년 상위 20개 매체사의 인터넷 뉴스
총 체류시간 가운데 90%가 인터넷 포털을 통해서 발생하고 있어서
사실상 인터넷 포털을 이용하지 않고서는 뉴스이용자에게 접근하기
힘든 상황이다.[74] 디지털 뉴스의 유통이 양대 인터넷 포털로 과점화되
면서 개별 언론사의 영향력은 약해졌다. 과거 공론장에서 여론형성을
주도하던 주요 언론사들도 단순한 콘텐츠 공급자로 전락하였다. 또 개
별 언론사는 이용자의 행동자료를 축적하지 못해 이용자 기반의 비즈
니스를 구현하기 어려워지면서 인터넷 환경에서 발전하지 못하는 문
제도 발생하고 있다.

　사회적 영향력이 여전히 큰 레거시 미디어와 뉴스 유통에서 절대적
영향력을 가진 인터넷 포털 간의 알력은 우리나라에서 두드러진다. 서
로 비즈니스 모델이 다르고, 경제적 이해가 충돌되기 때문에 근본적으
로 해결하기 어려운 문제다. 네이버와 카카오(다음)는 레거시 미디어가
사회적·정치적 압력을 행사할 때마다 뉴스서비스 방식을 개편하는
방식으로 대응해 왔다. 초창기 메인페이지의 뉴스박스를 통해 언론사
들의 뉴스를 제공하였던 인터넷 포털 뉴스서비스는 2006년 말을 기준
으로 점차 아웃링크(out-link, 언론사 홈페이지에서 기사를 보는 방식)로
바뀌었다.[75] 2009년 네이버는 뉴스캐스트 서비스를 시작하였다. 뉴스
캐스트는 언론사가 자체적으로 뉴스를 편집해 포털 메인페이지에 노출
할 수 있도록 하고, 아웃링크를 통해 뉴스 이용자를 해당 언론사에 연
결하는 서비스다. 뉴스캐스트 도입으로 제휴 언론사들의 트래픽(traffic)

---

73) 김위근·황용석, 한국 언론과 포털 뉴스서비스, 한국언론진흥재단, 연구서 2020-
10, 2020년, 103쪽.
74) 한국언론진흥재단, 2021 언론수용자 조사, 2021년, 19쪽.
75) 포털 뉴스서비스의 변천사에 대해서는 김위근·황용석, 앞의 연구서, 25~47쪽
참고.

이 증가하는 성과가 있었다. 하지만 언론사 간 트래픽 경쟁이 심화되면서 선정적이고 연성화된 뉴스가 증가하고, 조회수를 높이기 위해서 같은 기사를 조금 바꿔 송고하는 어뷰징(abusing) 같은 문제가 새롭게 발생하였다. 네이버는 2013년 4월 언론사들의 제호 섬네일(thumbnail)만 노출시키는 뉴스스탠드 방식을 도입하였다. 뉴스 스탠드 기사는 각 언론사가 직접 편집한다. 카카오(다음)는 2022.08.25. 모바일 다음 뉴스를 개편하였다. 이용자 선택권과 언론사 편집권을 강화하는 방향이다. 이용자가 뉴스 배열방식(최신순, 개인화순, 탐독순) 중 원하는 방식을 선택할 수 있도록 하고, 이용자가 선택한 언론사의 뉴스를 모아볼 수 있는 My뉴스 탭을 신설하였다. 언론사는 My뉴스에 노출되는 뉴스를 직접 선별·편집하고, 인링크(in-link)과 아웃링크(out-link) 중 하나를 선택할 수 있다.

인터넷 포털이 노출되는 기사의 우선순위, 즉 편집권을 행사하는 것을 놓고 인터넷 포털과 제휴 또는 검색 언론사 간 알력이 끊이지 않는다. 인터넷 포털은 최근 사람의 판단을 줄이고, 알고리즘에 기반하는 방식을 강화하고 있다. 또 인공지능(AI) 알고리즘을 이용해서 이용자 개인에게 맞춤형 기사를 제공하는 방식도 확대 중이다. 카카오(다음)는 2015년 6월 AI 알고리즘 기반의 개인 맞춤형 뉴스 추천 시스템 루빅스(Rubics)를 도입하였고, 네이버는 2017년 3월 AI 알고리즘 기반의 추천 시스템 에어스(AiRS)를 시작하였다. 하지만 알고리즘의 확대에 따라 알고리즘의 편향성과 불투명성에 대한 불만도 커지고 있다.

3. 온라인 플랫폼의 공론장 지배의 위험성

온라인 플랫폼의 공론장 지배는 종전 매스 미디어가 공론장을 주도하던 때보다 더 위험하다. 첫째, 집중도 강화이다. 최근 조사에 따르면, 과거 20세기 시청각미디어보다 인터넷미디어가 집중도가 높다.[76]

네트워크에 연결된 웹사이트나 이용자가 많아질수록 중심 역할을 하는 노드(node) 또는 사이트의 집중도가 높아진다.[77] 세계적으로는 구글과 페이스북 등 온라인 플랫폼의 독과점이 심화되고 있다. 국내 인터넷 포털은 네이버와 카카오(다음)이 오래 전부터 양강체제를 형성하였다. 더욱 큰 문제는 높은 집중도가 시장에서 스스로 해소될 가능성이 높지 않다는 데 있다. 인터넷이 틈새시장에서는 롱테일(long tail) 효과를 만들어냈지만, 중앙 노드(central node)의 핵심 영역에서는 승자독식의 시장을 만들었다.[78] 온라인 플랫폼에는 강한 네트워크 효과가 나타난다. 네트워크에 접속하는 가치는 이미 접속된 사람의 숫자에 달려 있고, 다른 온라인 플랫폼으로 전환하는 데 비용이 많이 든다.[79]

둘째, 온라인 플랫폼은 감시 자본주의(surveillance capitalism)를 형성하였고, 강화하고 있다. 감시 자본주의는 인간의 경험을 공짜 원재료 삼아 행동 데이터로 번역하고, 장차 할 행동을 예상하는 예측상품을 만들어 이윤을 창출하는 경제체제를 말한다.[80] 온라인 플랫폼은 이용자 개인정보를 이용해서 맞춤형 서비스를 제공하면서 광고수익을 얻는 비즈니스 모델이다. 20세기 매스 미디어는 불특정 다수인에게 뉴스와 함께 광고를 제공하는 데 그쳤다. 온라인 플랫폼은 특정인의 개인정보를 상시 수집하고 이용하고 있다. 개인정보의 침해 우려가 큰 것은 물론이고, 행태정보의 양과 질에 있어서 차이가 커서 선발 플랫폼이 후발 플랫폼보다 월등하게 우월한 지위에 있다.

셋째, 온라인 플랫폼은 구조적으로 이용자의 확증편향을 강화시킨다. 온라인 플랫폼이 알고리즘에 의하여 개인형 맞춤 서비스를 제공하면서 필터 버블(filter bubble)의 문제가 발생한다. 필터 버블은 정보제

---

76) Yemini, 앞의 논문, p. 180.
77) 김위근·황용석, 앞의 연구서, 5쪽.
78) Yemini, 앞의 논문, p. 181.
79) Yemini, 앞의 논문, p. 182.
80) 쇼샤나 주보프, 김보영 역, 감시 자본주의 시대, 문학사상, 2021년, 31~32쪽.

공자가 이용자에게 맞춤형 정보를 제공하면서 이용자가 자주 이용하는 것 위주로 추천하는 것을 의미한다. 온라인 플랫폼 이용자는 평소 좋아하는 정보만 접하게 되고 동일한 성향의 정보를 반복적으로 소비하면서 고정관념을 강화되는 부작용을 낳는다. 특히 소셜 미디어의 알고리즘은 지인과의 관계를 중시하기 때문에 이용자는 유사한 사람들의 소리만 듣는 에코 챔버(echo chamber)에 갇히기 쉽다. 필터 버블과 에코 챔버는 온라인 플랫폼에서 양극화를 강화하고, 인터넷 공론장을 약화시킨다.[81]

넷째, 온라인 플랫폼은 이용자가 게재한 콘텐츠를 상시 검열(monitoring)한다. 이를 콘텐츠 모더레이션(content moderation)이라고 부르기도 하는데, 본질은 사적 검열이다. 콘텐츠 모더레이션은 온라인 플랫폼이 설정한 기준에 부합하지 않는 콘텐츠를 찾아서 이를 삭제 또는 차단한 후 해당 정보를 게재한 이용자의 계정을 정지시키거나 폐쇄하는 등 불이익 조치를 취하는 방식으로 진행된다. 콘텐츠 모더레이션은 사람이 하기도 하고, 인공지능(AI)를 활용하기도 한다. 콘텐츠 모더레이션은 불법 또는 유해 정보를 걸러내 온라인 플랫폼이 건전하고 활기찬 공론장으로 기능할 수 있게 한다는 점에서 긍정적이다. 하지만 부정적인 측면도 있다. 첫째, 모더레이션 기준이 불명확하다. 모더레이션이 어떠한 기준에서 어떻게 실시되는지 외부에서 알기 어렵다. 페이스북은 이러한 불만을 해소하고자 2020년 심의위원회(Facebook Oversight Board)라는 독립기구를 설립해서 운영 중이다. 심의위원회는 표현의 자유와 관련된 페이스북의 결정을 뒤집을 수 있는 권한을 부여받았다. 하지만 심의위원회가 표현의 자유에 대한 페이스북의 제한적 행위를 얼마나 제거할 수 있을지 판단하기 이르다. 둘째, 모더레이션의 법적 근거는 이용자가 온라인 플랫폼에 가입할 때 동의한 약관이

---

81) 송경재, "한국 인터넷 언론 공론장의 양면성: 공론장의 재강화와 약화의 갈림길", 시민사회와 NGO 제19권 제1호 (2021.05)

다. 즉 온라인 플랫폼은 약관을 통해서 언론의 자유를 통제한다. 약관
은 온라인 플랫폼의 검열을 합법화한다. 이용자 항의는 헌법이 아니라
계약법의 관점에서 검토되고, 콘텐츠 삭제 또는 차단이 계약위반인지
여부를 이용자가 입증해야 하는 상황이다.[82] 온라인 플랫폼은 헌법이
허용하는 표현물에 대해서도 약관에 근거해서 모더레이션한다. 온라인
플랫폼이 허용하는 표현의 자유의 범위는 헌법이 허용하는 범위보다
좁다. 혐오표현에 대한 법적 규제는 표현의 자유를 침해하여 위헌이라
는 것이 미국 학계의 통설이자 판례의 태도이지만,[83] 페이스북은 혐오
표현을 규제한다. 선거운동기간 중 인터넷언론사에게 인터넷게시판 본
인확인제를 강제하는 것은 위헌이라는 헌법재판소 결정이 있지만,[84]
카카오는 최근 뉴스 댓글의 사회적 책임 및 순기능을 강화하기 위하
여 선거기간에 한하여 본인확인제를 실시하기로 하였다.[85] 이용자는
특정 온라인 플랫폼의 정책이 마음에 들지 않으면 언제든지 탈퇴할
수 있는 자유가 보장된다. 하지만 소수 기업에 의해서 독과점화된 온
라인 플랫폼 시장에서 이용자 수가 가장 많은 온라인 플랫폼에서 탈
퇴한다는 것은 공론장에서 퇴출되는 것과 마찬가지이기 때문에 탈퇴
자가 누릴 수 있는 자유는 사실상 없다.

---

82) Yemini, 앞의 논문, p. 165.
83) 미국 혐오표현의 법리에 대해서는, 송현정, "미국 연방대법원의 혐오표현 관련
    법리와 판단기준", 미국헌법연구 제33권 제1호 (2022.04) 참고.
84) 헌재 2021. 1. 28. 2018헌마456 등.
85) 필자는 선거기간 중 인터넷 본인확인제는 선거의 공정성을 담보하기 위한 것으
    로 합헌이라고 평가한다. 여기서는 사기업의 모더레이션 기준이 헌법재판소 결
    정과 다름을 알려주는 사례로 인용하였다.

Ⅳ 인터넷 공론장의 회복

1. 인터넷 공론장 회복의 방향

첫째, 정보의 중개자 역할을 하는 온라인 미디어 플랫폼의 사회적 책임을 강화해야 한다. 시장 지배력이 큰 인터넷 포털, 검색엔진, 소셜미디어 등 미디어 플랫폼이 사회적 책임을 더 부담하도록 하는 방안이 강구되어야 할 것이다. 사회적 책임의 핵심은 미디어 온라인 플랫폼이 건강하고 활기찬 공론장의 역할을 담당하는 것이다. 미디어 플랫폼들이 민주적 여론형성 기관으로 작동하지 않으면 오늘날 언론의 자유는 훼손되고, 민주주의는 무너진다. 인터넷 규제가 표현의 자유를 침해한다는 이상론에서 벗어나야 한다. 오늘날 인터넷 시장은 20세기 중반 신문시장과 유사하다. 신문시장에 독과점 문제가 대두되면서 신문의 사회적 책임론이 부상하였다. 인터넷 시장에서 미디어 플랫폼의 독과점 문제가 심각하다. 공론장 역할을 하는 인터넷 포털, 검색엔진, 소셜미디어 등 미디어 플랫폼에 대하여 사회적 책임을 요구하는 것은 필요한 일이다. 우리 헌법은 제21조 제3항에서 신문의 기능을 보장하기 위하여 필요한 사항은 법률로 정한다고 명시하고 있다. 30년 전 공론장에서 지배적 사업자가 신문이었다면, 지금은 미디어 플랫폼이다. 미디어 플랫폼이 공론장으로 기능하기 위하여 필요한 사항 역시 입법으로 실현하는 것이 타당하다고 본다.

더욱 큰 문제는 미디어 플랫폼은 공론장 형성에 전혀 관심이 없다는 점이다. 미디어 플랫폼은 정보통신기술을 바탕으로 경제적 이익만 추구했을 뿐인데, 결과적으로 21세기 가장 중요한 공론장이 되어버린 것이다. 미디어 플랫폼의 비즈니스 모델은 정보 파편화, 필터 버블링, 에코 챔버 등을 추구하고 있어 공론장을 붕괴하는 모델이다. 미디어 플랫폼이 공론장에 기여하는 규범을 만들고 실행하도록 사회적 압력이 가해져야 한다. 하버드 대학 명예교수인 쇼샤나 주보프(Shoshana Zuboff)가 최근 유럽연합의 디지털서비스법 제정에 대해서 "합법적인 입법권력에 의한 새로운 민주주의의 시작"이라고 평가한 것은[86] 미디어 플랫폼에 대한 견제가 필요하다고 보았기 때문이다. 이용자가 다양하고 균형 잡힌 정보를 제공받을 수 있도록 미디어 플랫폼에 요구하는 입법은 미디어 플랫폼의 사회적 책임과 관련된 제도적 내용이다.[87]

둘째, 미디어 플랫폼이 신뢰받는 공론장을 운영하려면 그렇게 하도록 인센티브를 제공해야 한다.[88] 미디어 플랫폼의 자율규제를 유도하고, 이에 대한 혜택을 주는 것은 올바른 방향이다. 우리나라 인터넷 기업들은 자율규제에 적극적이다. 다음, 네이버, 야후코리아 등 인터넷 포털들이 2008년 12월 자율규제협의회를 발족하기로 하면서 한국인터넷자율정책기구(KISO)가 시작되었다. KISO의 설립목적은 "인터넷 사업자들이 이용자들의 표현의 자유를 신장하는 동시에 이용자들의 책임을 제고해 인터넷이 신뢰받는 정보 소통의 장이 될 수 있도록 하고, 인터넷 사업자들이 이용자 보호에 최선의 노력을 기울이는 등 사회적 책무를 다하기 위[함]"에 있다.[89] 초기 정책위원회 중심으로 논의하다가, 지금은 이용자 콘텐츠 분과, 서비스 운영 분과, 온라인 광고 분과, 기술 분과 등 4개 분과를 중심으로 자율규제를 실시하고, 지금까지 두 차례 자율규제백서를 발간하였다. 페이스북이 콘텐츠 모데레이션 감독기구로 FOB를 2020년 발족한 것과 비교하면, 우리나라 인터넷 포털

---

86) 황민규, "[줌인] 빅테크에 제동건 EU…'감시 자본주의'에 선전포고", 조선일보 인터넷판, 2022.05.03. (2022.08.31.방문)
  <https://biz.chosun.com/international/international_general/2022/05/03/XXDL4DX3OVC6XCMZMBEOJ3YKCA/>.
87) 이준일, 앞의 논문, 210~211쪽.
88) Balkin, *Social Media*, 앞의 논문, p. 71.
89) KISO 홈페이지(www.kiso.or.kr) 기구소개 참고.

들이 자율규제에 앞서 있음을 알 수 있다. 자율규제의 법적 근거도 일찍이 마련되었다. 정보통신망 이용촉진 및 정보보호 등에 관한 법률(이하 정보통신망법)은 2007.01.26.자 개정에서 자율규제의 조항을 마련하였다(제44조의4). 그 후 2018.12.24. 전면개정되면서 자율규제에 대한 정부 지원의 근거가 마련되었다(동조 제3항). 정부 지원보다 자율규제를 이행 정도에 따라 타율규제의 강도를 낮추는 방식이 바람직한 인센티브 정책이라고 본다. 그러나 현재 미디어 플랫폼의 문제는 자율규제로만 해결할 수는 없다. 자율규제와 동시에 법적 규제도 강화되어야 한다.

셋째, 미디어 플랫폼에 대한 법적 규제는 종합적으로 검토되어야 한다. 미디어 플랫폼의 문제는 복합적인 것이다. 대책은 종합적이어야 한다. 소수 기업의 지배력 남용에 대해서는 독점규제및공정거래에관한법률(이하 공정거래법), 개인정보 침해에 대해서는 개인정보보호법 및 정보통신망법, 콘텐츠 큐레이션에 대해서는 정보통신망법 및 방송통신위원회의설치및운영에관한법률(이하 방통위법), 약관에 의한 언론의 자유 침해에 대해서는 약관의규제에관한법률, 언론보도로 인한 피해구제에 대해서는 언론중재및피해구제등에관한법률(이하 언론중재법) 등 미디어 플랫폼에 적용되는 법률은 다양하다. 해당 법률의 적용으로 현재 문제를 해결할 수 있는지 검토하고 미흡하면, 관련법의 제·개정을 논의해야 한다.

그동안 법안은 정부 부처별로 추진하고, 국회 상임위원회별로 심사한 후 본회의를 통과하는 방식으로 입법되었다. 업무영역을 놓고 부처 간, 상임위원회 간 갈등이 자주 발생한다. 지난해 공정거래위원회가 추진하던 온라인플랫폼중개거래의공정화에관한법률(이하 온라인플랫폼 공정화법) 제정은 방송통신위원회와의 갈등으로 지연되다가 결국 무산되었다. 부처 간 영역 다툼과 갈등의 사례는 많다. 미디어의 경우 주무부처가 방송통신위원회와 문화체육관광부로 나뉘어 종합적인 검토가 이루어지지 않는다. 한 예로 미디어다양성위원회와 여론집중도조사위원회가 있다. 미디어다양성위원회는 2009년 종합편성채널 도입을 놓고 논란이 생기자 이를 해소하는 방안으로 시청점유율 규제를 도입하기 위해서 만들어졌다. 방송법 제35조의4가 근거로, 방송통신위원회가 운영하는 기구다. 그러자 문화체육관광부가 유사한 기관인 여론집중도조사위원회를 만들어 지금까지 운영하고 있다. 여론집중도조사위원회는 신문등의진흥에관한법률(이하 신문법) 시행령 제12조에 근거해서 운영된다. 국회에서 논의도 상임위원회별로 진행된다. 미디어에 관한 사안이 문화체육관광위원회와 과학기술정보통신위원회로 나뉘어 논의되고 입법되니 종합적인 검토가 부족하다. 온라인 플랫폼 규제는 개별 부서, 개별 상임위원회에서 결정할 문제가 아니다. 독점 규제, 약관 규제, 개인정보 보호, 불법정보 피해구제, 의견 다양성 유지 등 온라인 플랫폼에서 발생하는 다양한 문제 해결을 위해서는 범정부적 검토가 필요하다.

넷째, 법적 규제는 미디어 플랫폼을 통해서 유통되는 정보의 내용을 규제하는 것과 언론보도가 청중의 이익에 부합하도록 제도를 형성하는 것을 구분해야 한다. 내용규제의 핵심은 어떠한 정보의 유통을 법으로 금지시킬 것인가에 있다. 피해자가 특정되는 유해정보와 피해자가 특정되지 않는 유해정보로 나누어 보면, 피해자가 특정되는 유해정보의 경우 대부분 현행법이 불법정보로 금지하고 있다. 언론의 자유와 인격권 등 권리보호 간 균형이 중요한 영역이다. 금지영역의 확대 또는 처벌의 강화보다 피해구제를 강화해야 한다. 인터넷의 특성상 불법정보의 확산을 신속히 억제하는 일이 중요하다. 방송통신심의위원회의 통신심의 제도, 정보통신서비스 제공자의 임시조치 제도 등 여러 제도가 시행 중이므로 추가적인 제도 도입은 불필요하다. 현행 제도의 운영실적을 바탕으로 제도를 효율적으로 정비하는 것으로 충분하다고 본다. 다만, 인터넷의 특성을 고려하면 피해자에 대한 사후 구제수딘으로 반론권의 확대는 바람직하다. 형법 제307조 제1항의 사실적시에 의한 명예훼손죄는 인터넷 시대에 유용한 구제수단이므로 존속되는 것이 타당하다. 과거 언론보도로 인한 불법행위 사건은 언론사와 공인 간에 발생하는 경우가 대부분이었지만, 인터넷에서 불법정보로 인한 사건은 사인과 사인 간에 발생하는 경우가 많다. 사실적시 명예훼손죄의 경우 공익성과 진실성이 있는 경우 위법성이 조각되므로(형법 제310조) 공익성이 없는 진실한 정보의 유통에 해당할 경우 즉 사적 사항을 함부로 공개할 경우 명예훼손죄로 처벌받는 구조다. 인터넷 시대에 필요한 규제다. 결론적으로 피해자가 있는 불법정보의 유통에 대해서는 현행 제도를 잘 활용함으로써 적절히 대처할 수 있다고 본다.

피해자가 특정되지 않는 유해정보를 법으로 금지할 것인지에 대해서는 심도 있는 논의가 필요하다. 새로운 내용규제는 언론의 자유를 침해할 소지가 크다. 하지만 유해정보가 건강하고 신뢰받는 공론장을 위협하는 정도에 이른다면 이를 규제하는 것은 언론의 자유를 침해하지 않는다고 본다. 최근 논란이 되는 것은 가짜뉴스와 혐오표현이다. 가짜뉴스의 경우 과거 소위 미네르바 사건에서 공익을 해할 목적으로 전기통신설비에 의하여 공연히 허위의 통신을 한 자를 형사 처벌하는 법률조항이 위헌으로 결정된 바 있어,[90] 처벌법 제정에 부정적인 견해가 많다. 하지만 가짜뉴스를 허위성과 고의성을 모두 요구하는 허위조작정보(disinformation)로 명확하게 규정하고,[91] 적용대상을 미디어 플랫폼으로 한정하여 처벌한다면 헌법적으로 허용되는 입법이라고 본다. 혐오표현의 경우 개념을 명확하게 규정하기 어렵고, 규제로 인하여 공적 토론이 억제되는 위험이 크다. 혐오표현의 규제 대상을 사회적 약

---

90) 헌재 2010. 12. 28. 2008헌바157 등, 판례집 22-2하, 684.
91) 허위사실의 표현을 의도적인 허위사실의 표현과 불가피한 허위사실의 표현으로 구분하는 내용에 대해서는 문재완, "허위사실의 표현과 표현의 자유", 공법연구 제39집 제3호 (2011.02) 참고.

자가 공적 토론장에 참여하지 못하게 만드는 아주 예외적인 표현으로 제한한다면 도입을 검토할 수 있다.

다섯째, 미디어 플랫폼에서 유통되는 정보가 건강하고 신뢰받는 공론장을 유지하는 데 도움이 되도록 제도를 만드는 것이 중요하다. 이상적으로 보면, 건강하고 신뢰받는 공론장을 유지하려면 다양한 종류의 미디어 플랫폼이 존재해서 사람들이 민주적 의사형성에 참여할 수 있는 방법이 다양하게 존재해야 한다.[92] 현실적으로는 소수 기업이 미디어 플랫폼을 지배하고 있고, 이를 인위적으로 분리하는 것은 거의 불가능하다. 따라서 실제로 할 수 있는 방법은 소수 기업의 지배력 남용에 대해서 감시하는 동시에 미디어 플랫폼에서 이루어지는 콘텐츠 모더레이션이 공익과 일치하도록 제도를 설계하는 것이다. 구체적으로 보면, 첫째로 사기업이 정하는 콘텐츠 모더레이션의 기준은 원칙적으로 국가가 설정한 불법정보의 기준과 일치해야 한다. 그렇지 않으면 소수 미디어 플랫폼이 지배하고 있는 인터넷 시장에서 헌법이 보장하는 언론의 자유는 사기업에 의해서 잠식된다. 또한 미디어 플랫폼이 사회적 논쟁이 필요한 사안을 이해관계자의 반발이 두려워 의도적으로 회피한다면 인터넷 공론장은 붕괴된다. 미디어 플랫폼마다 이용자 성향이 달라 법에서 정하는 것보다 넓은 범위로 유해정보의 기준을 설정해서 모더레이션할 수 있다. 이 경우 유통이 금지되는 유해정보의 명확한 기준을 이용자에게 공개해서 해당 기준의 타당성을 공론장에서 검증받아야 할 것이다. 둘째, 모더레이션에 있어서 미디어 플랫폼의 재량권을 인정해야 한다. 국가의 목표는 미디어 플랫폼이 공적 토론에서 모더레이터로 적극적인 역할을 하도록 유도하는 것이다. 모더레이션의 법적 책임을 미디어 플랫폼에 엄격하게 물으면 미디어 플랫폼은 수세적으로 모더레이션을 하게 되어 공익에 부합하는 결과를 얻

---

92) Balkin, *Social Media*, 앞의 논문, pp. 79~80.

지 못한다. 불법정보의 미디어 플랫폼 유통에 대해서는 미디어 플랫폼
이 고의 또는 중대한 과실이 있는 경우, 즉 불법성이 명백한 게시물의
존재를 알 수 있음이 명백한 경우에만 법적 책임을 물어야 할 것이
다.93) 미디어 플랫폼에 재량권을 부여하지 않으면, 아무도 책임지지
않는 알고리즘으로의 도피가 발생하는 데 이는 투명성 문제로 더 위
험하다. 알고리즘에 의한 모더레이션은 보충적으로 하고, 최종 의사결
정은 사람이 하도록 유도해야 한다. 셋째, 콘텐츠 모더레이션 결과에
대한 적법절차 원칙이 준수되어야 한다. 이용자가 게재한 정보가 삭제
되거나 이용자 계정이 정지되는 등 불이익한 결과에 대해서 해당 이
용자에게 이유를 고지하고 이의신청하는 기회가 보장되어야 한다. 넷
째, 잘못된 모더레이션에 대해서 구제가 신속히 이루어져야 한다. 결
국 모더레이션 결과에 대한 실체적 규제가 아니라, 절차적 규제와 피
해구제를 통해서 모더레이션이 공익에 일치되도록 유도하는 것이 올
바른 방향이라고 본다.

여덟째, 인터넷 공론장 붕괴를 막기 위해 공론장에 객관적이고 공정

---

93) 대법원 2009. 4. 16. 선고 2008다53812 판결("명예훼손적 게시물이 게시된 목
적, 내용, 게시 기간과 방법, 그로 인한 피해의 정도, 게시자와 피해자의 관계,
반론 또는 삭제 요구의 유무 등 게시에 관련한 쌍방의 대응태도 등에 비추어,
인터넷 종합 정보제공 사업자가 제공하는 인터넷 게시공간에 게시된 명예훼손적
게시물의 불법성이 명백하고, 위 사업자가 위와 같은 게시물로 인하여 명예를
훼손당한 피해자로부터 구체적·개별적인 게시물의 삭제 및 차단 요구를 받은
경우는 물론, 피해자로부터 직접적인 요구를 받지 않은 경우라 하더라도 그 게
시물이 게시된 사정을 구체적으로 인식하고 있었거나 그 게시물의 존재를 인식
할 수 있었음이 외관상 명백히 드러나며, 또한 기술적, 경제적으로 그 게시물에
대한 관리·통제가 가능한 경우에는, 위 사업자에게 그 게시물을 삭제하고 향후
같은 인터넷 게시공간에 유사한 내용의 게시물이 게시되지 않도록 차단할 주의
의무가 있고, 그 게시물 삭제 등의 처리를 위하여 필요한 상당한 기간이 지나도
록 그 처리를 하지 아니함으로써 타인에게 손해가 발생한 경우에는 부작위에 의
한 불법행위책임이 성립한다."). 이 판결에 대하여 인터넷 포털로 하여금 일상적
모니터링을 하도록 의무화하였다는 비판도 있다. 하지만 인터넷 포털이 불법행
위에 대한 일상적 모니터링을 하는 것이 인격권 보호 및 공론장 유지 측면에서
타당하다고 본다.

한 정보가 제공되도록 유도하는 정책이 필요하다. 그러기 위해서는, 첫째 미디어 플랫폼이 이용자에게 뉴스를 추천할 때 이용자 개인정보에 기반해서 하는 맞춤형 뉴스 외에 사회적 중요성에 기초해서 선정하는 뉴스도 추천하도록 알고리즘을 구성하도록 유도해야 한다. AI가 개인성향에 맞춰 제공하는 정보가 공론장에 미치는 해악은 너무 크다. 인터넷 포털의 경우 이용자가 다양하고 균형 잡힌 정보를 접하도록 메인 페이지를 구성하도록 요구하는 것이 필요하다.[94] 둘째, 국가기간방송인 KBS의 역할이 중요하다. 미디어 플랫폼에서 영상 뉴스의 영향력은 여전히 크다. KBS가 공론장 논의의 토대가 되는 뉴스와 정보를 객관적이고 공정하게 제공해야 한다. 특히 논쟁적인 사안에서 반드시 양론을 보도해서 공론장 논의의 수준을 높여야 한다. 셋째, 미디어 플랫폼으로부터 공론장발전기금을 걷는 방법도 검토할 가치가 있다. 미디어 플랫폼은 공론장 파괴형 비즈니스 모델이므로 미디어 플랫폼을 통한 공론장 회복방안은 한계가 있다. 공론장에서 숙의할 내용을 전문적으로 제공하는 저널리즘 매체의 발전을 위해서 미디어 플랫폼에서 기금을 걷는 것은 언론의 자유를 실현하는 데 도움이 될 것이다. 현재 방송통신의 진흥을 위해서 방송통신발전기금을(방송통신발전기본법 제24～27조), 신문·인터넷신문·인터넷뉴스서비스·잡지의 진흥을 위해서 언론진흥기금을(신문법 제34～37조)을 설치·운영하고 있다. 구글, 페이스북, 네이버, 다음 등 지배적 미디어 플랫폼은 기금 조성에 기여하는 바가 없다. 지배적 미디어 플랫폼을 대상으로 별도의 기금을 조성해서 공론장 발전을 위해서 사용하는 방법을 검토할 필요가 있다. 지배적 미디어 플랫폼을 방송통신발전기금의 분담금 징수대상에 포함시키는 방법도 고려할 수 있으나, 이 경우 현재 방송통신발전기금의 사용이 방만하여 공론장 발전을 위한 사용이라는 본래 목적을 달성하기 어렵다.

---

94) 이준일, 앞의 논문, 210～211쪽.

한편, 유럽연합(EU)은 온라인 플랫폼이 뉴스 콘텐츠를 링크(link)하는 서비스를 제공할 경우 언론사에 링크세(link tax)를 지불하는 내용의 입법을 추진 중이다. 링크세 도입은 호주, 독일, 스페인 등에서 법제화되었고, 캐나다 등이 도입을 검토 중이다. 미국의 경우 신문사, 방송사, 디지털 뉴스사 등이 온라인 플랫폼과 집단적으로 협상할 때 한시적으로 독점규제법의 적용을 받지 않는 법안(Journalism Competition and Preservation Act)이 발의되어 상원에 계류 중이다.[95] 이러한 법안이 온라인 플랫폼의 영업의 자유 및 재산권을 침해한다는 비판도 있다. 또 구글 등 글로벌 온라인 플랫폼과 달리 네이버와 카카오(다음)는 주요 언론사들로부터 콘텐츠를 구입하고 있어서 링크세 부과가 부적절한 면도 있다. 하지만 링크세 구상은 온라인 플랫폼의 공론장 지배를 해결하기 위한 노력이라는 점에서 높이 평가할 수 있고, 검토할 가치가 있다고 본다.

2. 인터넷 포털의 공정성 확보

1) 윤석열 정부의 정책 방향

윤석열 정부는 인터넷 포털의 공공성 강화를 주요 업무로 삼고 있다. 방송통신위원회는 2022.08.23. 새 정부의 5대 핵심과제를 발표하였는데, 그중 하나가 미디어의 공공성 제고다. 미디어 융합 시대에 부합하는 방송의 공적 책임을 재정립하고 확대된 영향력에 걸맞도록 미디어 플랫폼의 사회적 책임을 제고하여 미디어에 대한 신뢰를 높인다는 것이다. 구체적인 방안으로 (1) 미디어 플랫폼의 신뢰성과 투명성을 강화하기 위해 포털뉴스 기사 배열·노출 기준을 검증하고, 그 결과를 공개하는 '알고리즘투명성위원회'를 법적 기구로 설치하는 것을

---

95) S.673-Journalism Competition and Preservation Act of 2021.

검토하고, (2) 자율기구인 뉴스제휴평가위원회의 설치·구성 요건, 위원 자격기준 등을 정보통신망법에 규정하는 방안을 추진한다는 내용이 제시되었다.

2) 국회 논의

야당인 더불어민주당도 인터넷 포털 규제를 중요한 과제로 보고 있다. 김의겸 의원 등 더불어민주당 의원 171인은 2022. 4. 27. '정보통신망 이용촉진 및 정보보호 등에 관한 법률'(이하 정보통신망법) 개정안을 발의하였다(의안번호 2115419). 인터넷뉴스서비스사업자가 기사의 노출 순서나 배치에 있어 사실상 편집행위를 하면서 여론에 막대한 영향을 미치고 있는데, 알고리즘에 의한 기사추천이 특정 언론에 편중되고 있다는 것이 제안이유다. 주요 내용은 (1) 인터넷뉴스서비스 사업자에게 독자가 검색한 결과로 기사를 제공 또는 매개하는 경우와 기사를 제공하는 신문 등이 직접 선정하여 배열한 기사를 제공 또는 매개하는 경우에만 인터넷뉴스서비스를 할 수 있도록 한다(안 제44조의10 제1항); (2) 뉴스를 제공하거나 매개할 때 이용자가 특정 정보통신서비스 제공자의 뉴스를 제외하거나 추가하는 등 이용자 개인이 정하는 규칙이 적용될 수 있는 기술적 조치를 마련한다(안 제44조의10 제2항); (3) 이용자가 뉴스를 제공하는 정보통신서비스 제공자인 해당 언론사의 홈페이지를 통해서만 뉴스를 열람할 수 있는 기술적 조치를 마련한다(안 제44조의10 제2항 제3호)는 것이다. 김의겸 의원은 동일한 내용이 포함된 '신문 등의 진흥에 관한 법률'(이하 신문법) 개정안을 2021. 6. 15. 대표발의한 바 있다. 정보통신망법 개정안과 신문법 개정안에 공통된 내용은 인터넷뉴스서비스사업자가 알고리즘 등 자체적인 판단과 기준에 따라 기사를 추천하거나 편집하는 행위를 제한하는 것이다.

3) 평 가

미디어 플랫폼의 사회적 책임을 제고하겠다는 정부의 정책 방향은 올바른 것이다. 공론장이 소수 미디어 플랫폼에 의해서 포획된 상태에서 건강하고 신뢰받는 공론장의 회복은 민주주의 실현을 위해서 필요하다. 이를 위한 핵심과제는 인터넷 포털에서 이용자인 국민이 다양한 의견을 들을 수 있도록 환경을 만드는 데 있다. 이러한 작업은 내용규제가 아니므로 입법자에게 광범위한 재량권이 인정된다. 규범통제는 재량권이 일탈·남용된 경우에만 가능하다. 이러한 관점에서 김의겸 의원이 발의한 정보통신망법은 수용할 만한 내용이다. 양대 인터넷 포털로 인하여 미디어 생태계가 파괴되고, 저널리즘 위기가 왔다고 판단하여 입법자가 대안으로 인터넷 포털의 기사추천과 편집행위를 제한하고, 아웃링크를 의무화하는 결정을 내린다면 이는 입법재량권의 정당한 행사라고 생각한다. 다만, 더 나은 다른 방법이 없는지, 인터넷 포털의 자율적인 개선으로 문제가 해결될 수 없는지 등 쟁점을 충분히 검토한 후 입법하는 것이 바람직하다. 이러한 관점에서 보면, 정부 계획과 김의겸 의원안은 개선 여지가 있다.

첫째, 아웃링크에 관한 문제이다. 김의겸 의원안의 경우 이용자가 해당 언론사의 홈페이지를 통해서만 뉴스를 열람할 수 있는 기술적 조치를 마련하도록 강제하고 있다. 하지만 인터넷 포털이 뉴스 제공을 인링크 방식으로 할지, 아웃링크 방식으로 할지는 인터넷 포털과 개별 언론사가 협상을 통해서 결정하는 것이 바람직하다. 실제로 카카오는 최근 개편을 통해서 언론사 편집권을 강화하고 인링크와 아웃링크를 언론사 선택에 맡겼다. 그 결과 언론사는 자체 전략에 따라 아웃링크를 선택하기도 하고, 인링크를 선택하기도 하였다.[96] 아웃링크를 법제

---

96) 김달아, "다음 모바일 개편…동아·중앙 아웃링크, 조선은 인링크 선택", 한국기자협회 온라인, 2022.08.30. (2022.08.30. 방문)
  <http://m.journalist.or.kr/m/m_article.html?no=52083>.

화할 경우 김의겸 의원안처럼 아웃링크만 강제하는 것보다 인링크와 아웃링크 중 하나를 언론사가 선택하도록 하는 방안이 더 나은 방법이라고 본다.

둘째, 규제 대상이 잘못 설정되었다. 김의겸 의원안은 인터넷뉴스서비스사업자를 대상으로 한다. 규제 대상의 지나치게 넓다. 신문법 제2조 제5호 및 제6호에 따르면, 인터넷뉴스서비스사업자는 신문, 인터넷신문, 뉴스통신, 방송 및 잡지 등의 기사를 인터넷을 통하여 계속적으로 제공하거나 매개하는 사업자를 말한다. 2022.08.29. 현재 관할 시·도에 등록된 인터넷뉴스서비스사업자는 290개에 달한다. 인터넷 공론장에서 주도적 역할을 하는 것은 인터넷 포털 중에 네이버와 카카오(다음), 글로벌 미디어 플랫폼 중에 구글과 페이스북이다. 김의겸 의원안은 사실상 네이버와 카카오(다음)를 표적으로 하는 입법이면서 지나치게 많은 인터넷뉴스서비스사업자를 대상에 포함하였다. 중소 인터넷뉴스서비스사업자에 적용하는 한 과도한 제한으로 위헌이라고 본다.

더구나 구글, 페이스북 등 글로벌 온라인 플랫폼은 인터넷뉴스서비스사업자로 등록되어 있지 않기 때문에 김의겸 의원안은 실효성도 부족하다. 국내외 온라인 플랫폼 간의 차별을 설명할 합리적인 이유도 없다. 공론장의 측면에서 국가가 주목해야 할 온라인 플랫폼은 인터넷 포털보다 글로벌 온라인 플랫폼이 지배하는 소셜 미디어다. 인터넷 포털의 경우 국내 언론사의 지속적인 압력으로 공론장 지배에서 나타나는 부작용이 개선되고 있지만, 구글과 페이스북과 같은 글로벌 온라인 플랫폼은 자신의 비즈니스 모델을 고수한다. 글로벌 소셜 미디어에 대해서도 인터넷 포털과 동일한 수준의 사회적 책임이 부과되어야 한다.

셋째, 뉴스제휴평가위원회에 관한 것이다. 뉴스 제휴 여부와 방식은 인터넷 포털과 언론사 간 협상에서 정해져야 한다. 뉴스 제휴는 건강하고 신뢰받는 공론장 유지와 직접 관련이 없으므로 국가가 개입할 정당성이 없다. 사적 자치의 원칙이 적용되는 사안이다. 뉴스 제휴가 문제가 된 원인은 인터넷 언론사가 너무 많아진 데 있다. 인터넷 언론사 수는 매년 급속도로 늘고 있다. 2022.08.28. 현재 등록된 인터넷 신문사가 10,796개다. 2016년보다 4,706개 사가 증가하였다. 인터넷 신문사는 네이버와 카카오(다음)에서 검색되는 것만으로 사업을 할 수 있다. 하지만 네이버와 카카오(다음)는 기사의 품질을 담보할 수 없는 인터넷 신문사와 계약을 맺고 싶어 하지 않는다. 검색되고 싶어 하는 언론사와 배제하고자 하는 포털 간 갈등은 예정된 것이다. 네이버와 카카오(다음)는 2015년 갈등을 해결하는 방법으로 언론사에 대한 평가 업무를 외부 기관에 위탁하였다. 현재 15개 단체가 위원 2명씩 선임하여 30명의 위원으로 구성된 네이버·카카오 뉴스제휴평가위원회가 그것이다. 평가위원회는 기사콘텐츠에 대해 별도의 금전적 대가 없이 아웃링크 방식으로 포털사에 제공하는 뉴스검색제휴와 기사콘텐츠에 대해 별도의 금전적 대가에 기반하여 인링크 방식으로 포털사에 제공하는 뉴스콘텐츠제휴의 심사평가를 맡고 있다. 인터넷 포털이 개별 언론사와 제휴 여부를 스스로 결정하는 것이 정상인데, 그렇지 못한 것은 언론사의 영향력이 큰 우리나라 특유의 현상이다. 뉴스제휴평가위원회의 구성 및 운영에 정부가 관여하는 것은 비정상적인 상황을 국가가 승인하고 강제하는 것이다. 뉴스제휴평가위원회를 법으로 정하면 사정변경이 생겨도 쉽게 없애지 못한다. 정부 추진안은 인터넷 포털의 계약의 자유를 침해하는 것이다. 오히려 정부가 해야 할 일은 언론사가 집단으로 인터넷 포털과 협상할 경우 공정거래법상 부당한 공동행위에 해당하지 않도록 관련법을 정비하는 일이라고 본다. 인터넷 포털과 개별 언론사 간 협상력에서 차이가 크기 때문에 한국신문협회, 한국방송협회, 한국인터넷신문협회 등 언론사단체가 조직적으로 인터넷 포털과 협상할 수 있도록 허용하는 것은 레거시 미디어와 저널리즘 발전에 도움이 될 수 있다.

　넷째, 알고리즘에 관한 문제이다. 가장 중요하고, 가장 어려운 사안

이다. 김의겸 의원안은 인터넷뉴스서비스사업자가 알고리즘 등 자체적
인 판단과 기준에 따라 기사를 추천하거나 편집하는 행위를 제한하는
내용을 담고 있다. 알고리즘에 의한 기사 추천이 특정 언론에 집중되
고 있다는 것이 제안이유다. 사람이 하는 편집의 공정성 문제가 제기
되어 알고리즘에 의한 편집으로 변경된 것인데, 다시 알고리즘에 의한
편집의 공정성을 문제 삼아 개정안이 마련되었다. 인터넷 포털의 편집
문제는 "특정 언론사가 얼마나 자주 노출되는지"의 관점에서 벗어나야
한다. 지금까지 이 관점에 매몰돼 정치적 논쟁거리가 되고, 문제는 해
결되지 못하였다. 이 문제는 "이용자가 민주적 의사형성에 참여할 수
있도록 인터넷 포털에 다양한 정보가 제공되고 있는지"의 관점에서
살펴야 한다. 알고리즘에 의한 기사 추천은 공론장의 다양성 확보와
관련하여 매우 중요한 문제이다. 이용자의 기사 소비성향을 분석해서
추천할 경우 필터 버블(filter bubble)로 확증편향이 더욱 강해질 수 있
다. 에코 챔버(echo chamber) 효과가 강하게 나타나는 소셜 미디어에
서 확증편향은 더욱 심각하다. 하지만 김의겸 의원안처럼 인터넷 포털
이 개인 맞춤형 기사를 추천하지 못하게 되더라도 확증편향의 문제는
근본적으로 해결되지 않을 것이다. 인터넷 포털을 대신하여 개별 언론
사가 동일한 서비스를 제공할 것이기 때문이다. 이용자 정보를 가지고
있는 인터넷 기업이 해당 정보를 활용해서 이용자가 선호하는 상품(뉴
스)를 제공하는 것은 기업의 속성상 자연스러운 일이다. 이용자 편익
을 증대하기 때문에 이용자가 원한다면 이를 원천적으로 금지할 수
없다. 인터넷 포털에 한하여 알고리즘에 의한 기사 선택과 맞춤형 기
사 제공을 금지하는 것은 과도한 제한이다.

　알고리즘으로 인한 폐해는 알고리즘을 투명하게 공개해 이를 검증
할 수 있도록 하는 방안으로 해결하는 것이 올바른 방향이다. 여기서
누가 검증할 것인가의 문제가 생긴다. 전문적인 지식이 없는 일반인은
알고리즘을 공개하더라도 이를 검증할 능력이 없다. 또 알고리즘은 해

당 기업의 수익모델이기 때문에 세부적인 사항을 모두 공개할 수 없다. 결국 알고리즘의 기본원칙을 일반에게 공개하되, 구체적인 내용에 대한 검증은 국가가 담당할 수밖에 없다. 이 경우 해당 업무를 담당하는 공무원에게 비밀유지의무를 부여해 기업의 기밀을 지켜야 할 것이다. 방송통신위원회의 업무계획, 즉 포털뉴스 기사 배열·노출 기준을 검증하고, 그 결과를 공개하는 '알고리즘투명성위원회'를 법적 기구를 설치하는 방안을 검토하겠다는 계획은 적절하다고 평가된다. 이와 관련, 검증을 위해서는 기준 설정이 필요한데, 기준 설정이 언론의 자유를 침해한다는 비판이 제기될 수 있다. 인터넷 포털도 기사 배열·노출을 통해서 언론으로서 기능하는 것은 사실이다. 그러나 언론의 다양성 확보를 위하여 알고리즘에 반드시 포함해야 할 내용을 법으로 정하는 것은 언론의 기능보장을 위한 것으로 언론의 자유를 침해하는 것이 아니다. 알고리즘에 개인의 취향뿐 아니라 사회적 쟁점도 포함하도록 강제하는 것은 공론장 참여자에게 다양한 견해를 듣는 기회를 제공하는 것으로 민주주의 실현에 필요하다.

3. 소셜 미디어의 유해정보 확산 규제

소셜 미디어의 비즈니스 모델은 건강하고 신뢰받는 인터넷 공론장을 저해하는 요인을 가지고 있다. 첫째는 유해정보 확산이고, 둘째는 확증편향 강화이다. 첫 번째 문제와 관련해서 기존 언론사는 자체적으로 게이트키핑(gatekeeping)을 한 후 보도하지만 소셜 미디어는 그러한 기능이 없어 유해정보가 그대로 유포되기 쉽다. 이를 걸러내는 역할을 소셜 미디어가 해야 한다. 소셜 미디어가 재량껏 모더레이션하도록 권장하고, 소셜 미디어가 자신의 플랫폼을 통해서 유통되는 불법정보에 대해서는 고의 또는 중대한 과실이 있는 경우에만 법적 책임을 지도록 해야 할 것이다. 문제는 현재 불법정보로 규정되지 않은 유해

정보를 어떻게 처리할 것인가에 있다. 소셜 미디어가 스스로 정한 유해정보의 기준을 가지고 모더레이션하는 것은 이용자의 언론의 자유를 침해할 소지가 크다. 현재 인터넷 환경은 사기업인 소셜 미디어가 일반인이 누리는 표현의 자유의 수준을 결정하도록 허용하고 있다. 특히 가짜뉴스와 혐오표현처럼 피해자가 특정되지 않는 사안의 경우 피해자가 없는데도 불구하고 소셜 미디어가 자체 설정한 기준으로 과도하게 이용자의 표현의 자유를 침해할 가능성이 크다. 사기업이 일방적으로 설정한 기준이 아니라, 국민의 대표기관이 숙의를 거쳐 정한 법률로 모더레이션하도록 해야 한다.

가짜뉴스와 관련해서 김종민 의원 등 더불어민주당 의원 171인이 2022. 4. 27. '정보통신망 이용촉진 및 정보보호 등에 관한 법률'(이하 정보통신망법) 개정안을 발의하였다(의안번호 2115428). 개정안은 가짜뉴스 대신 허위조작정보라는 개념을 정의하고(제2조 제1항에 제14호 신설),[97] 방송통신위원회가 정보통신망에 유통되는 허위조작정보로 인하여 발생하는 권리침해를 방지하기 위한 시책을 마련하여야 하도록 하고(제44조 제4항 신설), 현행 명예훼손분쟁조정부 대신 온라인분쟁조정위원회를 설치하고 조직을 개편하고(제44조의10 개정), 온라인분쟁조정위원회의 결정에 따르지 아니한 정보통신서비스 제공자에 대하여 과태료를 부과하여 분쟁조정의 실효성을 높이는(제76조 제1항 제6호 신설) 내용이다. 전반적으로 타당한 입법이다. 다만, 허위조작정보는 불특정 다수인을 대상으로 하는 경우가 많아 타인의 권리를 침해하는 정보라고 할 수 없는데 개정안은 권리침해를 전제로 대책을 마련하고 있다. 이보다 제44조의7을 개정해서 허위조작정보를 정보통신망에 유통되어

---

97) 14. "허위조작정보"란 정치·경제적 이익 또는 음해, 혐오 조장, 협박, 선전선동 등의 목적으로 부호·문자·음성·화상 또는 영상 등을 본질적인 내용이나 사실과 다르게 생성·변형·조합하여 사실로 오인하도록 조작한 정보로 허위사실의 입증이 가능한 정보를 말한다.

서는 안 되는 불법정보에 포함시키는 방법이 가짜뉴스의 문제를 해결할 수 있어서 더 낫다고 생각한다.

혐오표현은 표현의 자유를 침해할 소지가 크기 때문에 가짜뉴스보다 더 신중하게 규제해야 한다. 혐오표현을 금지하는 법안으로 더불어민주당 이상민 의원 등 24인이 2021. 6. 16. 발의한 '평등에 관한 법률' 제정안(의안번호 2110822), 더불어민주당 박주민 의원 등 13인이 2021. 8. 9. 발의한 '평등에 관한 법률'제정안(의안번호 2111964)과 더불어민주당 권인숙 의원 등 17인이 2021. 8. 31. 발의한 '평등 및 차별금지에 관한 법률' 제정안(의안번호 2112330) 등 3건이 국회에 계류 중이다. 세 법안 모두 "멸시, 모욕, 위협 등 부정적 표시 또는 선동 등의 혐오적 표현을 하는 행위"를 괴롭힘으로 정의한 후 "성별 등을 이유로 한 괴롭힘"을 차별로 보아 금지하는 방식으로 규정하고 있다. 표현의 자유를 과도하게 제한하는 위헌적 법안이라고 본다.

두 번째 문제, 확증편향을 완화하기 위해서는 소셜 미디어에 대한 규제가 불가피하다. AI 알고리즘을 통한 추천이 개인정보를 바탕으로 진행되기 때문에 필터 버블과 에코 챔버의 효과를 완화하는 방안이 강구되어야 한다. 앞에서 인터넷 포털에 대해서 검토한 내용이 소셜 미디어에도 타당하다. 특히 개인적 관심사 외에 사회적 관심사를 추천하도록 강제해서 이용자가 평소 관심 없는 사안에 관한 정보도 접할 수 있도록 하는 것이 중요하다. 이를 위해서 알고리즘에 대한 기준과 검증은 법제화되어야 한다.

참고문헌

데이비드 헬드, 박찬표 역, 민주주의의 모델들, 후마니타스, 2010년

문재완, "허위사실의 표현과 표현의 자유", 공법연구 제39집 제3호 (2011.02)

문재완, "표현의 자유와 민주주의 - 청자(聽者) 중심의 표현의 자유 이론을 위한 시론 -", 세계헌법연구 제17권 제2호 (2011.08)

문재완, "사적 검열과 표현의 자유", 공법연구 제43집 제3호 (2015.02)

문재완, "잊혀질 권리의 세계화와 국내 적용", 헌법재판연구 제4권 제2호 (2017.12)

문재완, "방송의 공공성과 구조규제에 대한 비판적 검토", 공법연구 제46집 제4호 (2018.06)

박용상, 표현의 자유, 현암사, 2002년

박홍원, "공론장의 이론적 진화: 다원적 민주주의에 대한 함의", 언론과 사회 제20권 제4호 (2012.11)

성낙인, 헌법학 (제22판), 법문사, 2022년

송경재, "한국 인터넷 언론 공론장의 양면성: 공론장의 재강화와 약화의 갈림길", 시민사회와 NGO 제19권 제1호 (2021.05)

송현정, "미국 연방대법원의 혐오표현 관련 법리와 판단기준", 미국헌법연구 제33권 제1호 (2022.04)

쇼샤나 주보프, 김보영 역, 감시 자본주의 시대, 문학사상, 2021년

위르겐 하버마스, 한승완 역, 공론장의 구조변동: 부르조아 사회의 한 범주에 관한 연구, 나남신서, 2001년

이승현, "혐오표현 규제에 대한 헌법적 이해", 공법연구 제44집 제4호 (2016.06)

최장집, "다시 한국 민주주의를 생각한다: 위기와 대안", 한국정치연구 제29집 제2호(2020)

카스 R. 선스타인, 박지우 송호창 역, 왜 사회에는 이견이 필요한가, 후마니타스, 2009년

한수웅, "표현이 자유와 명예의 보호", 저스티스 통권 제84호 (2005.04)

허　영, 한국헌법론 (전정6판), 박영사, 2010년

황성기, "사적 검열에 관한 헌법학적 연구", 세계헌법연구 제17권 제3호 (2011.12)

황용석·권오성, "가짜뉴스의 개념화와 규제수단에 관한 연구 – 인터넷서비스 사업자의 자율규제를 중심으로 –", 언론과 법 제16권 제1호 (2017.04)

Jack M. Balkin, How to Regulate (And Not Regulate) Social Media, 1 J. Free Speech L. 71 (2021)

Jack M. Balkin, Free Speech in the Algorithmic Society: Big Data, Private Governance, and New School Speech Regulation, U.C. Davis L. Rev. 1149 (2018)

Cass R. Sunstein, GOING TO EXTREMES: HOW LIKE MINDS UNITE AND DIVIDE (Oxford University Press, 2009)

Cass R. Sunstein, Deliberative Trouble? Why Groups Go to Extremes, 110 Yale L.J. 71 (2000)

Cass R. Sunstein, REPUBLIC.COM, 8~9 (Princeton University Press, 2001)

Christopher S. Yoo, Free Speech and the Myth of the Internet as an Unintermediated Experience, 78 Geo. Wash. L. Rev. 697 (2010)

Moran Yemini, The New Irony of Free Speech, 20 Colum. Sci. & Tech. L. Rev. 119 (2018)

Steven Levitsky & Daniel Ziblatt, HOW DEMOCRACIES DIE 9 (Broadway Books, 2018)

[토론문]

한국 민주주의와 인터넷미디어

황 성 기(한양대 교수)

1. 발표의 의의 및 요지

○ 발표는 한국 민주주의에 대한 진단, 민주주의와 언론의 자유의 관계(언론의 자유의 헌법상 의의, 숙의 민주주의와 공론장), 인터넷과 언론의 자유의 관계, 인터넷 공론장의 회복을 위한 인터넷미디어 규제 문제를 다루고 있음. 현 시점에서의 한국 사회에 필요하고도 적절한 담론 형성에 크게 기여할 것으로 보임

○ 발표의 요지는 한국 민주주의의 위기의 주된 원인은 양극화에 있고, 또한 양극화의 원인에 인터넷미디어가 있는 것으로 진단하고 있으며, 이에 대한 대응으로 포털 뉴스서비스의 알고리즘 기준 및 검증의 법제화 등 인터넷 공론장의 회복을 위해 다양한 방안들을 제안하고 있음

2. 표현의 자유(언론의 자유)에 대한 규제모델

○ 표현의 자유에 관한 헌법원칙과 관련하여 전통적으로 형성되어 온 규제모델은 자유주의모델(혹은 시장모델) 對 민주주의모델임

○ 자유주의모델은 자유주의에 근거하는 것으로서, 순기능적인 언

론시장(well-functioning speech markets)을 강조하는 모델임

- 자유주의모델은 표현의 자유가 진리발견의 수단으로서 보호되어야 한다는 것을 기본이념으로 하고 있음

- 그리고 이러한 진리발견을 위해서는 모든 사람이 다양한 견해를 표명할 수 있어야 하고, 이러한 견해간의 자기조정을 통해서 궁극적으로 진리가 발견된다고 봄

- 따라서 진리발견을 위해서는 사상의 자유시장이 그 전제가 되는 것이고, 따라서 사상의 자유시장에 대한 국가에 의한 개입은 가능한 금지됨

○ 민주주의모델은 시민의 민주적 자기통치(democratic self-government)에 있어서의 표현의 자유의 역할에 초점을 두는 모델임[1]

- 즉 민주주의와 표현의 자유와의 관계를 중요시하는 모델임

- 민주주의 모델은 공적 논쟁 혹은 공적 숙의(public deliberation)의 촉진을 강조하기 때문에, 공적 문제에 관한 관심을 촉진시키고, 견해의 다양성을 보장하며, 여타의 형태의 표현을 희생해서 정치적 표현을 촉진시키기 위한 국가에 의한 개입이 일정한 경우에 가능하다는 것을 전제함

- "국가는 자유의 억압자일 수도 있겠지만, 자유의 원천이 될 수도 있다(the state may be an oppressor, but it may also be a

---

1) 여기서 민주주의모델은 표현의 자유의 원리를 자유방임적 경제학과 연결시키지 않고 민주적 숙의(democratic deliberation)의 이념과 연결시킨 Alexander Meiklejohn에 의해 체계적으로 제시된 것이라고 일반적으로 인식되어 있다. 즉 Alexander Meiklejohn은 민주주의란 자기통치(self-government) 즉 동의에 의한 통치(government by consent)를 의미하는 것이라고 전제한 뒤, 이러한 민주주의와의 관계에서 표현의 자유는 "중요한 것은 모든 사람이 말할 수 있게 하는 것이 아니라, 말할 가치가 있는 모든 것이 말해지도록 하는 것이다(What is essential is not that everyone shall speak, but that everything worth saying shall be said)"라는 것을 의미하게 된다고 한다. Alexander Meiklejohn, *Free Speech and its Relation to Self-Government*, Harper & Brothers, 1948, 1-27면 특히 25면.

source of freedom)."[2)]

○ 위의 두 가지 규제모델은 나름 사회·문화·역사적인 맥락에서 상호작용을 해 왔고, 각 국에서 표현의 자유를 보장하는 개별적이고 구체적인 시스템의 사상적 토대로 존재해 왔음

   − 우리나라의 경우에는 모든 전통적인 뉴스미디어(＋ 포털 뉴스서비스)에 적용되는 언론중재제도라든지 '사실 적시 명예훼손죄'(비록 공익성, 진실성, 상당성으로 구성되는 위법성 조각사유가 적용되지만)가 존재한다는 점을 염두에 둔다면, 민주주의모델에 가깝다는 평가가 가능할 수 있음

   − 물론 전통적인 인쇄매체/방송매체 이분론과 같이 매체별로 별개의 규제모델을 적용할 수 있음. 예컨대 인쇄매체에 대해서는 자유주의모델을, 방송매체에 대해서는 민주주의모델을 적용하는 방법

○ 오늘날 인터넷으로 대표되는 다매체 시대에 있어서는 공익에 대한 기여와 성숙된 민주주의의 발전을 위해서 어느 모델이 보다 더 적합할 것인가는 당장 답을 내기 쉽지 않고, 어느 모델을 적용하는 것이 우리나라의 사회·문화·역사적인 맥락과 배경에 부합할 것인가는 끊임없이 고민해야 할 문제임

   − 개인적으로는 인터넷에 대해서는 매체의 구조적 특성을 고려할 때, 자유주의모델을 적용하는 것이 타당하다고 생각함

3. 문제의 원인은 과연 어디에 있는가?

○ 우리나라 민주주의의 위기, 공론장의 붕괴의 원인이 과연 어디에 있는가의 문제에 있어서 발표자께서는 인터넷미디어에 있다고 진단하

---

2) Owen M. Fiss, *The Irony of Free Speech*, Harvard University Press, 1996, 2면.

고 있으나, 토론자의 관점에서는 선뜻 동의하기 어려운 측면이 있음

○ 예컨대, 발표자께서는 발표문 1-2면에서 "양극화 현상은 인터넷이 일상화되면서 더욱 강화되고 있다. … 인터넷 포털과 소셜 미디어는 이용자 개인에게 맞춤형 뉴스를 제공해 시민마다 소비하는 뉴스가 다르다. 그 결과 자신과 다른 의견에 접할 기회는 줄어들고, 집단적 편향성을 나타낼 가능성은 더욱 커지고 있다."고 진단하고 계시는데, 이미 과거부터 신문(경향기업)의 경우 보수적 성향의 시민들은 조중동만 보고, 진보적 성향의 시민들은 한경오만 보지 않았던가?

 – 즉 시민들은 이미 과거부터 자신이 선호하는 경향에 따라 언론상품을 소비해 왔기 때문에, 그에 따른 쏠림 현상과 집단적 편향성은 새로운 것이 아님

 – 오히려 인터넷미디어의 등장으로 자신이 선호하지 않는 언론상품(기사)에 노출될 가능성이 늘어났다는 점에서, 긍정적인 측면도 분명히 있음

○ 발표자께서는 발표문 7면에서 "그동안 신문, 잡지, 방송 등 언론매체는 중개자(intermediaries)로서 사람들에게 다양한 주제에 대하여 여러 견해를 노출시키는, 즉 다양한 견해와의 만남을 보장하는 역할을 하였다. 하지만 언론매체가 중재자가 아니라 권력자로 행세하면 공론장은 붕괴된다."고 지적하고 있음

 – 우리나라의 언론환경에서는 기존의 레거시 미디어들이 중재자가 아니라 권력자로 행세해 오면서 공론장을 붕괴시킨 책임이 있음

 – 신문시장에서 과점을 형성해 온 주요 신문사들이 소위 언론권력을 행사해 온 측면이 분명히 있음

 – 이러한 차원에서 우리나라에서 공론장의 붕괴의 원인은 인터넷 미디어가 아니라 저널리즘에 충실하지 못했던 기존의 레거시 미디어들이라는 주장도 가능할 것으로 보임

○ 발표자께서 발표문 11면에서 정리하신 인터넷의 흔들리는 이상

론과 관련된 여러 주장들이나 입법시도들, 예컨대 인터넷이 표현의 자유를 촉진시키는 궁극적인 매체라는 생각은 너무 단순한 것이라는 점, 인터넷에서 폐해가 발생하면서 인터넷에 대한 국가 규제의 정당성을 주장하는 견해가 늘어나고 있다는 점, 인터넷을 간섭 없는 시장으로 보는 것은 그저 신화일 뿐이라는 점, 온라인 플랫폼에 대한 규제 입법 등의 문제는 미국과 유럽연합의 고유한 맥락에서 이해되어야 함

- 예컨대 미국은 전통적으로 인터넷에 대해서 무규제 정책을 취해 왔으며, CDA §230(착한 사마리안 조항)이 이러한 정책을 뒷받침해 온 대표적인 입법임. 그리고 미국에서는 우리나라와는 달리 사실적시 명예훼손죄(온라인 및 오프라인 모두에 적용되는)가 존재하지 않고, 방송통신심의위원회와 같은 행정기관에 의한 콘텐츠 심의제도도 존재하지 않으며, 정보통신망법 상의 임시조치 제도와 같은 것도 존재하지 않음. 또한 우리나라의 언론중재법에서는 포털의 뉴스서비스도 언론중재의 적용대상이 되지만, 미국에서는 언론중재제도가 있는지 의문임

- 유럽연합이 시도하고 있는 디지털서비스법(Digital Services Act)은 기본적으로 미국의 거대 IT기업인 GAFA(Google, Apple, Facebook, Amazon)를 대상으로 하는 입법이라는 점을 이해할 필요가 있음. 인터넷 초창기부터 유럽연합은 미국의 IT기업들에 대한 포비아를 갖고 있었고, 이들에 대한 견제장치로서 규제를 논의한 측면이 있음

4. 인터넷 포털, 인터넷 검색엔진, 소셜 미디어 등 미디어 플랫폼(온라인 플랫폼)의 규제 문제

○ 민주주의의 위기에 대한 효과적인 대응방식과 관련하여, 큰 틀이나 방향성에 있어서는 국가의 규제보다는 다양성 강화에 있다고 생

각함
- 즉 다양성을 더욱더 강화하는 것이 양극화 해소에 도움이 되지, 국가에 의한 법적 규제는 양극화 해소에 별로 도움이 되지 않는다고 생각함

○ 모든 매체가 그렇듯이, 인터넷도 긍정적인 측면과 부정적인 측면 모두를 갖고 있음
- 문제는 우리나라, 특히 규제당국이나 국회는 긍정적인 측면에는 관심이 없고 부정적인 측면에만 관심을 가지고 있다는 점임
- 현재 법제도에 반영되어 있는 우리나라의 인터넷 규제의 강도는 미국이나 유럽연합의 수준을 훨씬 뛰어넘는 과잉규제의 수준에 이르고 있음
- 이러한 차원에서도 우리나라의 인터넷 규제환경이나 규제문화는 미국이나 유럽연합과는 분명히 다르고, 미국이나 유럽연합의 관점을 우리나라에 적용하는 것은 적절치 못함

○ 발표자께서는 인터넷 공론장의 회복을 위해 다양한 방안들을 제안하고 있는데, 그 중에서 특히 포털 뉴스서비스의 알고리즘 기준 및 검증의 법제화 문제에 대해서 토론자의 의견을 제시하고자 함
- 실제로 이와 간련된 법안들이 국회에 계류 중인 것으로 알고 있음
- 현재 주로 정치권에서 논의되는 규제방식으로, 인터넷뉴스서비스사업자가 기사배열의 기본방침과 기사를 배열하는 구체적인 기준 및 기사배열의 책임자를 공개하도록 하고, 정부기관 소속으로 뉴스포털이용자위원회 혹은 알고리즘투명성위원회 등과 같은 일정한 위원회를 두어 인터넷뉴스서비스 정책, 기사배열 기준에 대한 공개, 검증, 시정요구 등을 담당하도록 하는 방안 등이 거론됨
- 이러한 법적 규제방안의 문제점은 다음과 같음

① 정부기관 소속 위원회 구성의 정파성 문제는 차치하더라도, 정부기관이 언론 유통 시장에 적극적으로 개입할 수 있게 하는 것은 언론에 대한 직접적인 국가 공권력의 행사, 종국적으로는 국가에 의한 언론 검열로 해석될 수 있는 문제점을 갖고 있음. 이러한 방식은 민주주의에서 매우 중요한 언론의 자유가 헌법상 기본권으로 보장되어 있는 민주헌법국가에서는 매우 금기시되는 것임

② 인터넷뉴스서비스를 '언론'으로 포함시키면서도, 인터넷뉴스서비스의 공공성, 공정성, 투명성 확보를 이유로 규제하는 것의 모순을 지적하지 않을 수 없음. 인터넷뉴스서비스가 언론에 포함된다면, 당연히 언론의 자유와 독립성을 보장해야 하고, 언론의 자유와 독립성의 핵심은 바로 편집권의 자율적인 행사임. 그런데 정부기관이 인터넷뉴스서비스사업자의 뉴스서비스 정책 및 기사배열 기준, 알고리즘에 대한 개입 및 시정요구 등을 할 수 있게 된다면, 인터넷뉴스서비스사업자의 언론의 자유를 침해하게 되는 것임

③ 언론의 '공정성'이란 매우 추상적이고 상대적인 개념으로, 법적인 강제를 통해서 달성하기 불가능할 뿐만 아니라, 오히려 공정성 확보를 위한 법적 규제는 또다른 편향 시비와 부작용만 야기할 수 있음. 예컨대 공정성을 확보하기 위해 모든 언론사의 기사를 똑같은 비중으로 배열하도록 하거나, 이용자의 선호를 반영한 알고리즘을 배제하도록 하는 것 등의 양적·기계적 균형성이 공정성을 담보한다고 장담할 수 없으며, 오히려 사상의 자유시장에서의 이용자의 선택과 경쟁을 무시하는 부당한 국가적 개입으로 평가될 수 있음

④ 언론의 공공성, 공정성이라는 가치는 전통적으로 희소한 공공재인 전파를 이용하는 방송매체에 적용되어 왔던 개념임. 하지만 표현의 자유의 보호를 받는 매체로서 인터넷이 갖는 특성은 개방성, 상호작용성, 탈중앙통제성, 이용비용의 저렴성을 포함하는 의미에서의 접근의 용이성, 정보의 나양성 등에 있으며, 특성 그 자체가 '본질'로서, 인터

넷은 사상의 자유시장에 가장 근접한 매체로 평가되고 있음. 따라서 인터넷을 기반으로 하는 언론매체에 대해서 방송매체와 동일하거나 유사한 방식으로 규제하는 것은 표현의 자유와 관계에서 인터넷이 갖는 매체적 특성을 무시하는 과잉규제가 될 수 있음

4.

종합토론문

한국 민주주의와 언론

원 우 현(고려대 명예교수)

대학 시절 존경하던 월송 유기천 스승님을 기념하는 학술 심포지엄에 토론자로 나온 그 자체만으로도 영광입니다. 학술 발표장에 참석하여 박용상 박사님, 박진우 교수님, 문재완 교수님의 발표를 들으면서 유익한 시간을 보냈습니다.

월송 유기천 교수님에 대한 회고와 발표문에 대한 토론문은 아래와 같습니다.

1. 월송 유기천 스승님에 대한 회고

먼저, 저는 월송 유기천 스승님을 단편적이지만 먼저 잠시 회고하면서 기념 세미나의 의미를 되새기려 합니다. 고인을 회상하면 저 자신도 서울법대 재학 시절로 잠시 돌아가지 않을 수 없습니다.

유기천 스승님은 평양 산정현교회(순교자 주기철 목사) 3대 장로 중의 한 분이신 유계준 장로님의 4남으로 평양에서 출생하셨습니다. 매일 아침과 저녁에 기도하면서 경건한 자세로 강의와 학문에 임하시는 기독인 법학자이셨습니다. 부친 유계준 장로는 6·25 때 퇴각하는 공산군에게 1950년 10월 처형되셨습니다(『유기천 교수 추모문집』, 지학사,

2003, 4면).

그래서인지 월남해서도 늘상 북한 공산당의 신변 위협을 느끼셨습니다. 이에 심리적으로 대처하기 위해서 총을 한번 소지하셨다고 합니다. 그런데 서울대 총장 재직 당시, 소지 등록이 만기가 되어 연기신청을 한 것을 두고 또 다른 권총을 신청한 것으로 오인되어 쌍권총이란 오보가 전파되었다고 합니다. 이것이 바로 스승님에 관하여 '쌍권총의 사나이'로 표현한 신문보도의 오보의 연유입니다.

유기천 교수하면 저 자신에게는 학장, 총장 직함보다도 '법학통론'과 '형법 총·각론' 명강의 장면이 떠오릅니다.

유교수님은 담당 강의를 거룩하게 여기셔서 회중시계를 손에 드시고 5분 전에 입실하시어 정각이 되면 늘 뒷문을 닫으셨습니다. 저 자신은 고도의 긴장감이 돌던 만원 강의실 한구석에서 카랑하고 빠른 목소리로 100분 강의 시간을 빈틈없이 채우시던 그 내용을 그대로 받아쓰기에 몰입하던 말단 수강생일 뿐이었습니다. 워낙 명강의였던지라 스승님의 강의는 F학점을 60명 이상 받는다는 소문에도 불구하고 수강생들이 몰려들던, 서울법대 최고의 인기 과목이었습니다.

스승님이 강의에서 Mezger의 '인격적 책임론'을 심히 비판하면서 Welzel의 '목적적 행위론'의 공과를 설파하셨던 기억도 어렴풋이 납니다. 특히, 책임론의 이론적 근거로 Sigmund Freud의 '입체심리학(Depth psychology)'을 도입하여 해석의 지평을 넓히는 등 형법학자로서는 이색적으로 심리학을 원용하시거나, 인류학·철학 등 원전을 늘 강의나 연구에 인용하여 법학을 다원리적인 접근하셨던 면에서도 선구자이셨습니다.

또 형법 제10조 제3항 등을 '원인에 있어서 자유로운 행위(Actio in causa)'로 쉽게 해석하셨으며 형법 제30조 공모공동정범, 제18조 부작위범에 대해서도 잘 정리해주셨던 기억이 납니다.

한편, 학장·총장 재직 시절에는 서울법대 내 경쟁강의 체제를 도입하여 운영하셨고(예, 형법 유기천, 황산덕, 김기두 교수 중 수강생 완전자유 선택제도), 서울대 교수 자녀 입학특혜 폐지, 부정학생 퇴학 조치 등 학문의 활성화와 사회의 공정을 실천함에 있어서도 전혀 타협이 없으신 강직한 학자요, 탁월한 대학 행정가로도 기억하고 있습니다.

2. 오늘 발제에 대한 토론

이제, 오늘 발제와 관련해서 짧게 코멘트하겠습니다.

우리나라 언론법 연구를 계속하고 계신 박용상 변호사님의 기조 발제에 이어, 법조기자단 운영방식, 지방언론사의 쟁점, 언론중재법, 방송의 공영성, 공영방송 지배구조 등 주요 현안에 대한 발표를 박진우 교수님으로부터 경청했습니다. 또 포털의 공정성과 일인 미디어 규제에 관해서 발표해주신 문재완 교수님의 논문에서도 학습하고 이해하는 기회가 되었습니다.

각 주제에 대한 지성우, 황성기 교수님 등 다른 토론자들의 견해도 있기 때문에 제가 많은 이야기를 하지는 않고자 합니다.

1) 박진우 교수님 발표 중

법조기자단과 관련하여 이른바 '메이저 언론' 중심으로 운영되어온 작금의 우리나라 법조기자단 운영 방식에 문제가 있고, 보다 개방적인 시스템으로 개선되어야 한다는 발제자의 의견에 대체로 공감을 표한다. 물론, '보다 개방적 시스템'이 무엇인지는 보다 구체화될 필요가 있겠다. 이와 관련하여, 과거 정부에서 '취재지원 시스템 선진화 방안'을 추진하였다가 결과적으로 실패한 전례가 있다. 개선의 방향을 설정함에 있어서 당시의 실패를 반면교사로 삼을 필요도 있을 것이다. 무엇보다, 법조기자단 운영 방식 개선의 문제는 여론의 다원성 확보 내지 보장의 측면도 있지만, 권력에 대한 비판·감시의 의미도 크다고 본다. 사법시스템의 중심축을 이루는 사법부와 검찰은 언론이 감시하면서 비판하고 견제할 중요한 대상 중 하나다. 사법부·검찰과 여야 정치인과 언론의 관계가 '불가근 불가원' 할 때 비로소 온전한 법치주의가 실현될 수 있을 것이다.

2) 박진우 교수님 발표 중

언론중재법 개정과 관련하여, 언론중재법의 의의 내지 목적은 언론자유와 인격권의 조화로운 보장에 있다고 생각한다. 언론자유에 대한 과도한 규제도 심각한 문제지만, 잘못된 언론보도로 인한 피해구제를 등한시하는 것 역시 가볍게 여길 일은 아니다. 표현의 자유와 명예권은 모두 헌법상 기본적 가치로서 이 둘 사이의 균형과 조화를 도모하는 것이 헌법적 원칙이다.

언론 환경이 급속도로 변모함에 따라 그로 인한 피해의 양상이 달라졌으니 피해구제의 방법 또한 달라져야 한다. 징벌적 손해배상제도가 근본적 쟁점이 많지만, 언론 환경 변화에 걸맞은 피해구제제도 도입 논의는 여러 다른 쟁점에서도 숙고해야 할 것이다.

종합토론자로서 한국 언론을 점검할 때 전제가 되는 관점을 살펴보면,

3) 언론이 국가권력과 길항작용을 하면서 국민 여론형성 과정을 제대로 반영하는가? 하는 과제가 자유 민주주의 실현을 위한 기본 전제다.[1]

4) 인터넷미디어 등 정보 기술의 변화로 인해 언론의 개념 및 그 외연이 확장되고 있는 상황에서 전통적 미디어를 대상으로 한 언론자유 이론을 새로운 인터넷미디어 환경에 어떻게 적용하고 재해석해야 할 것인가에 대한 언론 철학과 언론법 규범 체계 논의에 대한 탐구와

---

1) 관련예제: 민주공화국의 본질 표현의 자유 정치적 표현, 일반 표현 공론장.

합의가 필요하다.[2]

5) 민주주의의 중핵으로서 언론의 자유를 무제한 보장하는 것이 이상적인 점은 누구도 부인할 수 없는 형편이다. 그러나 사피로가 논한 대로 법의 궁극적인 목적은 분쟁 해결과 사회 통제 기능에 있다. 간통죄나 낙태죄 비범죄화에 이어 명예훼손죄 비범죄화 논의가 진행 중이다. 그렇게 비범죄화 범위가 확대되면 분쟁해결도 어렵고 법의 사회 통제 기능도 약화될 가능성이 적지 않은 면이 있다. 헌법 제21조는 표현의 자유의 한계로 타인의 명예와 권리를 침해해서는 안 된다고 규정하고 있다. 과연 형법 제307조 제1항 사실 적시에 의한 명예훼손의 비범죄화가 옳은 방향인가? 선거기간에 이루어지는 사실적시에 의한 명예훼손은 비범죄화해도 해악이 없는가? 또 형법 제310조의 위법성 조각사유가 있기 때문에 범죄화 상태를 유지해도 문제가 없지 않은가? 비범죄화되면 민사적 책임만 남게 되는데, 민사적으로 위자료가 적은 것으로 알고 있다. 민사적 구제수단만으로는 불충분하지 않나? 표현의 자유와 명예권은 모두 헌법상 기본적 가치로서 이 둘 사이의 균형과 조화를 도모하는 것이 헌법적 원칙이다.[3]

---

2) 관련예제: SNS 공적 공간, 사적 공간.
3) 관련예제: pure opinion available mixed opinion undisclosed defamatory facts Milkovich 판결.

[종합토론문]

한국 민주주의와 언론

문 소 영(서울신문 논설위원)

　문재완 한국외국어대 교수의 '한국 민주주의와 인터넷미디어', 박진우 가천대 교수의 '한국 민주주의와 언론의 자유', 이 두 논문 모두 현재 한국 언론계를 둘러싼 법적 논의의 의미와 한계를 진단하고 대안을 내고 있어서 현업에 있는 기자로서 흥미롭게 읽었다. 동의할 만한 대목도 있고, 그렇지 못한 더 논의가 필요한 대목도 있다.

　먼저 박진우 교수의 논문과 관련해서. 권력 감시와 비판 기능과 관련해 박 교수는 공영방송의 거버넌스와 관련해 대안을 논의했다. 공영방송 거버넌스 개선은 지난 10년 이상 언론학계와 언론 관련 시민단체가 주장하고 있는 문제로, KBS부사장 출신인 정필모 의원이 대표발의한 법안을 중심으로 의의와 한계를 함께 논의했다. 더불어민주당이 야당시절 공영방송의 거버넌스 개편에 대해 많은 주장을 해왔으나 관련 법안이 대통령 임기만료 직전인 2022년 4월에 나온 것은 아쉬운 대목이다. '정치적 후견주의'가 작용하는 방송통신위원회의 개편 없이, 공영방송의 이사회와 사장 선출 과정을 개선하기 위해 거버넌스의 구성을 확대 개편하는 것은 실제 목적 달성에 어려움이 있다는 지적에 대해 일견 동감한다. 그러나 선행조건으로 제시한 방송통신위원회를 현행 5인에서 9인으로 늘리고, 그 구성을 대통령·국회뿐 아니라 대법원장의 추천을 추가한다고 해서 '정치적 후견주의'가 해소될 것이라고 분석에 대해서는 동의하기 어렵다. 한국 사회의 정치적 양극화 문제를 너무 쉽게 접근한 것이 아닌가 생각한다. '양승태 대법원' 뿐만 아니라 '김명수 대법원' 시절에도 사법부에 대한 신뢰가 땅에 떨어진 마당에, 대법원장이 추천한 인물들이 정치적 자장에서 떨어져 공평무사한 결정을 할 것이라고 보기 어렵다. 오히려 현재 한국은 '정치의 사법화'에 대한 우려가 큰데, 방송통신위원도 추천하는 것은 바람직하지 않다고 본다. 기관의 성격을 고려할 할 때 법조계 인사를 추천하는 헌법재판관과 중앙선거관위원의 추천 방식을 준용하는 것은 맞지 않다.

여론의 다양성과 관련해서 법조기자단의 폐쇄적 운영의 문제점을 거론하고, 법원과 검찰청이 청사출입 기자단의 가입을 주체적으로 대처해야 한다고 대안을 냈다. 그러나 사법부와 행정기관인 정부가 직접 기자단의 가입 여부를 결정하게 된다면, 이것이야말로 권력에 대한 비판 감시의 기능을 약화하는 문제를 낳을 수 있다.

기자단의 가입 여부 등을 기자단이 자율적으로 결정하고 운영하는 것이 오히려 선진적이다. 노무현 시절부터 청와대와 국회 기자단은 등록만 하면 출입할 수 있도록 했는데 오히려 언론계의 자율성을 침해한 것은 아닌지 판단해볼 필요가 있다. 기자단의 자율적 활동을 기득권을 획득한 언론사들의 텃세로 폄하할 수도 있지만, 기자단이 강하게 유지된 곳은 검찰·경찰·외교부였던 점을 감안하면 그만한 사정이 있다는 점도 고려해볼 수 있다고 본다.

문재완 교수의 인터넷미디어와 관련해서. 필터 버블이나 에코 챔버에 갇히지 않기 위해 포털이나 소셜미디어에서 활용하는 알고리즘을 투명하게 공개하고 이를 검정할 수 있도록 해야 한다는 주장에 동감한다. 또한 '나만의 뉴스', 내가 관심 있는 뉴스도 중요하지만, 사회적 쟁점에 대한 뉴스도 '우연히' 만날 수 있도록 알고리즘을 보완해야 한다는 지적에도 공감한다. 그러나 이 문제는 언론계나 학계뿐 아니라 관련 업계와도 공감대가 형성되지 않으면 실현되기 어려운 과제라는 점이 문제다.

뉴스제휴평가위원회의 경우는 네이버와 카카오가 사회적 압력을 피해 평가업무를 언론계와 학계, 시민단체 등의 인물로 구성된 외부 기관에 위탁한 것이다. 민간이 자율적으로 문제를 해결한다는 차원에서는 긍정적이지만, 정부도 하지 않는 검열을 네이버나 카카오가 민간단체를 활용해 하고 있는 것은 아닌가 하는 의심을 때때로 하게 된다. 이 문제를 해결하는 대안이 주요 언론단체가 포털과 협상하는 것으로 되어야 할까? 역시 동의하기 어렵다. 신문협회나 편집인협회의 회장단 등을 고려할 때 자칫하면 여론의 70%를 장악하고 있는 대형 레거시 미디어 중심으로 문제해결이 될 가능성도 없지 않기 때문이다. 뉴스제평위를 법적 기구화 하는 것도 바람직하지 않다는 지적에는 동의한다.

언론인으로서, 또 시민으로서 그리고 유권자로서, 정부나 국회가 가짜뉴스를 잡기 위한 제정·개정하는 어떠한 법적인 시도에 대해서 반대한다. 게다가 징벌적 배상제 도입은 과잉입법이다. 허위조작정보라는 정의를 하기도 어려울 뿐만 아니라 자의적인 판단이 될 가능성이 높다. 그리고 이미 한국의 법체계는 관련한 허위·가짜·명예훼손 등을 처벌할 법안이 차고 넘친다. 정보적 가치라는 차원에서, 가짜정보(뉴스)조차 정보 값이 있다. 루머가 언로가 막혔을 때 기승을 부리듯 가짜뉴스도 사회·경제적 진영화 심화로 나타나는 현상으로 봐야 한다. 게다가 가짜뉴스는 한국만의 문제가 아니라 전세계적인 문제로 1980년 이래 세계화를 거치면서 각 나라가 경제적·사회적으로 양극화하고 진영화 한 과정에서 나타나는 현상이라고 봐야 한다. 견디기 어렵더라도 팩트체크와 미디어리터러시 등을 통해 시간을 들여 해결해 나가야 한다고 생각한다.

혐오표현을 규제하는 것이 표현의 자유를 침해할 소지가 크다고 했는데, 오히려 혐오표현 때문에 표현의 자유가 훼손되고 있다고 생각한다. 차별금지법 등을 제정해 혐오/차별의 언어를 완화할 필요가 있다고 본다.

5.

예훼손의 위법성 조각사유에
관한 반성적 고찰

명예훼손의 위법성 조각사유에 관한 반성적 고찰
- 진실적시 명예훼손죄 폐지론 비판-

박 용 상(변호사)

서 언

명예훼손법은 표현의 자유와 개인의 명예 등 인격권이 충돌하는 경우 이를 조화롭게 형량하여 해결을 도모하는 법체계이다. 헌법적 관점에서 보아 표현의 자유와 인격권은 각자 인간의 존엄에 뿌리를 가지는 기본권으로서 헌법상 보호를 받는다. 표현의 자유를 행사하여 특정인을 부정적으로 비판하여 명예를 침해하게 되면 필연적으로 양 기본권이 충돌하게 되고 어느 쪽을 더 보호할 것인가 하는 문제가 제기된다. 그에 관한 기본권 충돌을 조화적으로 해결하려는 목적이 명예훼손법제의 기본이 된 것이다.

현대에 이르러 명예훼손법제는 헌법적 차원에서 혁신이 이루어지게 되었다. 표현의 자유와 인격권은 헌법의 가치 위계상 우열관계에 있는 것이 아니라 동등한 가치를 가지는 것으로 파악하는 것이 일반적 경향이고, 양 기본권이 충돌하는 경우 이를 조정하는 방안으로서 각국에서는 각 이익의 비교형량에 의해 우열을 가리는 사고가 지배적으로 적용된다. 그때 이익형량에 따라 표현의 자유가 양보되어야 하는 경우, 즉 명예훼손행위에 실체적 위법성과 가벌성이 존재하는 경우에는 그 경중에 따라 적합한 법적인 제재가 허용될 수 있을 것이다. 그 충돌의 양상과 형태는 점차 광범하게 다양화 복잡화하고 있음에도 우리 법제상 이를 해결하는 제도와 구제책은 강구되지 않은채 불완전한 상태에 머무르고 있다.

이 글은, 먼저 한국 명예훼손법제상 위법성 및 위법성 조각사유를 체계적으로 개관하고, 그 미비점이 있는지, 있다면 어떻게 개선할지에 관해 구체적 대안을 제시하는 데 그 목적이 있다. 이를 위해 저자는 표현의 자유와 명예권 간의 조화로운 형량을 구현하기 위한 노력으로서 이에 관한 각국의 법제와 판례의 법리를 상세하게 고찰하는 동시에 이들을 우리 법제에 도입할 필요가 있는가, 있다면 어떠한 논거에서 어떻게 수용할 것인가를 살펴보려고 한다. 이를 위해 영미법상 명예훼손에 대한 위법성 조각사유가 되는 각종 면책 특권 및 미디어의 보도 특권의 법리와 아울러 독일 형법이 규정하는 정당한 이익 옹호에 의한 명예훼손의 위법성 조각사유에 관해 비교법적으로 고찰하고 이를 도입함으로써 우리 법제상 미비된 위법성 조각사유를 보완하고 아울러 표현의 자유에 충실을 기할 수 있는 방안을 제시하고자 한다.

다음, 위와 같은 논의는 현재 명예훼손법제에서 뜨거운 쟁점이 되고 있는 사실적시 명예훼손죄의 존폐 여부에 관한 현안적 논의에 관해서도 중대한 시사점을 제공하게 된다. 폐지론은 표현·언론의 자유의 위축효과를 이유로 진실적시 명예훼손죄를 폐지하자고 하나, 필자는 이를 반대하면서 상술한 위법성 조각사유의 정비 보충에 의해 표현 및 언론의 자유가 더 활성화될 수 있음을 제시하고 저자의 견해를 설명해 보고자 한다.

제1부 명예훼손의 위법성 조각사유 및 개선점

Ⅰ 한국 법제상 위법성 조각사유 개관

1. 명문상 유일한 위법성 조각사유

1) 형법 제310조(진실의 항변)

우리의 형법은 제307조 제1항에서 명예훼손행위는 진위를 막론하고 일단 구성요건에 해당한다고 규정하고, 그 제2항에서는 허위 사실적시죄를 가중처벌하는 규정을 두고 있다. 한편 형법 제310조(위법성 조각사유)에 의하면 ① 공익 사항에 관해 ② 진실한 사실을 적시한 것을 입증하면 명예훼손행위의 위법성이 조각된다. 대법원은 1988년 처음으로 언론·출판의 자유와 인격권으로서의 명예보호 사이의 충돌을 조정하는 방법으로서, 어떤 표현이 타인의 명예를 훼손하더라도 그 표현이 공공의 이해에 관한 사항으로서 그 목적이 오로지 공공의 이익을 위한 것일 때에는 진실한 사실이거나 행위자가 그것을 진실이라고 믿을 상당한 이유가 있는 경우에는 위법성이 조각된다는 법리를 선언하였고,[1][2] 이후 이 법리는 확립된 판례로 민·형사상 우리 명예훼손

---

1) 대법원 1988. 10. 11. 선고 85다카29 판결: "형사상이나 민사상으로 타인의 명예를 훼손하는 행위를 한 경우에도 그것이 공공의 이해에 관한 사항으로서 그 목적이 오로지 공공의 이익을 위한 것일 때에는 진실한 사실이라는 증명이 있으면 위 행위에 위법성이 없으며 또한 그 증명이 없더라도 행위자가 그것을 진실이라고 믿을 상당한 이유가 있는 경우에는 위법성이 없다고 보아야 할 것이다. 이렇게 함으로써 인격권으로서의 명예의 보호와 표현의 자유의 보장과의 조화를 꾀할 수 있다 할 것이다."

2) 위 판결에서 대법원은 처음으로 형법에 규정된 명예훼손죄의 위법성 조각사유 (형법 제310조)를 민사사건에 준용함과 동시에 진실성의 오신에 상당한 이유가

법제의 핵심을 이루고 있다.

우리 형법 제정자나 대법원이 인식하였는지 여부를 불문하고 형법 제307조의 조문과 함께 제310조의 위법성 조각사유를 종합적으로 고찰하면 이는 당시까지 글로벌스탠다드였던 영국 보통법상 엄격책임 규칙(strict liability rule)의 기본체제를 수용한 것이라고 볼 수 있다.

2) 진실의 항변의 유래 – 엄격책임주의의 전통

역사적으로 보아 명예훼손법제가 가장 일찍부터 형성된 영국에서 명예훼손법제는 장기간 풍부한 판례에 의해 보통법(commol law)의 한 분야로 정교한 법리체계를 구축하였다. 영국에서 명예훼손법은 처음에 권력과 권위에 대한 비판을 통제하기 위한 장치로 발전하였고, 엄격책임주의의 전통을 확립하게 되었다.

영국 보통법 상 '엄격책임 규칙'(strict liability rule)에 의하면 타인의 명예를 해하는 진술은 피고가 악의로 이를 진술한 것으로서 그 사실이 허위로 추정되며, 피고의 명예훼손적 진술이 입증되면 바로 명예훼손의 소인(訴因, cause of action)[3]이 인정되었고, 이를 벗어나려는 피

있는 경우 역시 위법성이 조각된다는 법리를 선언하였다. 위 판결은 그 논거로서 언론의 자유와 인격권 간의 충돌을 조정하는 방안이라고 설시하고 있을 뿐, 구체적인 논거는 밝히지 않았다. 학설에 의하면 위 대법원 판결은 일본의 판례를 본받은 것으로 보고 있으며, 한국 형법이 일본 형법의 영향을 받았고 한국 판례가 일본 판례를 적지 않게 본받고 있음은 부인할 수 없는 사실이기도 하다 (전원열, "名譽毀損 不法行爲에 있어서 違法性 要件의 再構成", 서울대학교 대학원 박사학위논문 (2001), 66–68면 및 김준호, 공인에 대한 명예훼손–그 민형사상 면책구조에 관한 판례 이론의 분석, 동북아법연구, 제9권 제2호, 353, 356면 이하, http://dx.doi.org/10.19035/nal.2015.9.2.14 참조).

3) 영미법에서 소인(cause of action)이란 권리 구제를 위해 소를 제기함에 필요한 법적·사실적 요건들을 의미하며(https://legal-dictionary.thefreedictionary.com/cause+of+action), 우리 법제에서 이른바 구성요건(構成要件)과 대충 같은 의미를 갖는다고 할 수 있다. 소인을 갖춘 소장이 제출되면 법원은 심리를 개시하게 되며(이른바 prima facie case), 피고가 소인에 의한 법적 책임을 벗어나려면 항변을 제출하여 정당화하지 않으면 패소하게 된다.

고는 항변이나 특권을 주장하여 정당화하지 않으면 패소하였다.[4][5] 애당초 엄격책임규칙은 보통법 법원이 엘리트 계층의 명예를 보호하기 위해 그들에 대한 폄훼적 언사는 거짓이고 악의적인 것이며, 그로 인한 손해는 추정된다고 하는 법리였다. 그러나 영국의 법원들은 표현의 자유를 보호하기 위해 엄격책임을 벗어나는 항변으로서 다양한 정당화사유를 인정 적용하게 되었는데,[6] 처음 인정된 것이 사실 적시에 대한 진실의 항변이었다. 이것은 표현행위가 의견표현과 사실적시로 구분됨을 전제로 하는 것이었고, 의견표현에 관해서는 공정한 논평의 항변(fair comment rule)이 함께 인정되는 과정을 밟았다.

엄격책임 규칙 하에서 전개된 보통법의 전통에 의하면, 첫째 명예훼손적 사실적시는 진실인지 허위인지 불문하고 명예훼손이 성립하고, 둘째 피고가 진실한 사실로서 공익을 위한 것임을 입증하면 피고는 면책되며(진실의 항변),[7] 셋째 의견의 표현은 진위의 판단이 불가능한

---

4) Joseph M Fernandez, Loosening the Shackles of the Truth Defence on Free Speech: Making the Truth Defence in Australian Defamation Law More User Friendly For Media Defendants, pp. 19-20 (2008), file:///C:/Users/user/Downloads/Fernandez_Joseph_2008% 20(3).pdf

5) 명예훼손은 실질적으로 엄격책임을 지는 불법행위였고, 명예훼손적 진술을 하기만 하면, 그것이 거짓이었다거나 명예를 해할 고의나 과실이 있었는지 여부를 막론하고 엄격한 책임을 부담하였다(Ray Yasser, Defamation As a Constitutional Tort: With Actual Malice for All, Tulsa Law Review Volume 12 | Issue 4 Article 1, 601, 604 (1977)https://digitalcommons.law. utulsa.edu/cgi/viewcontent.cgi?article=1388&context=tlr). 이렇게 공표자에게 부과된 엄격책임 규칙(rule of strict liability)은 공표자가 제1차적으로 손해를 피할 최적의 지위에 있음을 이유로 그러한 손해를 무릅쓰는 공표자에게 손해의 위험을 부담시킨다는 명시적인 사회적 판단을 표현한 것이었다고 한다(Randall P. Bezanson, THE LIBEL TORT TODAY, Washington and Lee Law Review, Volume 45 Issue 2, p. 543, http://scholarlycommons.law.wlu.edu/cgi/viewcontent.cgi?article=2343&context=wlulr)

6) 정치가 민주화됨에 따라 영국 법원들은 사인 간의 명예훼손과 그에 이어 언론미디어와 개인(공인 및 사인 포함)간의 분쟁을 그 주된 대상으로 하게 되었으며, 형사 범죄로 취급되던 것이 민사적 손해배상 제도로 발전하게 되었다.

7) 뒤에서 보는 바와 같이 미국은 1964년 뉴욕타임스 판결에 의해 명예훼손적 진술

진술로서 공정한 논평의 항변이 인정 적용되게 되었다. 넷째, 그밖에 보통법 법원들은 사실적시에서 자기나 상대방 또는 제3자의 이익을 위해 필요한 사실을 적시함으로써 명예훼손하는 부득이한 상황을 포착하여 제한적 특권이란 이름으로 정당화사유를 발전시켰다.

상술한 바와 같이 엄격책규칙은 명예훼손적 진술의 허위의 추정과 피고의 진실 입증책임을 요체로 하고 있다. 그러나 미국 판례는 1964년 뉴욕타임스 판결을 계기로 위와 같은 보통법의 엄격책임 규칙을 벗어나, 그것이 허위인 점 내지 진위 여부에 관한 경솔한 무시에 의한 것이란 점에 관해 원고에게 입증책임을 전도하는 변혁을 단행한 이래 (이른바 현실적 악의 규칙, actual malice rule)[8] 세계에서 언론의 자유가 가장 잘 보호되는 한편 명예권 보호에 가장 소홀한 나라로 일컬어져 특이한 상황에 이르고 있다.

이 글에서는 위와 같은 보통법의 전통과 미국판례의 장단에 관해 상세한 비교 검토가 행해질 것이다.

2. 정당행위 개념의 원용 – 대법원 판례

1) 개 관

전술한 바와 같이 우리 형법은 명예훼손의 유일한 위법성 조각사유 (제310조)로서 진술이 ① 공익사항에 관한 것으로서 ② 진실의 입증이 있는 경우에 한해 위법성이 조각되어 면책되도록 하고 있다. 그러나 위 규정은 위법성 조각이 '공익 사항'에 관한 진술에 한정된다는 점에서 언론 미디어 보도의 경우 쉽게 적용될 수 있고 그 점에서 언론의

을 진실이라고 추정하여 허위입증책임을 원고에게 전가하게 되었다. 이로써 미국의 명예훼손법은 영국 명예훼손법의 틀을 벗어나게 되었지만, 그 공과에 관하여는 후술하는 바와 같이 극심한 논란이 야기되고 있다.

8) 이에 의하면 피고의 명예훼손적 진술은 사실상 진실로 추정되게 된다.

자유를 위해 응분의 위법성 조각사유를 제공하지만, 일반 사인이 비공적 사항에 관해 그의 사익을 위해 진실을 공표한 경우에는 적용될 수 없다.[9] 이 때문에 사인이 사적인 이익을 행사하거나 옹호 또는 방어하기 위해 상대방에게 불리한 진실한 사실을 적시하였다 하여 명예훼손죄로 고소 또는 처벌되는 사례가 생길 수 있어 문제가 생긴다. 대법원 판례가 비록 언론의 자유를 위해 공익사항을 넓게 인정하려는 태도를 취한다 하더라도 그에는 한계가 있다.[10] 그러한 경우 표현행위자를 보호하기 위해 대법원은 이따금 형법 제20조(정당행위)를 동원하여 표현행위의 위법성을 부인하는 입장을 취하여 왔다.

2) 정당행위의 개념과 요건 – 형법 제20조

형법 제20조는 "법령에 의한 행위 또는 업무로 인한 행위 기타 사회상규에 위반되지 않는 행위는 벌하지 아니한다"고 규정하며, 이 조항이 표현행위의 위법성 판단에 적용될 수 있음은 물론이다. 이것은 형법이 위법성 조각사유의 근본 원리를 제시한 것이며, 사회상규에 위배되지 아니하는 행위[11]를 가장 기본적이고 일반적인 위법성 조각사

---

9) 실무상 법원들은 사인 간의 사적 분쟁에서도 분명하게 공익적 사안이 아니더라도, 다소간 공적 요인이 있다고 생각되는 경우 공익성을 널리 인정하는 방향으로 형법 제310조의 위법성 조각사유를 적용하여 왔는데, 그렇다 하더라도 사인 간의 사적 이익에 관한 다툼에 공익성이 인정되지 아니하는 많은 사례들이 있음은 부인할 수 없다

10) 대법원 2021. 8. 26. 선고 2021도6416 판결(명예훼손): 근무 중 비위행위에 관하여 징계절차가 개시되자 곧바로 징계혐의사실과 징계회부사실을 회사 게시판에 게시한 피고인(회사 징계담당 직원)의 행위가 명예훼손죄로 기소된 사안에서 원심은 그 공개 문서의 내용은 회사 내부의 원활하고 능률적인 운영의 도모라는 공공의 이익에 관한 것이라고 볼 수 있어 위법성이 조각된다고 판시하였다. 그러나 대법원은 공개된 문서에 적시된 내용이 피해자의 사생활에 관한 것이 아니고 회사의 징계절차가 개시되었다는 것이어서 공적인 측면이 있음은 부인할 수 없으나, 그렇다고 하여 징계절차에 회부된 단계부터 확정되지 아니한 징계 사유, 즉 근무성적 또는 근무태도가 불성실한 점 등을 공개하는 행위는 위법성이 조각되시 아니한나는 이유로 원심을 파기환송하였다.

유로서 언명한 것이다. 대법원은 "형법 제20조 소정의 '사회상규에 위배되지 아니하는 행위'라 함은 법질서 전체의 정신이나 그 배후에 놓여 있는 사회윤리 내지 사회통념에 비추어 용인될 수 있는 행위를 말하고, 어떠한 행위가 사회상규에 위배되지 아니하는 정당한 행위로서 위법성이 조각되는 것인지는 구체적인 사정 아래서 합목적적, 합리적으로 고찰하여 개별적으로 판단되어야" 한다고 하면서,12) 정당행위의 요건으로서 ① 목적의 정당성, ② 수단의 상당성, ③ 법익 권형성 ④ 긴급성 및 ⑤ 보충성의 요건을 제시하고 있다.13)

이 법리는 요컨대 일정한 요건 하에서는 다른 가능한 선택이 없다면 실질적으로 우월한 법익이나 이익의 보호는 보다 경미한 법익이나 이익의 침해를 정당화한다는 생각을 바탕으로 한다. 대법원은 뒤에서 보는 바와 같이 침해적 표현행위를 정당화하기 위해 다른 정당화사유나 항변사유(예컨대, 진실의 항변 또는 상당성항변 등)를 적용할 수 없는 경우 예외적으로 위 조항에 의해 표현행위의 위법성을 부인하고 있다.

3) 판례 - 정당행위에 의한 위법성 조각 사례

다음 판례는 피고인의 표현행위가 진실인 경우이거나 또는 피고인에게 진실의 항변이 정당하게 적용될 수 없는 경우이지만, 대법원은

---

11) 사회상규에 위배되지 아니하는 행위란 국가 질서의 존엄성을 기초로 한 국민 일반의 건전한 도의감을 말한다. 이것은 시대적·상황적으로 당해 사회의 최고의 가치관, 환언하면 자연법에 의존한다.

12) 대법원 2003. 9. 26. 선고 2003도3000 판결 이후 확립된 판례.

13) "위법성 조각 사유로서 정당행위를 인정하려면, 첫째 건전한 사회 통념에 비추어 그 행위의 동기나 목적이 정당하여야 한다는 정당성, 둘째 그 행위의 수단이나 방법이 상당하여야 하는 상당성, 셋째 그 행위에 의하여 보호하려는 이익과 그 행위에 의하여 침해되는 법익이 서로 균형을 이루어야 한다는 법익 권형성, 넷째 그 행위 당시의 정황에 비추어 그 행위가 긴급을 요하고 부득이한 것이어야 한다는 긴급성 및 다섯째로 그 행위 이외에 다른 수단이나 방법이 없거나 또는 현저하게 곤란하여야 한다는 보충성이 있어야 한다고 풀이할 것이다."(대법원 1983. 3. 8. 선고 82도3248 판결)

피고인 개인이 자신 또는 타인이나 공동의 이익을 옹호하기 위해 피해자의 명예를 훼손한 행위의 위법성을 부인하면서 사회상규에 위반되지 않아 정당행위에 해당한다는 취지의 논거를 제시하고 있다.

■ **대법원 1956. 7. 13. 선고 4289형상149 판결**

"조합원 회합석상에서 조합장에 대한 업무상 횡령고소사건의 전말을 보고함에 있어 '조합장은 구속당할 것이다' '조합공금을 횡령하고 도피·구속당하였다'는 등의 언사를 행한 것이 사회통념상 위법하다고 단정하기 어렵다." 이 사건에서는 사회통념을 근거로 명예훼손죄의 위법성이 조각된다고 판단하였으나 여기서의 사회통념은 형법 제20조의 사회상규와 같은 것으로 이해될 수 있다.

■ **대법원 1976. 9. 14. 선고 76다738 판결**

이 사건 원고(변호사)는 피고 조합을 대리하여 약속어음금 청구사건을 이미 수임처리했음에도 불구하고 다른 조합원이 피고 조합을 상대로 제기한 유사한 사건에서 위 타 조합원을 위해 사건을 수임처리하였다. 피고 조합은 변호사인 원고의 위 행위가 법률상 허용될 수 있는 것인지의 여부에 대하여 의아심을 가지고 당국에 그 진상을 밝혀 법에 저촉되는 사항이 있다면 처벌하여 달라는 내용의 진정을 제기하였고, 원고는 수사를 받은 끝에 무혐의 불기소결정을 받았다.

원고는 피고 조합의 위 진정행위가 불법행위에 해당함을 이유로 이 사건 손해배상청구 소송을 제기하였는데, 대법원은 피고 조합의 위 행위는 그 조합의 권익보호방법으로 취한 정당한 이유가 있는 경우에 해당하므로 그러한 진정서의 제출로 인하여 원고 변호사가 수사를 받은 끝에 무혐의 불기소결정이 되었다 하더라도 특단의 사정없이 바로 불법행위가 성립하는 것은 아니라고 판시하였다. 이 사건 대법원 판시를 보면, 영미법상의 제한적 면책특권의 법리와 유사한 논증을 하고 있음을 알 수 있다.

■ **대법원 1995. 3. 17. 선고 93도923 판결**

피고인 소속 교회의 이단성 여부를 심사하는 교단협의회의 심사결과보고서에 피고인이 이전에 자신을 이단으로 비난한 피해자(국제종교문제연구소장)에 대해 제기한 고소장 사본을 첨부하여 기자들에게 배포한 행위가 명예훼손으로 기소된 사안에서 대법원은 피고인이 위 조사보고서의 관련 자료에 위 고소장 등을 첨부한 위 행위는 자신의 주장의 정당성을 입증하기 위한 자료의 제출행위로서 정당한 행위로 볼 것이고, 고소장의 내용에 다소 피해자의 명예를 훼손하는 내용이 들어 있다 하더라도 이를 이유로 고소장을 첨부한 행위가 위법하다고 할 수 없다고 판시하였다.

■ **서울중앙지법 형사항소1부 2006. 10. 23. 판결 ('불륜의 덫')**

이 사건에서 법원은 자신의 누명(陋名)을 벗기 위해 피해자들의 불륜 사실을 공개한 피고인의 행위는 정당행위에 속한다는 이유로 무죄를 선고하였다.

사립대학 시간강사였던 피고인(여)은 동 대학 교수 2인(피해자들)의 요청으로 피고인의 친구(이혼녀)를 불러 함께 음주하게 되었는데, 피해자들은 음주 후 인근 여관에서 동 이혼녀와 번갈아가며 성관계를 가진 일이 있었다. 5개월 후 피고인은 자신이 피해자들을 계획적으로 함정에 빠뜨린 뒤 교수 자리를 요구했다는 소문이 유포되고 있다는 말을 전해듣고, 허위 소문을 바로잡고 억울함을 호소하기 위해 학과 다른 교수들에게 이메일로 사건의 전말을 적은 글을 보냈다. 피고인은 위 행위로 1심에서 유죄로 인정되어 징역 8월에 집행유예 2년의 형을 받았다. 그러나 항소심은 1심 결론을 뒤집고 공소사실을 모두 무죄로 판단하면서, 피고인이 피해자들의 성관계 사실이 담긴 이메일을 다른 교수들에게 보낸 명예훼손 행위는 피고인이 자신에 대한 누명을 벗기 위한 것으로서 그 경위와 목적, 수단 등에 있어 위법성이 없는 정당행위에 해당한다고 하여 무죄를 선고하였다.

■ **대법원 2020. 3. 26. 선고 2018도15868 판결**

대학교 총학생회장 선거에 출마한 입후보자가 법학과 학생들만 가입한 네이버 밴드에 조언을 구하는 글을 게시하자, 피고인은 댓글로 직전년도 학생회장에 출마한 피해자 D씨가 학생회비도 내지 않고 개인적인 감정으로 상대방 후보를 비방하는 등 학과를 분열시킨 사례가 있다고 언급하면서 '그러한 부분은 지양했으면 한다'는 내용을 게재했다. D의 고소에 따라 피고인은 1,2심에서 정보통신망 이용촉진 및 정보보호 등에 관한 법률상 명예훼손 혐의로 100만원의 벌금을 선고받았다.

그러나 대법원은 피고인의 댓글은 출마 입후보자에게 조언하려는 취지에서 작성된 일련의 댓글 중 하나이고, 그 댓글 내용은 객관적 사실에 부합하는 것으로 보인다며, 총학생회장에 입후보한 바 있는 피해자는 사후에도 입후보자로서 한 행동에 대해 다른 학생들의 비판을 수인해야 하며, 총학생회장의 출마자격에 관한 법학과 학생들의 관심 증진과 올바른 여론 형성을 위해 행해진 것이어서 그 동기와 목적이 공공의 이익을 위한 것이므로 피해자 D씨를 비방할 목적이 있다고 볼 수도 없다는 이유로 원심을 파기 환송하였다. 이것은 기본적으로 대학 재학생들의 관심을 환기하기 위해 피해자에 관한 문제점을 제시하였다는 점에서 공익사항을 확대해석하여 그에 해당한다고 판시한 것이었으나, 공익사항에 해당하지 않는다 하더라도 선거에 임하는 재학생들 공통의 이익을 위한 것으로서 제한적 특권 법리에 의해 면책될 사안이었다.

4) 검토 비판

위 판례들의 결론에는 찬성할 수 있지만, 그러한 결론에 이른 논증이 바람직한 것인가에 관해서는 검토할 필요가 있다. 대법원이 논증에서 원용한 정당행위의 법리는 엄격한 요건을 요할 뿐 아니라 너무나 경직된 것이어서 표현행위에 적용함에는 어려움이 있다. 즉, 형법 제20조(정당행위)는 명예훼손에 국한되지 않고 형법상 모든 범죄에 적용되는 범용적 판단기준이고, 여타의 위법성 판단 기준에 의해 위법성을

정할 수 없는 경우 최후에 사용되는 기준으로서 그 적용에는 엄격한
요건14)이 필요하다. 그러나 자신 또는 타인의 정당한 이익을 옹호 또
는 방어하기 위해 진실한 사실을 표현하는 행위에 긴급성 요건이나
보충성 요건15)까지 요구하는 것은 표현의 자유의 행사에 과도한 절제
를 요구하는 것이어서 적합한 형량이라고 볼 수 없다.

이렇게 형법 제20조(정당행위)의 법리를 원용하여 명예훼손의 위법
성을 조각시키려는 대법원 판례의 어프로치에는 한계가 있기 때문에,
이 문제에 대한 대책으로서는 영미나 독일의 확립된 법리를 도입하는
방안이 필요하다고 생각된다. 후술하는 바와 같이 명예훼손의 위법성
판단에는 영미와 독일에서 보는 바와 같이 헌법상 중요한 의미를 갖
는 기본권으로서 표현의 자유를 고려하는 독특한 이익형량 기준이 방
대한 판례로써 완비되어 있고, 이러한 법리를 도입하여 해결할 수 있
다면, 구태여 경직되고 엄격한 요건을 요구하는 정당행위의 개념을 동
원할 필요가 없다. 이들 사건에서 제한적 특권 법리를 원용했다면 논
증과정에서 보다 합리적이고 명쾌한 논증이 될 수 있었다고 생각된다.

---

14) 전술 대법원 2003. 9. 26. 선고 2003도3000 판결 참조.
15) 예컨대, 형법상 정당행위로 인정되기 위해서는 보충성이 요구되지만, 명예훼손의
위법성을 조각하기 위해서는 목적을 달성함에 적정한 수단이면 족할 뿐, 이용
가능한 수단 중 가장 절제적 수단("schonendste" Mittel)을 요구하는 것은 아니
다(Martin Löffler, Presserecht, C.H.Becksche Verlagsbuchhandlung, München
(1969), 1. Bd. S. 322). 예를 들면, 대법원 2004. 5. 28. 선고 2004도1497 판결
[제약회사 갑질]에서는 특정 제약회사와 상품공급 계약을 맺고 거래해 오던 피
고인이 계약을 해지당하게 되자 그 제약회사를 비난하는 취지가 주내용인 글을
작성해 국회의원이나 언론사, 다른 제약회사 등 11곳의 홈페이지에 게재한 행위
로 기소된 사안에서 대법원은 이와 같은 인터넷 게재가 긴급하고 불가피한 수단
이었다고도 볼 수 없어 사회상규에 위배되지 아니하는 정당행위로 볼 수 없다고
판단하고 있다.

3. 명예훼손의 범의를 부정한 경우와 새로운 면책 사유의 필요성

1) 서 언

대법원은 상술한 바와 같이 형법 제20조의 정당행위의 개념을 원용하는 이외에 때로는 유사한 사안에서 피고인의 범의를 부인하거나 사실적시의 존재를 부인하는 방법으로 피고인을 면책시키는 방안을 강구하기도 하였다. 그 중에는 피해자에 관한 명예훼손적 사실을 질문한 경우와 그에 대해 대답한 행위가 명예훼손이 되는가하는 문제가 쟁점이 되고 있어, 이에 관해 상세히 살필 필요가 있다.

2) 진정한 질문과 수사적 질문

독일 판례는 질문형식의 표현행위를 진정한 질문(echte Fragen)과 수사적 질문(rhetorische Frage)의 범주로 구별하여 그 법적 효과를 따로 판단하고 있다.[16] 그에 의하면 진정한 질문(echte Fragen)은 질문자가 상대방의 답변을 구할 뿐, 스스로 아무 진술도 하지 않는다는 점에서 그 자체가 진위 또는 당부의 기준으로 측정될 수 없는 것이어서 사실적시나 의견표현 어느 것에도 해당하지 않는 독자적인 의미론적 범주(semantische Kategorie)를 형성한다고 한다.[17] 즉, 질문은 대답을 겨냥한 것이고, 그 대답은 하나의 가치판단, 아니면 사실적시로 나올 수 있다. 따라서 질문은 사실적시 및 의견표현과 나란히 독립한 표현행위의 범주로 보호되는데, 그 보호 정도는 진위가 논해질 수 있는 사실적시가 아니란 점에서 가치판단과 같은 것으로 취급되며,[18] 이러한

---

16) BVerfG, 1991, 10. 9. 1 BvR 221/90 [질문 형식의 표현행위]
17) Wenzel, Das Recht der Wort- und Bildberichterstattung, 4. Auflage, Verlag Dr. Otto Schmitt KG, 1994, RN 4.29
18) 진정한 질문(echte Frage)은 그 자체에 어떤 진술도 포함하지 않는 것이기 때문에 그 내용의 진위를 가릴 수 없다. "질문자는 바로 무엇이 옳고 그른가, 진실인가 허위인가를 알려고 하며, 그 경우 여러 대답에 열려져 있기 때문에 질문 자체

질문에도 자유언론을 위한 추정이 적용된다. 다만, 질문자가 그의 질문의 대상을 밝힐 필요가 있다고 표시하는 경우에는 의혹을 제기하는 표현이 있다고 볼 수 있다.[19]

요컨대, 피고인의 질문이 피해자에 관한 명예훼손적 사실의 유무에 관한 순수한 질문으로서 그에 대한 대답(그 대답은 사실적시나 의견표현일 수 있다)을 위한 것이었다면, 그 질문은 사실적시나 의견표현에 해당하지 않는 제3의 독립된 범주에 속하는 표현행위로서 의견에 준하는 보호를 받는다고 하는 것이 독일 판례의 입장이다.

한편, 대부분의 질문은 특정한 대상에 관해 질문자가 확인 또는 해명하려는 사실적 또는 평가적 종류의 가정을 명시적·묵시적으로 포함한다. 특히, 질문 문구가 제3자의 대답을 겨냥한 것이 아니거나, 여러 대답에 개방된 것이 아니면, 그것은 진정한 질문이 아니고 수사적 질문(rhetorische Frage)이다. 이 경우 질문자는 그 질문 자체에서 가정 또는 전제된 사실적시나 가치판단을 표현하는 것으로 취급된다. 따라서 하나의 질문에 전제되거나 개진된 사실적 가정이 타인의 명예를 손상하는 경우에는 질문도 제3자의 명예를 훼손할 수 있다. 그 경우 그것은, 가치판단과 사실 적시가 불가분적으로 혼합된 의견표현의 경우와 마찬가지로, 질문자가 자기 질문의 사실적 및 폄훼적 내용에 관해 근거를 제시할 수 있어야 한다.

다음 판례는 독일 연방헌법재판소가 질문 형식의 표현행위에 관해 처음으로 법적 평가를 행한 것이다.

[BVerfG, 1991. 10. 9. 1 BvR 221/90 (질문 형식의 표현행위)]
독일 연방헌법재판소는 이 판결에서 최초로 질문 형식의 표현행위에 관한 법적 평가를 행하였다.

는 진실이나 허위의 기준에 따라 측정될 수 없"고 그것은 가치판단과 유사하다.
19) Wenzel, aaO RN 4.29, 10.135

　시의회 의원인 심판청구인은 시가 출자・운영하는 양로원의 시관리자에게 14개항에 달하는 질의서를 제출하고, 이를 그 지역 잡지에 게재하였다. 그 질의서는 다년간 명성을 지켜온 그 요양원이 최근 수년간 경영진에 의해 위협받고 있다면서 위 요양원의 심각한 폐해에 관하여 14개 항목의 질문을 게재하였다. 그 질문에는 상세한 세목을 들어 여러 폐해가 지적되거나 존재하는 것으로 언급되고 있었다.

　요양원장의 고소에 의해 구법원은 피고인(후의 심판청구인)을 독일 형법 제186조의 명예훼손죄로 벌금형에 처하고, 해당 도시에서 발행되는 신문에 패소 판결의 취지를 공시하라고 명령하였다. 구법원에 의하면 그 공표된 기사는 질문형식을 취했으나, 증거조사가 가능한 사실적시에 해당하며, 그 질문에 포함된 사실적시는 정상적 독자로 하여금 그 책임자가 요양원 운영에 개인적 능력이 없고 비난받을 중요한 폐단을 가져오게 하였다는 인상을 주었다는 것이다. 구법원이 행한 증거조사에서 심판청구인의 질문에 근거가 될 수 있는 사실관계는 밝혀진 바 없었다.

　연방헌법재판소는 심판청구인(피고인)의 표현행위가 허위의 사실주장이라고 평가하여 그를 처벌한 주법원 판결은 그의 기본권 보호를 박탈한 것이어서 위헌이라고 하면서 다음과 같이 판시하였다.

　첫째, 질문의 의의에 관해, 질문은 가치판단 또는 사실적시 양자의 어느 개념에도 해당하지 않는 독자적인 의미 범주를 형성하며, "질문은 어떠한 진술도 하지 않고 하나의 진술을 이끌어 내려고 한다는 점에서 가치판단이나 사실적시와 구별된다. 질문은 대답을 겨냥한 것이고, 그 대답은 하나의 가치판단, 아니면 사실적시로 나올 수 있다."고 설시하였다. 그리고 표현이 자유는 커뮤니케이션 과정을 전체로 보호하기 때문에 질문도 표현의 자유로 보호받는데, "질문은 문제를 주목하게 하고 해답을 불러내면서 의견형성에 기여하며, 그측에서 다시 표현될 수 있"기 때문이다. 따라시 질문은 가치판단 및 사실직시와 나란히 헌법에 의해 보호된다.

둘째, 질문은 사실적시와 달리 가치판단과 같은 정도로 표현 자유의 기본권 보호를 받는다. 진정한 질문(echte Frage)은 그 자체에 어떤 진술도 포함하지 않는 것이기 때문에 그 내용의 진위를 가릴 수 없다. "질문자는 바로 무엇이 옳고 그른가, 진실인가 허위인가를 알려고 하며, 그 경우 여러 대답에 열려져 있기 때문에 질문 자체는 진실이나 허위의 기준에 따라 측정될 수 없"고 그것은 가치판단과 유사하다.

셋째, 그러나 관용적 언어에서는 진정한 질문과 수사적(修辭的) 질문(rhetorische Frage)을 구별할 필요가 있다. 하나의 진술을 질문형식으로 치장하는 경우도 있고, 질문 형식을 취하였다고 할지라도 상대방의 대답을 바라지 않거나 정해지지 않은 대답을 원하지 않는 경우가 있을 수도 있다.

모든 질문은 한 특정한 대상에 관해 질문자가 확인(Verifizierung) 또는 해명(Klärung)을 하려는 사실적 또는 평가적 종류의 가정(Annahmen)을 명시적·묵시적으로 포함한다. 그런 경우는 아무 진술 내용이 없는 순수한 질문이 아니다.

이렇게 질문 문구가 제3자에 의한 대답을 겨냥한 것이 아니거나, 여러 대답에 개방된 것이 아니면, 그것은 수사적 질문("rhetorische Frage")이며 사실상 질문이 아니다. 내용적으로 아직 확정되지 않은 대답을 위해 표현되는 질문문장이나 그 부분은 오히려 가치판단이거나 아니면 사실적시를 나타내는 진술을 형성하며 법적으로 그렇게 취급되어야 한다.

하나의 질문에 전제되거나 개진된 사실적 가정이 명예를 손상하는 경우에는 질문도 제3자의 명예를 훼손할 수 있다. 그 경우 그것은, 가치판단과 사실 적시가 불가분적으로 혼합된 의견표현의 경우와 마찬가지로, 질문자가 자기 질문의 사실적 및 폄훼적 내용에 관해 근거를 제시할 수 있는가 여부 또는 그것이 날조된 여부가 문제된다.

그 경우에도 기본권 행사에 위축효과를 야기하는 요건이 설정되어 서는 안된다. 공공에 중요하게 관련되는 문제에 관해 있을 수 있는 폐해의 해명과 조사를 시도하는 시민이 스스로 조사를 실행하거나, 아니면 물음을 그만두는 양자택일의 입장에 처하게 된다면 기본법 제5조 제1항의 보호 취지와 맞지 않을 것이다. 그러므로 질문에도 자유언론을 위한 추정이 적용된다.

이 사건에서 여러 세목을 들어 질문을 제기하는 심판청구인의 행위가 보호를 받는가 여부는 그가 질문에서 여러 대답에 열려져 있지 않은 하나의 대답을 내려고 하는지 여부에 달려 있다. 그러나 드러난 제반 사실에 의하면, 심판청구인은 최근의 악화된 경영 상태에 관해 극복될 수 있는 해명의 필요성을 제기하고 있을 뿐이어서 자신의 질문에 대답하고 있는 것이 아니라 질문 제기 자체만으로 그의 의도는 성취된 것으로 보인다. 결국 심판청구인의 질문은 진정한 질문이고 그에 따라 헌법적으로 보호받아야 함에도 이를 사실적시로 보아 유죄로 판결한 원심의 판단은 유지될 수 없다는 것이 BGH의 결론이었다.

넷째, 언어적 형식만이 믿을만한 열쇠가 되는 것이 아니기 때문에 진정한 질문과 수사적 질문(echten und rhetorischen Fragen)을 구별하기란 쉽지 않다. 주어진 사정에 따라 표현행위의 맥락과 사정의 도움을 받아 분류해야 한다. 그 분류의 결과에 따라 기본권 보호의 정도가 달라지므로 수사적 질문으로 질문문장을 분류함에는 이유가 제시되어야 한다. 한 질문문장이, 그로부터 진정한 질문 또는 수사적 질문으로 보이는, 여러 의미를 가지는 것이면, 법원은 양 의미를 형량하여 그 선택의 이유를 제시해야 한다.

3) 대법원 판례의 사례

■ 대법원 1977. 4. 26. 선고 77도836 판결 (확인질문)*

피고인이 자기 아들이 저지른 폭행에 대하여 책임 소재와 범위를 명백히 하기 위하여 피해자의 어머니에게 피해자의 과거 건강상태와 질병 여부를 확인하기 위하여 질문한 경우, 대법원은 "이는 우리의 경험칙상 충분히 있을 수 있는 일로서 명예훼손죄의 고의없이 한 단순한 사실의 확인에 불과할 뿐 달리 명예훼손의 고의를 가지고 위와 같은 말을 하였다고 인정할 수 없다."고 판시하였다.

이 사안은 피고인이 자기 아들의 이익을 위해 질문한 경우로 보인다. 피고인의 고의를 따지기 이전에 피해자의 과거 건상상태 여하가 그의 외적 명예를 저하하는가에 의문이 있기 때문에 그 점에서 피고인의 발언은 이미 명예훼손의 객관적 구성요건에 해당하지 않는다고 볼 수 있으나, 만일 (피해자가 그의 건강상태를 숨긴채 치료비 배상책임을 추궁하여 오는 것이 도덕적으로 비난받아야 한다는 취지가 읽혀져) 구성요건에 해당한다고 보면 이른바 수사적 질문에 해당하는 것으로 볼 수 있을 것이다. 그렇다면 고의의 유무보다는 아들의 정당한 이익을 옹호하기 위해 한 질문 형식의 발언으로서 위법성이 조각된다고 보는 것이 더 타당한 논증이 될 것으로 생각된다.

■ 대법원 1983. 8. 23. 선고 83도1017 판결 (확인 대답)

피고인은 평소 감정이 좋지 않던 피해자가 전에 동리 주민에게 "김일성이 밑에 김정일이 있고 피해자의 망부 밑에 피해자가 있다"는 등의 말을 하고 다닌 적이 있다고 진술하여 피해자의 명예를 훼손하였다는 혐의로 기소되었다. 대법원은 "피고인이 위와 같이 발설하게 된 경위가 피해자가 과거에 그와 같은 말을 하고 다닌 적이 있었느냐는 동리 주민들의 확인 요구에 대답하는 과정에서 나오게 된 것이라면 그 발설 내용과 동기에 비추어 그 범의를 인정할 수 없고 또 질문에 대한 단순한 확인 대답이 명예훼손의 사실적시라고 할 수 없다"고 판시하였다.

이 판결은 대법원이 명예훼손적 내용의 질문에 확인 대답한 행위에 대해 사실적시도 아니고 범의도 인정할 수 없다고 판시한 첫 사례이지만, 뒤에서 보는 바와 같은 비판을 면할 수 없다.

■ 대법원 1985. 5. 28. 선고 85도588 판결 (목사 추문 확인 질문)*

대법원은 이 사건에서 "명예훼손죄의 주관적 구성요건으로서의 범의는 행위자가 피해자의 명예가 훼손되는 결과를 발생케 하는 사실을 인식하므로 족하다 할 것이나 새로 목사로서 부임한 피고인이 전임 목사에 관한 교회 내의 불미스러운 소문의 진위를 확인하기 위하여 이를 교회 집사들에게 물어보았다면 이는 경험칙상 충분히 있을 수 있는 일로서 명예훼손의 고의없는 단순한 확인에 지나지 아니하여 사실의 적시라고 할 수 없다 할 것이므로 이 점에서 피고인에게 명예훼손의 고의 또는 미필적 고의가 있을 수 없다고 할 수 밖에 없다."고 판시하였다.

그러나 위와 같은 사안에서 명예훼손의 고의가 없고 사실의 적시도 없다고 하는 대법원의 판시에는 선뜻 이해할 수 없는 점이 있다. 하나의 질문에 전제되거나 개진된 사실적 가정이 명예를 손상하는 경우에는 질문도 제3자의 명예를 훼손할 수 있기 때문이다(이른바 수사적 질문의 경우). 다만, 그러한 상황에서 전임 목사의 비리 여부를 교회 집사들에게 물어 밝혀내고 대책을 강구하는 것은 당해 교회 공동체의 공동의 이익을 위한 행위였다고 볼 수 있으므로 거기에 타인의 명예를 훼손하는 진술이 포함되었다 할지라도 후술하는 영미법상 제한적 면책특권의 법리를 적용하여 면책시키는 것이 더 바람직한 논증이 되었을 것이라고 생각된다.

■ 대법원 1990. 4. 27. 선고 86도1467 판결 (불신임조합장 비난)

"조합의 긴급이사회에서 불신임을 받아 조합상식을 사임한 피해자가 그 후 개최된 대의원총회에서 피고인 등의 음모로 조합장직을 박탈당한 것이라고 하면서 대의원들을 선동하여 회의 진행이 어렵게 되자, 새 조합장이 되어 사회를 보던 피고인이 그 회의진행의 질서유지를 위한 필요 조

처로서 이사회의 불신임결과정에 대한 진상보고를 하면서 피해자는 긴급 이사회에서 불신임을 받고 쫓겨나간 사람이라고 발언한 것이라면, 피고인에게 명예훼손의 범의가 있다고 볼 수 없을 뿐만 아니라 그러한 발언은 업무로 인한 행위이고 사회상규에 위배되지 아니한 행위이다."

이 사건의 경우에도 피고인의 피해자에 관한 명예훼손적 발언에 고의가 없다고 논단하는 것은 무리가 있고, 피고인 자신 또는 조합 및 조합원 전체의 정당한 이익에 속하는 회의의 원만한 진행을 위해 발언한 것이어서 위법성이 조각된다고 보는 것이 더 설득적일 것이다.

■ 대법원 2008. 10. 23. 선고 2008도6515 판결 (관리인 전과 확인)

이 판결에서 대법원은 "명예훼손사실을 발설한 것이 사실이냐는 질문에 대답하는 과정에서 타인의 명예를 훼손하는 사실을 발설하게 된 것이라면, 그 발설내용과 동기에 비추어 명예훼손의 범의를 인정할 수 없고, 질문에 대한 단순한 확인대답이 명예훼손에서 말하는 사실적시라고도 할 수 없다."고 판시하였다.

상가관리단 관리인 자격에 관해 가처분 사건 소송에서 다투던 피고인(이전 관리인)이 피해자(새로 선임된 관리인)에 관해 "뇌물공여죄, 횡령죄 등 전과 13범으로 관리인 자격이 없다"는 내용의 준비서면을 제출하고 이를 공소외 감사에게 팩스로 전송하였다. 이러한 사안에서 대법원은 피고인이 이 사건 관리단 임원들에 대하여 "피해자가 전과 13범인 것이 확실하다", "경찰서에 가서 확인해 보자"라고 말을 했다 하더라도, 이는 그 발언의 경위에 비추어 피해자의 전과에 대한 진위가 확인되었다거나 또는 그 진위를 확인해보자는 소극적인 확인답변에 불과하므로 명예훼손죄에서 말하는 사실의 적시라고 할 수 없고, 명예훼손의 범의도 인정할 수 없다고 판단하여 무죄를 선고한 제1심판결을 유지한 원심을 지지하였다.

그러나 대법원이 피해자에 관해 전과 13범이라고 주장하는 피고인의 준비서면 기재 진술이 사실의 적시도 아니고, 명예훼손의 범의도 인정할 수 없다고 한 원심 논증을 그대로 지지한 데는 의문이 있다. 오히려 상가 관리인 자격을 다투는 소송에서 이전 관리인(피고인)이 자신의 이익을 위해 또 상가관리단의 공동의 이익을 위해 피해자(새로 선임된 관리인)의 결격사유로서 위와 같은 명예훼손적 진술을 하였고, 그 진술이 진실로 인정된다면, 영미법상 제한적 특권의 법리에 의해 면책되는 것으로 다루는 것이 보다 합리적이었을 것이다.

■ 대법원 2010. 10. 28. 선고 2010도2877 판결 (명예훼손적 발언의 확인)

대법원은 이 사건에서 명예훼손 사실을 발설한 것이 정말이냐는 질문에 대답하는 과정에서 타인의 명예를 훼손하는 사실을 발설하게 된 것이라면, 그 발설내용과 동기에 비추어 명예훼손의 범의를 인정할 수 없다는 취지로 판시하였다.

입주자대표 등이 모인 아파트 자치회의에서 피고인이 피해자에게 허위의 사실을 말하였는데, 피해자가 피고인에게 그와 같은 말을 한 적이 있는지, 그리고 그에 관한 증거가 있는지 해명을 요구하였고, 피고인은 이에 대한 답을 하는 차원에서 피해자의 명예를 훼손하는 사실을 발설하게 된 것으로 보이고, 그렇다면 그 발설내용과 동기에 비추어 명예훼손의 범의를 인정할 수 없다고 판시하였다.

대법원 판결만으로는 사실관계가 명확하지 않지만, 이 사건에서 피고인은 이전에 피해자의 명예를 훼손하는 진술을 한 바 있고, 이후 피해자의 확인 요청에 따라 이를 시인하는 답변(본건의 공소사실)을 한 것으로 보이는데, 이러한 경우 그 피해자의 명예를 훼손하는 사실의 진부 또는 위법성 소각 여부를 판단함이 없이 종전 진술을 확인하였다는 이유만으로 피고인을 무죄로 판시한데는 의문이 있다.

■ 대법원 2018. 6. 15. 선고 2018도4200 판결 (마트 입점비 질문)*

피고인(마트운영자)는 그가 고용한 점장 을(피해자)이 납품업체들로부터 입점비를 받아 착복하였다는 소문을 듣고 납품업체 직원 갑을 불러 소문의 진위를 확인하면서 갑도 입점비를 을에게 주었는지 질문하면서 "전장 을이 여러 군데 업체에서 입점비를 돈으로 받아 해먹었고, 지금 뒷조사 중이다."라고 말한 사실로 명예훼손죄로 기소되었다. 대법원은 "불미스러운 소문의 진위를 확인하고자 질문을 하는 과정에서 타인의 명예를 훼손하는 발언을 하였다면 이러한 경우에는 그 동기에 비추어 명예훼손의 고의를 인정하기 어렵다"고 판시하였다.

　피고인(상점주)의 진술은 상점 점장의 의무 위반 여부를 알기 위한 것으로서 상점주 자신의 정당한 이익을 위한 것이어서 위법성이 조각되는 사례로 봄이 타당하다고 생각된다.

　이상 설명한 판례에서 대법원은 명예훼손죄의 범의(犯意)를 부정하거나 사실적시가 없다는 이유를 들어 피고인을 무죄로 판단하고 있으며, 이들 판례의 취지는 민사 명예훼손의 불법행위에도 그대로 적용될 수 있다. 이들 사례를 일응 분류하면 ① 피고인의 피해자에 관한 명예훼손적 질문 자체가 기소된 경우 ② 피해자에 관한 명예훼손적 사실의 질문에 대답하면서 이를 확인한 피고인의 답변행위가 기소된 경우 ③ (질문이나 답변이 아니면서) 피해자의 명예훼손적 발언이 기소된 경우로 대별할 수 있다. 세 번째 경우는 대법원이 피고인의 명예훼손적 발언을 모두 면책한 경우인데, 상술한 바와 같이 정당행위의 개념을 논거로 하기보다는 제한적 특권 또는 정당한 이익 옹호의 법리에 의해 위법성을 판단하는 것이 더 바람직한 사례라고 생각된다.[20]

---

20) 대법원 1988. 9. 27. 선고 88도1008 판결 [직원비리의 상사 보고] (진실 여부에 불구하고 직원 비리에 관한 풍문에 대처하기 위해 상부에 보고한 행위가 문제된 경우), 대법원 1990. 4. 27. 선고 86도1467 판결 [불신임조합장 비난] (새 조합장(피고인)이 회의진행을 방해하는 피해자에 대해 불신임을 받고 조합장직에서 쫓겨난 사람이라고 발언한 경우), 대법원 2008. 10. 23. 선고 2008도6515 판결 [상가 관리인 전력] (이전 관리인(피고인)이 새로 선임된 관리인(피해자)에 관해 전과 13범으로 관리인 자격이 없다는 내용의 준비서면을 제출하고 그 진위를 묻는 관리단 임원들에게 전과 13범이 확실하다는 등의 진술을 한 경우), 대법원 2018. 6. 15. 선고 2018도4200 판결 [마트 입점비] (피고인(마트운영자)가

나머지 첫째 및 둘째 유형의 사례에서 제기되는 문제를 별도로 살펴보기로 한다.

4) 질문이 기소된 경우

전술한 사례 중 피고인의 질문이 명예훼손으로 기소된 사례로서는 3건이 있다.[21] 피고인의 질문이 전술한 바와 같이 진정한 질문인 경우에는 면책될 것이나, 그것이 명예훼손적 사실을 전제로 하거나 사실상 추정하는 것이어서 수사적 질문으로 해석된다면 그 질문 내용에 따라 명예훼손 책임이 귀속될 것이다. 하나의 질문에 전제되거나 개진된 사실적 가정이 명예를 손상하는 경우에는 질문도 제3자의 명예를 훼손할 수 있기 때문이다.

그런데 전술한 독일 판례가 진정한 질문과 수사적 질문을 구별하고 있지만, 그 정의에 따라 실제로 양자를 구별하기란 쉽지 않고, 또 상기 예시된 대법원 판결들이 위와 같은 구별을 염두에 두고 논증하지 않았기 때문에 이를 분석하기란 쉽지 않다. 그렇지만 대법원 판례 중 피고인의 질문행위 자체가 기소된 경우는 대부분 순수한 질문이라기보다는 수사적 질문으로 해석하는 것이 보다 합리적으로 보인다. 다만, 그러한 질문은 피해자의 명예훼손적 사실을 시사하는 것이라 하더라도 피고인이나 타인의 정당한 이익을 옹호하기 위해 발언된 것이고 합리적 범위 내의 진술로 인정될 수 있는 것이서 제한적 면책특권이나 정당한 이익의 옹호의 법리에 의해 면책되는 것으로 보아야 할 것이다.

납품업체 직원에게 피고인이 고용한 점장 을(피해자)이 납품업체들로부터 입점비를 받아 착복하였는지 소문의 진위를 확인하면서 갑도 입점비를 을에게 주었는지 질문한 경우)

21) 대법원 1977. 4. 26. 선고 77도836 판결[확인질문]*, 대법원 1985. 5. 28. 선고 85도588 판결 [목사 추문 확인 질문]*, 대법원 2018. 6. 15. 선고 2018도4200 판결 [마트 입점비 질문]*

5) 질문에 대한 확인 대답은 사실적시가 아닌가?

문제는 질문에 대한 대답이 피해자의 명예를 훼손한 것으로서 처벌될 수 있는가 하는 점이다. 위에서 본 바와 같이 대법원은 단지 질문에 확인 대답하는 것은 사실적시로 볼 수 없다거나, 명예훼손의 고의가 있다고 볼 수 없다는 입장을 취하고 있지만,[22] 그러한 논증에는 문제가 있다. 위 사례들에서 피고인에게 명예훼손의 범의가 없다고 보는 것은 명예훼손죄의 고의에 관한 통설의 입장과 배치되는 것이고, 사실적시로 볼 수 없다는 입장은 표현행위 해석에 관한 일반원칙에 비추어 이를 수용하기 어렵다.

먼저, 일반적으로 명예훼손죄의 고의는 객관적 구성요건 요소의 인식 또는 인용(미필적 고의의 경우)을 내용으로 할 뿐, 가해의 의도 등 악의를 요하는 것은 아니다. 따라서 피고인은 객관적으로 타인의 명예를 저하함에 적합하다고 인정되는 사실이라는 점을 인식 또는 인용함으로써 족하며, 그것이 실제로 피해자의 명예를 해하였다거나 피해자를 가해하려는 목적을 가진 여부는 문제되지 않는다.

다음, 표현행위가 명예훼손적 의미를 갖는가 여부는 전체적·맥락적 고찰에 의해 일반적·평균적 수용자가 표현행위로부터 받는 영향에 따라 해석해야 한다. 대법원도 종전 판결에서 일관되게 "명예훼손죄에 있어서 사실의 적시는 사실을 직접적으로 표현한 경우에 한정될 것은 아니고, 간접적이고 우회적인 표현에 의하더라도 그 표현의 전취지에 비추어 그와 같은 사실의 존재를 암시하고, 또 이로써 특정인의 사회적 가치 내지 평가가 침해될 가능성이 있을 정도의 구체성이 있으면 족한 것"이라고 판시하여 왔다.[23] 그렇다면 질문의 표현 내용에

---

22) 대법원 1983. 8. 23. 선고 83도1017 판결, 대법원 2008. 10. 23. 선고 2008도 6515 판결, 대법원 2010. 10. 28. 선고 2010도2877 판결.

23) 대법원 1991. 5. 14. 선고 91도420 판결, 대법원 2000. 7. 28. 선고 99다6203 판결 [경향만평], 대법원 2003. 1. 24. 선고 2000다37647 판결 등.

명예훼손적 의미와 구체성이 갖추어진 것이라면 그것을 긍정하는 답변 역시 그와 같은 내용을 전달하는 의미를 가질 수밖에 없으며, 그 답변자에게 그러한 명예훼손적 표현을 정당화하는 사유가 있는지 여부를 검토하여 책임 여부를 정해야 할 것이다.[24]

이러한 입장에서 상술한 사례를 살피면, 먼저 피고인 자신이 전에 진술한 바 있는 피해자의 명예를 훼손하는 사실에 관해 이해관계인의 질문을 받고 확인 답변한 경우[25]에는 그 답변 내용이 피고인이나 상대방 또는 제3자의 정당한 이익을 옹호하기 위한 것이었는가 여부(피고인의 입증을 요함)를 살핀 후, 긍정되면 원고(검사 측)이 피고인이 전에 진술한 명예훼손적 사실 내용이 허위이거나 악의로 진술되었다는 점을 주장 입증하게 하여 명예훼손의 성부를 따져봐야 할 것이다.

나아가, 피고인이 전에 피해자로부터 들은 바 있는 피해자의 진술로서 피해자의 명예를 손상할 사실의 유무에 관한 질문을 받고, 이를 확인 답변한 것이라면[26] 피해자가 실제로 그러한 진술을 하였는지 여부, 그리고 피고인이 피해자의 그러한 진술을 전달함에 어떠한 정당한 이익이 있었는가 여부를 따져 책임 여부를 정해야 할 것이다.

6) 검 토

이상에서 본 바에 의하면 대법원이 명예훼손의 범의가 없다거나 사실적시가 없어 무죄로 판시한 다수 판례는 논증이 어색하고 설득력이 없다. 전술한 판례 중 대부분의 사례는 정당한 이익의 옹호에 의해 위법성이 조각되는 것으로 다루었어야 할 경우로 생각된다. 위 판례들의 사안에서 영미법상 제한적 특권의 법리나 독일 형법상 정당한 이익 옹

---

24) 후술 영미법상 제한적 면책특권의 이론과 독일 형법 제193조의 정당한 이익 옹호 법리 참조.
25) 전술 대법원 2008. 10. 23. 선고 2008도6515 판결, 대법원 2010. 10. 28. 선고 2010도2877 판결의 사안.
26) 전술 내법원 1983. 8. 23. 선고 83노1017 판결의 사안.

호의 위법성 조각사유의 법리를 적용하여다면, 훨씬 더 적합한 논증이 되었을 것이다. 이를 검토하여 도입하는 방안이 필요함을 알 수 있다.

4. 비교법적 고찰 – 외국 법리 도입의 필요성

우리 법제상 명예훼손의 주된 구성요건 요소인 사실적시는 진실과 허위 여부에 상관 없이 명예훼손이 성립되고, 그에 대하여는 진실 증명에 의한 위법성 조각 사유가 유일한 명문상의 항변사유로 인정되어 왔고, 그로부터 유래된 이른바 상당성 항변이 이를 보완하는 항변으로 인정되어 왔다.

그러나 이들만으로는 사인 간의 커뮤니케이션이 허용되고 금지되는가를 판단함에 부족함이 있다. 후술하는 바와 같이 영국 보통법은 진실의 항변 이외에 표현행위자가 자기나 타인의 정당한 이익을 보호하기 위해 명예훼손할 수 있는 여러 면책특권을 인정하여 엄격책임 규칙의 엄격성을 완화하는 한편, 공공의 알 권리를 충족시키는 언론의 보도에서 미디어로서 전파자 책임을 벗어나는 여러 면책 특권의 법리를 개발 적용하여 표현의 자유를 강화하고 있다.

첫째, 표현행위의 진부와 상관 없이 표현행위자가 타인의 명예를 해하는 진술이 사회의 편의나 복지를 위해 요구되는 상황을 생각할 수 있고, 이러한 경우에는 피고가 원고의 사회적 평가를 저하시키는 발언을 허용할 필요가 있다. 영미의 명예훼손의 보통법에는 피고가 그 자신 또는 상대방이나 제3자의 정당한 이익을 위해 피해자의 명예를 해할 수 있는 진술을 행하는 경우 면책된다는 법리가 구축 형성되어 있다. 이와 함께 독일 형법 제193조에 규정된 정당한 이익 옹호에 의한 위법성 조각사유에 관한 판례를 함께 고찰할 필요가 있다. 이들 법리를 도입한다면 정당행위의 개념을 원용하는 경우보다 더 합리적인 추론을 가능하게 할 것이다.

둘째, 그뿐 아니라 현대에 이르러 민주정체의 발전으로 정부가 관여되거나 공적 이익에 관련된 사항에 관해서는 엄격한 투명성 및 공개원리가 적용되고, 그에 대응하여 공공의 알 권리 및 공적 토론의 필요성에 따라 특히 언론 미디어에게는 사인 간의 명예훼손에서는 인정될 수 없는 공적 이익에 관한 보도의 항변이 별도로 인정되게 되었다. 그 대표적 법리가 영미 보통법상 공정보도의 특권, 중립보도의 면책특권 및 통신뉴스의 항변 등 언론 및 보도의 자유를 뒷받침하는 중요한 법리가 형성되어 적용되고 있다. 엄격한 진실 증명을 요구하는 전문보도 규칙(반복 규칙 또는 재공표책임 규칙)을 완화하여 보도의 자유를 충실하게 보호하기 위한 방안으로 이들 이론을 도입하여야 하는 이유를 알아볼 필요가 있다.

Ⅱ 정당한 이익 보호의 항변 – 개인 간의 비공적 사항에 관한 명예훼손

1. 서론 – 비교법적 고찰

우리 명예훼손법제상 문제되는 것은 사인 간의 명예훼손에서 적용될 수 있는 위법성 조각사유가 충분히 마련되어 있지 않다는 점이다. 선술한 바와 같이 우리 법제상 유일한 위법성 조각사유를 성한 형법 제310조의 규정은 공익 사항에 관한 진술을 요건으로 한다는 점에서 미디어 보도를 염두에 둔 조항이고, 언론의 자유를 위해 응분의 위법성조각사유를 제공하지만, 일반 사인이 비공적인 사항에 관해 그의 사익을 위해 진실을 공표한 경우에는 적용될 수 없다.[27] 이 때문에 사인

---

27) 실무상 법원들은 사인 간의 사적 분쟁에서도 분명하게 공익적 사안이 아니더라도, 다소간 공적 요인이 있다고 생각되는 경우 공익성을 널리 인정하는 방향으

이 사적인 이익을 행사하거나 옹호 또는 방어하기 위해 상대방에게 불리한 진실한 사실을 적시하였다 하여 명예훼손죄로 고소 또는 처벌되는 사례가 생길 수 있어 문제가 생긴다.

이에 관하여는 다음에서 보는 바와 같이 독일 형법 제193조의 정당한 이익의 옹호 조항이나 영미 보통법상 제한적 특권의 법리에 따라 (공익이 아니라) 자기나 타인의 정당한 이익을 옹호하기 위해 피해자의 명예를 훼손하는 진실한 발언을 면책시키는 방대한 판례 체계가 존재하지만, 우리의 경우에는 그러한 문제에 대한 해결책이 명문으로도 판례에 의해서도 마련되어 있지 않다. 그 때문에 사인이 진실을 적시하는 표현행위를 보호함에 소홀함이 있었고, 이 부분 영역에서 기본권간의 균형이 명예권쪽으로 기울었던 사정을 부인할 수 없다. 이러한 문제를 지적하는 한에서 진실한 사실적시 명예훼손죄의 폐지를 주장하는 논자들의 주장은 상당한 설득력을 갖는다.

허위 사실 적시 명예훼손행위가 피해자의 명예권보다 우선할 수 없으며 원칙적으로 위법성을 띤다는 데에는 이론이 있을 수 없고,[28] 이러한 법리는 국제적으로 통용되는 공통된 법리이다. 그에 비해 진실 적시 명예훼손행위가 위법성을 갖는가 여부에 관해서는 일률적으로 말할 수 없고, 표현행위자의 이익과 피해자의 피해법익을 비교형량하여 우열을 가리는 방안이 비교법적으로 보아 일반적인 경향이다.

이와 관련하여 진실한 사실적시 명예훼손 행위에 대한 법적 취급 여하에 관하여 비교법적 고찰을 할 필요가 있다.[29]

로 형법 제310조의 위법성 조각사유를 적용하여 왔는데, 그렇다 하더라도 사인 간의 사적 이익에 관한 다툼에 공익성이 인정되지 아니하는 많은 사례들이 있음은 부인할 수 없다.

28) 다만, 발언시에 진위 불명인 사실이 추후에 허위로 밝혀지는 경우 발언자가 진실을 위한 주의의무를 다하였다면 면책된다는 법리(이른바 상당성 항변)는 표현의 자유를 보호하기 위한 다른 장치이다.

29) 박경신, 표현·통신의 자유(논형 2013) 87면은 영미법상 진실한 사실적시는 명예훼손적 내용이더라도 명예훼손이 되지 않는다는 취지로 주장한다. 그러나 미

2. 영국 보통법 – 면책특권의 법리

영국 보통법의 오랜 전통에 의하면 ① 범죄행위의 비난, ② 매독, 나병 및 전염성 질병을 가진다는 비난, ③ 업무, 직무, 거래 직업 또는 전문직의 기능과 솜씨에 관한 명예에 영향을 주는 비난은 이른바 문면상 명예훼손(libel per se)으로서 진실인 경우에도 명예훼손의 소인을 구성하며, 그 이외의 명예훼손적 발언은 특별한 손해가 발생하였다는 입증이 있는 경우(libel per quod) 제소될 수 있다. 그리고 위와 같이 피고가 명예훼손적 의미를 갖는 발언을 하였음을 원고가 입증하면 패소를 면하려는 피고는 그의 발언이 ① (절대적 또는 상대적) 면책특권에 해당하거나 ② 일정한 정당화사유(진실의 항변 또는 공정한 논평 규칙)가 있음을 주장·입증하여 면책될 수 있을 뿐이다.

1) 절대적 면책특권

(1) 요건 및 효과

영미 보통법에서 절대적 면책특권(absolute privilege)이란 정부의 일정한 직무를 행하는 자의 진술로서 일정한 절차 내에서 행해진 것으로 확인되기만 하면, 표현내용의 공정성, 정확성, 동기 여하를 막론하고 그 표현내용에 대한 명예훼손 책임이 면책되는 경우를 말한다. 이 것은 국민이 정부의 활동과 관련하여 그에 관여하는 공무원으로부터 거리낌 없이 정보를 제공받을 수 있다는 것이 가장 중요한 공적 이익이라고 하는 사고를 바탕으로 한다.[30]

국에서도 언론을 상대로 한 또는 공익 사항에 관한 소송에 있어서는 허위사실적 시를 요건으로 하지만, 사인 간의 명예훼손에서는 진실한 사실적시도 본문에서 보는 바와 같이 명예훼손이 되고, 다만 제한적 면책특권 등 일정한 요건이 있는 경우에만 면책된다.

30) 절대적 특권의 취지는 그러한 공무상의 발언이 시비 대상으로 허용되어 그를 문제 삼는 소송이 가능하게 된다면 중요한 공무를 수행하는 자의 활동이 위축되게 되므로 이를 보호하려는 데 있다(Rodney A. Smolla, Law of Defamation,

절대적 면책이 되는 직무상의 특권은 ① 사법절차 또는 준사법절차
(행정심판 절차)에서 법관, 변호사, 법원 직원, 당사자 등이 절차 진행
중 그 절차와 관련하여 행한 진술,[31] ② 행정부 최고위급의 공무원
또는 정책 결정의 직위에 있는 각료나 각급 기관의 장이 그 직무 범
위 내에서 직무와 관련하여 행한 발언, ③ 국회나 그 위원회에서 행
한 국회의원의 발언 등이다.[32] 이 절대적 특권에 해당하는 진술을 전
파 보도한 미디어에게는 이른바 공정보도의 특권이 인정된다.[33]

(2) 우리 법제와 절대적 면책특권

위와 같이 영미법상의 절대적 면책특권은 입법, 사법, 행정의 절차
에서 직무상 행해진 관련자의 발언 및 직무행사 중의 발언에 적용되
고 있으나, 우리의 경우에는 헌법상 명문으로 국회의원에게만 면책특
권을 인정하고 있을 뿐이다(헌법 제45조).[34]

다만, 우리의 경우 사법절차 내에서 관계자의 발언에 관하여는 형
법상 업무로 인한 정당행위(형법 제20조)로 보아 그 위법성을 조각하는

Clark Boardman Callaghan (November 1995) § 8.01 [2] pp. 8-4).

31) 이 특권은 소송에 현실적으로 관여한 자들 사이에서 행해진 진술에만 적용되며,
소송 제기 전이나 소송 종결 후 또는 소송 계속 중이라 하더라도 법정 외에서
행해진 경우에는 면책되지 아니한다. 다만, 소송 제기 전이라도 예상되는 소송과
관련하여 행해진 변호사와 의뢰인 또는 증인 간의 대화는 절대적으로 면책된다.
소송절차 종료 후 또는 법정 외에서 기자에게 행한 진술은 면책되지 못한다. 기
자에 대한 진술은 사법절차의 목적과는 관련이 없으므로 그 특권이 인정될 수
있는 근거를 결하기 때문이다(박용상, 명예훼손법 (현암사, 2008), 348면).

32) 그 상세한 내용은 박용상, 언론과 개인법익, (조선일보사, 1997) 385-395면 참조.

33) "소스가 절대적 특권을 가진 경우 보도의 수단을 제공한 자는 허위이거나 명예
훼손적임을 알더라도 마찬가지로 절대적 특권을 갖는다."(Restatement (Second)
of Torts § 612(1) & cmt. e (1977))

34) 대법원은 "국회의원의 면책특권의 대상이 되는 행위는 직무상의 발언과 표결이
라는 의사표현행위 자체에 국한되지 아니하고 이에 통상적으로 부수하여 행하여
지는 행위까지 포함"한다고 한다(대법원 1992. 9. 22. 선고 91도317 판결). 그밖
에 현행법상 국회의원의 면책특권에 관한 상세한 논의는 박용상, 명예훼손법 (현
암사, 2008), 337-347면 참조.

법리가 일반적으로 적용되며,[35) 그 적용 결과는 절대적 면책을 부여하는 영미에서의 실무와 크게 다르지 않을 것으로 생각된다.[36)

그러나 행정부 고위 공무원의 직무상 발언에 관하여 우리 판례는 위와 같은 면책을 허용하지 않고 있다.[37) 우리 판례를 보면 영미법에서 절대적 면책을 허용하는 정책 및 취지에 관한 고려[38) 없이 공무원의 발언이 행정상 공표의 엄격한 요건을 충족한 경우에 한하여 면책

---

35) 박용상, 명예훼손법 (현암사, 2008), 347면 참조. 예를 들면, 형사재판에서 검사의 기소 요지의 진술은 물론 증인의 증언, 변호인의 반대신문 등의 행위는 그것이 비록 공연히 사실을 적시하여 사람의 명예를 훼손하였다고 하더라도 형사소송법 및 형사소송규칙에 근거를 둔 정당한 행위로서 위법성이 조각된다(대법원 1956. 10. 26 선고 4289형상 227 판결).

36) 다만, 대법원 판례는 발언 내용 자체에 의하더라도 직무와는 아무런 관련이 없음이 분명하거나, 직무상 행한 발언이더라도 그 내용이 명백히 허위이고 그 발언자가 허위라는 점을 인식하고 있는 경우 등에는 면책특권의 대상에서 제외된다고 보고 있다(대법원 2007. 1. 12. 선고 2005다57752 판결 참조).

37) 그러므로 한국에서 공무원은 직무상 공표에 관해서도 특권이 없고 일반적 법리가 적용된다. 즉, 직무상 공표가 타인의 권리나 명예를 해하는 경우 그것이 진실이거나 진실이라고 믿음에 상당한 이유가 있는 경우에 한하여 위법성이 조각된다. 나아가 대법원은 공권력을 행사하는 공표 주체의 광범한 사실조사능력, 그리고 공표된 사실이 진실하리라는 점에 대한 국민의 강한 기대와 신뢰 등에 비추어 볼 때 사인의 행위에 의한 경우보다는 훨씬 더 엄격한 기준이 요구된다고 할 것이므로 그 공표사실이 의심이 여지가 없이 확실히 진실이라고 믿을 만한 객관적이고도 타당한 확증과 근거가 있는 경우가 아니라면 진실하다고 믿은 데 상당한 이유가 있다고 할 수 없다고 한다(대법원 1998. 5. 22. 선고 97다57689 판결).

38) 미국에서 고위 공무원의 직무상 발언에 절대적 면책을 부여한 리딩 케이스(Barr v. Matteo, 360 U.S. 564 (1959))에서 연방대법원은 "절대적 특권의 부인은 현대 정부에서 이미 심각하게 된 문제 – 일을 행함으로써 개인이나 집단을 규제하여 반발을 사기보다는 오히려 안일(安逸)하게 자리를 지키려는 관료의 경향 – 를 더욱 악화시킬 뿐이다. 국가의 복리는 법의 위반과 공익에 배치되는 여러 행동들을 솔직하게 말하고 폭로하려는 공무원의 용기에 의존한다. 관련자들이 갖은 적극적인 술책으로 대처할 수 있는 수단과 의도를 갖고 있음을 공무원들이 인식하고 이를 두려워하게 된다면 그들은 그 목소리를 죽일 것이다. 수백만이 규제적인 결정에 영향받게 되는 경우에는 그에 대해 반격을 가하려는 강력한 유인이 있게 된다.""이 특권은 고위직의 상징이나 보상이 아니라 정부의 능률적인 기능수행을 돕기 위해 안출된 정책의 표현이다. … 그것은 공직의 권리가 아니라 손해에 관해 대응하도록 요청된 특정직에 부여된 의무이다."라고 판시하였다.

시키고 있다. 신중하게 재검토를 요하는 부분이다.

2) 제한적 면책특권

영국에서 19세기 초부터 판례[39]에 의해 형성된 일반적인 제한적 면책특권(conditional or qualified privilege)은 일정한 요건을 충족한 경우 명예훼손적 진술에 면책을 부여하며, 일반 사인 간의 관계에서 명예훼손의 책임을 배제하는 중요한 항변이다.[40] 그에 의하면 개인의 명예훼손 행위가 ① 표현행위자 및 상대방 양측에 해당 정보를 주고받을 이익이나 의무가 있는 경우 ② 그 이익이나 의무의 이행을 위해 필요하고 적정한 범위내의 사실을 ③ 직접 정당한 이익을 갖는 인적 범위내의 사람에게 진술한 것이면, 그러한 조건을 충족한 경우에 한하여 제한적으로 면책된다.[41] 제한적 특권은 공표된 사실이 진실임을 요하는 것이 원칙이지만, 허위이거나 진실입증이 불가능한 경우에도 적용될 수 있다.[42] 이를 정당화하는 기초는 그러한 항변을 인정하는 것이

---

39) Toogood v Spyring 1 CM & R 181,149 ER1045: 이 사건은 명예훼손 소송의 항변으로서 제한적 면책특권(qualified Privilege)을 최초로 인정한 판결이다. 농장주 위탁을 받은 농장 인부가 맡겨진 일을 제대로 하지 않고 일을 망쳤다는 사실을 농장주에게 알린 농장 임차인의 행위가 명예훼손으로 제소된 사건에서 영국 법원은 업무의 수행과정에서 이익이 걸린 사항에 관해 공정하고 정직한 진술은 공동의 편의와 사회의 복리를 위해 보호된다고 판시하였다.

40) 영국 보통법상 이른바 엄격 책임규칙(strict liability rule)에 의하면 피해자인 원고에 의해 피고가 명예훼손적 내용의 진술을 하였음을 증명하면 피고의 악의는 추정되는 것으로 다루어져 왔다. 영국에서 제한적 특권의 이론은 이러한 악의의 추정을 배제하여 명예훼손의 책임을 벗어나는 법리로 시작되게 되었다. 즉, 피고(표현행위자)가 명예훼손적인 내용을 진술함에 정당한 이익을 갖거나 또는 그렇게 하여야 할 의무가 있음을 주장·입증하면 이러한 법적 악의의 추정을 배제시키는 형태로 특권 이론이 형성되게 되었던 것이다(Sack and Baron, Libel, Slander, and Related Problems, second edition, Practising Law Institute (1994) p. 442).

41) 박용상, 영미명예훼손법 115면 참조.

42) 특권적인가 여부의 결정은 법적 사항으로서 다툼없는 사실에 기해, 또는 다툼이 있는 경우 배심의 인정 사실에 기해, 법관이 결정한다. 이것이 피고에게 유리하

사회의 공통 편의와 복지에 봉사한다는 데 있다.

이와 같이 영국 보통법에 의하면 진실한 사실적시도 원칙적으로 명예훼손의 불법행위가 성립되지만, 다만 자신 또는 타인의 이익을 방어하거나 옹호하기 위해 필요한 경우 및 그 범위 내에서 한 진실한 사실적시행위는 명예훼손책임이 면책될 뿐이다. 이 경우 기준이 되는 것은 표현행위자가 추구하는 이익과 피해자의 이익을 비교형량하여 전자가 보다 큰 경우에 한하여 제한적 면책특권에 의해 명예훼손의 책임이 면제된다는 점이다.[43] 영국에서 형성된 이 제한적 특권의 법리는 다음에서 보는 바와 같이 미국에 수입되어 정교한 판례체계를 구축하게 된다.

3. 미국 판례 – 제한적 면책특권

미국에서도 이러한 영국 보통법 상 제한적 특권의 법리는 그대로 계수되었고,[44] 미디어 피고가 아닌 사인 간의 명예훼손 사건에서는 현재에도 유효한 법으로 적용되고 있다.[45] 리스테이트먼트는 제한적 면

게 긍정될 경우 공표가 사실상 특권적인가 또는 피고가 특권을 남용하였는가 여부는 배심이 정한다(ch 25: Defamation [25.300] – Thomson Reuters, https://legal.thomsonreuters.com.au chapter_25).

43) 후술하는 바와 같이 예를 들면, 근로자의 근무기록이나, 신용조사보고는 해당자의 명예에 해로운 사실을 포함할 수 있는데, 이를 진실이라고 하여 공개하는 경우 바로 위법성이 없는 것은 아니며, 이를 알 정당한 이익이 있는 범위 내에서만 전파가 허용될 수 있다.

44) 그 상세한 내용은 박용상, 언론과 개인법익, 396-422면 참조. 영국에서 제한적 특권은 명예훼손적 표현행위를 할 화자의 이익이나 의무와 이를 알 수용자의 이익이나 의무가 상호적인 연관을 요구하는 형태로 전개되었으나, 미국에서는 이러한 상호성을 엄격히 요구하지 않고 표현행위자의 입장에서 이를 전달할 의무나 이익이 있었는가 여부만을 주로 문제삼는다는 점이 다르다.

45) 미국에서 미디어를 피고로 하거나 공적 사안에 관한 명예훼손 소송에서는 이른바 '현실적 악의 규칙'(actual malice rule)이 적용되나, 사인 간의 비공적 사안에 관한 명예훼손에서는 아직도 이 제한적 특권의 법리가 적용된다.

책특권이 인정되는 경우를 다음과 같이 설명하고 있다.

1) 화자 자신의 이익

표현행위자가 자신의 이익을 지키기 위하여 한 명예훼손행위는 조건적으로 면책된다(이른바 자기 이익 방어의 특권, self-interest privilege). 보통법의 일반적 법리에 의하면 표현행위자의 실질적 이익에 관한 정보로서 표현행위자의 합법적인 이익의 보호를 위하여 타인에 관한 명예훼손적 내용을 상대방에게 알리는 것이 필요하다고 생각하는 것이 합리적이고 올바르다면 그 명예훼손적 정보의 표현행위자는 특권을 갖는다(Restatement (Second) of Torts 594 (1977)). 이에 해당하는 대표적 사례는 ① 권익 구제를 위한 신고 행위, ② 변호인 등과의 상담, ③ 부당 경쟁행위에 대한 방어적 진술, ④ 기업 내 피용자의 비위 조사 및 보고, ⑤ 징계사유의 고지 등이 있다. 또 개인이 타인에 의해 공격받았을 경우 자신의 명예를 방어하기 위하여 한 행위는 제한적 특권(이른바 명예 방위권, defense-of-reputation rule)으로서 면책된다.[46]

2) 수령인 또는 제3자의 이익

리스테이트먼트 제595항에 의하면 그 수령인이나 제3자의 중요한 이익에 영향을 미치는 정보를 가지고 있는 자가 수령인에게 그 정보를 법적으로 알려 줄 의무가 있는 경우 또는 '일반적으로 승인되는 품위 있는 행위의 기준'(generally accepted standard of decent conduct)에 따라 정당화될 수 있는 경우에는 명예훼손적 사항의 표현행위자는 특권을 갖는다고 한다.

(1) 근로자의 고용정보 및 근무기록

이러한 취지에 따라 미국에서 근로자의 고용정보에 관하여는 제한

---

46) Restatement (Second) of Torts 594 comment k (1977).

적 특권을 인정하는 것이 보통이다. 그것은 현재나 과거의 사용자로부
터 장래의 사용자에게 제공되거나, 지휘명령 체계 내에서 동료 피용자
를 평정하거나 상급자에게 보고할 의무를 갖는 직원의 고과에 확대되
고 있다. 취업 지원자가 그 사용자에게 제공한 정보는 취업 및 승진에
서 절차적 민주화과정의 발전과 함께 그 신상정보가 미래의 고용주
및 그 이외의 자에게도 유통되도록 확대된다. 문서, 질문서에 대한 대
답 또는 인터뷰에 의해 정보를 제공하는 자는 그에 대하여 직접적 이
해를 갖는 자에 대한 유통을 허용할 의도였다고 할 수 있다.

또 이러한 종류의 정보가 준비된 것으로서 쓰일 수 있다는 것은 확
실히 공공의 이익에 속한다. 근로자의 능력과 자질에 관한 정보
(reports on employees)에 대하여 그를 채용하려는 기업주는 중대한 이
해를 갖는다. 종전의 고용주가 새로운 고용주 또는 근로자 신용조사회
사에게 피용자의 근무기록과 능력을 알릴 권한이 있다는데 미국의 판
례는 일치하고 있다.

미국 판례는 피용자의 근무기록에 관하여 종전 고용주와 새 고용주
간의 자유롭고 공개된 정보 교환은 명백한 사회적 유용성(有用性)을
가지며, 피용자의 능력을 정확히 평가하는 것을 고무함으로써 공공의
이익이 최선으로 봉사될 수 있다는 입장을 취하며,47) 종전의 고용주가
새로운 고용주 또는 근로자신용조사회사에게 그 요청이 있든 없든 피
용자의 근무기록과 능력을 알릴 권한이 있다고 한다.48)

---

47) Hunt v. University of Minnesota (1991, Minn App) 465 NW2d 88, 92, 6
BNA Ier Cas 150.
48) 미국의 법원들은 근로자의 근무평정 기록은 그것이 과거 또는 현재 고용주에서
장래의 고용주에게 제공된 것이든, 권한있는 피용자가 타 피용자에 관해 작성한
것이거나 상사에게 보고하려고 작성된 것이면 그 전파에 제한적 특권을 인정하
는 것이 제주의 공통된 경향이다(Smolla, Law of Defamation, §8.08[2][d]). 다
만, 판례는 그 특권의 잠재적 남용을 경계하기 위해 심각한 비난을 포함하는 불
리한 평가가 이를 볼 필요가 없는 사람들에게 전파된 경우 등에는 이를 상실하
는 것으로 보고 있다.

그러한 판례의 취지는 종전 고용주와 새 고용주 간의 자유롭고 공개된 정보교환은 명백한 사회적 유용성을 가지며, 피용자의 능력을 정확히 평가하는 것을 고무함으로써 공공의 이익이 최선으로 봉사될 수 있다는 입장을 취한 것이다. 그러한 제한적 특권이 인정되지 않는다면 종전의 고용주는 채용예정된 피용자의 적격성 평가를 위한 요청에 대하여 성실하고 비판적인 대답을 꺼리게 될 것이고, 원래 개인적인 성질을 갖는 능력과 성격에 관한 정보유통을 저해하거나 과거에 대한 기만을 야기하게 될 것이기 때문이다.

그러나 근무기록에 업무능력의 결함 내지 중대한 과오가 기재되면 해당자에게는 치명적인 피해를 줄 수 있다. 따라서 그것을 알 필요가 없는 자에게 누설하는 것은 특권의 남용으로서 보호받지 못한다. 법원은, 피용자의 업무능력에 관한 솔직하고 정직한 평가라고 하는 실질적인 사회적 이익의 보호와 부당한 피해로부터 피해자를 보호할 실질적인 이익 간의 충돌을 신중하게 해소하는 방안을 취해야 한다. 이에 관한 제한적 특권은 확립되어 있지만, 진지하게 불리한 평가가 이를 볼 필요가 없는 자들에게 배포되는 경우와 같이 그 잠재적 남용에 관해 신중할 필요가 있다. 이 제한적 특권은 의사나 사설탐정 기관과 같이 피용자 평가를 행하는 타인들에게 확대되었다.

(2) 신용정보

신용조사 회사가 구독자에게 신용 보고서(credit reports)를 발행한 경우 이에 대한 특권은 현대 경제상 요구되는 신용정보(信用情報)의 신속한 흐름을 보장하는 것으로서 제한적 특권이 인정된다. 신용 보고에 강력한 제한적 특권을 인정하는 논거는 신용정보를 구하는 자는 정상적으로 보아 그 확득에 절실한 이익을 가지며, 그러한 정보의 자유로운 유통은 사회에 필수적이라는 데 있다. 미국의 공정신용보고법(Fair Credit Reporting Act[49])에 의하면 소비자정보를 보도하는 기능을 행하는 신용조사기관에 대한 고용주의 정보 제공은 그 소비자를 해하기 위해 악의나 고의로 제공된 허위정보가 아닌 한 특권으로 보호된다. 대다수의 주는 신용보고서에 제한적 특권을 인정한다.[50]

3) 화자와 타인이 공동으로 갖는 이익

리스테이트먼트 제596항은 공동의 이익에 관하여 정보를 공유할 공동의 이익을 갖는 자들에게 인정되는 제한적 특권을 다음과 같이 설명하고 있다. "특정한 문제에 관하여 공동의 이익을 갖는 수인 중의 1인이 공동이익을 공유하는 타인도 알 권리가 있다고 믿게 하는 합당하고 올바른 사정이 있는 경우에 그 표현은 조건적 특권이 될 수 있다".[51] 이 "공동이익의 특권"(common interest previlige)은 공동의 이해관계를 갖는 자들 상호간에 언론의 자유를 최대한 보장함으로써 정보를 얻게 하려는 데 그 의의가 있다. 이 특권이 인정되는 경우는 동일한 사업을 영위하는 단체의 구성원 또는 공동의 사업이나 재산적, 사회적 이익을 공유하는 집단 또는 단체의 구성원이 그 단체의 사무를 의논하는 경우가 전형적이며, 판례는 이러한 공동의 이익의 특권을 우애단체, 노동조합, 종교단체, 전문가협회 기타 비재산적 이해(利害)를 공유하는 단체 구성원간의 토론에까지 확대하였다.

4) 화자, 수령인 또는 제3자의 근친(近親) 가족이 갖는 이익

가족 간의 커뮤니케이션으로서 부부 간의 대화는 절대적 면책을 향유하지만, 그 이외의 가족 간의 커뮤니케이션은 표현행위자가 가까운 가족 구성원의 복지에 관한 정보를 갖는다고 올바르고 합리적으로 믿는 경우에는 그것이 명예훼손적인 사항이라 하더라도 제한적 특권을

---

49) 15 USCS 1681h(e).
50) Smolla, Law of Defamaion §8.08[2] [c].
51) Restatement (Second) of Torts 596 comment c (1977).

갖는다.[52]

5) 공공의 이익

공익을 위한 조치를 취할 권한을 가진 수령인에게 공익을 위한 조치를 취할 수 있도록 타인의 비행 등을 알리는 행위는 명예훼손에 해당하더라도 조건적으로 면책된다. 즉, 범죄 예방의 이익 또는 공무원의 정당한 직무수행의 이익과 같은 공공의 현저한 이익이 위협받는 경우 공익을 위하여 행위하도록 수권된 자에 대한 진술에는 제한적인 면책특권이 적용된다. 리스테이트먼트에 의하면 "충분히 중요한 공익을 해친다고 하는 정보가 있고 그 명예훼손적 사항을, 그것이 진실이라면 조치할 권한을 부여받은 공무원 또는 사인에게 진술하는 것이 공익상 요구된다고 하는 올바르고 합리적으로 생각할 정황이 있는 경우에 그 공표는 제한적 특권을 갖는다"고 한다.[53] 이 공익의 특권이 인정되는 이유는 민주사회는 여러 경우에 공익을 옹호하고 증진하려는 시민의 개인적 행위에 의존한다는 점에 있다. 특히, 미국 연방헌법 수정 제1조에 규정된 "정부에 고정(苦情)의 구제를 청원하는 권리"를 행사하는 것으로 생각되는 청원에 포함된 명예훼손적 진술에 대하여는 조건부 면책특권이 적용된다.

6) 중하급 공무원의 직무상 진술

절대적 면책 대상이 되지 않는 국회나 행정부 소속 하급공무원의 직무수행중의 발언은 제한적으로 면책된다.[54] 판례는 이러한 제한적 특권의 의의에 관하여 "특정한 경우에는 부정의한 것으로 나타나는 경우가 있을지라도 선의에 의해 행해진 종류의 커뮤니케이션을 특권

---

52) Restatement (Second) of Torts 597(1) (1977).
53) Restatement (Second) of Torts 598 (1977).
54) Restatement (Second) of Torts 598A (1977).

적인 것으로 취급하는 이유는 공공의 실체를 청렴하고 능률적으로 경영하기 위한 필요성, 그 공무원의 직무태만을 처벌해야 할 중요성 및 조사를 침묵시킬 위험 등 여러 가지 이유 때문이다"라고 판시한다.[55]

7) 분 석

영미 보통법에서 형성된 이 제한적 특권의 법리는 공적인 사안에 관한 것이 아닌 경우에도 적용되는 면책 특권이라는 점에서 특기할 점이 있고, 사적인 당사자 간의 사익적 분쟁에서도 적용될 수 있기 때문에 우리의 관심을 끌게 한다. 그에 의하면 표현행위자나 수용자 또는 제3자 등의 사적 이익을 위해 진실한 사실이더라도 피해자의 명예를 손상하게 될 사실을 함부로 아무에게나 진술하여 피해자의 명예를 훼손하는 것은 허용되지 않으며,[56] 다만, 일정한 범위 내의 인물에게 자기 또는 타인의 이익을 옹호하기 위해 필요한 한도 내의 진술만이 허용되고 있음을 알 수 있다.

미국 판례[57]에 의하면 특권을 주장하는 피고(표현행위자)는 자신의 진술이 특권면책되는 진술로서 적절한 기회에 적합한 동기를 가지고 적합한 방법으로, 그리고 합리적 또는 개연적인 이유에 근거하여 행해졌음을 주장·입증해야 한다. 이에 대해 원고(피해자)는 다시 그 특권이 남용되었다는 근거로서 명예훼손적 사항의 진실성의 인식이 없거나 진실로 믿을 합리적인 이유가 없는 경우, 특권이 인정되는 목적 외의 목적을 위해 행사된 경우, 특권의 목적 달성에 필요한 사람의 범위를 넘어 공표된 경우, 그리고 그 특권의 목적 달성을 위해 필요한 범위를 넘는 명예훼손적 사실의 공표가 행해진 점을 주장·입증해야 한다.

---

55) Greenwood v. Cobbey (1989) 26 Neb 449, 42 NW 413, 415.
56) 이에 비추어 보면 이들 진실한 사실 적시에 행위반가치성이 없다고 보는 폐지론자의 주장은 이유가 없음을 알 수 있다.
57) Montgomery v. Dennison, 363 Pa. 255, n. 2, at 263, 69 A.2d 520 (1949).

미국에서 미디어를 피고로 하거나 공적 사안에 관한 명예훼손 소송
에서는 현실적 악의 규칙이 적용되나, 사인 간의 비공적 사안에 관한
명예훼손에서는 아직도 이 제한적 특권의 법리가 적용된다는 점에 유
의해야 할 것이다.

8) 제한적 특권 법리의 수용 필요성

영국에서 장구한 세월 동안 구체적인 사례를 통하여 축적된 판례법
이 체계화한 면책특권에 관한 법리는 실천적이고 실용적인 중요한 의
미를 갖는다. 우리의 경우에는 위법성 판단에 추상적으로 이익형량만
을 강조할 뿐 그 이익형량의 구체적 방안에 관해서는 이렇다 할 법리
가 형성되지 않았다. 보통법 상 제한적 특권의 법리와 그것을 적용한
판례는 구체적 비교형량의 사례를 보여주기 때문에 우리에게도 중요
한 참고가 될 수 있다. 더욱이 현행법에 의하면 위법성 조각사유로서
진실의 항변에는 공익요건이 요구되기 때문에[58] 비공적 사안에서 표
현행위자가 그 자신 또는 타인의 개인적 이익을 옹호하는 명예훼손적
진술은 진실임을 입증하더라도 형법 제310조에 의해 면책될 수 없다.
이러한 사정을 고려한다면, 상대적 특권의 법리를 도입할 필요가 큼을
알 수 있다. 그럼에도 우리 판례가 명시적으로 영미의 제한적 특권 법
리를 참고로 한 사례나 독일법제의 정당한 이익 옹호의 법리를 수용
하거나 그에 유사한 논증을 한 사례는 찾아볼 수 없다.

전술한 바와 같이, 대법원이 단순히 정당행위에 해당한다고 보아
위법성을 부인한 판례 또는 범의(고의)가 인정될 수 없다고 하여 명예
훼손의 성립을 부인한 다수의 사례에서 이 제한적 특권의 법리를 적
용하였다면 더 합리적이고 적합한 논증이 될 수 있었을 것이다.

그렇다면 우리 법제에 이들 법리를 도입함에 아무 지장이 없는가?

---

58) 형법 제310조는 진실증명에 의한 위법성 조각사유의 요건으로서 "진실한 사실로
서 오로지 공공의 이익에 관한" 것임을 요구한다.

독일에는 형법 제193조에 정당한 이익 옹호에 의해 위법성이 조각된다는 명문의 규정이 있고, 영미 보통법도 판례에 의해 자기 및 타인의 이익을 옹호하기 위한 명예훼손행위를 면책시키는 방대한 판례를 축적하고 있으나, 그러한 배경 사정을 갖지 못하는 우리의 경우 그들의 법리를 도입하여 적용할 수 있는가에 의문이 있을 수 있다.

그러나 우리 판례도 수차에 걸쳐 헌법상 표현의 자유와 명예권이 충돌하는 경우에는 위법성의 판단에서 이익 형량에 의해 실천적 조화를 도모하여야 한다는 입장을 반복하고 있으며, 독일에서 형법 제193조도 이러한 헌법상의 형량원칙을 형법에 구현한 것으로 이해하고 있는 것을 보거나, 영미 보통법이 수백년에 걸쳐 표현의 자유와 명예권 간의 균형적 형량에 관해 삶의 지혜를 농축하여 형성한 법리를 우리가 차용한다 하여 무슨 문제가 있다고 볼 수 없을 것이다.

4. 독일 – 정당한 이익 옹호의 위법성 조각사유

1) 헌법상 표현의 자유와 명예·인격권의 관계

독일의 법원은 명예 등 인격권 보호의 한계에 관하여 "기본법에 보장된 인격권은 신문이 특정 사실을 공표할 때 동일한 차원에서 보장된 언론의 자유와 상충될 수도 있다. 이런 점에서 인격권이 보호될 수 있는 한계는 원고의 법익과 언론의 법익을 비교교량의 원칙에 의해 정할 수 있다"는 입장을 기본으로 한다.[59] 그런데 표현의 자유와 개인의 인격권은 추상적으로 우열을 가릴 수 없기 때문에 양자의 법익이 충돌하는 경우에는 추상적인 해결 원칙이 존재할 수 없고, 이른바 '실제적 조화의 원칙'(Prinzip der praktischen Konkoranz)에 따라 최신의 해결을 시도할 수밖에 없다.[60] 그렇기 때문에 위 양자가 충돌하는 경

---

59) BGHZ 27, 284, 289; BVerfGE 35, 202, 221, NJW 1973, 1226, 1228; BGHSt 27, 355, NJW 1978, 1930 m. w. Nachw).

우에는 구체적인 사례의 제반 상황에 비추어 그 우열을 가리는 이른바 '이익형량'(situationsbezogene Güter- und Interessenabwägung)이 필요하게 된다.

여기서 논의되는 이익형량에 있어서는 표현행위로 인하여 침해되는 이익과 그로 인하여 만족되는 법익, 특히 공공의 '알 권리'의 크기와 정도의 대비 교량이 필요할 뿐 아니라 표현행위의 동기와 목적, 표현행위의 내용이나 표현기법 등 개별 사례에 관계되는 모든 정황을 고려하는 총체적인 형량이 요구된다. 우선 대립하는 이익의 비교형량에는 침해된 이익과 보호되는 이익 간의 대치 및 비교가 필요하다. 표현행위가 정당한 이익의 옹호를 위한 것이었다면 침해된 이익과의 관계에서 옹호된 이익이 더 높은 가치를 갖는다거나 더 우세한 것으로 인정될 수 있는 경우이어야 한다. 그러나 일방의 정보의 이익과 타방에 있어서 인격권적 또는 경제적 이해관계가 서로 대립되는 경우에는 그 비교 측정이 쉽지 않다. 이 경우에는 보호된 이익이 침해된 이익보다 중요하게 우세한가의 여부에 따라야 한다.

이렇게 독일 판례는 명예훼손행위의 위법성은 표현의 자유와 명예 등 인격권을 비교 형량하는 기본적 입장을 취하면서, 공적인 이해에 관련되는 사항에 관한 표현행위에 있어서는 피해자의 인격권보다 표현의 자유가 우선한다는 일반적 원칙을 확립하고 있다.

2) 독일 형법 제193조의 위법성 조각 사유

이러한 일반적 형량원칙을 명예훼손 분야에 실정화한 것이 독일 형법 제193조('정당한 이익의 옹호')[61]이다. 이것은 명예권과 표현의 자유

---

60) BVerGE 42, 143/152.
61) 독일 형법 제193조(정당한 이익의 옹호, Wahrnehmung berechtigter Interessen)는 "학문적·예술적 또는 영업적 성과에 관한 비난적 판단, 권리의 실현이나 방어 또는 정당한 이익의 옹호를 위해 행해진 표현행위, 그리고 상사가 부하에 대하여 하는 훈계 및 징계, 공무원에 의한 직무상의 고지 또는 판단과 그에 유사

가 충돌하여 표현의 자유가 개인의 명예권에 의해 제한되는 경우 표현행위가 정당한 이익을 옹호하기 위한 경우에는 위법하지 않다고 하는 위법성 조각사유로 이해되고 있다.[62] 그 조문은 명예훼손으로 처벌하여서는 안 될 사유로서 광범한 개념을 사용하고 있기 때문에 표현의 자유에 넓은 활동범위를 준다.[63][64]

독일 형법 제193조는 '정당한 이익'의 옹호만을 보호한다. 따라서 "법이 승인하는 이익으로서 인간의 존중에 대한 권리"에 국한되며, 법질서에 반하거나 공서양속에 반하는 모든 이익은 애당초부터 배제된다.[65][66] 개인의 경우 옹호할 수 있는 이익은 자기의 이익, 그리고 긴밀한 관계에 있거나 수권받은 타인의 이익이 포함되나,[67] 언론의 경우에는 공공의 이익도 포함된다.

이익의 옹호에 필요하지 않은 명예훼손은 보호받지 못한다. 추구된 목적과 명예훼손을 서로 비교형량하여, 행위자가 자신의 이익을 옹호함에 필요한 한도 내에서 명예를 훼손한 경우에만 이 위법성 조각사유를 원용할 수 있다. 즉, 공개로 추구된 목적과 피해받은 이익 간에 적합한 관계가 있어야 하며,[68] 타인의 명예에 대한 공격은 정당한 목

한 경우에는 그 표현행위의 형태 또는 그것이 행해진 사정으로부터 명예훼손의 존재가 두드러지는 경우에 한하여 처벌된다"고 규정한다.

62) Martin Löffler, Presserecht Band I Allgemeines Presserecht, 2. Aufl. C.H.Beck München 1969, S. 318.

63) BVerfGE 12, 113 (125).

64) 법관은 제193조를 적용함에 있어서 충돌하는 법익을 확인하여 추상적인 비교뿐 아니라 개별 사건의 모든 정황을 참작하여 직권으로 형량을 시도하여 무엇이 양보될 것인가를 심사해야 한다(Löffler, aaO S. 327).

65) Wenzel, Das Recht der Wort- und Bildberichterstattung, 4. Auflage, Verlag Dr. Otto Schmitt KG, 1994, S. 287.

66) 기준적인 것은 사회의 법주체간의 사회적인 교섭에서 행해지는 품위 있는 사람들의 인식(die Anschauungen der 'anständigen Leute')이다(BVerGE 7, 198, 215; BGH, MDR 1958, 303).

67) Wenzel, aaO S. 287f.

68) 목적 달성을 위해 적정한 수단이면 족할 뿐, 이용 가능한 수단 중 가장 절제적

적을 위해 적정한 수단을 사용할 것을 요한다.[69] 이를 주장함에는 표현행위자가 주관적으로 해당 이익을 옹호한다는 목적이 있어야 한다.

그것은 일반적 법질서의 원칙을 표명한 것이어서 형사뿐 아니라 민사 명예훼손에서도 적용되고, 사실적시와 의견표현에도 적용된다.[70] 또 이 조항은 개인의 표현행위나 미디어의 보도에 모두 적용된다. 다만, 언론에 의한 공개적인 표현행위에 있어서는 상이한 종류의 가치와 이익이 관계된다고 하더라도 그것은 알 권리에 봉사하며 여론형성에 기여한다고 간주된다. 독일 연방대법원은 언론이 중대한 알 이익이 있는 사항을 알리고 그에 관하여 태도를 표명하는 때에는 정당한 이익을 옹호하는 것으로 간주된다고 판시한다.[71]

다만, 미디어는 명예훼손적 사실을 보도하기 전에 충분한 조사를 하여 주의의무를 이행할 것을 요한다. 사후에 오보로 판명된 경우라도 행위 당시 정당한 이익을 옹호하는 것으로 인정되면 면책되는 것이다. 이 경우 판례는 제193조를 적용하여 법익 형량을 하는 경우 진실 증명이 없더라도 진실로 가정하여 비교형량하라고 한다.[72]

미디어 보도에서 이익형량에 고려해야 할 이익은 공중의 정보의 이익(Informationsinteresse), 즉 알 권리이다. 모든 보도에 정당한 것으로 승인될 수 있는 정보의 이익이 존재하는 것은 아니다. 언론은 공공의 진지한 관심(ernsthaftes Interesse der Öffentlichkeit)이 있는 사항에 관해 보도하는 경우 정당한 이익을 옹호하는 것으로서 승인받게 된다.[73] 사적인 영역 또는 내밀영역의 과정은 여론형성에 기여할 수 없고, 그것은 정보의 이익이 아니라 단순한 선정적 이익의 필요성에 불과한 것이다.[74]

수단("schonendste" Mittel)을 요구하는 것이 아니다(Löffler, aaO S. 322).
69) SCHÖNKE SCHRÖDER, STRAFGESETZBUCH KOMMENTAR, 18., neubearbeitete Auflage, VERLAG C. H. BECK, S. 1214.
70) Löffler, aaO S. 319.
71) BGHZ 31, 308.
72) BGH, 1985. 2. 12.-VI ZR 225/83-"Türkol"
73) BVerfG NJW 69, 227; BGH GRUR 66, 633; 69, 555-Cellulitis.

주의의무를 다하여 진실이라고 오신하여 보도한 경우 표현행위는 행위시점에서 적법한 것으로 간주되고, 그에 기한 불법행위에 의한 청구권은 성립되지 않는다.

독일 법제의 정당한 이익의 옹호 항변은 우리 법제상 상당성 항변보다 훨씬 더 넓은 적용범위를 갖는다고 할 수 있다.

Ⅲ 언론의 공익보도 항변

1. 개관 – 전파자 책임과 언론보도

미디어의 보도는 일반 공중을 상대로 정보를 제공하여 여론형성에 불가결한 기능을 행한다. 그러나 언론 미디어의 보도는 기자 등 미디어 종사원 자신이 체험한 것을 직접 표현하는 경우보다는 타인의 주장이나 진술을 취재·전달하는 경우가 더 일반적이다. 이러한 경우 타인의 주장 자체를 정확히 보도했음에도 그 주장 내용이 진실이거나 진실하다고 믿음에 상당한 이유가 있음을 입증하지 못하면 언론도 전파자로서의 책임을 벗어나지 못하게 된다(영국 보통법상 반복규칙, repetition rule 또는 미국 판례상 재공표책임 규칙, republication rule).

그러나 제3의 취재원에 의존하지 않을 수 없는 언론에 이러한 부담을 준다면, 공적 사안에 관한 언론보도는 위축될 수밖에 없고, 국민의 알 권리와 자유로운 토론을 보호함에 충분한 보장이 될 수 없다. 이러한 문제에 대처하기 위해 각국에서는 미디어의 전파자로서 책임을 완화하는 여러 가지 법리가 전개되어 왔다. 그 대표적인 법리가 영미 명예훼손법에서 전개된 언론의 공익보도특권이다. 첫째, 18세기 영국에서 판례로 인정되기 시작한 '공정보도의 특권'(fair report privilege)은

---

74) Wenzel, aaO S. 295.

위 전파자 책임의 법리에 대한 예외로서 일정한 공적인 공식적 절차
와 기록에 관한 공정하고 정확한 보도는 거기에 설사 명예훼손적 내
용이 포함되어 있는 경우에도 면책된다는 법리이다. 둘째, '중립보도의
특권'(doctrine of neutral reportage, neutral reportage privilege)은 공익
사항에 관한 토론이나 논쟁의 당사자가 행한 명예훼손적 주장을 중립
적으로 보도한 경우 그 전파자의 명예훼손 책임을 면책시키는 법리이
다. 셋째, 미디어의 재공표 책임을 면책하는 또 하나의 법리가 미국
판례에서 전개된 '통신뉴스의 항변'(wire service defense)이다.

이들 법리는 공공의 알 권리를 위해 정보제공을 업무로 하는 미디
어의 기능에 관계되어 미디어에만 인정되는 것이다. 그것은 언론과 개
인의 표현행위에 일반적으로 적용되는 진실의 항변이나 상당성 항변
등 위법성 조각사유와 다른 것이며, 위와 같은 항변을 할 수 없는 경
우에도 언론이 제기하여 면책될 수 있는 항변을 의미하는 것이기 때
문에 이를 보완한다는 의미를 갖는다.

우리 판례는 언론의 전문보도 또는 인용보도에 있어서 진실의 항변
은 인용 사실이 아니라 인용된 내용에 관한 진실 입증을 요한다고 보
아 이른바 반복규칙 내지 재공표책임 규칙을 선언하고 있다. 그러나
이에 대해 형법 제310조를 적용하여 어려운 진실 입증을 요구하는 것
은 공적 사안에 관한 보도에 위축효과를 갖는다는 점에 유의할 필요
가 있다.[75] 이 때문에 영미에서 언론의 공익 사항의 보도에서 이를 활
성화하기 위해 개발 형성된 공정보도의 특권, 중립보도의 면책특권,
통신뉴스의 항변 등 위법성 조각 항변의 법리를 고찰하고 이를 도입
하는 방안이 강력히 요구된다. 그럼에도 영미 보통법에서 확립 적용되

---

75) 명예훼손의 위법성 조각사유로서 진실의 입증을 요건으로 하는 형법 제310조는
타인의 진술을 취재하여 인용 또는 전문 보도를 주된 업무로 하는 미디어의 경
우에도 그 진실 입증이 쉽지 않으며, 상당성 항변도 진실이라고 믿음에 상당한
이유를 입증해야 한다는 점에서 무거운 부담이 되고 있기 때문에 공적 사안에
관한 보도에 위축효과를 갖는다는 주장에도 귀를 기울일 필요가 있다.

는 상술한 법리는 우리에게 생소한 것이고, 우리 판례가 이를 명시적
으로 다룬 적도 없다. 본항에서는 이들 영미 보통법상의 법리를 대강
알아보고, 이들 법리가 우리의 법제에 수용될 수 있는가, 있다면 어떠
한 논거에서 어떠한 범위에서 수용될 수 있는가 하는 점을 살펴보기
로 한다.

2. 공정보도의 특권

1) 의 의

영미 보통법상의 이른바 '전파자 책임의 법리'(republication rule)에
의하면 명예훼손적 내용의 전파자는 주장자와 동일하게 책임을 부담
한다. 이러한 법리를 엄격하게 적용하면 언론매체의 보도행위는 위축
되지 않을 수 없다. 공정보도의 특권(fair report privilege)은 보통법의
전통적인 반복 규칙(재공표 책임 규칙)에 대한 예외로서 미디어가 일정
한 공개적·공식적 절차에서 행해진 진술이나 기록을 공정하고 정확
하게 보도하는 경우 그에 포함된 명예훼손적 진술의 진위 여하에 불
구하고 면책을 주는 특권이다. 이것은 공적 절차의 공정하고 정확한
보도에 포함된 사실이 후에 허위로 밝혀진 경우에도 면책시키기 때문
에, 공개적 공적 절차에서 행해지는 바를 아는 공공의 이익이 그로 인
한 명예훼손 피해자의 이익을 상회하는 것으로 보는 보통법의 정책적
판단이 작용하고 있는 것이다. 공정보도의 특권은 제한적 특권의 하나
이지만, 여타의 제한적 특권은 표현행위자가 진실임을 믿지 않았거나
허위임을 안 경우에는 상실되지만, 공정보도의 특권은 그 경우에도 적
용된다는 점에서 보다 더 큰 보호를 베풀게 된다.[76]

공정보도가 특권으로 면책되는 이유로 제시되는 논거는 ① 공적 감

---

76) Sack and Baron, id., 6.3.2.2.1 p. 370.

시 논거("public supervision" rationale),[77] ② 대리인 논거("agency" rationale)[78] 및 ③ 알 권리 논거("informational" rationale)가 있다.[79] 그 중에서 미국의 주류 판례가 취하는 주된 논거는 공적 감시 논거 및 대리인 논거이다. 그에 반해 일부 판례는 공공의 알 권리를 충족시킨다는 더 포괄적인 정당화 논거를 사용하여 비공식적·비공개 절차에 관해서도 이 특권을 확대하려고 한다. 그러나 이러한 어프로치는 공정보도라는 본래의 취지에 반하여 명예의 이익을 경시하게 되는 결과가 나올 수 있어 비판받고 있다.[80]

---

77) "공정보도는 공공의 일원이 공적인 절차와 행위를 관찰하고 이를 아는 데 명백한 이익을 갖는다는 이론에 터잡는 것이다. 공적 대의자의 행동에 관한 시민들의 액세스는 그 대표에 의해 취해진 행위의 감시와 평가에 중요하다. 모든 공무원의 행위를 모니터할 수 없음이 명백한 시민들은 제3자의 설명에 의존한다. … 만일 공식적 행위의 정확한 설명이 명예훼손 소송의 대상이 된다면 기자들은 공적 절차의 설명을 보도하는데 위축될 것이다."(Wynn v. Smith, 16 P.3d 424, 430 (Nev. 2001)).

78) "공정보도를 재공표 책임에서 면제하는 역사적 정당화는 해당 사안이 이미 공적 영역에 있어("already in the public domain") 미디어는 단지 공공의 분신으로서 기자의 눈을 통해 정부의 업무가 어떻게 처리되고 있는가를 관측하도록 허용하는 데 있다."(Schiavone Constr., 847 F.2d at 1086 n.26).

79) David A. Elder, Defamation: A Lawyer's Guide, Clark Boardman Callaghan (1993) Ch. 3. §3-1 p. 2; Jonathan Donnellan & Justin Peacock, Truth and Consequences: First Amendment Protection for Accurate Reporting on Government Investigations, 50 N.Y.L. SCH. L. REV. 237, 248 (2005). http://www.nylslawreview.com/wp-content/uploads/sites/16/2013/11/50-1. Donnellan-Peacock.pdf.

80) Elder, id., p. 762, 765, 800, 828. 양 어프로치의 차이는 법률에 의해 공개할 수 없는 비공개정보(confidential information) 또는 공식적 절차이지만 비공개 절차에서의 진술에 명예훼손적 정보가 포함된 경우 이를 보도한 미디어에 특권을 적용할 것인가에 관해 차이를 가져온다. 이 경우 정보 논거에 의거하면 이를 허용하게 되지만, 공적 감시 및 대리인 논거에 의하면 부인되게 된다.

2) 공정보도의 요건

(1) 영 국

영국에서 판례로 확립된 미디어의 공정보도 특권은 제정법에 수용되었다.[81] 그에 의하면 공정보도로 인정될 요건은 ① 정부의 절차와 공식적 행위 등 공적 관심 사항에 관한 보도나 진술이 ② 공정하고 정확할 것, 그리고 ③ 그 공표가 공공 편익을 위한 것이고 ④ 악의 없이 행해졌음을 요건으로 한다(영국의 1996년 명예훼손법 제15조 및 별표1).[82]

2013년 개정된 영국의 명예훼손법은 공정보도가 적용되는 공개적 공적 절차나 공적 행위에 관해 다음과 같이 확대 규정하고 있다.

① 첫째, '절대적 특권'이 적용될 절차로서, 영국뿐 아니라 외국의 법률에 의해 설립된 법원의 절차 및 유엔 안보회의 또는 국제협정에 의해 설립된 국제 법원 및 법정에서의 절차에 관한 공정하고 정확한 보도가 명시되고 있다(동법 제7조 제1항).

② 둘째, 원고의 설명이나 반박을 게재할 필요 없이 제한적 특권을 갖는 진술(1996년 법 별표1 제1부)에 관한 보도로서, 이 특권들은 세계 어느 곳이든 (국가 및 지방정부 양자의) 입법부, 법원, 공적 조사, 국제 조직이나 회의, 그리고 이들 주체에 의해 공표된 문서, 고지 및 기타 사항의 공개된 절차에 대한 공정하고 정확한 보도(fair and accurate

---

81) 그에 관한 상세한 논의는 박용상, 영미 명예훼손법, 143-180면 참조.

82) 원래 공정보도의 특권은 18세기 영국에서 법원의 재판에 관한 정확한 보도를 위해 인정된 것이 입법 또는 행정 절차에까지 확대되었다. 공정보도의 특권은 제정법에 수용되어 여러 차례 개정으로 그 범위가 확대되어 왔다. 1888년 개정 명예훼손법(Law of Libel Amendment Act 1888)은 한정된 범위의 공적 회의(public meetings)에 관해 공정하고 정확한 보도에 제한적 특권을 승인하였다. 1952년 명예훼손법은 ① 설명이나 반박 없이 특권이 되는 진술과 ② 서신이나 성명에 의한 요청에 따라 설명이나 반박이 게재될 것을 조건으로 인정되는 특권 등 2부류로 세분하여 규정하였고, 1996년 명예훼손법은 제정법 상 제한적 특권의 범주 리스트를 확대하고, 공정보도의 특권이 적용될 절차에 관해 구체적·개별적으로 정의하였다.

reports of proceedings in public)에 적용된다(2013년 법 제7조 제2항).

③ 셋째, 피고가 원고의 요구에 따라 그의 설명과 반박을 보도할 것을 조건으로 제한적 특권을 갖는 진술(별표1 제2부)의 보도로서, 정부 또는 (경찰 등) 정부기능을 수행하는 당국 또는 법원에 의해 공공을 위해 공표되는 정보의 복사 또는 발췌; (지방 당국 등의) 공적 회의 및 영국 공기업의 일반 회의 절차에 관한 보도; 그리고 영국 또는 EU 내에 설립된 협회(예술, 과학, 종교 또는 학습, 상거래, 산업, 직역단체 등의 협회, 스포츠협회 및 자선단체협회 등)의 사실확인이나 결정(findings or decisions)에 관한 보도가 포함 확대되었다(2013년 법 제7조 제3항 내지 제10항).

영국에서 공정보도의 특권은 공적 관심사가 아닌 사항의 공공에 대한 공표, 그리고 공공의 편의를 위한 공표가 아닌 경우에는 적용되지 않으며(1996년 명예훼손법 제15조 제3항), (a) 법률에 의해 금지된 사항의 공표를 보호하거나 (b) 본조와 별도로 존재하는 특권을 제한하거나 축소하는 것으로 해석되어서는 안 된다(동조 제4항).

(2) 미 국

미국에서는 각주마다 제정법으로 공정보도의 특권을 도입하고 있으나, 그 구체적 입법규정이 상이하여 효력과 적용범위에 혼란이 있다.[83] 1977년 리스테이트먼트에 의하면 "공적 관심사를 다루는 것으로서 공식적 행위나 절차 또는 공개된 집회에 관한 보도에서 타인에 관해 명예훼손적 사항을 공표하는 행위는 그 보도가 보도된 사안의 정확하고 완전한, 또는 공정한 축약인 경우에는 특권을 갖는다."고 설명한다.[84]

미국 판례에서 적용되어 온 공정보도의 요건은 다음과 같다.

---

83) Donnellan & Peacock, id., p. 251.
84) Restatement (Second) of Torts § 611 (1977).

가. 공식적·공개 절차

첫째, 리스테이트먼트나 판례의 주류는 이미 공공에 공개되고 공공이 접근할 수 있는 정부의 공식적 행위와 절차에 대해서만 공정보도를 적용하고 있다. 공식적 절차로서 공정보도가 적용되는 대표적인 것은 사법절차이다. 여기에는 각종·각급 법원에서 행해지는 모든 종류의 절차가 포함되며, 그 진행 상황은 물론 그에 관해 작성된 기록이나 그 절차에서 행해진 참여자의 진술을 보도 대상으로 한 경우라면 공정보도가 적용된다.[85] 다음 연방, 주, 지방의 각 입법부에서 시행된 절차, 그리고 행정부의 각종 기관 및 공무원이 행한 공식적·공개적 절차나 진술 역시 공정보도의 대상이다. 그러나 각 주의 다수 판례는 이 특권을 비공식 절차 및 비공개 절차에까지 확대하고 있으며, 혼란이 가중되고 있어 비판받는다.

〈민사사건의 변론 내용 보도〉

리스테이트먼트에 의하면 "사법적 행위가 취해지기 전에 소장이나 항소장과 같은 준비서면 등의 주장 내용을 전파하는 것은 공정 보도의 특권에 해당되지 않는다."[86] 그리고 민사소송의 단순한 변론 내용은 민사기록에 편철되었다 하더라도 법원에 의해 아무 조치가 취해지지 않은 한 공정보도의 대상에서 제외되었다(이른바 "mere pleading rule").[87] 그것은 민사사건을 제기함으로써 악의적인 공개 보도를 유발하고 이를 악용하여 상대방의 제소를 좌절시키려는 시도를 막기 위한 것이었다. 즉, 중상적(中傷的) 진술을 퍼뜨리기 위한 책략으로 소송을

---

85) David A. Elder, Defamation: A Lawyer's Guide, Ch. 3. §3-1 p. 10-11. 다만, 민사소송의 기록에 관해서는 후술 논의 참조.

86) Restatement (Second) of Torts §611, comment c (1977).

87) Elder, id., p. 13; Restatement (Second) of Torts §611 comment e (1977). 법원 서기의 송달이나 상대방이 제출한 답변서의 접수만으로는 법원의 조치로 인정되지 않는다.

제기함으로써 보통법상의 특권을 남용하는 자에 대한 대책이었다.

그러나 1927년 판결[88] 이후 미국 판례는 공적 기록에 편철된 내용이면 모두가 위 면책범위에 속한다는 입장을 취하고 있다.[89][90] 그 제시되는 논거를 보면, 특정한 분쟁을 해결하기 위해 법원의 개입을 바라는 개인의 결정은 뉴스가 될 수 있고, 공적인 기록에서 취할 수 있는 자료가 자유로이 보도될 수 있다는 것은 공정보도의 핵심 논거인 '공공의 눈'의 법리('public eye' rationale)에 부합한다는 것이다. 그것이 야기하는 명예훼손적 결과에 대한 책임은 이를 보도한 자보다 근거 없이 악의로 행위한 그 당사자나 변호사에게 추궁되어야 한다는 것이다.[91]

그러나 영국 판례에 의하면 진행중인 소송의 변론에서 진술된 주장 내용을 요약하여 보도하는 경우에는 보호받지 못하며, 법원 기록에 포함된 주장도 공개 법정에서 진술되기 이전에는 공정보도의 대상이 될 수 없고, 공개된 법정에서 변론한 내용이라 하더라도 오직 X남, Y녀 간의 추문에 관한 보도는 허용되지 않는다고 한다.[92]

---

88) Campbell v. New York Evening Post, (1927) NY 320, 157 NE 153, 52 ARL 1432: 이 사건에서 법원은 악의적 제소를 억제하기 위해 위와 같이 법원의 조치를 요구하는 것은 실제상·이론상 의미가 없고, 사회의 광범위한 중요한 논쟁이 점차 민사소송에 의해 해결되는 사정에 비추어 변론 사항의 공정보도는 그에 대한 미디어의 공적 심사를 촉진하게 된다는 이유를 들어 민사소송의 변론도 사법 절차 과정 중의 공개적 공식적 행위로 인정되어야 한다고 판시하였다.

89) Paducah Newspapers, Inc. v. Bratcher (1938) 274 Ky 220, 118 SW2d 178, 180에 의하면, "그것[제소와 소환]이 행해지면 그 분쟁은 더 이상 2 개인간의 사적인 것이 아니며, 어떤 관점에서 보아도 사법적 절차임이 분명하다"고 한다.

90) First Lehigh Bank v. Cowen, 700 A.2d 498, 500-02 (Pa. Super. Ct. 1997)에 의하면, "변론은 정부 건물 안에서 보존되는 공적 기록이며 일반인의 열람에 공개된다. 우리는 신문 기타 미디어가 명예훼손 소송에 노출됨이 없이 사법적 조치 이전에 변론 내용을 보도할 수 없다는 것은 잘못이라고 생각한다. 진행 중인 소송과 세금에 의해 운영되는 법원에 의해 수행된 관련 사실을 공공에 알리는 것은 미디어의 일이며 과업이"라고 한다.

91) Sack & Baron, id. p. 377.

92) Webb v Times Publishing Co. Ltd. [1960] 2 QB 535; STERN V PIPER AND

나. 공정하고 정확한 보도

둘째, "공정하고 정확한"(fair and accurate) 보도라 함은 공식적 절차·행위의 설명에 관한 보도이며, 거기서 행해진 진술의 실체적 진실 여부는 문제시하지 않는다.

보도가 공정 보도의 특권에 의해 보호를 받으려면 분명하게 정확(正確)하고 공정(公正)해야 한다. 보도가 일반 평균 독자나 시청자의 인상에 대한 가능한 효과에 비추어 절차의 실체를 언급한 것이면 공정한 것으로 간주된다.[93]

정확해야 한다는 것은 명예훼손적 내용 자체가 아니라 공개 절차에서 행해진 진술 내용과 보도된 내용이 부합함(substantial accuracy)을 의미한다.[94] 실제 진술된 것과 문구적으로 일치함을 요하는 것은 아니고, 그 절차에 관하여 실질적(實質的)으로 정확하게 기술한 것이면 된다.

공정성(fairness)은 사실관계가 왜곡됨이 없이 중립성과 균형성의 요건을 갖추어야 함을 말한다. 따라서 행해진 절차나 공적인 기록에 관하여 요약 보도하면서, 그에 포함되어 있지 않은 자료를 언급한 경우 또는 일방적으로 편집하거나 불공정하게 취사(取捨)한 경우에는 공정성의 요건을 충족하지 못하게 되어 특권이 배제될 수 있다.[95] 법적인 책임이 추궁되는 사실을 보도하면서 동시에 그 면책 사유에 해당하는 사실을 누락한 경우에는 공정치 못한 보도로서 특권이 상실된다.[96]

이와 같이 공정보도의 법리는 피고가 공식적 절차나 행위를 공정하고 정확하게 보도했는지 여부에 관한 표면적 공정성과 정확성(facial

---

OTHERS [1997] QB 123, [1996] 3 All ER 385.

93) Murray v. Bailey, _ F. Supp. _ , Med. L. Rep. 1369 (N.D. Cal. 1985).

94) Mathis v. Philadelphia Newspapers, Inc., 455 F. Supp. 406 (E. D. Pa. 1978).

95) Brude W. Sanford, Libel and Privacy, Second Edition, Prentice Hall Law & Business (1993) p. 483.

96) Doe v. Doe, 941 F.2d 280, 19 Med. L. Rep. (BNA) 1705 (5th Cir.), modified and reh'g denied, in part, 949 F.2d 736 (5th Cir. 1991).

fairness and accuracy)에만 초점을 맞출 뿐,[97] 기초되는 허위(underlying falsity)는 문제삼지 않는다. 그 때문에 기자가 진실하다고 믿지 않은 진술도 면책시키며, 현실적 악의 기준에 의해 보호받을 수 없는 자료까지도 보호하게 된다는 비판을 받는다. 따라서 이 특권을 남용하여 가해하려는 의도를 가진 보도가 면책될 우려가 있고, 이 법리를 적용한 판결 중 적지 않은 판결이 이러한 문제를 안고 있다.

다. 취재원

셋째, 공정보도는 상술한 공적 절차나 공적 기록에 근거하여 보도하는 경우에 한한다. 따라서 피고가 공적 기록에 의존하지 않고 스스로 취재하여 안 사실을 보도한 경우 설사 그것이 실제 공적 기록에 의한 것과 일치한다 하더라도 공정보도로 될 수 없다.[98] 이 경우 공정보도임을 주장하는 피고는 간접적 또는 제2차적 소스로서 일반적 신빙성을 갖는 매개자(intermediary of general trustworthiness)를 근거로 하는 경우에만 공정보도로 인정받을 수 있다. 여기서 매개자란 해당 절차에 참석했거나 그 참여자였던 자 또는 그 절차의 권한있는 대변인 등 책임있는, 정통한 매개자를 의미한다.[99] 그것은 현대 자유 공개

---

97) 공적 절차에 관한 실제의 바른 설명과 대비하여 실질적으로 다른 의미나 결함(stigma)을 지적하는 것이 아니면 공정보도의 요건은 충족된다(이른바 실질적 부정확성(substantial inaccuracy) 요건). 판례에서 공정보도가 부인된 경우를 보면, 공적 기록에 포함된 범죄와 질적으로 다른 범죄를 범하였다거나 혐의를 기술한 경우, 그리고 절차에서 단지 주장된 사실을 기자의 판단으로 그 사실이 존재하는 것으로 보도한 경우(Elder. id. §3-6 p. 62), 법원에서 행해진 바를 보도한다는 핑계로 절차의 전부 또는 일부를 보도하면서 그에 관해 명예훼손적 관측과 논평을 곁들이는 경우, 범죄행위 기타 부도덕적이거나 전문직윤리에 반하는 행위의 주장을 채용하거나 동조하는 경우, 절차에서 관계자가 주장한 사실을 기정 사실로 간주하여 설술하는 경우, 특히 피해자의 성품과 지위에 크게 해로운 사실을 유추할 수 있는 제목이 사용된 경우 등이다(Elder, id., pp. 65-68). 또 절차나 기록의 정확한 보도에 덧붙여 자신이 취재한 별도의 사실을 추가한 경우에도 그것이 입증되지 않으면 책임을 면치 못한다.

98) Bufalino v. Associated Press, 692 F.2d 266 (2d Cir. 1982).

99) Id.

사회에서 저널리즘의 필수적 기능에 비추어 매스미디어에 승인되고 정당화된 관례와 관행을 반영하는 것이다.[100]

다수 판례는 공정보도의 요건으로서 그 취재원을 적시(source attribution)할 수 있어야 한다고 한다.[101] 독자들로 하여금 기자의 개인적 취재의 결과가 아니라 공적 기록이나 절차의 설명임을 알게 할 필요가 있고, 취재원 명시가 없으면 독자들은 기자가 자신의 책임하에 작성된 역사적 사실로서 받아들이게 되기 때문이다.[102]

라. 악 의

피고에게 원한(spite), 악의(ill-will) 등 보통법상의 의미에서 악의(malice)나 가해의 의도(purpose to harm)가 있었음이 증명되면 특권은 배제된다.[103]

3) 비교 검토

이상 영국에서 적용되는 공정보도의 특권은 미국의 법리에 비해 상당히 절제된 것임을 알 수 있다. 즉, 공정보도가 적용되는 공적 절차나 행위를 구체적으로 명시하면서 일정한 경우에는 피해를 볼 수 있는 원고의 반박이나 해명을 함께 게재할 것을 요구하고 있다는 점에서 공정보도에서 소홀하게 될 수 있는 피해자의 이익을 고려하고 있는 것이다.

그에 비해 미국에서 공정보도의 법리는 상술한 미국 법원의 판결에서 보는 바와 같이 일관성과 통일성이 없이 과도하게 확대 적용되고 있으며, 언론 자유의 보호라는 명복하에 남용되고 있다. 공식적이고 공

---

100) Elder, Truth, Accuracy and Neutral Reportage, p. 755; ELDER, DEFAMATION: A LAWYER'S GUIDE, § 3:2, at 3-8.

101) Elder, DEFAMATION: A Lawyer's Guide, § 3:3 pp. 7-8; Dameron v. Washington Magazine, (1985) 250 US App DC 346.

102) Elder, DEFAMATION, id., p. 9.

103) Sack, id. p. 47.

개된 절차에서 행해진 진술을 대상으로 국한되어야 함에도 불구하고,
정상적인 사법적, 입법적 및 행정적 채널 밖에서 진술·전파된 명예훼
손 사항에서도 특권을 허용함으로써 남용되는 사례가 적지 않다.[104]

그리고 공정보도의 특권은 프라이버시 침해 불법행위에도 적용되고
있다. 원래 프라이버시의 권리가 인정되지 않았던 영국에서 명예훼손
에 대한 언론 미디어의 항변으로 형성된 공정보도의 법리는 프라이버
시 침해에 무관심하였고, 이러한 경향은 진실에 절대적 면책을 강조하
는 미국에서 더 심화되고 있다. 그 극단적 예가 미성년 피의자나 성범
죄 피해자의 신원도 수사기록이나 공개재판절차에서 언급되었다는 이
유로 무분별하게 공개하는 사례이다.[105] 또 미국에서는 법령상 기밀정
보(confidential information)에 포함된 명예훼손적인 정보를 넓은 공중
에게 재공표하여 폭로하는 데 이 법리가 활용되고 있다.[106]

4) 수사 및 재판절차에 관한 공정보도

영미법에서 공정보도의 법리가 적용되는 중요 분야는 미디어의 수

---

104) 엘더교수는 사실의 진위 여부나 거기 포함된 정보의 신뢰성에 상관 없이 공개되
지 않은 정보를 폭로하려는 충동은 무죄 추정의 원칙 및 명예의 이익 등 기본적
가치에 반하는 것이며, 소중한 민주주의적 이상에 역행하는 것이라고 비판한다.
그는 공정보도의 특권을 공인에 대해서만 허용하자고 주장한다(Elder, Truth,
Accuracy and Neutral Reportage, p. 766, 828).

105) 미국 연방대법원은 법원 기록에서 얻은 강간 피해자의 성명 공개에 대하여 프라
이버시 침해의 불법행위 책임을 부인하였고(Cox Broadcasting Corporation v.
Cohn, 420 US 469 (1975)), 진실인 한 청소년 범죄자의 이름 공개를 금할 수
없으며(Oklahoma Publishing Co. v. Oklahoma County District Court, 430
U.S. 308(1977); Smith v. Daily Mail Publishing Co., 443 U.S. 97(1979)), 심
지어는 성폭력 피해자의 신원 보도를 금지한 州형법을 어겨 강간 피해자의 성명
을 공개한 신문에 대한 손해배상 책임을 부인한 사례(Florida Star v. B.J.F., 491
U.S. 524(1989))도 있다. 이러한 연방대법원의 진실에 대한 집착에 대해서는 언론
의 자유를 위해 명예압살(이른바 Rufmord)을 방관하는 것이라고 비판받고 있다.

106) 공정보도의 목표는 이미 공공이 접근가능한 진술에 관한 보도에 대한 위축효과를
미연에 방지하기 위한 것이다(Wynn v. Smith, 16 P.3d 424, 430 (Nev. 2001)).

사 및 재판절차에 관한 보도였다. 이 분야에서 미국과 영국 양국의 운영은 현격한 차이를 보이고 있다.

(1) 영 국

법정모욕제도(contempt of court)가 엄존하는 영국 및 영연방국가에서 법원절차에 관한 보도는 공정한 재판에 개입한다고 생각되는 경우 동죄에 의해 처벌된다.

영국의 1981년 법정모욕법은 "해당 소송에서 사법권의 행사가 심각하게 장해받거나 불공정하게 될 실질적 위험을 야기하는" 보도를 처벌한다(동법 제2조 제2항). 그러한 성질을 갖는 것이면 행위자의 의도나 실제로 그러한 결과가 발생한지 여부를 불문하고 처벌된다(법정모욕죄의 strict liability rule). 법정모욕죄가 적용되는 시점은 체포 또는 구속영장 발부로부터 해당 소송이 판결 등으로 종료되는 시점까지의 보도이다.

여기에는 두 가지 면책 사유가 있는데, 첫째 공개된 법적 소송에 관한 공정하고 정확한 선의의 동시적인 보도는 면책된다(동법 제4조 제1항). 그럼에도 법원은 공정을 위해 필요한 경우에는 필요하다고 생각되는 기간 동안 위와 같은 공정보도를 연기할 것을 명할 수 있다(동법 제4조 제2항).

둘째, 공적 관심사 기타 일반적인 공적 이익 사항에 관한 선의의 토론(bona fide discussion)으로 행해진 보도에 있어서, 장애나 편견의 위험이 그 토론에 단지 부수적인 것이었다면 역시 항변이 인정된다(동법 제5조). 다만, 법원은 어떤 사법절차 또는 계속 중이거나 임박한 절차에서 불공정성의 실질적 위험을 피하기 위해 필요한 경우 해당 절차 또는 그 일부에 관한 보도를 법원이 적당하다고 생각하는 기간 동안 연기할 것을 명할 권한을 갖는다(동법 제4조 제2항).

(2) 미 국

그에 비해 미국에서 보통법상 전통적으로 법원에 인정되어 온 법정모욕죄 제도는 미국 헌법 수정 제1조의 영향 때문에 무력화되었고, 미국 판례는 전술한 바와 같이 수사 및 재판절차에 관한 보도에도 전면적으로 공정보도의 특권을 적용하여 면책시키고 있다.

5) 공정보도의 법리와 우리 법제

우리 판례는 인용 또는 전문보도의 경우 진실의 항변을 하는 자는 원진술자가 행한 진술의 존재 자체가 아니라 그 진술 내용의 진실성을 입증해야 한다[107]고 하여 영미법상 반복규칙 내지 재공표책임 규칙을 채용하고 있다. 그럼에도 우리의 경우 영미법상 공정보도의 법리에 관해 언급한 판례는 보이지 않고 이를 자세히 다룬 문헌도 드물다. 다만, 현행 언론중재 및 피해구제 등에 관한 법률은 "국가·지방자치단체 또는 공공단체의 공개회의와 법원의 공개재판절차의 사실보도에 관한 것인 경우"에는 동법상 정정보도청구권 또는 반론보도청구권이 인정되지 않는다고 하여 이러한 법리를 일부 도입하고 있다.[108]

일반적인 명예훼손 소송에서 영미법의 공정보도의 법리를 도입할 필요가 있는가, 그렇다면 그 근거가 무엇이고, 어떤 범위에서 어떤 요건 하에서 이를 참조할 것인가를 검토할 필요가 있다. 대법원은 공익사항에 관한 언론보도에서는 공공의 알 권리가 피해자의 명예보다 우월하다는 원칙적 입장을 확립하고 있으며, 형법 제310조는 보도의 내용이 사실적시인 경우 진실의 항변과 상당성 항변을 인정하여 표현의 자유와 인격권 간의 조화를 꾀하고 있다. 영미에서 공정보도의 법리는 제3자의 진술을 취재·보도하는 미디어가 그 진술 내용에 관해 무거

---

107) 대법원 2002. 4. 10.자 2001모193 결정; 대법원 2008. 11. 27. 선고 2007도5312
    판결 [성욕설 전문보도] 등.
108) 언론중재 및 피해구제 등에 관한 법률 제15조 제4항 5호, 제16조 3항 참조.

운 진실 입증의무를 부담한다면 공익사항의 보도를 보호하기에 미흡하다는 점을 고려한 것이었고, 우리의 경우에도 그러한 기본적 취지가 간과될 수는 없을 것이다. 공적 주체의 공개된 공식적 절차에서 논의된 바로서 공익을 위해 공개가 필요한 사안에 관한 보도를 활성화하여 공공의 알 권리를 촉진하기 위해 공정보도의 법리의 기본적 취지를 살려 수용하는 방안이 필요한 것이다.

이를 도입하는 현행법제의 거점으로서 형법 제20조의 정당행위 규정[109]이 정하는 "업무로 인한 행위 기타 사회상규에 위배되지 않는 행위"가 거론될 수 있을 것이다. 즉, 여론형성에 기여하고 국민의 알권리 충족을 위해 필수적이고 중요한 기능을 행하는 미디어가 공식적·공개적 절차에서 공익사항에 관해 행해진 진술을 공정하게 중립적으로 보도하는 행위는 전달자로서 미디어의 "업무로 인한 행위"로 보아 설사 타인의 명예를 훼손한 경우에도 위법성이 조각된다고 논증할 수 있고, 다만 그 요건과 효과에 관해서는 외국의 법리를 참고할 필요가 있을 것이다.

실제로 대법원 판례 중에는 이러한 경우 명예훼손의 성립을 부인하면서 정당행위라거나 사회상규에 위배되지 않음을 이유로 제시한 사례도 있다. 그렇다면 정당행위나 사회상규의 개념으로 해결될 수 있음에도 굳이 영미법제의 법리를 도입할 필요가 어디에 있는가?

형법 제20조(정당행위)는 가장 일반적이고 포괄적인 위법성 조각 사유를 의미하며, 여타의 위법성 판단 기준에 의해 위법성을 정할 수 없는 경우 최후에 사용되는 기준으로서 그 적용에는 엄격한 요건이 필요하며,[110] 명예훼손에 국한되지 않고 형법상 모든 범죄에 적용되는

---

109) 형법 제20조 "법령에 의한 행위 또는 업무로 인한 행위 기타 사회상규에 위배되지 아니하는 행위는 벌하지 아니한다."

110) "형법 제20조 소정의 '사회상규에 위배되지 아니하는 행위'라 함은 법질서 전체의 정신이나 그 배후에 놓여 있는 사회윤리 내지 사회통념에 비추어 용인될 수 있는 행위를 말하고, 어떠한 행위가 사회상규에 위배되지 아니하는 징당한 행위

범용적 판단기준이다. 그러나 명예훼손의 위법성 판단에는 헌법상 중요한 의미를 갖는 기본권으로서 표현의 자유를 고려하는 독특한 이익형량 기준을 요하며, 이렇게 엄격한 요건을 요하는 형법상 정당행위 개념에 의해서는 이를 포섭할 수 없다. 영미법에서 확립된 언론의 공익보도 특권은 미디어 보도에 전문화된 법리로서 미디어 보도의 기능과 특성을 고려한 이익형량의 법리를 상세하게 구현하고 있기 때문에 정당행위의 개념을 적용하기 이전에 합리성과 비례성을 도모할 수 있는 것이다.

그렇다면 영미에서 공정보도로 허용되는 요건과 범위를 비교 검토하여, 특히 전문(傳聞)보도나 인용 보도의 위법성을 판단함에 있어서 우리에게 맞는 법리로 수용할 필요가 있을 것이다. 요컨대, 공식적·공개된 절차에서 행해진 제3자의 명예훼손적 진술을 인용 보도하는 경우에도 그것이 공정하고 정확한 것이라면 면책되며, 해당 인용보도의 내용이 진실하거나 진실이라고 오인함에 상당한 이유의 입증을 요하지 않는다고 해야 할 것이다.

이러한 취지에서 공정보도의 법리를 우리 법제에 맞게 받아들인다면 다음과 같이 상술할 수 있을 것이다.

첫째, 정확성 요건은 제3자가 진술한 명예훼손적 내용 자체가 아니라 공개 절차에서 행해진 진술 내용과 보도된 내용이 실질적으로 부합함(substantial accuracy)을 요한다.[111] 공적 절차에 관한 실제의 바른 설명과 대비하여 실질적으로 다른 의미나 결함(stigma)을 지적하는 것

로서 위법성이 조각되는 것인지는 구체적인 사정 아래서 합목적적, 합리적으로 고찰하여 개별적으로 판단되어야 하므로, 이와 같은 정당행위를 인정하려면 첫째 그 행위의 동기나 목적의 정당성, 둘째 행위의 수단이나 방법의 상당성, 셋째 보호이익과 침해이익과의 법익균형성, 넷째 긴급성, 다섯째 그 행위 외에 다른 수단이나 방법이 없다는 보충성 등의 요건을 갖추어야 한다."(대법원 2003. 9. 26. 선고 2003도3000 판결).

111) Mathis v. Philadelphia Newspapers, Inc., 455 F. Supp. 406 (E. D. Pa. 1978).

이 아니면 공정보도의 요건은 충족된다.

둘째, 공정성(fairness) 요건에 따라 사실관계가 왜곡됨이 없이 중립성과 균형성의 요건을 갖추어야 한다. 따라서 행해진 절차나 공적인 기록에 포함되어 있지 않은 사실을 언급한 경우, 일방적으로 편집하거나 불공정하게 취사(取捨)한 경우[112] 또는 법적인 책임이 추궁되는 사실을 보도하면서 동시에 그 면책 사유에 해당하는 사실을 누락한 경우에는 공정성의 요건을 충족하지 못하게 된다.[113]

셋째, 이 경우 적용대상이 될 공식적 공개 절차는 영국 명예훼손법이 상세하게 열거하는 절차를 그대로 원용할 수 있다. 상술한 바와 같이 영국 명예훼손법은 ① 내국뿐 아니라 외국 또는 국제기관의 사법절차에 관한 보도에 절대적 특권을 적용하며, ② 내·외국을 막론하고 입법부 및 법원의 회의에 관한 보도나, 이들 기관의 공표사항에는 공정보도의 특권을 인정하며(이 경우에는 피해자의 해명과 반론을 요하지 않음), ③ 정부 기능을 행하는 주체가 공표한 사항 또는 각종 직역단체가 확정한 사실확인이나 결정의 보도에는 피해자의 요구에 따라 그의 설명과 반박을 보도할 것을 조건으로 공정보도의 특권을 인정하고 있다.

넷째, 이들 공식적 공개 절차의 보도에 개인의 사적 사항이 포함되는 경우에는 영미와 달리 우리 법제의 취지에 따라 제한적으로 받아들일 필요가 있다. 보호되어야 할 사적인 사항임에도 불구하고 공적인 절차에서 논의되었다는 사유만으로 언론 보도의 대상이 된다면 개인의 법익 보호는 소홀해질 수 있기 때문이다. 특히, 대부분의 민사소송에서는 사적인 재산상 또는 신분상의 분쟁이 다루어지고, 그 심리에서는 프라이버시에 속하는 사항이 논의되는 이외에도 당사자나 소송관

---

112) Sanford, id. p. 483.
113) Doe v. Doe, 941 F.2d 280, 19 Med. L. Rep. (BNA) 1705 (5th Cir.), modified and reh'g denied, in part, 949 F.2d 736 (5th Cir. 1991).

계자의 행태에 관한 비난 등 공방이 행해지게 되므로 이들은 선정적인 언론의 좋은 소재가 될 수 있다. 그 결과 개인의 명예 등 인격권에 대한 공격적 진술이 보도의 이익을 위한다는 명목 하에 그대로 복제되어 전파될 수 있다. 이렇게 공정보도의 특권을 기화로 또는 그러한 절차를 계기로 타인을 공격하려는 시도가 방지될 필요가 있는 것이다.[114)

다섯째, 공식적 공개 절차에 관한 보도에 있어서도 공개적 언급이 금지되는 프라이버시에 관한 사항이나 법령상 기밀 보호 사항에는 특권을 적용하지 않는다. 우리의 경우에는 소년법, 가사심판법 등이 이러한 보도를 제한하고 있으며, '특정 강력범죄의 처벌에 관한 특례법'이나, '성폭력범죄의 처벌 및 피해자보호 등에 관한 법률' 등에는 피해자의 신원을 알 수 있는 보도를 금지하고 있다. 그뿐 아니라 우리 판례는 범죄 및 사건보도에 있어서 익명보도의 원칙을 기본으로 하고 있다.

3. 중립보도의 면책특권

1) 의 의

전술한 바와 같이 영미의 보통법 상 타인의 명예훼손적 주장을 재전파하는 경우에는 그 전파자가 진실 입증을 하지 못하는 한 그 명예훼손적 주장에 관해 책임을 지는 것이 원칙이다(repetition rule 또는 republication rule). 중립보도의 특권(doctrine of neutral reportage, neutral

---

114) 공정보도 논리에 의하면 애당초 명예훼손이 될 사실을 공식적 행위나 절차에 관한 공정보도의 형식으로 보도하면 면책되게 된다. 공정보도의 특권에 회의적 입장을 갖는 엘더교수는 "미디어 피고가 탐욕스런 선정주의적 욕구 충족을 위해 정부의 홈통을 따서 온갖 종류의 시험적, 예비적, 혐의적, 실증되지 않거나 투기적인 혐의와 수사를 보도하더라도 이를 저지할 아무 한계도 없게 된다"고 우려한다(Elder, Truth, Accuracy and Neutral Reportage, p. 743).

reportage privilege)은 공익사항에 관한 토론이나 논쟁의 당사자가 행한 명예훼손적 주장을 중립적으로 보도한 경우 그 전파자의 명예훼손 책임을 면책시키는 법리이다. 그것은 재공표자가 해당 명예훼손적 주장을 사실로 채용하거나 제시하면서 반복하여서는 안 되고, 단지 공익을 위해 스토리의 한 부분으로 그러한 주장이 있었음을 보도하는 경우이어야 한다.[115] 중립보도는 이렇게 미디어의 도관 및 메신저 기능에 중점을 두고 있다.

중립보도의 특권은 1977년 미국 연방항소법원의 판결에서 처음 그 법리가 형성되었으나, 미국에서는 거의 활용되지 못하여 사장되고 있다. 그러나 중립보도의 법리는 언론의 자유를 위해서 뿐 아니라 공공의 알 권리를 넓히려는데 근본 취지가 있기 때문에 그 법리는 영국 등 타국에 수입되어 굳건한 법리로 그 적용을 넓히고 있다.[116] 특히, 영국에서는 2001년 영국 항소법원이 처음 중립보도의 특권을 인정하는 판결을 내린 후 확립된 법리로 널리 적용되고 있으며, 2013년 개정 명예훼손법에 레이놀즈의 항변의 한 형태로 성문화되었다(후술).

공정보도는 공식적인 공개적 절차나 행위에 대한 보도에 국한되는 반면, 중립보도는 그러한 범위를 넘어 공적 쟁점에 관해 공인간의 논쟁이 벌어지고 있는 경우 그 당사자의 공방 사실 주장을 중립적 입장에서 보도하는 경우에 적용된다는 점에서 양자는 구별된다. 따라서 공정보도로 인정되지 않는 경우에도 중립보도의 항변은 성립될 수 있다.

---

115) Jason Bosland, Republication of Defamation under the Doctrine of Reportage-The Evolution of Common Law Qualified Privilege in England and Wales, http://papers.ssrn.com/sol3/papers.cfm?abstract_id=1619735.

116) "이론적으로 중립보도특권은 사상의 자유 공개시장에 부합한다는 것을 부인할 수 없다. 뉴스 미디어 보호뿐만 아니라 공적인 관심사에 대한 활발한 토론을 보장하기 때문이다. 그리고 공개된 민주사회를 그 중심 가치로 이해하는 국가들의 선택이기도 하다."(염규호, 전게 논문). 영국 이외에 중립보도의 법리를 수입한 나라는 스페인과 캐나다이다.(Id)

2) 미 국

중립보도의 특권은 미국 연방항소법원의 1977년 판결에서 처음 그 법리가 형성되었다.[117] 위 판결에서 중립보도로 판단된 요건은 ① 피고가 책임있는 저명한 단체였고, ② 원고는 공인이었으며, ③ 신문의 보도는 정확하고 공평무사했고, ④ 당시 민감한 이슈에 달하는 논쟁의 맥락에서 행해진 것이기 때문에 그 비난 자체는 뉴스가치가 있었다는 점이었다.[118]

이후 미국 법원에 의해 상술된 중립보도의 요건을 정리하면 다음과 같다.

① 공인 요건: 대부분의 판결은 명예훼손 피해자(원고)가 공인인 경우에 한하여 중립보도를 인정하고 사인은 제외한다.

② 취재원: 중립보도는 소스의 확인 및 명시를 요한다.[119] 다수 판례는 취재원의 신뢰성을 요하는 것으로 판시하나, 저명한 자로서 논쟁 당사자이면 신뢰성은 불필요하다고 하는 판례도 있다.[120]

---

117) Edwards v National Audubon Society 556 F. 2d 113 (1977): 살충제(DDT) 사용을 반대하는 환경단체(전국 오두본협회, 피고1)와 이를 지지하는 일단의 과학자들 간의 논쟁이 15년간 계속되고 있던 중, 오두본협회는 그들 과학자들이 살충제 제조회사의 돈을 받고 거짓말한다는 취지로 비난하였다. 뉴욕타임스(피고 2)는 양자 간의 논쟁이 뉴스 가치가 있다고 보고 그 논쟁의 전말을 중립적 입장에서 보도하면서 협회의 주장에 따라 거짓말하고 있다는 과학자들(원고들)의 실명을 적시하였다. 제1심은 원고들 승소로 판결하였으나, 연방제2순회항소법원은 이를 파기하면서 뉴욕타임스의 보도는 중립보도로서 면책되어야 한다고 하면서 "요약건대 저명하고 책임있는 단체가 공인에 대해 중대한 비난을 하는 경우 그 비난을 정확하고 공평무사하게 보도하는 것은 그 기자가 개인적으로 타당하다고 생각하였는지 여하에 불구하고 헌법에 의해 보호받는다. 뉴스가치가 있는 것은 그러한 비난이 행해졌다는 점이다. 우리는 언론이 진위 여부에 관해 심각한 의심을 가졌다는 이유만으로 뉴스가치 있는 진술을 억압하도록 수정헌법 제1조에 의해 요구될 수 없다고 믿는다. … 민감한 이슈를 에워싸고 자주 야기되는 논쟁에 관해 충분히 알아야 하는 공적 이익은 그러한 비난을 책임 지지 않고 보도하는 자유가 언론에 부여되기를 요구한다."고 판시하였다.

118) Sack, On Defamation, vol. 1, 3rd ed.

119) Elder, Defamation, id. p. 74.

③ 중립성 요건: 피고의 설명이 공정하고 정확하지 않으면 중립보도는 인정될 수 없다. 그러므로 피고가 재공표된 비난을 지지, 동의하거나[121] 개인적 인신공격을 위해 고의적으로 왜곡한다면 중립보도가 인정되지 않으며, 기초된 비난에 관해 책임을 지게 된다. 또 피고는 이성적으로, 그리고 선의로("reasonably and in good faith") 그 보도가 정확하게 그 비난을 전달한다고 믿어야 한다.[122] 다수 판례에 의하면 중립성 요건이 논쟁 당사자 쌍방의 주장을 함께 고르게 다루어야 하는 것은 아니지만, 원고에게 반론의 기회를 주고 그 변명을 실어야 한다는 입장이다. 이 점에서 중립보도의 중립성 요건은 공정보도의 공정성 요건보다 더 엄격한 것이다.[123]

④ 격렬한 논쟁("Raging Controversy") 요건: 중립보도는 이미 존재하는 논쟁에 관한 것으로서 단순한 뉴스가치 이상의 격렬한 논쟁이 있어야 한다. 따라서 논쟁을 안내한 것이 아니라 논쟁을 야기한 기자는 이 특권을 주장하지 못한다. 이미 과거사가 된 사안에 관해 탐사보도를 하면서 기자가 비난을 유발한 경우 또는 피고가 처음으로 논쟁을 만들어 내고 이를 전파한 경우에는 이 특권이 인정되지 않는다.[124]

1977년 판결 이래 미국에서 중립보도의 특권이 인정되는 곳은 플로리다주 등 소수 주에 국한되었고, 나머지 대다수 주에서는 인정되지 않고 있다.[125] 연방대법원은 중립보도가 인정될 가능성이 있는 유사한

---

120) Elder, Defamation, id. pp. 72-73.
121) 동의 또는 지지로 판단된 예는 분식, 피고의 취재에 기초한 추가, 소스의 신뢰성의 변호 등이 행해진 경우이다.
122) Edwards, 556 F.2d at 120.
123) Elder, Defamation, id. p. 76.
124) Elder, Truth, Accuracy and Neutral Reportage, pp. 680-683.
125) 중립보도의 특권을 반대하는 강력한 비판에 관하여는 David A. Elder, Truth, Accuracy and Neutral Reportage: Beheading the Media Jabberwock's Attempts to Circumvent New York Times v. Sullivan, https://papers.ssrn.com/sol3/papers.cfm?abstract_id=1004582 참조.

사안에서도 동 법리에 관한 언급을 회피하였고, 다른 연방항소법원들은 압도적으로 이를 거부하였다.[126]

이렇게 처음 미국 법원이 창설한 법리는 미국에서 거의 사장되고 있다.[127] 그 이유는 현실적 악의 규칙이라는 강력한 언론보호 장치가 있음에도 그에 조화되지 않는 중립보도의 특권을 따로 인정하는 것은 의미가 없다는 데 있는 것으로 보인다.[128]

3) 영국 – 중립보도의 제한적 특권

(1) 판례 및 2013년 개정 명예훼손법

1999년 영국 귀족원이 레이놀즈의 항변[129]을 미디어의 공익사항 보

---

126) Dickey v. CBS Inc., 583 F.2d 1221 (3d Cir. 1978); Medico v. Time, Inc., 643 F.2d 134 (3d Cir. 1981).

127) 염규호교수에 의하면, 중립보도의 법리는 2010년을 전후하여 10년간 미국 법원에서 적용된 사례가 없었다고 한다(염규호, 뉴욕타임스 판결 50주년과 언론의 자유: 제1수정헌법의 국제적인 영향, 언론중재, 2014년 봄호 56면 이하 (67-8면).

128) 중립보도의 특권은 논쟁 중인 공인들 간의 공방에서 허위임이 알려진 사실에 관해서도, 즉 미디어에 현실적 악의가 있는 경우에도 면책을 주기 때문에 현실적 악의 규칙에 반하는 결과를 가져올 수 있다(Justin H. Wertman, Newsworthiness Requirement of the Privilege of Neutral Reportage is a Matter of Public Concern, 65 Fordham L. Rev. 789 (811) (1996), http://ir.lawnet.fordham.edu/flr/vol65/iss2/12; Dickey v. CBS Inc., 583 F.2d 1221 (3d Cir. 1978)).

129) 영국 언론은 공공 일반에게 공적인 사항에 관해 중요한 보도기능을 수행하고 있음에도 1999년까지 사인 간의 명예훼손 소송에서 적용되는 제한적 특권(conditional or qualified privilege)을 갖지 못하였다. 제한적 특권이란 명예훼손 행위가 ① 표현행위자 자신 및 상대방 양측에 해당 정보를 주고받을 이익이나 의무가 있는 경우 ② 그 이익이나 의무의 이행을 위해 필요하고 적정한 범위 내의 사실을 ③ 직접 정당한 이익을 갖는 인적 범위 내의 사람에게 진술한 것이면, 그러한 조건을 충족한 경우 제한적으로 면책되는 법리를 말한다. 1999년 영국 귀족원은 레이놀즈 판결(Reynolds v. Times Newspapers Ltd. [1999] UKHL 45, [2001] 2 A.C. 127)에서 기존 보통법 상의 제한적 특권을 언론 미디어에 확대 적용하는 획기적 조치를 취하였다. 동 판결에 의해 창설된 이른바 '레이놀즈의 항변'에 의하면, 공익사항에 관해 책임있는 저널리즘 기준에 따라 명예훼손적 사항을 보도한 경우에는 해당 정보가 허위로 판명되게 된 경우에도 미디어는 명예훼손 책임을 면하게 된다. 동 항변은 2013년 개정 명예훼손법에 '미디어의 공익 사항에 관

도에 적용한 후 영국 항소법원은 2001년 처음으로 중립보도의 특권을 인정하는 판결을 내렸다.[130] 이후 영국 법원은 2개의 사건에서 중립보도의 특권을 적용하였고,[131] 2007년 Roberts v Gable 판결은 이를 상세하게 분석 정리하는 판단을 내렸다.[132]

위 2007년 판결의 취지를 입법화한 2013년 개정 명예훼손법 제4조는 공익사항의 보도 항변을 새로 창설하면서 거기에 이전의 레이놀즈의 제한적 특권과 중립보도의 항변을 함께 규정하였다.[133] 이것은 상술한 2007년 Roberts v Gable의 판지를 따른 것이지만, 중립보도의 특권을 레이놀즈의 특권과 같은 성격의 것으로 함께 규정한 데 대해서는 학설의 비판이 제기되고 있다.[134]

한 보도의 항변'이라는 이름으로 명문으로 수용되었다(이상 박용상, 영미명예훼손법 (한국학술정보 2019) 124면 이하 참조).

130) Al-Fagih v HH Saudi Research & Marketing [2001] EWCA Civ 1634; [2002] EMLR 215: 법원 판시에 의하면 "이 보도는 정치적 논쟁의 과정에서 생긴 것이다. 한 정치단체 내에서 분열된 이들 정치적 라이벌들은 상호 공방주장을 벌였다. 피고는 그 보도에서 일방의 주장을 채용하거나 그것이 진실하다는 의미를 전달하지도 않았다. 그 보도는 단지 당사자 간에 그러한 상호적 비난이 있었다는 것 자체를 보도하였을 뿐이다." 이 경우 기자는 보도내용의 진실을 입증할 필요가 없다. "정치적 논쟁의 양측이 그들의 상호적인 주장과 대응에 관해 완전하고, 공정하며 공평무사하게 보도되는 상황"에서는 "공공은 기자들이 진실 입증 시도 후에 그 어느 일방을 지지하는가를 기다림이 없이 그러한 논쟁에 관해 알 권리가 있다"고 하면서, 제한적 특권을 인정하였다.

131) 2001년 Al-Fagih 판결 이후 영국법원은 Mark v Associated Newspapers Ltd [2002] E.M.L.R.의 Galloway v Telegraph Group Ltd [2006] E.M.L.R. 221에서 중립보도의 법리를 적용한 바 있다(상세한 판결 내용에 관해서는 박용상, 영미 명예훼손법, 189-191면 참조).

132) Roberts v Gable (12 Jul 2007) [2008] 2 WLR 129; [2007] EWCA Civ 721 (그 상세한 판결 내용에 관해서는 박용상, 영미 명예훼손법, 191-193면 참조).

133) 2013년 개정 영국 명예훼손법 제4조 공익 사항에 관한 공표(Publication on matter of public interest) 제3항은 "불만 대상 진술이 원고가 일방 당사자였던 논쟁의 정확하고 공평한 설명이었거나 그 일부였던 경우, 법원은 그 진술의 공표가 공적 이익을 위한 것이었다고 피고가 믿음에 합리적이었던 여부를 결정함에 있어서 피고가 그에 의해 전달된 비난의 진실을 입증하려는 조치를 취하지 않았더라도 이를 무시해야 한다."고 규정한다.

어쨌든 레이놀즈 항변은 책임있는 저널리즘 기준을 충족했다는 미디어측의 입증을 요하고, 이 입증은 취재실무 상 또는 소송 관행상 과다한 비용과 노력이 소요되어 어렵기 때문에 중립보도의 항변은 더 큰 의미를 갖게 된다. 양자 공히 공익 사항에 관한 보도에 적용되나 중립보도는 레이놀즈의 항변이 적용되지 않는 경우에도 적용될 수 있기 때문이다.

(2) 중립보도의 요건

영국에서 중립보도가 인정될 요건을 간추려 보면 다음과 같다.

① 공표된 정보, 즉 사실주장이 행해졌다는 스토리 자체가 공익에 관한 것일 것: 공익 여부의 인정은 사례의 정황에 비추어 판단되는 법적 문제이며,[135] 정직한 의견의 항변(과거 공정한 논평의 항변), 레이놀즈의 항변에서 논의되는 공익의 개념과 동일하다. 공인의 사생활에는 물론 공익이 없다. 주로 정치적 논쟁에 관한 보도가 이에 해당하지만, 영국 판례는 그밖에 공익에 관한 논쟁도 포함한다.[136]

② 피고는 진술이 공적 이익에 관한 것이라고 합리적으로 믿었음을 요한다(2013년 명예훼손법 제4조 1항 (b)). 악의는 중립성 결여를 나타내며 중립보도 항변에 치명적이다.[137]

③ 토론이나 논쟁의 일방 당사자가 다른 당사자에 관해 행한 주장일 것(쌍방적일 필요는 없음)

④ 그 주장은 그들 원진술자가 행한 것이며, 보도 전체로 보아 그

---

134) 이러한 2013년 개정법의 태도는 중립보도를 공정보도의 법리와 같은 맥락을 가진 것으로 취급하는 미국과도 다른 것이다. 또 레이놀즈의 항변은 의견이든 사실이든 막론하고 적용되지만, 중립보도는 중립성 결여의 리스크가 있는 의견에는 적용되기 어렵다는 지적이 있다(Sara Gale, id. p. 15).

135) Spiller v Joseph [2011] 1 AC 852; [2010] UKSC 53).

136) "보도된 논쟁의 내용이 개인적이고 상스러울수록 논쟁 자체가 순수한 공익 사항이 될 가능성은 낮아지고, 그에 관한 보도는 개인의 프라이버시를 더 침해하게 될 것이다."(Lord Justice Sedley in Roberts v Gable [76])

137) Gale, id., p. 8.

러한 주장이 행해졌다는 사실과 그 내용을 공평무사하고 공정하게
보도할 것: 보도가 그 주장을 채용하거나 수식하지 않을 것을 요한
다.[138]

⑤ 영국에서는 보도가 공익 사항에 관한 것임을 요구할 뿐, 공적
논쟁이 진행 중일 것은 필수적 요건이 아니며, 믿을 수 있는 소스에서
나온 정보를 공정하고 정확하게 보도하는 경우에도 중립보도가 허용
될 수 있다.[139]

4) 중립보도의 법리의 도입 필요성

이상 살펴 본 바에 의하면, 미국 법원에서 창안된 중립보도의 법리
는 영국에서 더 널리 활용되고 있음을 알 수 있다. 영국에서도 중립보
도는 독자들에게 정당하고 주제적 이익을 가진 스토리의 양쪽을 기자
자신의 것으로 채용하거나 분식함이 없이 보도하는 경우를 말하고, 그
것이 보통법상 재공표 책임을 면하는 제한적 특권으로 인정됨에는 미
국의 경우와 다름이 없다. 다만, 그 요건에 관해 약간 달리할 뿐이다.

이상 영미에서 형성된 중립보도의 법리를 종합 분석하여 보면, 우
리도 중립보도의 법리를 도입할 필요가 있다고 생각된다. 그 근본 취
지는 공공이 공익 사항에 관한 논쟁의 양상을 알 공익에 근거하는 것
이고, 언론 자유의 확대 및 공공의 알 권리 양자에 기여하는 것이기
때문이다.

---

138) 영국 판례에 의하면 피고가 타인이 주장했다는 것을 사실로 보도하는 것이 아니
라 직접 주장하는 경우 중립보도는 성립하지 않으며(Galloway v Telegraph
Group Ltd [2006] EWCA Civ 17), 피고가 해당 주장을 채용하고 결론을 꾸며
내린 경우(Henry v British Broadcasting Corporation [2005] EWHC 2787 at
[81]), 논쟁 양측이 중립적 모양으로 보도되지 않은 경우(Malik v Newspost Ltd
[2007] EWHC 3063) 또는 논쟁 당사자 일방에 호의적이었고 그 주장 일부를
자신의 것으로 채용한 경우(Al-Fagih v HH Saudi Research & Marketing
(UK) Ltd [2000] WL 1675201)에는 중립보도의 항변이 허용되지 않았다.

139) Galloway v Telegraph Group Ltd (CA) [2006] EWCA Civ 17.

　실제로 우리 판례 중에는 중립보도의 법리와 유사한 논거에서 피고 미디어의 보도를 면책한 사례가 발견되기도 한다.

■ **대법원 1998. 10. 27. 선고 98다9892 판결 (한통노조 대 박홍)**

　원고 한국전기통신공사 노동조합은 1995. 5. 노사 협상 중 업무방해 혐의로 구속영장이 발부된 간부들이 명동성당과 조계사에 들어가 농성을 하다가 경찰력 투입으로 구속된 사건이 있었다. 서강대학교 총장으로 재임하던 피고 박홍은 원고 노조원들의 농성사태가 있은 직후, 개최된 한 세미나에서 노조원들이 북한에 의해 조종되고 있다는 취지로 주장하자, 피고 중앙일보는 위 발언내용을 확인하고 1995. 6. 15.자 중앙일보에 "노조원들의 성당·사찰 농성, 북한에서 조종했다. 박홍 총장"이라는 제목의 기사를 게재 보도하였다.

　대법원은 피고 중앙일보가 위와 같이 피고 박홍이 그와 같은 내용의 발언을 하였다는 것을 논평없이 그대로 게재한 것 자체는 전체적으로 보아 진실한 보도이며, 위 기사의 내용을 전체적으로 관찰할 때에 그것이 원고 조합원들이 북한의 조종을 받아 성당과 사찰에 들어가 농성을 하였다는 사실을 적시한 것이라기보다는 피고 박홍이 그와 같은 발언을 하였다는 사실을 적시한 것이라고 볼 수 있으므로 전문(傳聞)사실에 의한 명예훼손이 성립하는 것이 아니라고 판시하였다. 이 사건 판결이유에 명시적으로 설시되지는 않았으나 중립보도의 법리를 적용한 것으로 볼 수 있는 전형적 사례에 해당한다.

■ **대법원 2018. 10. 30. 선고 2014다61654 판결 ('종북' 비난)**

　보수적 정치평론가 변희재(피고)는 2012년 3월 수차례에 걸쳐 자신의 SNS에 이정희(원고) 전 통합진보당 대표와 남편인 심재환 변호사를 비판하면서 그들을 '종북' '주사파'로 칭하고 당시 종북 논란의 중심에 있던 경기동부연합과 관련 있다는 주장을 제기했다.

　이 대표 부부가 명예훼손으로 제기한 손해배상 청구 소송에서 서울고등법원은 피고 변희재에게 1500만원의 배상을 명하였고, 위 변희재의 트위터 글을 인용 보도한 조선닷컴과 조선일보에 각 1000만원의 배상을 명하였다. (다만, 새누리당 대변인인 이상일 의원의 성명과 이를 인용보도한 조선닷컴에게는 배상책임을 부인하였다.)

대법원은 피고 변희재의 진술이 의견의 표현이라고 보아 명예훼손의 성립을 부인하는 동시에, 그의 트위터 글을 인용보도한 조선닷컴과 조선일보에 대해서도 원고 청구를 기각하는 취지로 판시였다. 판시에는 중립보도의 법리에 관한 언급이 없었으나, 원고 이정희와 피고 변희재 간의 논쟁을 그대로 보도한 미디어의 보도에 관해 중립보도의 법리를 원용하였다면 훨씬 간명하고 설득력있는 논증이 되었을 것이다.

■ 서울고등법원 2013. 1. 25. 선고 2012나53224 판결 (고소인과 피고소인 간의 공방)

이 판결은 고소인과 피고소인 간의 공방 주장을 중립적으로 보도한 사안을 다룬다.

피고 일간지 기자는 유명 방송인(원고)과 결별한 남자친구(C) 간의 폭행 고소 사건을 8개의 기사에서 보도하면서 고소인과 피고소인 간의 공방 주장을 보도하였는데, 그 기사들 중에는 원고가 폭력배를 동원하여 과거 연인 사이였던 C를 폭행, 감금하였고, 원고의 이혼 및 대학 입학과 아나운서 합격에 의혹이 있고, 금전관계를 맺는 스폰서가 있음을 암시하는 취지의 문구가 포함되어 있었다.

서울고등법원은 "C 측이 먼저 원고와 [성행위] 동영상을 유출하면서 언론의 관심을 끌고 원고에 의한 폭행 피해자라고 주장하면서 이를 언론에 제보하자, 원고가 C를 고소하고 원고 자신이 C에 의한 폭행의 피해자라고 주장하면서 이를 언론에 제보하여 양측 주장 모두가 충분히 보도됨으로써 진실공방에 대한 세간의 관심이 증폭되었"는데, "이 사건 기사들은 모두 C 측 주장을 보도함에 있어 인용 문구를 제대로 사용하고 있는 점, … 이 사건 기사들은 모두 C의 주장 외에도 그 기사 자체에 그와 배치되는 원고 측의 주장이나 중립적인 제3자의 진술을 대등한 비중으로 기재"한 점 등에 비추어 보면, "이 사건 기사들은 일반 독자에게 'C 측의 주장사항이 진실이다'라는 인상을 심어 주는 것이 아니라 'C의 주장이 이러하다'라는 사실만을 전달하는 데 불과한 것으로 보인다"는 이유를 들어 원고의 청구를 배척하였다.

다만, 원고의 성행위 장면이 담긴 이 사건 동영상을 보도한 행위에 관하여 "사람의 성생활 자체에 대한 정보는 인간의 존엄성이나 인격의 내적 핵심을 이루는 요소로서 내밀한 사적 영역에 속하여 최종적이고 불가침의 영역이라고 할 수 있으므로 당사자가 동의한 경우가 아닌 이상 위 정보는 보호되어야 할 것인 바, 원고가 유명 방송인으로서 공인이라고 하더라도 위 정보는 공중의 정당한 관심사에 해당한다고 볼 수 없으므로 위 기사의 보도 행위는 위법성이 조각되지 아니한다"고 하여 원고의 손해배상청구를 일부 인용하였다.

이상 미국과 영국에서 논의되어 온 중립보도의 법리를 비교 분석하여 우리에 적합한 법리를 개발할 필요가 있다고 생각된다. 언론이 논쟁 당사자인 제3자들 간의 공방진술을 인용 보도하지만, 그 진술 내용이 진실임을 알리려는 것이 아니라 그러한 내용의 진술이 행해졌다는 점 자체를 공공에게 알리려는 것으로서, 거기에 뉴스가치가 있고 국민의 알 권리가 존재하기 때문이다. 그러므로 중립보도 사안에서 피고는 인용된 진술 내용의 진실 여부를 취재하거나 그 진실임을 입증할 의무도 없고, 진실이라고 믿음에 상당한 이유의 입증도 요구되지 않으나, 그 보도는 인용 내용 자체를 자신의 생각으로 채용하여서는 안되고 중립성을 유지할 의무만이 관건이 된다. 이 점에서 이 중립보도의 항변은 진실의 항변 및 상당성 항변과는 다른 차원의 것으로 취급되어야 할 것이다.

5) 결론 – 중립보도의 면책 요건

중립보도의 법리를 도입하는 경우 그 요건을 상술하면 다음과 같다.

① 보도된 진술의 내용이 공익에 관한 것이어야 하고, 사적인 사항에 관한 발언은 배제되어야 한다. 특히 내밀 영역이나 비밀영역에 속하는 주장사실의 보도는 중립보도의 대상이 될 수 없다. 다만, 공인의 사적 사항은 공익에 관련되는 범위 내에서는 중립보도가 가능할 것이다. 보도는 단지 뉴스가치가 있을 뿐 아니라 정당한 공익 사항이어야한다.

② 현재 진행중인 논쟁에 관한 것이어야 한다. 정치적 논쟁뿐 아니라 여타 공익사항에 관한 논쟁도 포함한다. 정치적 현안인 쟁점에 관한 정당 대변인 간의 공방 주장에 상대방이나 제3자에 대한 명예훼손적 내용이 포함된 경우가 이에 해당하는 대표적인 사례로 생각된다. 논쟁이 진행중이어야 하므로 이미 과거사가 된 사안에 관해 과거에 논쟁이 있었다는 점을 내세울 수 없을 것이고, 미디어 자신이 유발한 논란을 기화로 중립보도를 주장하는 것은 어려울 것이다.

③ 논쟁의 당사자 쌍방이 공적 인물이나 공적 존재인 경우에는 여타 요건이 충족되는 경우 중립보도가 허용될 수 있을 것이다. 그렇다면 논쟁 당사자 쌍방이 공인이 아닌 경우에는 어떤가?[140]

먼저, 피해받았다고 주장하는 원고가 공적 인물이나 공적 주체인 경우에는 원칙적으로 미디어 피고에게 중립보도 항변이 인정될 수 있을 것이다. 그러나 공인이 아닌 사인에 대한 비난은, 그가 중대한 범죄를 범하는 등 공인에 준한 보도를 요하지 않는 한, 원칙적으로 공공의 알 권리의 대상이 될 수 없기 때문에 그에 대한 비난을 전파하는 보도는 중립보도가 될 수 없는 것이다.

---

140) 이에 관해 미국 판례는 인용된 발언자가 책임있고 저명한 자이어야 하며 비난받은 자는 공인이어야 한다고 하고, 영국 판례는 이에 한정하지 않고 책임있는 소스가 공표한 것을 그대로 보도하면 중립보도가 될 수 있다고 본다.

다음, 보도된 비난적 진술의 원진술자가 공인이나 공적 존재인 경우에도 중립보도가 허용될 충분한 이유가 있다. 원진술자가 공인에 준하는 지위를 갖게 된 경우에도 마찬가지로 보아야 할 것이다.[141] 그 이외의 경우에는 새로운 항변으로서 허용될 중립보도가 남용될 소지를 방지하기 위해 신중하게 취급할 필요가 있을 것이다. 우선 신원이 확인되지 않거나 익명 제보자의 확인되지 않은 주장이 중립보도의 대상이 될 수 없음은 물론이다.[142] 또 이른바 공익신고자 등 신원이 확인된 일반 시민의 공익침해행위에 관한 주장으로서 그 주장 자체로 보아 공익 사항에 관해 구체성과 신빙성이 있는 주장이라고 생각되는 경우에도 그러한 사정만으로는 그 주장을 인용 보도한 언론에 중립보도의 법리를 적용할 수는 없을 것이다.[143] 이 경우에는 제3자가 제기한 비난이나 폭로를 근거로 한 미디어의 의혹 보도로 보아 그 진실 입증에 완화된 기준을 적용하는 것이 더 바람직할 것이다.

---

141) 예를 들어, 최근 김경수 경남지사와 일명 드루킹 사이에 댓글 조작 지시 여부에 관한 논쟁은 그 진실 여부를 떠나 상호 공방 내용 자체가 뉴스가치를 가짐에 의문이 없는데, 이들 양측의 진술을 그대로 중립적으로 보도한 신문이나 방송에 대해 그것을 전문사실에 의한 보도라 하여 그 내용의 진실 입증을 요구한다면, 미디어의 기능이나 국민의 알 권리에 반하는 결과가 될 것이다.

142) Fogus v. Capital Cities Media, Inc., 444 N.E.2d 1100 (IMIA. pp. Ct. 1983).

143) 현행 공익신고자보호법에 의하면 공익신고는 공익신고자의 이름, 주민등록번호, 주소 및 연락처 등 인적 사항을 명시하여 동법에 규정된 조사기관, 수사기관 또는 국민권익위원회 등에 공익침해행위(국민의 건강과 안전, 환경, 소비자의 이익, 공정한 경쟁 및 이에 준하는 공공의 이익을 침해하는 행위)를 적시하여 신고할 수 있다(동법 제6조 및 제8조). 그러나 "누구든지 공익신고자 등이라는 사정을 알면서 그의 인적 사항이나 그가 공익신고자 등임을 미루어 알 수 있는 사실을 다른 사람에게 알려주거나 공개 또는 보도하여서는 아니 된다. 다만, 공익신고자 등이 동의한 때에는 그러하지 아니하다."고 규정하며(동법 제12조 제1항), "제6조에 따라 공익신고를 접수한 기관의 종사자 등은 공익신고에 대한 조사결과 공익침해행위가 발견되기 전에는 피신고자의 인적 사항 등을 포함한 신고내용을 공개하여서는 아니 된다."고 하며(제10조 제5항), 이들 규정을 위반한 때에는 5년 이하의 징역 또는 5천만원 이하의 벌금에 처해지게 된다(동법 제30조). 부패방지 및 국민권익위원회의 설치와 운영에 관한 법률(약칭: 부패방지권익위법)에 의하면, 부패행위 신고자에 관해서도 유사한 규정이 있다.

④ 보도는 당사자의 주장을 공정하고 사심없이 객관적으로 다루어야 한다. 즉, 보도에 의해 당사자가 어떤 주장을 하였다는 점만을 전달할 뿐 그 주장 내용이 진실이라는 취지로 읽혀지게 하여서는 안된다. 따라서 어느 일방의 진술에 가담하거나 이를 지지하여서는 안되고, 행해진 쌍방의 공방을 균형있게 다루어야 한다.

⑤ 이상의 요건이 충족되면, 피고는 진술 내용의 진실성을 확인하거나 조사할 필요가 없다. 법원도 인용보도 내용에 관해 진실의 입증을 요구하거나 진실이라고 믿음에 상당한 이유를 입증하게 할 필요가 없음은 물론이다.

다만, 위 요건에 의하면 기자가 허위임을 안 경우에도 이를 중립보도의 형태로 보도하면 면책될 수 있기 때문에 이 특권이 남용될 가능성이 있다. 또 이렇게 남용되는 경우 독자들은 그 주장 진술의 진위를 전혀 알지 못할 경우도 있어 문제될 수 있다. 이러한 문제에 대처하기위해 이 특권을 인정함에는 표현행위자가 거짓 주장을 하였음을 알공익에 비해 주장의 허위임이 밝혀지지 않을 위험을 비교형량해야 한다는 의견이 제시된다.[144]

⑥ 중립보도의 특권이 인정되어 미디어가 면책되는 경우에도 원진술자의 책임은 면책되지 않고 별도로 판단된다.

4. 통신 뉴스의 항변

1) 요 건

미디어의 재공표 책임을 면책하는 또 하나의 법리가 미국 법원이 전개한 '통신뉴스의 항변'(wire service defense)이다. 그에 의하면 언론

---

144) Jason Bosland, Republication of Defamation under the Doctrine of Reportage-The Evolution of Common Law Qualified Privilege in England and Wales, http://www.austlii.edu.au/au/journals/UNSWLRS/2010/20.html.

미디어의 보도가 뉴스통신 서비스에 의해 전달된 정보를 재공표한
(republish) 것이고, 그 자료가 명예훼손적임을 알지 못했거나 알 근거
가 없는 경우에는 명예훼손의 책임을 지지 아니한다.[145] 이 항변은
1933년 플로리다 최고법원의 판결[146]에서 최초로 언급된 이래 현재
미국의 20개 주에서 통용되고 있다.[147]

　미국 판례에 의해 요구되는 그 요건을 보면 ① 신문, 방송, 잡지 등
언론 미디어[148]가 ② 통신사 등 신뢰할 수 있는 뉴스수집기관으로부
터 배신된 정보[149]를 받아 ③ 실질적 변경을 가함이 없이 그대로 보
도한 경우[150] ④ 그 내용이 허위임을 알거나 문면상 알 이유가 없었

---

145) Jennifer L. Del Medico, ARE TALEBEARERS REALLY AS BAD AS
　　TALEMAKERS?: RETHINKING REPUBLISHER LIABILITY IN AN INFORMATION
　　AGE, 31 FDMULJ(Fordham Urban Law Journal, November, 2004) 1409.
146) Layne v. Tribune Co., 146 So. 234, 237-38 (Fla. 1933): 피고 일간지는 통신
　　사가 제공한 기사를 전재한(republish) 것 때문에 원고로부터 명예훼손으로 피소
　　되었는데, 법원은 신문이 일반적으로 신뢰할 수 있는 일상의 뉴스원으로부터 통
　　신기사를 전재하는 경우 그가 재작성에 과실있고, 무사려하며, 부주의하게 행위
　　했다는 증거가 없으면 명예훼손의 책임이 없다고 판시하였다. 법원은 이 항변을
　　채택하는 논거로서 신문들이 전국의 뉴스를 그에 관심을 갖는 독자들에게 전달
　　할 수 있게 하기 위한 것이며, 신문마다 그 전파사항에 관한 사실 확인의무를
　　부과한다면 뉴스의 전달은 제한받을 것이란 점을 들었다.
147) Del Medico, id., p. 1411.
148) 통신뉴스의 항변은 뉴스 속보나 원격지의 뉴스에 국한되지 아니하고, 향유 주체
　　가 지방 미디어뿐 아니라 방송과 잡지에도 그 적용된다(Del Medico, id., p.
　　1421).
149) 항변자는 그가 의거한 통신보도 기사를 정확하게 지적할 수 있어야 한다(Jewell
　　v. NYP Holdings, Inc., 23 F. Supp. 2d 348, 371-74 (S.D.N.Y. 1998)).
150) 항변이 적용되기 위해 통신 보도내용을 축어적으로 전파하는 것을 요하는 것은
　　아니지만, 새로운 실체적 사실을 추가하는 경우에는 적용되지 않는다(O'Brien v.
　　Williamson Daily News, 735 F. Supp. 218, 224 (E.D. Ky. 1990)). 언론사가
　　통신사로부터 받은 기사에 자신의 견해나 억측을 부가하여 보도하는 경우, 이를
　　과장하거나 윤색하는 경우, 자극적인 제목을 덧붙이는 경우 등에도 마찬가지일
　　것이다(김선화, 정현기, 언론중재법상 정정보도의 대상이 되는 사실적 주장에 관
　　한 검토-'인용보도'의 경우를 중심으로-, 사법논집 제64집 199-260 (2017),
　　252면).

다면 면책된다.[151] ⑤ 여기서 명예훼손의 피해자가 공인인지 사인인지 상관이 없다.[152]

나아가 미국 판례는 '역통신뉴스의 항변'(reverse wire service defense) 도 인정한다. 그에 의하면 통신사가 배포한 기사가 통신사 자체의 기자가 아니라 명망있는 뉴스원(reputable news source)의 작업인 경우에도 통신사를 명예훼손 책임으로부터 면제하게 된다.[153] 이 경우에도 통신사는 기사의 진위 여부를 독립적으로 조사할 의무를 부담하지 않으며, 그것이 명예훼손적 자료임을 알지 못했거나 알 이유가 없었다면 이 항변을 제기할 수 있다.

2) 우리 판례

우리 판례가 뉴스통신사의 보도를 전재한 기사에 관해 이러한 법리를 명시적으로 적용한 사례는 보이지 않고, 통신사 제공뉴스를 마치 자신이 취재한 양 크레딧 표시없이 보도한 지방신문에 대하여 그 내용이 진실이라고 믿음에 상당한 이유가 없다는 취지로 판시한 사례가 있을 뿐이다.[154]

그러나 우리 법제에서도 통신뉴스의 항변의 법리를 도입하여 수용

---

151) 재공표자는 그 기사에 모순이 없는가를 검토해야 하고, 모순된 내용에 설명이 없거나 허위임을 안 경우에는 재공표할 수 없다(Howe v. Detroit Free Press, Inc., 555 N.W.2d 738, 740-42 (Mich. Ct. App. 1996)).

152) Id., p. 1410.

153) Reilly v. Associated Press, Inc., 797 N.E.2d 1204, 1217 (Mass. App. Ct. 2003); see Mehau v. Gannett Pac. Corp., 658 P.2d 312, 322 (Haw. 1983); Winn v. United Press Int'l, 938 F. Supp. 39, 44-45 (D.D.C. 1996); Winn v. Associated Press, 903 F. Supp. 575, 579 (S.D.N.Y. 1995).

154) 김선화, 정현기의 전게 논문 251면에 예시된 서울고등법원 1996. 9. 18. 선고 95나41965 판결과 대법원 2002. 5. 24. 선고 2000다51520 판결에 의하면 연합통신과 통신 송수신 및 전재계약을 맺은 지방신문사(피고)가 연합통신으로부터 제공받은 기사를 그대로 보도하면서 전재사실을 명시하지 아니한 채 자신이 취재한 것처럼 보도한 사안에서 법원은 피고의 상당성 항변을 이유 없다고 배척하였을 뿐, 통신뉴스 제공 항변 여부에 관하여는 판단하지 않고 있다.

할 필요가 있다고 생각된다. 미국 판례의 논거를 보거나, 현대 정보사회에서 뉴스 유통 시스템의 작동 기제에 의할 때 통신뉴스의 항변을 받아들이는 것은 경제적이고 합리적일 뿐 아니라 격리된 수용자의 알 권리에 기여할 수 있기 때문이다. 다만, 미국 판례가 요구하는 요건 이외에 크게딧을 밝혀 출처와 신뢰도를 담보하는 조치가 필요하다고 생각한다.[155]

---

155) 한위수, "통신사제공기사의 게재와 명예훼손 책임", 언론관계소송(2008), 188~189.

제2부　위법성 논의와 명예훼손죄 폐지 논쟁

Ⅰ 서　론

이상 현행 법제상 명예훼손(죄)의 구성요건 및 위법성 조각 사유 일반에 관한 반성적 고찰과 함께 그 미비점을 보완하기 위해 영미법 및 독일 법제의 법리를 도입하여 정비하는 방안을 살펴보았다. 이 논의는 현안이 되고 있는 형법상 명예훼손죄 중 진실한 사실적시 명예훼손죄의 폐지 논쟁에 중요한 시사점을 제공할 수 있다.

헌법재판소는 여러 차례 명예훼손죄 폐지론을 거부하는 결정을 내린 바 있다.[1] 그럼에도 불구하고 폐지론은 명예훼손의 비범죄화를 추구하는 국제적 조류와 언론 자유의 확대를 추구하는 국내 일부 학자들의 적극적 논의에 힘입어 끈질긴 움직임을 이어가고 있다. 이렇게 폐지론은 그 세력을 잃지 않아 논쟁은 그치지 않고 있어 혼란을 벗어나지 못하고 있는 상황이다.[2]

---

1) 모욕죄에 관하여 헌법재판소 2013. 6. 27. 선고 2012헌바37 결정 (모욕죄), 헌법재판소 2020. 12. 23. 2017헌바456・475・487, 2018헌바114・351(병합) 결정. 형법상 명예훼손죄에 관하여 헌법재판소 2021. 2. 25. 선고 2017헌마1113, 2018헌바330(병합) 결정(형법 제307조 제1항), 헌재 2021. 2. 25. 선고 2016헌바84 결정(형법 제307조 제2항 위헌소원). 정보통신망 이용 거짓 사실 적시 명예훼손죄에 관하여 헌재 2021. 3. 25. 선고 2015헌바438/2018헌바475/2019헌마116 병합결정(정보통신망법 제70조 제2항 위헌소원), 헌법재판소 2021. 4. 29. 2018헌바113 결정 등.

2) 폐지론의 논거로서 명예의 개념 자체 및 명예훼손행위의 불확정성, 사실과 의견의 구별, 진실과 허위의 구별의 어려움 등을 이유로 하는 비판에 대해서는 논외로 한다. 예컨대, 김성돈교수에 의하면 무엇이 사람의 명예를 손상시킬 '가능성'이 있는 진실한 사실인지 알기 어렵고, 피해자의 사회적 지위와 역할에 따라 그 가능성의 정도가 다르고 객관적으로 측정 가능하지도 않기 때문에 누구에게나

명예훼손죄 특히 사실적시 명예훼손죄를 폐지하자는 논의는 명예훼손법의 전체적 구조와 기본에 관련되는 문제를 다루게 된다. 명예훼손법제는 한 나라의 역사적·문화적 전통을 반영하는 것이며, 그러한 전통은 성문법전뿐 아니라 기존 판례와 학설에 각인되어 있다. 이렇게 확립된 전통적인 법제를 개선하고 변경함에는 그러한 법리와 법조문이 생성된 경위 및 의미와 함께 그 장기간 적용과정을 살펴 결함이나 문제가 있는지 세심하게 살피고, 그 대책을 마련할 필요가 있다.

우리 형법은 제307조 제1항에서 명예훼손행위는 진위를 막론하고 일단 구성요건에 해당한다고 규정하고 있어 진실한 사실의 적시도 명예훼손죄로 처벌될 수 있다. 이에 관해 일부 학자들은 진실을 적시하는 행위는 명예훼손이 될 수 없고 이를 처벌하는 형법상의 명예훼손죄는 폐지되어야 한다고 주장한다. 폐지론을 주장하는 학자들의 주된 논거 중 실체적 사유에 관한 것은, 첫째 진실 사실적시를 처벌하는 형법 제307조 제1항은 허명을 보호하는 것이어서 정당한 입법 목적이 될 수 없다는 점, 둘째 진실한 사실을 적시하는 행위 자체에는 불법성이 없기 때문에 범죄의 당벌성이 없다는 점, 셋째 그 행위의 위법성 조각사유로서 정해진 형법 제310조는 그 적용 해석에 의해도 진실 적시 표현(언론)의 자유가 충분히 보호받을 수 없다는 점 등을 주된 내용으로 한다.[3]

───────────

동등한 수준으로 보호될 수도 없다고 주장한다(김성돈, '진실적시명예훼손죄 폐지론', 서울지방변호사회 2016. 5. 20. 주최 사실적시 명예훼손죄에 관한 심포지엄 주제 논문, 8면 (https://www.seoulbar.or.kr/cop/bbs/selectBoardList.do#LINK)). 위와 같이 문제와 어려움이 있음에도 명예훼손법제를 포기할 수 없는 이유는 표현의 자유나 명예권 모두가 헌법상 중요한 가치를 갖고 존중되어야 할 기본권이고, 어느 사회에서나 양자가 충돌하는 경우 균형적인 조화적 해결은 필수적인 사회적 과제이기 때문이다. 그리고 이미 명예권의 개념 및 명예훼손행위의 정의에 관해서는 많은 판례가 집적되어 있고, 그에 의하면 명예훼손이 되는지 여부는 피해자가 속한 공동체의 일반 평균적 독자가 이해하는 바에 따르게 되어 있다.

3) 학자들의 이러한 주장은 사실적시 명예훼손죄의 위헌 여부를 다룬 헌법재판소

표현의 자유와 인격권은 헌법의 가치 위계상 우열관계에 있는 것이 아니라 동등한 가치를 가지는 것으로 파악하는 것이 일반적 경향이고, 양 기본권이 충돌하는 경우 이를 조정하는 방안으로서 각국에서는 각 이익의 비교형량에 의해 우열을 가리는 사고가 지배적으로 적용된다. 그 때 이익형량에 따라 표현의 자유가 양보되어야 하는 경우, 즉 명예훼손행위에 실체적 위법성과 가벌성이 존재하는 경우에는 그 경중에 따라 적합한 법적인 제재가 허용될 수 있을 것이다. 따라서 이 문제는 법리적인 실체적 문제와 함께 그에 그치지 않고 그러한 문제 해결을 위해 어떠한 종류와 정도의 법적 제재가 적합한가 여부를 고찰하는 법정책적 문제가 함께 고찰되어야 한다.

이러한 입장에서 우리는, 첫째 현행법의 해석론과 입법론을 구별하여 논해야 하며, 둘째 구성요건과 위법성을 구별하는 법학상 행위론에 관한 이해를 요하며, 셋째 명예훼손적 진술의 진위 여하에 따라 표현의 자유와 명예권 간의 우열을 정하는 실체법상의 비교형량 기준과 함께, 넷째 이러한 실체법상의 이해가 절차법적 규율을 통해 구현되는 과정을 통합적으로 이해하여야 하며, 다섯째 이 과정에서 진위의 입증책임 분배가 결정적 의미를 갖는다는 점을 고려할 필요가 있다.

Ⅱ 비교법적 고찰

1. 서 론

형사 명예훼손죄의 존재의의 및 그 폐지 여부에 관한 논의는 오랜

결정(헌법재판소 2021. 2. 25. 선고 2017헌마1113, 2018헌바330(병합) (형법 제307조 제1항에 대한 위헌소원) 결정)의 반대의견에 영향을 미쳐 그대로 반영되고 있다.

역사를 갖는다. 형사 명예훼손죄를 폐지해야 한다는 논거로 제시되는 바에 의하면, ① 그것은 언론의 자유에 위축효과를 가진다는 점, ② 본질적으로 사적 불법행위인 명예훼손은 민사적 구제로 충분하고 그에 공적인 구제를 제공하는 것은 형법의 보충성 원리에 반한다는 점, ③ 명예훼손을 탈형사화하는 글로벌 트렌드에 반한다는 점 등이다.[4] 그 중에서 가장 핵심적 논거는 이 제도가 공적 사항에 관한 보도를 위축시킬 것이라는 점이다. 이 문제에 관한 논의는 각국의 사회적 문화적 배경에 따라 다른 양상을 보이는데, 특히 민사적 구제의 효율성 여하, 공적 토론을 위축시키려는 기소에 대한 대책 여하가 관련되어 논의되어야 할 것이다.

2. 영 국

영국에서 형사 명예훼손죄는 이상과 같은 비판 때문에 2010년에 이르러 폐지되었는데, 그 경과에 관해서는 상세한 언급이 필요하다. 영국에서 명예훼손은 허위 주장을 형사범죄로 취급한 교회법에 뿌리를 가지며, 16세기에 이르러 악명 높던 성청법원에 의해 로마법을 수용하여 문서에 의한 언론범죄를 총칭적인 'libel'의 개념에 따라 처벌하기 시작하였다. 그 중 정치적 명예훼손(seditious libel)은 군주주권을 옹호하는 정치적 억압장치로 정부를 불신하게 하는 비판은 어느 것이나 범죄로

---

4) IPI와 연대하여 유럽의 형사 명예훼손죄 폐지 캠페인을 벌이고 있는 English PEN에 의하면, 전세계적으로 형사 명예훼손법은 비판적 미디어 보도를 저지하고, 반대파를 침묵시키며, 정치적 경제적 이익을 보호하기 위해 남용되고 있다고 주장한다. 특히, 형사 기소의 위협과 범죄 전과의 리스크는 강력한 자기검열의 유인이기 때문에, 그것은 세계적으로 미디어와 표현의 자유에 대한 가장 널리 인식된 장애라고 한다. 개방 사회에 대한 그 영향은 심각한데: 기소의 두려움은 토론을 폐쇄하고 탐사보도를 저지하며, 정보의 자유를 제한하여 공공의 알권리를 박탈한다는 것이다(https://www.englishpen.org/press/criminal-defamation-in-the-eu/).

처벌하게 되었다. 그에 비해 사인에 대한 형사명예훼손(defamatory libel)
은 정치체제와 무관하게 공동체의 평화를 위한 것이었다. 성청법원은
공공 평화를 보호하기 위해 사인에 대한 명예훼손도 형사 처벌할 필
요가 있다고 인식하였다. 개인의 명예훼손은 결투와 가족의 복수에 의
한 유형을 유발할 우려가 있다고 생각되었기 때문에 사람들을 폄훼하
는 경향이 있고 그들을 증오, 조롱 및 모욕하는 진술을 문서명예훼손
(libel)의 범죄로 처벌하게 된 것이다.

1792년 영국 의회가 제정한 법률(Libel Act, 1792)에 의해 배심의 권
한이 강화되고, 1843년 법(Libel Act 1843, 일명 Lord Campbell's Libel
Act)에 의해 진실의 항변이 인정되었다. 그간 영국에서 명예훼손은 민
사 불법행위의 일환으로 보통법상 풍부한 사례를 다루었으나, 형사 명
예훼손은 법전에만 존재하는 사문화된 법이었고,[5] 그에 의한 기소는
거의 행해지지 않고 있었다. 이에 영국 의회는 2009년 제정법률
(Coroners and Justice Act 2009)로써 변란선동죄(offences of sedition)
및 선동적 명예훼손죄(offences seditious libel), 명예훼손죄(offence of
defamatory libel)를 공식적으로 모두 폐지하게 되었다(동법 제73조). 이
로써 고전적인 형사 언론범죄(criminal libel)는 모두 폐지되었다.

그밖에 영연방국가의 예를 보면, 명예훼손죄는 스리랑카 및 가나
이외에 대부분의 국가에서 잔존하고 있다. 캐나다, 호주, 뉴질랜드 등
에서는 거의 사문화하고 있으나, 인도 최고 법원은 2016. 5. 24. 판결
(Subramanian Swamy vs Union of India)에서 식민지 시대의 형사 명예
훼손법이 합헌이라고 판시하였다. 인도 형법 제499조 및 제500조는
명예훼손을 범죄로 규정하고 2년 이하의 징역 및 벌금에 처하도록 하
고 있다.

---

5) 영국에서 명예훼손죄로 기소된 사례는 1977년이 마지막이었고, 그 이후에는 적
용된 바 없으며, 영국법위원회(Law Commission of United Kingdom)는 1982
년 그 폐지를 권고한 바 있다.

3. 미 국

영국에서 시행되던 형사 명예훼손제도는 식민지 미국에도 수입되어 적용되어 왔으나, 영국의 군주주권체제를 벗어나 자유로운 독립국가를 세운 미국에서는 영국의 억압적 제도에서 벗어나려는 노력이 일찍부터 시작되었다. 이미 1735년 John Peter Zenger 사건에서 Hamilton 의 저명한 변론으로 식민지에서 영국의 선동적 명예훼손죄의 적용이 거부된 바 있었고, 1804년 사건6)에서 Alexander Hamilton의 변론 취지에 영향받아 뉴욕주는 1805년 입법으로 형사소송에서 진실의 항변을 최초로 인정한 바 있었다.

형사 명예훼손죄 제도에 치명타를 가한 것은 수정헌법 제1조의 언론의 자유를 강조한 1964년 뉴욕타임스 판결7)이었다. 연방대법원은 공무원에 의한 명예훼손 소송을 변란선동적 명예훼손(seditious libel) 소송과 동일시하여 이를 국민주권에 필요한 공적 토론을 파괴하는 것으로 인식하였다. 같은 해 Garrison v. Louisiana 판결8)은 현실적 악의 규칙을 형사 명예훼손에도 적용하였다. 위 판결에 의하면 명예훼손 처벌법이 합헌이 되려면, 첫째 진실은 선의 여부를 막론하고 절대적 항변이 되도록 하여야 하며, 그 허위 입증책임은 기소한 검사에게 있다는 점, 둘째 공무원과 공적 인물에 대한 형사 명예훼손은 피고 측에 현실적 악의가 있다는 점이 입증되어야 한다는 점9)이다.10)

---

6) People v. Croswell, 3 Johns. Cas. 337 (N.Y. Sup. Ct. 1804).

7) New York Times Co. v. Sullivan, 376 US 254 (1964).

8) 379 U.S. 64 (1964). 이 사건 판결에서 연방대법원은 형사 명예훼손은 민사 명예훼손에 의해 보호되는 것과 다른 이익을 보호하지 않으며, 명예훼손의 형사처벌을 정당화하는 보통법 상의 평화교란 법리는 20세기에 적용되지 않는다고 판시하였다.

9) 연방대법원은 1974년 공인에 대한 명예훼손 기소는 현실적 악의 규칙의 요건이 요구된다고 판시하였다(Gertz v. Robert Welch, Inc., 418 U.S. 323 (1974)).

10) 실제로 연방대법원은 Keeton v. Hustler Magazine, Inc., 465 US 770, 777 (1984)에서 허위임을 알면서 이를 공표하여 공적인 혐오, 모욕 또는 조롱을 받

2004년 기준으로 미국에서 형사 명예훼손죄를 법전에 존치하고 있
는 주는 23개주에 달하며, 그중 14개주는 위헌 판단을 받지 않았다고
한다.[11] 또 뉴욕타임스 판결 이후 40여년 간 미국 전역에서 명예훼손
죄로 기소된 사례는 40여건에 불과하였다고 한다.[12]

이렇게 미국에서 명예훼손은 대부분 민사소송으로 해결되고 있으며,
일부 주는 명예훼손에 관한 형사처벌 규정을 두고 있지만 실제 적용
되는 예는 거의 없고, 실제로 적용되는 사례에서도 허위 사실에 대해
서만 명예훼손책임이 인정되고 진실한 사실은 면책된다.

4. 유럽 제국

유럽평의회(Council of Europe)는 2001년 이후 여러 차례에 걸쳐 회
원국들에게 명예훼손에 대하여는 형벌보다는 민사상 손해배상으로 대
응하는 것이 바람직하고, 특히 명예훼손에 대해 징역형을 부과하는 형
사법 규정은 폐지되어야 한다고 권고하였다. 이에 따라 유럽평의회 회
원국들은 형사법에 규정된 명예훼손죄를 폐지하거나 대폭 축소하였고,
실제 적용에 있어서도 매우 제한적으로 운용하고 있다.[13]

2015년 현재 EU 가입 28개국 중 23개 국가가 형사 명예훼손죄 및

게하는 행위를 경범죄로 처벌하는 뉴햄프셔 주법을 합헌으로 판단하였다.

11) Gregory Lisby, No Place in the Law: The Ignominy of Criminal Libel in
American Jurisprudence, 9 Comm. L. & Pol'y 433, 479 (2004). 최근 미네소
타주 항소법원은 2017. 10. 31. 미네소타주 형사명예훼손법을 위헌 무효라고 판결
하였다. 그것은 진실은 선한 동기에서 정당한 목적으로 전파될 것을 요하는 동법
의 요건이 허위 진술 이외에 절대적으로 보호받는 진실한 사실의 진술도 처벌할
가능성이 있기 때문에 너무 광범위하여 위헌이라고 본 것이다(http://arechigo-
stokka.com/blog/2017/10/31/minnesota-criminal-defamation-statute-declared-
unconstitutional/).

12) Criminalizing Speech About Reputation: The Legacy of Criminal Libel in
the U.S. After Sullivan & Garrison, Media Law Research Center Bulletin
(Media Law Research Center, New York, N.Y.), Mar. 2003, at 42.

13) 헌법재판소 2015헌바234 결정의 반대의견 참조.

모욕죄를 존치하고 있으며, 이를 폐지한 국가는 영국을 포함한 5개국이다.[14)15)] 그밖에 유럽 14개국에서는 아직 신성모독(blasphemy)이나 종교적 모욕(religious insult)을 처벌하는 법률이 존재하며, 그 중 5개국에서는 실제 적용되고 있다.[16)]

한편, 유럽인권재판소는 다수 유럽 국가가 형사 명예훼손죄를 존치하고 있는 상황에서, 형사명예훼손죄가 유럽인권협약에 위반되지 않는다는 기본적 입장을 취한다.[17)] 그러면서도 언론의 자유에 대한 위협으로 작용할 수 있는 폐단에 대처하기 위해 신중하게 적용할 것을 요구하고, 특히 명예훼손에 징역형을 부과하는 것은 인권협약에 위반된다는 입장을 굳히고 있다.[18)]

5. 독 일

유럽 국가 중 명예훼손죄가 형법상 규정되어 있을 뿐 아니라 가장 활발히 적용되는 나라는 독일이다.[19)] 독일 형법 제14장은 모욕(Beleidigung)

---

14) 이하 Criminal Defamation Laws in Europe, https://www.rcmediafreedom.eu/Publications/Reports/Criminal-Defamation-Laws-in-Europe 참조.

15) 2015년 9월 IPI(International Press Institute)의 조사 결과에 의하면 2013년 현재 덴마크와 라트비아를 제외한 16개국에서 형사 명예훼손죄 및 모욕죄로 유죄판결이 있었다고 한다. 그 처벌된 사람 중에는 상당수가 언론인이었고, 징역형이 선고된 경우도 있었으며, Croatia에서는 2013년 한해 언론인 72명이 명예훼손죄로 처벌되었다(Id.).

16) Id.

17) 유럽인권재판소 판례에 의하면 명예훼손에 대한 형사처벌은 그 자체가 비례원칙에 위반하여 위헌이 되는 것은 아니라고 한다(Ivanova v. Bulgaria, App. No. 36207/03, ¶ 68 (Eur. Ct. H.R. Feb. 14, 2008); Lindon v. France [GC], App. Nos. 21279/02 & 36448/02, ¶ 59 (Eur. Ct. H.R. Oct. 22, 2007); Ivanciuc v. Romania (dec.), 2005-XI Eur. Ct. H.R. 251, 259).

18) ECHR, Cumpănă and Mazăre v. Romania, App. No. 33348/93 (2004); 2013. 9. 24. Belpietro v. Italy, no. 43612/10; Peruzzi v Italy-39294/09 [2015] ECHR 629.

19) 독일에서는 2013년 한해에만 모욕, 명예훼손으로 22,000건의 유죄판결이 선고되

이라는 표제 하에 제185조에 모욕죄(Beleidigung), 제186조에 사실적
시 명예훼손죄(Üble Nachrede),[20] 제187조에 허위사실적시 명예훼손죄
(Verleumdung), 제188조에 정치인에 대한 명예훼손죄, 제189조에는 사
자 명예훼손죄를 규정하고 있다. 나아가 독일 형법 제193조(정당한 이
익의 옹호, Wahrnehmung berechtigter Interessen)는 "권리의 실현이나
방어 또는 정당한 이익의 옹호를 위해 행해진 표현행위"에 위법성을
조각하는 규정을 두고 있다.

6. 일 본

일본에서는 형사 명예훼손죄가 일찍부터 존재하고 있으며, 널리 빈번
하게 적용되고 있다.[21] 일본 형법 제230조(명예훼손죄)는 사실적시 명예
훼손을 처벌하되, 공익을 위한 사실로서 진실 증명이 있는 때에는 처벌
하지 않으며(동법 제230조의2), 사실을 적시하지 않는 모욕죄를 따로 처벌
하고(동법 제231조), 이들 범죄는 모두 친고죄로 규정되고 있다(제321조).

Ⅲ 쟁점 – 논거와 비판

1. 한국 법제에서 명예훼손죄 폐지론 – 논거

한국에서도 최근 형법상 명예훼손죄를 폐지하자는 의견이 강력히

었다고 한다(Criminal Defamation Laws in Europe, https://www.rcmediafreedom.
eu/Publications/Reports/Criminal-Defamation-Laws-in-Europ).

20) 이 경우 진실의 입증책임은 표현행위자인 피고에게 있다.

21) 일본에서는 2003년 한해에 명예훼손죄로 500건이 기소 체포된 바 있고 점차 증
가하고 있다고 한다(Salil K. Mehra, POST A MESSAGE AND GO TO JAIL:
CRIMINALIZING INTERNET LIBEL IN JAPAN AND THE UNITED STATES,
78 U. Colo. L. Rev. 767, p. 778).

대두되고 있다. 우리 형법은 명예훼손죄와 모욕죄를 규정하고 있으며, 정보통신망 이용촉진 및 정보보호 등에 관한 법률('정보통신망법')은 온라인 상의 명예훼손을 형벌로 처벌하는 규정(동법 제70조)을 두고 있다. 명예훼손죄의 운영현황에 관한 통계를 보면 명예훼손죄의 고소 및 기소 건수가 적지 않고 점차 증가하고 있는 현상을 보이고 있다. 이러한 우리의 현상은 독일이나 일본의 경우와 다르지 않다.

우리의 경우 형사 명예훼손죄의 폐지 논의는 제 외국에서 논의되는 바와는 달리 주로 진실한 사실적시 명예훼손죄를 폐지하자는데 집중되어 왔다.[22] 그 주된 논거를 보면, 공적 사안에 관한 토론을 위축시킨다는 점과 국제적 조류에 반한다는 점을 지적함에는 일리가 있다. 그러나 그 논의 중 상당 부분은 명예훼손법의 기본 개념뿐 아니라 표현의 자유와 명예보호 간의 조화된 균형을 도외시하고 있음을 볼 수 있다.

2. 명예훼손죄의 보호법익

1) 현대 헌법에서 명예 보호의 가치

현대 헌법의 기본이 된 인간 존엄의 사상에 비추어 평가개념으로서 명예의 의미와 가치를 되새겨 볼 필요가 있다.[23] 헌법재판소는 "개인

---

22) 그 중 대표적인 것은 2016. 5. 20. 서울지방변호사회 주최 사실적시 명예훼손죄에 관한 심포지엄에서 주제 논문으로 제출된 김성돈, '진실적시명예훼손죄 폐지론'(https://www.seoulbar.or.kr/cop/bbs/selectBoardList.do#LINK)과 윤해성·김재현, '사실적시 명예훼손죄의 비범죄화 논의와 대안에 관한 연구'(한국형사정책연구원, 2018)(http://www.dbpia.co.kr/Journal/ArticleDetail/NODE07091222) 등이다. 그에 비해 권순민, '명예훼손죄의 비범죄화에 대한 논의와 그 대안에 대한 연구-형법 제307조 제1항의 사실 적시 명예훼손죄를 중심으로-'(file:///C:/Users/user/Downloads/KCI_FI002126201.pdf)는 진실 사실적시 형사 명예훼손죄의 여러 문제점을 지적하면서도 이를 즉각 폐지하기보다는 기존의 판례나 해석을 개선할 것을 대안으로 제시하고 있다.

23) "1606년 Edward Coke경은 선량한 이름은 생명보다 더 귀한 것이라고 주장하였

의 외적 명예는 일단 훼손되면 완전한 회복이 어렵다는 특징이 있"고, "명예와 체면을 중시하는 우리 사회에서는 명예훼손적 표현행위로 피해를 입은 개인이 자살과 같은 극단적 선택을 하는 사례도 발생하는 등, 그 사회적 피해가 매우 심각한 상황"[24]이라고 지적하여 명예의 보호 필요성을 강조하고 있다.

미국 연방대법원의 스튜어트 대법관에 의하면 "자신의 명예를 부당한 침해와 불법적 가해에서 보호할 개인의 권리는 모든 인간의 본질적 존엄과 가치라는 우리의 기본적 개념, 즉 품위 있는 질서정연한 자유 시스템(decent system of ordered liberty)의 기저에 있는 개념 이상을 반영하는 것이 아니다."[25] 또 David Lepofsky에 의하면, 명예는 "사회적 환경에서 사람들이 상호 작용할 수 있는 기본적 토대"이며 동시에 그것은 우리 자신의 이미지(self image)와 자존의 감각(sense of self worth)을 촉진하는, 동일하거나 또는 기본적으로 더 중요한 목적에 기여한다고 한다.[26]

2) 보호법익으로서 '외적 명예'의 의미

명예훼손법에서 보호하는 명예란 사람의 진가(眞價)가 아닌 '외적 명예', 즉 사회적 평가를 보호하는 것이며,[27] 이러한 외적 명예를 명예

다. 명예가 생사의 문제라고 하는 생각은 문자 그대로 결투에서 실연되었다. 명예는 정체성의 본질적 부분으로 간주되었고, 그 상실은 살 가치기 있는 유일한 종류의 삶의 상실을 의미할 수 있던 이유이다."(Slaughter, The Development of Common Law Defamation Privileges: From Communitarian Society to Market Society (1992) 14 Cardozo L Rev 351.)

24) 헌재 2021. 2. 25. 선고 2017헌마1113 등 결정 참조.
25) Stewart J. in Rosenblatt v. Baer, 383 U.S. 75, 92 (1966).
26) David Lepofsky, "Making Sense of the Libel Chill Debate: Do Libel Laws 'Chill' the Exercise of Freedom of Expression?" (1994), 4 N.J.C.L. 169, at p. 197.
27) "법이 보호하는 목표는 성품(character)이 아니라 명예(reputation)이다. 성품은 한 사람의 실재상(實在像)이지만, 명예는 그가 보이는 외관이다."(Von Vechten

훼손죄의 보호법익으로 보호하는 것은 어느 나라에서나 공통된 것이다.[28]

그런데 폐지론은 피해자의 부정적 속성이나 행동거지를 노출하는 진실한 사실의 공개를 금지하는 것은 허명을 보호하는데 불과하여 이를 폐지하자고 주장한다. 진실한 사실의 적시로서 손상을 입는 것은 위신과 체면 또는 허명뿐이며 이를 보호하기 위해 진실한 사실 적시를 불법화하는 것은 정당한 입법목적이 될 수 없다는 것이다.[29] 이러한 학자들의 주장에 영향을 받았는지 헌법재판소의 반대의견도 명예훼손죄가 보호하는 외적 명예를 가리켜 "진실이 가려진 채 형성된 '외적 명예'로서, 많은 사람들이 그 진실을 몰라서 얻게 된 허명(虛名)에 불과하"고, "진실한 사실의 적시로 손상되는 것은 잘못되거나 과장되

Veeder, The History and Theory of the Law of Defamation I, 4 Colum. L. Rev. 33, 33 (1904)). 포스트 교수에 의하면, 명예는 "우리가 상호 간 갖는 사회적 파악 속에 내재하며" 명예에 대한 해악은 이렇게 사회적으로 구성된 피해이며, 피고의 말에 대한 타인들의 반응에 의해 정의된다고 말하였다(Robert C. Post, The Social Foundations of Defamation Law: Reputation and the Constitution, 74 Cal. L. Rev. 691, 692 (1986), https://scholarship.law. berkeley.edu/cgi/viewcontent.cgi?article=2002&context=california lawreview).

28) 영미의 정통적 다수설에 의하면 "명예훼손은 정신적 피해에 대한 보상을 마련하는 것이 아니라 개인이 타인들의 눈에 개인적 존중을 유지함에 갖는 관계적 이익('relational interest')의 부당한 침해(wrongful disruption)를 구제하는 것"이라고 한다(Rodney A. Smolla, Let the Author Beware: The Rejuvenation of the American Law of Libel, 132 U. PA. L. REV. 1, 18 (1983); Lidsky, Lyrissa Barnett, Defamation, Reputation, and the Myth of Community, 71 Wash. L. Rev. 1, 14 (1996)). "명예는 성질상 관계적인 것이고 타인에 의해 인식된 명예이며 그에 대한 손해는 타인들의 눈에 의한 것이다."(Randall P. Bezanson, The Libel Tort Today, 45 Wash. & Lee L. Rev. 535, 547 (1988)).

29) 신평, 명예훼손법(청림출판, 2004) 313면, 박경신, 표현·통신의 자유(논형 2013) 52면 참조. 또 김성돈에 의하면 "명예는 진실한 사실에 노출되기 전의 과장된 명예일 수가 있고 이와 같은 잘못된 평판과 과장된 명예는 진실한 사실의 등장으로 손상을 입는 것이 아니라 바뀌어야 할 허명에 불과하다."고 주장한다(김성돈, 전게 논문 11면).

어 있는 허명으로서 진실에 의하여 바뀌어져야 할 대상일 수 있다"고 판시한다.[30] 이렇게 그들은 결국 형법 제307조 제1항이 보호하는 법익을 허명인 명예라고 단정하면서 이를 보호하는데 불과한 진실적시 명예훼손행위는 폐지되어야 한다는 주장이지만, 그러한 논증이 타당한 것인가?

3) 명예훼손죄의 기원

장구한 명예훼손법의 역사에서 이미 확인된 바와 같이 개인에 대한 사회적 평가가 그의 진정한 성품에 부합하지 않는다 하더라도 이를 보호하는 이유가 있다. 특정인에 관한 기존의 사회적 평가가 설사 허명으로 보인다 하더라도 그 자체로서 보호해야 하는 이유는 허명인지 여부를 알 수 없는 사회적 평가에 대해 피고가 (진실인지 여부를 알 수 없는) 사실적시에 의해 공격 비판하게 되면 그에 대해 피해자의 반발이나 대응을 유발할 가능성이 있고, 그로 인해 사회적 평화가 교란될 우려가 있기 때문이다.

이를 위해 명예훼손죄의 기원에 관해 살필 필요가 있다. 역사적으로 외적 명예를 보호법익으로 하는 명예훼손죄의 기원은 권력자에 대한 비판을 처벌하는 선동적 명예훼손(이른바 seditious libel)이었다. 권력자의 비위를 폭로 비판하는 것은 그 권위에 도전하고 사회질서를 교란하기 때문에 그에 대처하려는 것이었다. 후에 사인 간의 명예훼손에 명예훼손죄가 도입된 경위도 명예훼손에 대응하여 자행되어 온 결투와 피의 보복 등 자력구제의 폐해를 방지하기 위한 것이었으며, 이러한 형사적 제재는 민사적 명예훼손으로 발전되게 되었다.[31]

---

30) 헌재 2021. 2. 25. 선고 2017헌마1113, 2018헌바330(병합) 결정에서 재판관 유남석, 이석태, 김기영, 문형배의 반대의견.

31) "보통법에서 명예훼손 소송이 일상적으로 다루어진 것은 16세기였다. 이것은 보복의 수단으로 선호된 결투를 근절하기 위한 성청법원의 노력에 적지 않게 기인한 것이다." "사인에 대한 명예훼손도 엄중하게 처벌되었는데, 그 배후에는 명예

그리고 후술하는 바와 같이 이러한 명예훼손죄의 보호법익으로서 사회적 평가는 선한 것으로서 그 자체가 존중되어야 하는 것으로 생각되었고, 다만, 진실 적시에 의한 비판이 허용되어야 한다는 사고가 법적으로 인식되면서 진실의 항변이 인정되었는데, 그것은 폭로자가 입증책임을 부담하는 것이었다.

4) 선한 명예 개념

추상적으로 정의하면 개인의 외적 명예는 내적 명예에 더하여 그의 긍정적 또는 부정적 행적에 의해 가감된 평가를 내용으로 하는 것이지만, 그가 외부세계와 맺고 있는 상호관계에 따라 부단히 형성되고 재생산되는 동태적, 가변적 평가개념이어서[32] 반드시 그의 진정한 성품을 반영하는 것도 아니고, 때로는 허명을 포함할 수도 있을 것이다.

영국 보통법에 의하면 명예훼손 소송에서 원고는 공동체에서 선량한 이름, 신용 및 명예를 가졌거나 가져왔고, 이 좋은 명성은 존중받을 가치가 있는 것으로 생각되었다.[33] 따라서 "명예훼손 소송에서 원고의 일반적 성품이나 명예는 선한 것으로 추정된다"고 하며,[34] 그 결

훼손은 동족, 친족 또는 사회의 모든 사람들을 복수심으로 선동할 수 있었고 그 결과 분쟁과 평화 교란의 경향이 있기 때문이라는 것이었다. 그것은 제3자에게 공개될 필요가 없었고, 명예훼손의 진위나 원고가 좋은 또는 나쁜 명예를 가진 것은 문제되지 않았다. 종국적으로 통상적 명예훼손 사건에서는 진리가 항변으로 인정되었다."(Hill v. Church of Scientology of Toronto, [1995] 2 S.C.R. 1130).

32) 김성돈의 전게 논문, 8면 참조.

33) 명예훼손 소송에서 원고의 명예는 적어도 개인인 경우 선량한 것으로 추정된다 (Hahnemannian Life Ins. Co. v. Beebe, 48 Ill. 87 (1868)). Joseph E. Wyse, The Complaint in Libel and Slander: A Dilemma for Plaintiff, 33 Chi.-Kent L. Rev. 313, (316) (1955). https://scholarship.kentlaw.iit.edu/cklawreview/vol33/iss4/3

34) 53 C.J.S. Libel and Slander § 210, at 317 (1948), Corabi v. Curtis Publishing Co., 441 Pa. 432, 448-49, 273 A.2d 899, 907-08 (1971). 캐나다 최고재판소는 "비록 (캐나다 기본권)헌장에 구체적으로 언급되지는 않았지만, 개

과 명예훼손적 발언의 허위는 추정된다는 일반적 규칙이 성립하였다고 한다.[35] 이것은 적시사실의 진실성은 피고가 입증할 항변사항으로 취급하는 영국 보통법의 엄격책임 규칙의 한 요소로 형성되어 피고의 진실입증이 있기 전까지는 이를 허위로 추정하게 되었다.

캐나다 연방대법원은 다음과 같이 명예권은 좋은평판에 기초해야 함을 강조하고 있다.

"좋은 명예는 개인의 내재적인 가치 및 존엄과 밀접하게 연관되어 있다." "민주주의는 언제나 개인의 기본적 중요성을 인식하고 소중히 간직해 왔다. 그 중요성은 결국 사람의 좋은 평판(good repute)에 기초해야 한다. 개인의 가치와 소중함의 감각을 고양하는 것은 좋은 평판이다. 거짓 주장은 빠르게, 그리고 완전하게 좋은 명예를 파괴할 수 있다. 명예훼손에 의해 더럽혀진 명예는 이전의 광채(lustre)를 다시 찾을 수 없다. 따라서 민주사회는 그 구성원들이 정당하게 그들의 좋은 명예를 향유할 수 있도록 보장하고 이를 보호함에 이익을 갖는다."[36]

호주의 판례도 명예훼손법의 출발점은 원고가 "흠없는 명예를 가지며 향유한다고 추정된다"고 한다(Presumption of good reputation).[37]

따라서 피고의 외적 명예가 허명에 불과할 수 있다는 주장은 이러

인의 좋은 명예는 개인의 본래의 존엄(innate dignity), 즉 모든 헌장상의 권리의 기초가 되는 개념을 표현하고 반영하는 것이나. 따라서 개인의 좋은 명예의 보호는 우리 민주사회에서 기본적으로 중요한 것이라고 결론된다."고 판시한다 (Hill v. Church of Scientology of Toronto, [1995] 2 S.C.R. 1130).

35) 53 C.J.S. Libel and Slander § 217 (1948). Corabi v. Curtis Publishing Co., 441 Pa. 432, 448-49, 273 A.2d 899, 907-08 (1971).

36) Hill v. Church of Scientology of Toronto, [1995] 2 S.C.R. 1130.

37) "법의 출발점은 원고가 흠없는 명예를 보유하고 향유한다고 추정된다는 것이고, 명예훼손의 진실을 입증하거나 또는 손해의 감경을 위해 원고가 일반적으로 나쁜 명예를 갖는다는 것을 입증하여 반박하는 것은 피고의 일이다."(Milmo P and Rogers WVH (2004) Gatley on Libel and Slander, 10th Edn, Sweet & Maxwell, London, at 7).

한 선한 외적 명예 개념에 반하며, 뒤에서 보는 바와 같이 입증책임 분배와 관련하여 문제가 있는 주장이다.

5) 소 결

명예훼손은 이렇게 개인이 사회관계에서 향유하는 외적 명예에 대한 법적인 존중청구권을 해치는 행위이다.[38] 그럼에도 폐지론자들은 형법 제307조 제1항이 보호하는 법익을 허명인 명예라고 단정하면서 이를 보호하는데 불과한 진실적시 명예훼손행위는 폐지되어야 한다는 주장이지만, 그러한 논증이 타당한 것인가?

전술한 바와 같이 현대 사회에서 외적 명예는 개인의 존엄 사상을 기본으로 하는 인격 유출의 한 형태이다. 영국 보통법에서 인정되는 바와 같이 보호법익으로서 외적 명예는 선한 것으로 추정되며, 이것은 인간의 존엄 사상을 바탕으로 하는 현대 자유 민주 헌법에서 당연한 것이다. 그럼에도 불구하고 폐지론자들은 진실한 사실적시 명예훼손의 정당성을 옹호하는데 열중한 나머지 제307조 제1항의 보호법익을 허명으로 치부하여 그 구성요건을 폐지하자고 주장하는 논리적 우를 범하고 있다.

이미 현행법상 공익사항에 관해 진실한 사실을 적시하는 명예훼손행위는 형법 제310조에 의해 위법성이 조각되게 되어 있다. 이와 같이 법은 오히려 진실 증명에 의해 가식을 벗기는 행위의 위법성을 부인함으로써 진정한 명예가 드러나도록 촉진한다.

그렇다면 진실적시 명예훼손죄가 허명을 보호하기 때문에 폐지하여야 한다는 주장은 명예훼손죄의 보호법익인 사회적 평가에 대한 확립된 판례와 학설의 의미를 올바로 이해하지 못한 것이다.

---

38) 블랙 법률사전에 의하면 명예는 "한 사람에 대해 타인들이 가지는 존중"이라고 정의된다.

3. 진실 사실적시 명예훼손의 행위반가치성

1) 명예훼손행위의 반가치성의 내용

일부 학자들은 진실한 사실을 적시함으로써 명예를 훼손할 가능성은 거의 없기 때문에 진실한 사실적시는 결과반가치성 및 행위반가치성이 없고, 따라서 이를 형법상 금지 구성요건으로 설정할 수 없다는 취지로 주장한다.[39] 학자들의 이러한 주장을 반영한 것인지 헌법재판소의 반대의견 역시 "형사처벌이 정당화되기 위해서는 행위반가치와 결과반가치가 있어야 하는데, 진실한 사실을 적시하는 것은 행위반가치와 결과반가치를 인정하기 어렵다."는 취지로 주장하고 있다.[40]

그러나 "타인의 명예를 저하시키는" 진실한 사실 적시에 반가치적 요소가 없고, 따라서 불법성이 없다는 주장은 명예훼손행위의 개념 자체를 바로 이해하지 못하는 주장이다.[41] 명예훼손법이 진실한 사실적

---

39) 김성돈, 전게 논문 9면은 진실적시행위는 사회생활상의 정상적인 표현형식이기 때문에 그 자체는 반가치적 요소를 포함하고 있지 않은 - 마치 칼을 구입하는 경우와 같이 - 중립적인 행위라고 생각하지만, 진실하다 하더라도 명예훼손적인 내용의 사실 적시는 피해자의 명예를 해칠 가능성을 갖는 부정적인 의미의 말을 발설하는 것이기 때문에 가치 중립적이라고 볼 수 없다. 그리고 인간의 존엄 사상을 기본으로 하는 헌법관에서 보면 그렇게 타인의 명예를 훼손하는 (진실) 사실적시 행위를 사회생활의 정상적 표현형식이라고 볼 수도 없다.

40) "공연히 사실을 적시하는 표현행위에 대한 형사처벌을 정당화하기 위해서는 행위반가치와 결과반가치가 있어야 한다. 그런데 허위가 아닌 진실한 사실을 적시하는 것이 일반적으로 법질서에 의해 부정적으로 평가되는 행위로 보기 어렵다는 점에서, 진실한 사실 적시 표현행위에 대한 행위반가치를 인정하기 어렵다. 또한 진실한 사실 적시에 대한 형사처벌을 통해 보호하려는 사람의 명예는 진실이 가려진 채 형성된 '외적 명예'로서, 많은 사람들이 그 진실을 몰라서 얻게 된 허명(虛名)에 불과하다. 진실한 사실의 적시로 손상되는 것은 잘못되거나 과장되어 있는 허명으로서 진실에 의하여 바뀌어져야 할 대상일 수 있다는 점에서, 진실한 사실 적시 표현행위에 대한 결과반가치도 인정하기 어렵다. 허명을 보호하기 위해 진실한 사실을 적시하는 표현행위를 형사처벌하는 것은 헌법적으로 정당화되기 어려운 것이다."(헌재 2021. 2. 25. 2017헌마1113 등에서 재판관 유남석, 이석태, 김기영, 문형배의 반대의견, 판례집 33-1, 274).

41) 형법 제307조 제1항이 구성요건으로 규정한 것은 단순히 진실한 사실적시행위가

시를 처벌함으로써 범죄인과 부패자, 깡패와 악당들의 진실한 성품의 폭로를 막고 부당한 명예를 유지하게 하는 등 그들에게 보호를 제공하여 왔다고 비판받아 온 것은 사실이다. 이것은 전술한 바와 같이 일응 선한 것으로 추정되는 명예를 보호하여 사회적 평화를 지키기 위해 불가피한 것이었고, 이러한 문제를 해소하기 위해 진실의 항변이 인정되었음은 주지하는 바와 같다.[42]

먼저, 형법이 처벌하는 명예훼손행위는 진위를 막론하고 가해자의 공연한 발설로써 피해자에게 명예 저하의 '추상적 위험'을 발생시키는 것이어서 결과반가치성이 인정됨에 이론이 있을 수 없다. 그러나 표현행위의 위법성을 논함에 있어 특수한 것은 외적 명예라는 보호법익을 침해 내지 위해하였다는 점(결과반가치)만으로는 위법성이 추정될 수 없고, 그 침해가 승인받을 수 없는 종류의 가해행위(zu mißbilligende Art der Schädigung)인 경우에만 위법성이 인정된다는 점이다.[43] 즉, 인격권을 침해하는 표현행위의 위법성은 표현행위가 구성요건에 해당하는 법익 침해의 결과를 발생케 한 것뿐 아니라, 그 표현행위의 행태적(行態的) 반가치(反價値)도 요구한다. 여기서 행위반가치의 내용으로는 주관적 요소인 고의·과실과 객관적 요소인 표현의 매체, 표현행위의 태양 등을 함께 고려하게 되지만,[44] 무엇보다 중요한 것은 법익 형

아니라 피해자의 "사회적 평가를 저하시키는, 즉 명예를 훼손하는" 진실한 사실의 적시행위이다.

42) 영국 보통법에 의하면 일찍부터 민사상의 명예훼손 소송에서 진실은 절대적 면책(免責)을 가져오는 항변(抗辯)이었다. Blackstone경은 명예훼손자는 파산 직전의 상인, 돌팔이 의사, 협잡하는 변호사, 이교적 성직자를 경고함에 기여하였으며, 그 지적된 사실이 진실이라면 손해란 있을 수 없고(damnum absque injuria) 손해가 없는 곳에는 구제도 주어지지 않는다고 설파하였다(3 Blackstone, Commentaries 118-19 (1st ed, 1769, vol IV; Kerr's 4th ed. 1876)).

43) Wenzel, Das Recht der Wort- und Bildberichterstattung, 4. Auflage, Verlag Dr. Otto Schmitt KG, 1994, S. 228 ff. 일반적 인격권에 관하여는 BGHZ 45, 296/307 [Höllenfeuer]; 50, 133/143; 기업권에 관하여는 BGHZ 36, 252/256; 74, 9/14

량의 결과이다.

즉, 이러한 종합적 판단에서 표현행위에 의해 기도된 법익이 그로 인해 침해된 법익보다 덜 중요한 경우에는 위법성이 인정되지만, 반대로 피해법익보다 표현행위자의 이익(또는 알 권리 등)이 중요하다고 인정되는 경우에는 이른바 침해행위를 정당화하는 사유가 있다고 생각되기 때문에 위법성은 부인되게 된다. 이와 같이 위법성 조각사유의 일반 원리로 인식되는 이익형량이 이미 구성요건 해당성 판단의 단계에서 동시에 행해지는 것이 표현행위의 허용 여부 판단에서 특수한 점이다.

어쨌든 영국 보통법 상 명예훼손법에 의하면 시초부터 ① 피해자가 범죄를 범하였다거나 ② 전염성 질병을 앓고 있다거나, ③ 직업적 능력에 결함이 있다는 주장(이른바 "libel per se")은 그 진위 여하를 막론하고 (설사 그것이 진실하더라도) 일단 명예훼손의 소인을 충족하는 것으로 취급되었고, 선동적 명예훼손 사건에서는 명예훼손적 진술이 진실이면 허위의 경우보다 더 해로운 영향을 갖는 것으로 취급되었다.

2) 미국 판례

진실적시 명예훼손죄의 행위반가치를 부인하는 생각은 진실에 절대적 면책을 강조하는 미국 판례의 영향을 받은 것으로 보인다.[45] 미국 판례는 개인 법익과의 관계에서 보도의 이익을 위한 자유의 법리를 확대하여 왔는데, 그에 따르면 명예훼손과 관련하여 보도된 사항의 진실이 입증되면 거의 완전한 면책을 향유하게 된다.[46] 나아가 미국 연

---

44) 박용상, 명예훼손법 (현암사, 2008) 223면 참조.

45) 박용상, 언론의 자유 (박영사, 2013) 178면 이하 참조. 미국의 판례는 진실한 정보라면 가장 고도의 국가 이익이 없이는 그에 대한 제한이 헌법상 허용되지 않는다는 완고한 입장을 고수하고 있으며, 특히, 제한 수단과 관련하여 진실한 내용의 보도를 사전에 제한하는 것은 이른바 사전억제금지의 법리에 따라 허용될 수 없는 것으로 다루어진다.

46) 후술하는 바와 같이 미국 판례에 의하면 공적 사안 또는 공인에 대한 보도나 비판이 명예훼손이 되려면 그 기사가 원고(피해자)에 의해 허위임이 입증되어야

방대법원은 보통법상 공정보도의 특권을 적용하면서 이러한 법리에 의존하여 법원 기록에서 얻은 강간 피해자의 성명 공개가 진실임을 이유로 그에 대한 프라이버시 침해의 불법행위 책임을 부인하였고,[47] 진실인 한 청소년 범죄자의 이름 공개를 금할 수 없으며,[48] 심지어는 성폭력 피해자의 신원 보도를 금지한 州형법을 어겨 강간 피해자의 성명을 공개한 신문에 대한 손해배상 책임을 부인한 사례[49]도 있다.

그러나 미국 이외에 유럽 제국에서는 청소년 범죄자나 강간 피해자 등의 신원공개가 법률에 의해 금지되고 있을 뿐 아니라 범죄보도에 있어서 이른바 '익명보도의 원칙'이 일반화하고 있는 점을 보면, 미국 판례의 태도는 절대적 언론의 자유를 위하여 명예압살(이른바 Rufmord)을 방관하는 것이라고 비판받고 있다.

3) 진술의 진위와 이익형량 기준

사실적시 명예훼손의 위법성을 판단하는 총체적 이익형량에서 진술의 진위 여부는 그 결과에 결정적인 영향을 미치게 된다. 허위사실의 전파에는 통상 정당화 사유가 존재하지 않는다. 틀린 정보는 의견형성의 자료가 될 수 없고 보호할 가치가 없기 때문이다.[50] 따라서 허위사실적시의 경우 표현의 자유는 인격권 뒤로 물러남이 원칙이다.

하는데, 그렇다면 그 기사는 원고가 허위로 입증하기까지 사실상 진실로 추정된 다는 것을 의미한다.
47) Cox Broadcasting Corporation v. Cohn, 420 US 469 (1975).
48) Oklahoma Publishing Co. v. Oklahoma County District Court, 430 U.S. 308(1977); Smith v. Daily Mail Publishing Co., 443 U.S. 97(1979).
49) Florida Star v. B.J.F., 491 U.S. 524(1989).
50) "허위사실의 진술에는 헌법적 가치가 존재하지 않는다. 고의적인 거짓말이나 부주의에 의한 과오 역시 공적 쟁점에 관한 구속없는, 건강한, 널리 개방된 토론에서 사회의 이익을 실질적으로 촉진하지 않는다. 그것들은 사상의 개진에 본질적 부분이 아니고, 진리를 향한 걸음에서 하찮은 사회적 가치를 가지기 때문에 그로부터 나올 어떤 이익도 사회의 질서와 도덕의 이익에 압도당하는 범주의 발언에 속한다."(Gertz v. United States, 418 U.S. at 340).

그에 비해 진실한 사실의 진술은 피해자에게 불리하더라도 통상 수인되어야 하고 '원칙적으로' 위법성이 부인된다. 다만, 진실한 사실의 진술도 타인의 명예를 훼손하는 내용이면 이익형량에 의해 예외적으로 인격보호가 표현의 자유에 우선하는 경우가 있다. 영미 보통법의 제한적 특권의 법리와 독일의 확립된 판례51)에 의하면 명예를 훼손하는 진실한 사실의 적시는 그에 의해 추구된 이익이 그로 인해 침해되는 명예와 대비하여 큰 경우에 한하여 면책된다. 즉, 진실한 사실적시가 명예훼손으로서 위법성을 갖는 여부는 그에 의해 추구하는 이익과 피해 이익을 비교형량한 결과에 따르게 된다.52) 우리의 경우에도 다를 수 없다.

그런데 이 경우 진술의 진위 여부를 결정함에는 그 입증책임의 분배가 결정적인 요소가 되기 때문에 그에 관한 검토가 필요하다(후술).

4) 진실한 사실적시가 위법한 경우

폐지론자가 주장하는 바와 달리 각국의 법제와 판례는 진실한 사실적시라 하더라도 명예를 훼손하는 내용이면 불법성을 갖는 것으로 취급하는 것이 일반적이다. 상술한 바와 같이 영미 보통법에서는 문면상의 명예훼손53)에 해당하는 것이면 진실한 사실이라 하더라도 명예훼손이 되며, 다만 그것이 표현행위자나 상대방 또는 타인의 정당한 이익을 보호 추구하기 위한 것으로서 피해자의 이익과 비교형량하여 전자가 보다 큰 경우에 한하여 명예훼손적 진술의 책임을 면책시키는데

---

51) 독일 연방헌법재판소 1994. 3. 13. 결정 BVerfGE 90, 241 [249] [유태인박해부정], Marian Paschke, Medienrecht, 2. Aufl., Springer-Verlag, S. 281.

52) 진실한 사실적시가 위법하여 책임이 인정된 사례로는 대법원 1967. 7. 25. 선고 67다1000 판결 [정교관계 유포]이 있고, 위법성이 조각되어 면책된 사례로는 대법원 1976. 9. 14. 선고 76다738 판결, 대법원 1990. 4. 27. 선고 89도1467 판결, 서울중앙지법 형사항소1부 2006. 10. 23. 판결 [불륜의 덫] 등이 있다.

53) 예를 들면, 전술한 영국 보통법 상 문면상 명예훼손("libel per se")은 설사 그것이 진실하더라도 일단 명예훼손이 되며, 다만 정당화 사유가 있는 경우 피고의 주장 입증에 의해 면책될 수 있다.

(이른바 제한적 특권의 법리), 결국 진실한 사실도 그러한 면책 요건에 해당하지 않으면 명예훼손의 책임을 면치 못한다.[54]

또 독일의 확립된 판례에 의하면 명예를 훼손하는 진실한 사실의 적시는 그에 의해 추구된 이익이 그로 인해 침해되는 명예와 대비하여 큰 경우에 한하여 면책된다.[55] 즉, 명예훼손의 일반적 위법성 조각사유로 간주되는 독일 형법 제193조를 적용함에는 보다 우월한 정당한 이익을 옹호하기 위한 것임을 요하며, 독일 형법 제192조(Formalbeleidigung)는 진실한 사실적시라 하더라도 그 형식이나 상황에 의해 명예훼손이 성립될 수 있다고 규정하고 있다.[56]

진실 적시 명예훼손죄가 폐지된다면 위와 같이 보통법상 일정한 요건이 있는 경우에 한하여 면책될 방대한 사례가 아무 구속없이 허용되어 이들 사례군에 해당하는 생활 분야에서 명예권은 유명무실하게 형해화하고 표현의 자유와 명예권의 균형적 조화의 목적은 상실될 것이다. 일정한 요건이 있는 경우에 한해 진실 적시 명예훼손을 허용하는 방안이 더 바람직한 것은 말할 나위가 없다. 우리의 경우에도 예를

---

54) 상술한 바와 같이, 예를 들면 근로자의 근무기록이나, 신용조사보고는 해당자의 명예에 해로운 사실을 포함할 수 있는데, 진실이라고 하여 이를 공개하는 행위가 바로 위법성이 없는 것은 아니며, 이를 알 정당한 이익이 있는 범위 내에서만 전파가 허용될 수 있다. 미국의 판례는 종전 고용주와 새 고용주 간의 자유롭고 공개된 정보 교환은 명백한 사회적 유용성(有用性)을 가지며, 피용자의 능력을 정확히 평가하는 것을 고무함으로써 공공의 이익이 최선으로 봉사될 수 있다는 입장을 취한다(Hunt v. University of Minnesota(1991, Minn App) 465 NW2d 88, 92, 6 BNA Ier Cas 150). 또 공정 신용 보고법(Fair Credit Reporting Act, 15 USCS 1681h(e))에 의하면 소비자정보를 보도하는 기능을 행하는 신용조사기관에 대한 고용주의 정보제공은 그 소비자를 해하기 위해 악의나 고의로 제공된 허위정보가 아닌 한 특권으로 보호된다.
55) 독일 연방헌법재판소 1994. 3. 13. 결정 BVerfGE 90, 241 [유태인박해 부정], Marian Paschke, Medienrecht, 2. Aufl., Springer-Verlag, S. 281.
56) 독일 형법 제192조는 "주장 또는 유포한 사실에 관한 진실의 증명이 있는 경우라도 그 주장 또는 유포의 형식이나 주장 또는 유포가 이루어진 정황에 비추어 모욕이 인정되는 때에는 제185조에 의한 처벌을 배제하지 않는다."라고 규정하여 진실이 증명되었음에도 불구하고 모욕죄로는 처벌될 수 있다.

들면, ① 공익과 관련이 없는 개인적인 사실,[57] ② 과거의 잊혀진 사실[58] 또는 ③ 사회의 일부에만 알려진 사실,[59] ④ 전과사실,[60][61] ⑤

[57] 이들 중 대부분은 프라이버시의 권리를 침해하지만, 그것이 동시에 개인의 사회적 평가를 저하시키는 경우에는 명예훼손이 성립된다. 예를 들어, 개인의 성폭력 범죄 피해사실, 결혼 중 부정행위로 이혼당한 사실, 혼전에 낙태한 사실, HIV나 AIDS 감염사실, 동성애자라는 사실, 가정폭력을 행사하여 여러 번 입건된 경력 등을 공개하는 행위가 이에 속한다.

[58] 이에 관한 대표적 사례로서 미국 캘리포니아주의 Melvin v. Reid, 112 Cal.App. 285 (Cal. Ct. App. 1931) 판결이 있다. 원고(여)는 예전에 매춘부로서 살인사건에 연루되어 재판을 받은 적이 있었으나 무죄석방된 후, 수치와 오욕의 생활을 청산하고 올바른 생을 이끌어 왔고 1919년 결혼하여 상류사회의 일원으로서 영예로운 지위까지 얻게 되었다. 피고는 1925년 '붉은 기모노'라는 영화를 제작하여 배포하면서, 그 영화는 원고의 과거 생활을 근거로 하였으며, 그녀의 미혼시절 이름이 그대로 사용되었고 피고는 그 영화의 스토리가 실제 인물인 원고의 과거지사를 진실로 묘사한 것이라고 광고하였다. 법원은 원고의 프라이버시 침해를 이유로 손해배상을 인용하였다. 우리 법제에 의하면 이러한 사안은 명예훼손으로도 유죄로 될 수 있는 것이다.

[59] 반드시 숨겨진 사실뿐 아니라 이미 사회의 일부에 잘 알려진 진실한 사실이라고 하더라도 이를 적시하여 사람의 사회적 평가를 저하시키는 것이면 명예훼손이 성립한다. "이 사건 기사내용은 이미 민사소송을 통하여 주장되어 이에 대한 판결까지 선고된 상태에 있었고, 다른 일간 신문에도 소개되어 세인의 관심의 대상이 된 것이므로, 뒤늦게 그와 같은 기사를 정리하여 다시 일간 신문에 소개하였다고 하여 이로써 새삼스럽게 피해자의 명예가 훼손되었다고 볼 수는 없다는 것이나, 명예훼손죄가 성립하기 위하여는 반드시 숨겨진 사실을 적발하는 행위만에 한하지 아니하고, 이미 사회의 일부에 잘 알려진 사실이라고 하더라도 이를 적시하여 사람의 사회적 평가를 저하시킬 만한 행위를 한 때에는 명예훼손죄를 구성하는 것으로 봄이 상당하다."(대법원 1994. 4. 12. 선고 93도3535 판결).

[60] 전에 처벌받은 사실이 진실이라 하더라도 이를 아무 이유 없이 공개하는 것은 명예훼손이 된다. 그 공개가 허용되는 경우는, 예를 들면 공직선거에 후보자로 등록한 경우 또는 새로운 범죄를 범한 경우 등 공개할 정당한 이익이 있을 것을 요한다. "공직선거에 입후보한 후보자의 유죄 확정판결의 전과사실은 비록 그것이 종전의 공직 수행과정에서의 범죄나 비리와 직접적으로 관련된 것이 아니라고 하더라도 그의 사회적 활동에 대한 비판 내지 평가의 한 자료가 되어 그의 공직 후보자로서의 자질과 적격성을 판단하는 데 중요한 자료가 될 뿐만 아니라 또한 그것은 법원의 최종적 사법적 판단까지 받은 것이므로 공적 이익에 관한 사실이라고 보아야 할 것이다."(대법원 1996. 6. 28. 선고 96도977 판결 [입후보자 전과 공개])

[61] 현행 공직선거법에 의하면 공직후보자의 전과기록은 공개하게 되어 있으며(공직

법적으로 공개가 금지되는 사실62) 등도 진실한 것이면 이를 폭로 공
개하여 명예훼손의 결과를 야기하더라도 처벌할 수 없게 된다. 이를
보면 진실적시 명예훼손행위 자체의 행위반가치성을 부인하는 주장은
받아들일 수 없다.

이렇게 명예훼손법의 장구한 역사와 발전과정을 고찰한다면 일부
학자들이 주장하는 바와 같이 진실 적시 표현행위는 누구의 명예도
해칠 수 없고, 그러한 진실적시 행위에 의해 보호되는 것은 허명에 불
과하다는 주장은 형식논리에 치중한 천진난만한생각을 표현한데 불과
한 점을 알 수 있다. 오히려 진실적시 명예훼손죄를 폐지하는 방안보
다는 진실적시에 의해 손상되는 명예보다 그에 의해 옹호 또는 방어
되는 정당한 이익이 더 큰 경우에는 표현의 자유를 우선시켜 면책될
수 있도록 위법성 조각사유를 확충 정리하는 한편, 실무에서 그 해석
적용을 활성화하는 방안이 더 바람직하다고 생각한다.

5) 주관적 불법요소

그리고 우리 현행 형법은 일정한 유형의 명예훼손에서는 구성요건
에 비방 목적이라는 내심의 주관적 태도를 추가하여 주관적 불법요소
를 강화하고 있다. '비방 목적'은 출판물 등에 의한 사실적시명예훼손
죄(형법 제309조)나 전기통신망(인터넷)에 의한 사실적시명예훼손죄(정보

선거법 제49조 제4항 제5호 및 제12항), 언론이 이를 보도하는 것은 명예훼손이
되지 않는다. 또 영국의 1974년 범죄자 재생법(Rehabilitation of Offender Act
of 1974) 제8조에 의하면 피고가 집행종료된 유죄판결('spent conviction')에 관
해 악의로 진술한 경우에는 공정보도로서 정당화되지 않는다. 동법에 의하면 비
행자가 2년 6월 이하의 기간 복역을 완료하였고, 범죄 종류에 따라 3년 내지 10
년이 경과하면 그는 법적으로 범죄가 없었던 것으로 취급되며 비행자는 재생되
었다고 본다.
62) 예를 들면, 타인의 명예훼손적 사실이 포함된 도청된 통신비밀, 신뢰관계를 위반
하여 폭로된 사실, 적법하게 비밀로 분류된 사실 등을 공개하는 행위가 그에 해
당한다.

통신망법 제70조)의 주관적 구성요건요소로 규정되어 있다. 언론매체의 보도가 명예훼손적인 내용을 가진 경우에도 법이 다시 비방의 목적이 있음을 그 범죄성립의 요건으로 삼은 것은 국민의 알권리를 충족시키는 언론매체의 기능을 존중하여 보다 원활한 여론형성을 촉진하려는 데 의미가 있다고 보아야 한다. 언론매체에 의한 보도에 비방할 목적을 쉽게 인정하는 것은 이러한 미디어의 활동을 억제하게 될 것이다. 그 때문에 헌법재판소는 "형법 제309조 소정의 '비방할 목적'은 그 폭을 좁히는 제한된 해석이 필요하다. 법관은 엄격한 증거로써 입증이 되는 경우에 한하여 행위자의 비방목적을 인정하여야 한다"고 판시하였다.[63] 이 목적의 존재에 관한 입증책임이 검사에게 있음은 물론이다.

나아가 민사상 명예훼손의 불법행위는 과실에 의해서도 성립하지만, 형법상 명예훼손죄는 과실범을 처벌하지 않으며, 검사의 입증에 의해 고의가 있는 경우에만 처벌하게 되어 있다.

진실적시 명예훼손 행위의 불법성을 부인하는 폐지론자들의 주장은 결국 민사상 명예훼손의 불법행위의 성립도 부인하는 것이어서 더욱 문제된다.[64]

6) 사생활의 비밀 공개와 명예훼손 – 반대의견 비판

한편 진실한 사실이라 하더라도 개인의 내밀영역, 사사적 영역 또는 신뢰영역에 관한 것이고, 공공의 정당한 정보의 이익(알 권리)에 의해 정당화되지 않는 경우 또는 그것이 진실 전파의 이익에 비해 과도한 인격적 피해를 야기할 우려가 있는 경우에는 표현의 자유로 보호받지 못한다. 보호받는 사생활 영역의 사실 공개는 그 진실 여부를 불

---

63) 헌법재판소 1999. 6. 24. 선고 97헌마265 결정.
64) 폐지론자들이 주장하는 바와 같이 진실 사실적시 명예훼손행위에는 행위반가치성이 없다고 본다면 민사상으로도 불법행위는 성립되지 않을 것이고, 형사 명예훼손죄를 폐지하고 대신에 민사적으로 해결하자는 말은 무의미해지게 된다.

문하고 금지된다. 따라서 사생활 침해 사실이 진실하다는 항변은 허용되지 않는다. 보도된 사생활 사실이 허위인 경우에는 더 가중된 책임이 추궁될 수 있다(허위에 의한 인격상 침해의 불법행위 책임).

이에 관해 헌법재판소의 반대의견[65]은 '사생활의 비밀에 해당하는 사실'의 적시만을 금지 처벌하여 일부 위헌 결정을 하자고 한다.[66] 이 일부위헌론은 위법성 단계에서의 예측불가능성으로 인한 위축효과 문제를 해소하기 위해 구성요건 단계에서 '사생활의 비밀에 해당하지 아니한 사실 적시'를 제외해야 한다는 것이다. 그에 대해 법정의견의 비판에 의하면 일부위헌론에 따르더라도 처벌되어야 할 '사생활의 비밀에 해당하는 사실'의 적시와 처벌되지 않아야 할 '사생활의 비밀에 해당하지 아니하는 사실'의 적시 사이의 불명확성에 따르는 위축효과가 발생할 가능성은 여전히 존재한다고 반박한다.

위 반대의견의 논증과 그에 대한 법정의견의 반박에는 모두 문제가 있다. 반대의견에 의하면 형법 307조 제1항에 의해 '진실한 것으로서 사생활의 비밀에 해당하는 사실'만을 처벌하게 하자는 것인데, 이를 엄밀히 분석할 필요가 있다.

먼저 소수의견에 의하면 사생활의 비밀에 해당하면서 외적 명예를 침해하는 사실만을 형법 제307조 제1항에 의해 처벌하게 되는 점에 관해서는 이의가 있을 수 없다. 이 경우에는 민사상 사생활 침해의 불법행위와 형사상 명예훼손죄가 동시에 성립하게 되어 이른바 상상적 경합과 유사한 관계가 성립하게 될 것이다. 피해자는 양자 중 하나를 선택적으로 행사하든가, 아니면 민·형사상 구제책 양자를 중복적으로 행사할 수 있을 것이다.

그러나 문제는 피해자의 사생활의 비밀에 해당하지 않는 (진실한)

---

65) 헌재 2021. 2. 25. 2017헌마1113 등.
66) 반대의견은 "심판대상조항 중 '진실한 것으로서 사생활의 비밀에 해당하지 아니한' 사실 적시에 관한 부분은 헌법에 위반된다"고 판단하여야 한다고 주장한다.

사실로서 그의 사회적 평가를 저하시킬 수 있는 수많은 종류의 사실이 있을 수 있는데,[67] 이를 공표하는 경우 모두 처벌되지 않게 된다는 점이다. 그렇다면 영미에서 제한적 특권의 법리에 의해서도 면책될 수 없는 여러 진실한 사실적시가 모두 자유롭게 허용될 것이고 그만큼 명예권보호에 불리한 상황이 연출될 것임은 이미 상술한 바 있다.

4. 명예훼손죄에서 진위의 입증책임 분배

1) 기본적 설정

명예훼손죄 폐지론쟁에서 간과하여서는 안되는 점은 명예훼손죄의 구성요건과 위법성 및 위법성 조각사유의 관계를 고찰함에 있어서 입증책임의 분배가 갖는 의미이다.

현재의 평상적인 상태에서 가해자와 피해자 기타 제3자 간에 생성되는 명예훼손의 법적 관계를 고찰하는 경우 전제되어야 할 점은 특정인이 현재 향유하는 외적 명예가 그의 진정한 성품에 부합하는지 또는 허명인지 여부는 알 수 없고, 이를 비판하는 폭로자가 적시하는 사실의 진위도 불명이거나 다툼이 있는 것이 일반적이라고 보아야 할 것이란 점이다. 그런 경우 분쟁이 생기게 되면 법은 우선 피해자가 현재 향유하는 사회적 평가(외적 명예)가 그의 진정한 성품과 일치하는지 아니면 허명에 불과한지를 먼저 판단하는 것이 아니라,[68] 우선 폭로자

---

67) 대법원 2021. 8. 26. 선고 2021도6416 판결(명예훼손)에서는 근무 중 비위행위에 관하여 징계절차가 개시되자 곧바로 징계혐의사실과 징계회부사실을 회사 게시판에 게시한 피고인(회사 징계담당 직원)의 행위가 명예훼손죄로 기소된 사안에서 대법원은 공개된 문서에 적시된 내용이 피해자의 사생활에 관한 것이 아니고 회사의 징계절차가 개시되었다는 것이어서 공적인 측면이 있음은 부인할 수 없으나, 그렇다고 하여 징계절차에 회부된 단계부터 확정되지 아니한 징계 사유, 즉 근무성적 또는 근무태도가 불성실한 점 등을 공개하는 행위는 위법성이 조각되지 아니한다고 판시하였다.

68) 특정인이 향유하는 실재의 외적 명예는 가시적이 아니어서 그 크기와 정도를 알

의 진술이 진실인지 허위인지를 판별하는 단계를 거치게 될 것이다(이 것은 진실적시 명예훼손 행위를 구성요건에서 제외하는 경우 필수적이다). 그에 따라 허위로 판명되는 경우에는 폭로자에게 불리하게, 진실인 경 우에는 폭로자에게 유리한 형량을 하게 될 것이다. (또 진실적시 행위가 폐지되는 경우에는 폭로자는 허위인 경우에만 유죄로 되고, 진실인 경우에는 무죄로 될 것이다.) 이 경우 명예훼손적 진술의 진위를 어느 단계에서 누가 입증해야 하는가하는 문제가 분쟁해결의 관건이 될 것이다. 이렇 게 적시사실의 진위에 관한 입증책임은 표현행위의 실체적 측면이 아 니지만, 명예훼손법제의 기본 형성에 결정적인 요소를 이루는 것인데, 그럼에도 불구하고 종래의 명예훼손죄 폐지론쟁에서는 이 점이 간과 되어왔다.[69]

2) 입증책임 분배 체계

진위 입증 책임의 분배는 진술된 명예훼손적 사실의 진위 입증책임 을 가해자 또는 피해자 중 누구에게 부담시키는 것이 합리적이고 타 당한가 하는 문제이며, 명예훼손법제에서 가장 중요하고 결정적인 쟁 점을 이룬다. 이에 관하여는 해당 사회의 역사적·문화적 배경을 고려 하여 헌법상 대립 충돌하는 표현의 자유와 인격권 간의 가치 및 이익 의 실체적 형량에 맞도록 결정해야 할 것이다. 여기에 증거법상의 절 차에 관한 법적 논의로서, 특히 입증책임을 부담하지 않는 쪽에 유리

수 없고 때로는 허명을 포함할 수도 있을 것이다. 그 때문에 우리는 미리 피해 자의 명예가 어떠한 규모와 정도로 형성되어 있는가를 먼저 확정한 후 비판행위 자의 진술로 그 중 어느 부분이 얼마나 상실되었는가를 측정하는 식으로 명예훼 손이 이루어졌는지를 판단하지는 않는다. 피해자의 부정적 속성이나 행동거지를 노출하는 진실한 사실의 공개는 그 공개 이전에 그가 구가하던 사회적 평가가 그 공개로 인해 그만큼 축소되는 것이라고 보아야 할 것이고, 법은 이를 포착하 여 명예훼손의 성립 여부를 결정하는 것이다.

69) 그럼에도 기존 폐지론자들의 주장 중에 입증책임의 소재 여하에 관해 고민한 것 을 찾을 수 없다.

하게 진위 여부가 추정된다는 점이 주목되어야 할 것이다.

이에 관해 영국 보통법 상 확립된 법리와 독일 등 대륙법의 전통적 법적 규율은 명예훼손적 사실을 주장하는 자(피고)에게 진실 입증책임을 지우며, 이러한 기준은 글로벌 스탠다드가 되고 있다. 이에 의하면 피고의 진술이 그의 입증에 의해 진실로 밝혀지기까지는 허위로 추정되는데, 이것은 원고의 명예가 선한 것으로 보는 사고에 기반하는 것이다. 다만, 미국만이 유일하게 공익 사안에 관한 또는 피고가 미디어인 경우 피해자(원고)로 하여금 허위의 입증책임을 지우게 하고 있다. 미국 판례에 의하면 명예훼손 소송에서 원고가 허위임을 입증하지 않거나 할 수 없으면 피고의 진술은 사실상 진실로 추정되는 효과를 갖게 된다.

그리고 원고의 허위 입증은 구성요건 단계에서 이루어지게 되는 한편, 피고의 진실입증은 위법성 판단단계에서 위법성을 조각하는 사유로 이루어지게 된다.

우리의 법제는 명예를 훼손하는 진술이면 (진위를 막론하고) 일응 구성요건에 해당하는 것으로 보고 피고에 의해 진실의 입증이 있는 경우 위법성이 조각되는 것으로 보는 영국 보통법의 전통을 따르고 있다. 그런데 진실적시 명예훼손행위를 형법 제307조 제1항에서 배제하자는 폐지론에 의하면 검사(피해자의 입장)는 피고의 진술이 허위인 명예훼손적 표현행위임을 입증하여야 하는 것이 되어, 형사 명예훼손죄의 성립에는 적시사실의 허위 입증책임이 검사에게 전환되게 되고, 결국 뉴욕타임스 판결 이후 미국 판례에서 취한 현실적 악의규칙을 적용하는 것과 같은 법적 상황이 연출되게 된다. 이렇게 피해자 측을 대변하는 검사(민사소송에서는 원고)가 허위입증책임을 지게 하는 것과 피고가 항변으로서 진실입증책임을 지게 하는 것 중 어떤 것이 옳은가는 논란이 거듭되는 문제이다. 양자의 장단을 검토하여 볼 필요가 있다.

3) 영국보통법 및 대륙법 – 피고의 진실 입증책임

전술한 바와 같이 피고에게 진실 입증책임을 지우는 영국 보통법
상 명예훼손 소송에서 원고의 명예는 선량한 것으로 추정되었고, 따라
서 이를 비판하는 적시사실의 진실성은 피고가 입증할 항변사항으로
취급되어 피고의 진실입증이 있기 전까지는 이를 허위로 추정하였다.

이러한 입증책임 분배를 정당화하는 논거로 제시되는 이유를 보면,
첫째 형식적으로 적극적 주장을 하는 당사자 또는 쟁점이 된 특정한 사
실을 알 수단을 보유하는 당사자에게 입증책임을 부담시키는 것이 합리
적이라는 점이 제시된다. 이에 관해 미국의 한 판례[70]는 "항상 그렇지
는 않다 하더라도 입증의 부담을 형식적으로 적극적인 주장을 하는 당
사자, 그리고/또는 쟁점이 된 특정한 사실을 알 고유한 수단을 추정적
으로 보유하는 당사자에게 부담시키는 것이 바람직하다(See Wigmore,
Evidence § 2486, supra). 예를 들면, 명예훼손의 맥락에서 작성된 진술
이 원고를 살인자, 강도 또는 매춘부라고 비난한 것이라면 피고는 그
가 언급하는 특정한 사례와 그 정보의 소스를 정확히 아는 반면, 이들
사실을 알지 못하는 원고는 그것이 허위임을 보임으로써 이들 일반적
비난을 논박함에 큰 어려움을 겪게 될 것이다."라고 설명한다.[71]

둘째, 증거법상의 이유로서 허위의 입증과 같이 소극적 사실의 입
증은 실무상 어렵기 때문에 가해자가 진실임을 입증하게 하는 것이
더 타당하다는 논거도 거론된다.[72] 대륙법은 이와 같이 소극적 사실

---

70) Montgomery v. Dennison, 363 Pa. 255, n. 2, at 263, 69 A.2d 520 (1949).

71) 또 동 판결은 명예훼손자의 입증책임이 정당한 이유를 다음과 같이 설시하고 있
다. "명예훼손 소송에서 피고는 (a) 명예훼손적 진술의 진실성 (b) 공표된 기회
의 특권적 성격 (c) 명예훼손적 비판의 주제사항이 공적 관심사의 성격을 입증
할 책임을 부담한다. … 리스테이트먼트가 그에게 입증하도록 하는 세 가지 항목
을 입증할 책임을 피고에게 부담시키는 것은, 만일 그가 행한 진술이 진실이고,
그 기회가 특권적인 것이었다면 그 사항들에 관한 앎은 특유하게 명예훼손적 진
술을 행하는 자의 보유하에 있기 때문에, 명백히 공정한 일이다."(Montgomery
v. Dennison, 363 Pa. 255, n. 2, at 263, 69 A.2d 520 (1949))

입증의 어려움을 인식하고 적극적 사실을 입증할 수 있는 당사자에게 입증책임을 부과하고 있다.[73]

이에 관해 미국의 일부 학설과 판례는 모든 소극적 사실의 입증이 어려운 것이 아니며,[74] 소극적 사실의 입증은 실무상 용이한 경우도 있고, 언론자유 이외의 분야에서는 원고에게 소극적 사실의 입증을 요구하는 경우도 적지 않다고 하며, 현대의 디스커버리 실무는 소극적 사실의 입증에 관한 이전의 우려를 많이 제거하여 왔다는 등 반론을 제기한다.[75] 특히, 시간과 장소가 특정된 사실적시에 관해서는 그것이 부존재한다는 입증이 어렵지 않다고 한다.

4) 미국 판례 – 입증책임의 전환

그러나 미국의 판례는 1964년 뉴욕타임스 판결을 기점으로 공적 사

---

72) 리스테이트먼트는 입증도 반증도 어려운 일반적인 비난의 문제를 다음과 같이 설명하고 있다. "없음을 주장하는 당사자에게 입증책임을 부담하게 하는 것은 필연적으로 어려움을 생기게 하며, 그러한 문제는 명예훼손적 비난이 그 용어상 구체적이 아니라 성질상 일반적인 경우 더 강조된다. 예를 들어, 신문이 한 점원에 관해 기회가 있으면 고객에게 거스름돈을 주지 않는다고 비난한 경우를 상정해 보자. 피고가 구체적 기회를 지적하지 않은 경우 원고는 그가 고객에게 거스름돈을 주었다는 점을 어떻게 증명하도록 기대될 수 있는가?"(RESTATEMENT (SECOND) OF TORTS § 613 cmt. j (1977))

73) 독일 증거법 상 입증책임 분배의 일반 법리에 의하면 특정 사실의 부존재, 즉 소극적 사실의 입증은 매우 어렵기 때문에 그 사실의 존재를 주장하는 측에서 적극적 사실을 입증해야 하는 것이 통상적이다.

74) "원고는 허위의 입증 대상인 그의 생활과 활동에 관한 사실을 앎에 가장 유리한 위치에 있다. 피고가 진실을 지시할 어떤 정보도 제공함이 없이 결정적으로 명예훼손하는 진술을 공표하는 비정상적 상황에서는 원고가 단순히 부정함으로써 충분할 것이다. 그러나 피고가 진실을 지시할 수 있는 정보를 포함시켰다면, 원고는 자신의 생활에 속하는 사실에 관하여 의심스런 상황을 극복하는 부담을 이행하도록 기대될 수 있다."(Keeton, Defamation and Freedom of the Press, 54 Tax. L. REv. 1221, 1236 (1976))

75) Marc A. Franklin and Daniel J. Bussel, The Plaintiff's Burden in Defamation: Awareness and Falsity, 25 Wm. & Mary L. Rev. 825 (860) (1984), https:// scholarship.law.wm.edu/wmlr/vol25/iss5/6

안에 관한 보도에서 공인인 원고는 피고의 명예훼손적 진술이 허위임을 입증하여야 한다고 하여 입증책임을 전도하고 있다.[76] 이후 명예훼손 소송에서 미국의 법제는 특이한 입지를 점하게 되고 그 결과 미국은 세계에서 언론의 자유가 가장 잘 보장되면서 동시에 명예권이 가장 경시되는 나라로 일컬어지게 되었음은 주지하는 바와 같다.

미국 판례와 같이 원고(피해자)에게 허위 입증책임을 지우는 것이 타당하다는 견해의 가장 유력한 논거는 공적 사항에 관한 토론의 필요성 및 언론자유의 위축효과를 방지하려는 데 있다. 예를 들면, Franklin 교수는 "정작 언론의 자유를 보장하는 의미에서 더 건전한 유추는 민사 피고에게 진실을 말한 것으로 추정하는 이익을 주어야 할 것"이라고 주장한다.[77]

이러한 논거는 미국 연방헌법 수정헌법 제1조의 더 기본적인 구조에 터 잡는 것이다. 미국 헌법은 언론의 자유에 우월적 지위를 부여하므로 그에 비해 명예 등 인격권은 애당초 추상적 비교형량에서 열등한 지위에 놓이게 된다. 특히 종전 표현 및 언론의 자유와 명예권 등 인격권이 대립 충돌하는 경우 그 형량에 있어서 연방대법원은 헌법상 표현의 자유의 중요성에 치중하여 기본권 제한의 엄격한 요건에 관한 법리를 적용하여 왔기 때문에 언제나 형량의 추는 표현의 자유에 기울었다.

---

76) 1964년 뉴욕타임스 판결은 원고가 피고의 진술이 허위임을 알았거나 무사려한 경시로 알지 못하였음을 입증해야 한다고 판결하였으나(이른바 현실적 악의 규칙, actual malice rule), 정작 피고의 진술이 허위임을 입증할 책임이 원고에 있다는 판시는 Philadelphia Newspapers v. Hepps, 475 U.S. 767, 771 n.2 (1986)에 의해 확인되었다.

77) Marc A. Franklin and Daniel J. Bussel, id. "실무상 그것은(진실입증책임을 피고에게 부담시키는 것은) 허위의 유포에 대한 심각한 억제로 작용할 뿐 아니라, 모든 세목에서 진실이란 법적 증거를 대는 어려움 또는 정보의 기밀 소스 노출을 꺼림에 비추어 주의의 지혜와 자기검열을 강조함에 의해 공적 토론과 정보의 흐름에 대한 강력한 브레이크를 구성한다."(Defamation-Thomson Reuters, https://legal.thomsonreuters.com.au chapter_25)

5) 소 결

결국 명예훼손에서 진위의 입증책임은 피고의 항변사항으로서 그가 진실 입증책임을 지게 하는 것이 글로벌 기준이면서 헌법상 및 증거법상의 이유에서 합리적이고 타당한 것이라면, 형사 명예훼손죄의 분야에서 허위의 입증책임을 원고(검사)에게 전환하게 되는 결과를 야기하게 되는 진실적시 명예훼손죄 폐지론에는 문제가 있을 수밖에 없다.

관점을 바꾸어 특정 개인의 생활이나 행위를 대상으로 비판하거나 부정적으로 진술하는 명예훼손적 표현행위는 우선 간섭을 받음이 없이 자유롭게 살아갈 피해자 개인의 행복추구권에 간섭하는 것이라고 볼 수 있고, 그렇다면 어떠한 사실의 존재를 전제로 이를 적시하면서 부정적으로 표현하거나 비난하는 가해자에게 그 사실의 존재를 입증하게 함이 상식적으로 보거나 헌법상의 논리에서 보아 더 타당하다고 생각된다. 모든 명예훼손 사건은 피고인의 진술로 시작되어 진행되고 그로 인해 피해자의 명예 실추 위험의 발생으로 완성된다는 점에서 보면 완전히 표현행위자의 적극적 주도에 의해 이루어지는 불법(또는 범죄)행위이다. 그렇다면 논란을 일으킨 표현행위자(피고인)로 하여금 그 근거로서 적시한 사실이 진실임을 입증하게 하는 것이 공평의 상식에 부합하는 것이고, 그가 진실임을 입증할 수 없거나 실패하는 경우에는 다시 진실로 믿음에 상당한 이유를 주장 입증하는 경우 면책을 시키는 방안(이른바 상당성 항변)이 제공되고 있음을 함께 생각한다면 그러한 입장이 합리적이고 공평한 헌법합치적 해석이 될 수 있을 것이다.

5. 폐지 후의 문제 – 미국의 경험

1) 서 론

진실사실적시 명예훼손죄를 폐지하자는 주장은 미국법제의 영향을 받고 있는 것으로 보인다. 미국에서는 공익 사안이나 피고가 미디어인 경우 '허위의' 사실적시를 명예훼손의 성립요건으로 보기 때문에 그러한 사건에서 진실한 사실적시는 민사상으로도 애당초 명예훼손이 될 수 없고, 형사적으로 처벌할 수도 없다. 그러나 이러한 생각은 미국에만 독특한 것이어서 여러 관점에서 비판적 검토를 요한다.

이와 관련하여 폐지론자들의 주장과 같이 우리의 경우 형법 제307조 제1항에서 진실적시 명예훼손행위를 배제한다면 어떠한 법적 상황이 전개될 것인가 살펴볼 필요가 있다. 그렇게 되면 허위 사실적시에 의한 명예훼손만이 처벌되게 되고, 현행 판례에 의해 검사는 피고인의 진술이 허위이고, 피고인이 그 허위임을 알았다는 입증을 하지 않으면 안되게 된다. 그렇게 보면 결국 현재 공적 사안이나 미디어 보도에서 민사 명예훼손의 성립에 허위 사실의 적시를 요구하는 미국의 법적 상황과 거의 같아지게 된다. 결국 아무리 극심한 폄훼적 사실을 적시하였다 하더라도 피고인은 그 사실이 진실임을 입증할 필요가 없고 검사가 허위라는 증거를 제시할 때까지 그의 진술은 허위가 아니라는 사실상의 추정을 받게 될 것이다.[78]

이러한 미국의 법적 상황은 1964년 미국 연방대법원이 뉴욕 타임스 판결[79]에서 명예훼손의 불법행위에 관해 헌법적 관점을 도입하여 명예훼손의 성립에는 "허위의 사실적시"를 요한다고 하고, 1974년 사실적시가 아닌 의견은 명예훼손으로 제소될 수 없다고 판시하였기 때문에(1974년 거츠 판결[80]) 결과된 것이다.

---

78) 형법상 명예훼손죄의 구성요건을 함께 생각할 때 진실적시 명예훼손죄의 구성요건이 폐지된다면 민사상으로도 진실적시 명예훼손의 불법행위가 성립될 수 있는가가 논란될 수 있다. 전술한 바와 같이 진실 적시 명예훼손행위의 행위반가치성을 부인하는 폐지론자들의 주장에 의하면 민사상 불법행위도 성립되지 않는다고 보아야 할 것이다. 그러나 이를 부인하여야 하기 때문에 설사 형사적 처벌 조항이 폐지된다 하더라도 그 위법성을 조각하는 사유가 없으면, 민사상 불법행위가 성립될 수 있다고 보아야 한다.

79) New York Times Co. v. Sullivan, 376 U.S. 254 (1964)

그렇다면 위 법리 적용 이후 언론의 자유와 명예훼손에 관한 미국 판례의 추이를 살펴볼 필요가 있다. "현실적 악의 규칙"(actual malice rule)을 창안한 1964년 뉴욕타임스 판결은 미국 연방수정헌법 제1조를 근거로 명예훼손법을 헌법화하여 개인의 명예권에 대해 언론의 자유를 확실하게 우선시켰으며, 이에 의해 명예훼손의 보통법은 극적으로 변화하였다고 한다.[81] 채용된 해법은 보통법상 허위 및 악의의 추정을 없애고, 명예훼손적 진술에 관해 피고가 허위임을 알았거나 그 진부에 관해 무사려하였다는 입증의 부담을 원고에게 지우는 것이었다.

대부분의 미국 학자들은 뉴욕타임스 판결을 긍정적으로 보고 있지만, 일부 학자들은 보통법에서 장기간 형성되어 온 양자 간의 세심한 균형을 무너뜨리고 명예 보호를 포기하게 되었다고 격렬하게 비판한다.[82]

2) 1964년 뉴욕타임스 판결 - 입증책임의 전환

첫째, 뉴욕타임스 판결에 의한 대표적 변화는 명예훼손의 성립요건으로 "허위 사실적시"를 요구하면서 입증책임을 원고에게 전도하였다는 점이다. 종전 보통법에 의하면 피해자인 원고는 진위 여부를 막론

---

80) Gertz v. Robert Welch, Inc., 418 U.S. 323 (1974)

81) Randall P. Bezanson, THE LIBEL TORT TODAY, Washington and Lee Law Review, Volume 45 Issue 2, p. 539 http://scholarlycommons.law.wlu.edu/ cgi/viewcontent.cgi? article = 2343&context = wlulr

82) 엡스타인교수에 의하면, 그 판결은 그 분쟁에 기초되는 극적 사실에 의해 과도하게 영향받았고 시간의 시험을 견디지 못한 것으로 시사되었다고 한다. 즉, 뉴욕타임스 사건은 1960년 전후 미국에서 흑백분리와 백인우월주의(segregation and white supremacy)가 사회 각계에 만연하던 시대에 민권운동(civil rights movement)에 승리를 안겨준 사건이었고, 연방대법원이 미국 사회의 쟁점에 대한 장쾌한 해법을 제시한 배경을 가지고 있지만, 그것은 공적 인물에 관한 보다 평범한 명예훼손사건에서는 시간의 시험을 견디기 어려웠다고 한다(Richard A. Epstein, Was New York Times v. Sullivan Wrong? 53 University of Chicago Law Review 782, 783 (1986)).

하고 피고의 명예훼손적 진술이 있음을 주장하면 족하였으나(이 점에
서 우리의 현행법제와 같다), 미국법에서는 '허위의' 명예훼손적 진술이
명예훼손의 구성요건(소인)이 됨으로써 그 (허위) 입증책임이 원고에게
전환된 것이다.

영국 보통법의 엄격책임 규칙(strict liability rule)이 명예훼손적 진술
을 일단 허위로 추정하고 명예훼손적 진술자에게 그 진실임을 입증하
도록 한 것은 오랜 경험을 반영한 것이었다. 영국 보통법을 계수한 영
연방국가와 기타 대륙법계 국가도 영국과 같은 입증책임 분배 원칙을
채택하고 있으며, 미국 이외의 국가에서 명예훼손 소송의 진실 입증
책임을 원고(피해자)에게 전도한 사례는 희소하다.[83] 유럽인권재판소는
허위의 추정과 피고에게 진실의 입증 책임을 부과하는 것은 유럽인권
협약에 위반되지 않는다고 판시한 바 있다.[84]

3) 명예권 경시의 경향

둘째, 가장 큰 변화는 동 판결 이후 명예권의 경시가 현저한 경향
으로 나타났다는 점이다. 동 판결은 명예훼손법을 헌법화한다는 관점
에서 진실 입증책임을 원고에게 전도하고 종전 보통법상의 각종 특권
이외에 새로운 헌법상의 특권[85]을 도입함으로써 언론에게는 강력한 힘

---

83) 염규호교수에 의하면 뉴욕타임스 판결에서 형성된 현실적 악의의 법리는 1999년
   필리핀 대법원(Borjal v. Court of Appeal, 301 SCRA 1 (1999)), 1987년 아르
   헨티나 대법원(Argentina Supreme Court of Justice, Fallos: 310:508 LA Ley-
   1987-B269 (1987))에 의해 채택되었다고 한다(염규호, 뉴욕타임스 판결 50주년과
   언론의 자유: 제1수정헌법의 국제적인 영향, 언론중재, 2014년 봄호 56면 이하.
   http://www.pac.or.kr/kor/pages/?p=60&magazine=M01&cate=MA02&nPage
   =2&idx=619&m=view&f=&s=).

84) Wall Street Journal Europe Spr v. UK (2000); McVicar v. UK (2002).

85) '현실적 악의 규칙'은 명예훼손에서 헌법적 초특권으로 인정된다. David A.
   Anderson에 의하면 1964년 뉴욕타임스 판결에 의해 명예훼손에 대한 헌법의 간
   섭이 중복으로 행해졌음에도 불구하고 명예훼손의 불법행위법에는 실제 거의 보
   완이 없었다고 한다. 예를 들어 표현행위자를 보호하는 수많은 보통법상의 특권

을 주었으나 피해자의 명예는 무시되는 결과를 초래하였다. 동 판결은
원고(피해자)가 진술의 허위성과 함께 피고의 잘못(과실 또는 현실적 악
의)을 입증하게 함으로써[86] 원고의 승소가능성을 현저하게 축소시킨
반면,[87] 미디어 피고는 거의 모든 소송에서 승소하게 되었다.[88] 이렇
게 뉴욕타임스와 후속 판결들은 미디어에 거의 절대적 특권을 허용하
여 원고의 구제를 거의 불가능하게 함으로써 미디어 통제 형태인 명예
훼손과 프라이버시 책임을 효과적으로 제거하였다고 비판받고 있다.[89]

엡스타인의 관측에 의하면, 첫째 명예훼손 규칙의 모습은 사회적 결정에
참여하는 주체들에게 심각한 영향을 줄 수 있다.[90] 즉 명예훼손을 위한 현
실적 구제책이 제거되거나 약화된다면, 명예에 실질적으로 투자해온 분별
있는 남성과 여성들이 공적인 무대를 떠나게 하는 한편(공적 토론에 참여

이 있음에도 그에 더해 현실적 악의 법리가 일종의 헌법적인 초특권으로 적용되
었다는 것이다(id. at 1053).

86) 원고가 입증해야 하는 피고의 현실적 악의는 피고의 내적인 심적 상태에 관한
것이어서 입증이 쉽지 않음에도 미국 판례는 그에 관해 명백하고 설득력있는 증
거(clear and convincing evidence)를 요구하고 있다.

87) Bezanson, id. p. 540. 일반적 관측에 의하면 미디어 피고를 상대로 한 소송에
서 원고의 승소율은 10%에 불과하다고 한다.

88) 현실적으로 보아 미국에서는 사회적 정치적으로 보나 경제적 면에서 언론의 힘
이 강력하게 법에 영향을 미치고 있으며(David S. Ardia, Reputation in a
Networked World: Revisiting the Social Foundations of Defamation Law,
Harvard Civil Rights-Civil Liberties Law Review, Vol. 45, p. 261, 303
[2010] http://ssrn.com/abstract=1689865), 더구나 미국에서 명예훼손법 전문
가는 거의 미디어를 대변하며, 명예훼손 원고를 위한 변호사는 많지 않다는 지
적이 있다(RUSSELL L. WEAVER ET AL., THE RIGHT TO SPEAK ILL:
DEFAMATION, REPUTATION, AND FREE SPEECH (2006)).

89) LAURENCE H. ELDREDGE, THE LAW OF DEFAMATION 7-8 (1978);
Gerald G. Ashdown, Journalism Police, 89 MARQ. L. REV. 739, 750-51
(2006), https://scholarship.law.marquette.edu/cgi/viewcontent.cgi?article=1118&
context=mulr; David A. Logan, Libel Law in the Trenches: Reflections on
Current Data on Libel Litigation, 87 VA. L. REV. 503, 519-20 (2001).

90) 이하 Richard A. Epstein, Was New York Times v. Sullivan Wrong? 53
University of Chicago Law Review 782, 799 (1986) 참조.

하는 대가가 그 명예적 자본의 전부 또는 일부의 상실이라면 그들은 잃을 것이 가장 많다), 덜한 명예와 아마도 덜한 품성의 다른 사람들에게 마당을 열게 될 것이다. 그로 인한 결과는 공적 토론의 양과 질이 저하될 수 있다는 점이다. 둘째, 만일 명예훼손에 관한 구제가 불충분하다면 공적 쟁점에 관한 담론의 수준에서 진실한 진술보다 허위 진술이 더 많아질 것이다.[91] 그러면 공공은 그가 얻는 정보의 계보가 덜 확실하다고 생각할 것이므로, 이를 할인하도록 요구될 것이다. 좋은 보도를 나쁜 보도와 구별하는 명백한 방도가 없고, 아무도 그들의 허위 진술에 법적으로 책임지도록 판단될 수 없기 때문에, 언론의 영향은 감소할 것이다. 명예훼손에 대한 아무 보호도 없는 세계는 너무 많은 명예훼손, 너무 많은 부정확한 정보의 세상이고, 한마디로 너무 많은 공적 사기로 충만한 세상이다. 신뢰있고 투명한 평판체계는 기대할 수 없고 그만큼 사회적 거래와 증가는 저해될 것이다.

4) 명예훼손법제의 프레임 전환

셋째, 동 판결은 명예훼손법의 사회적 존재의의와 기본적 틀을 벗어나게 하였다는 점이다. 뉴욕타임스 판결의 현실적 악의 규칙은 보통법 상 전통적인 진실의 항변, 공정보도의 특권 기타 여러 제한적 특권의 요건과 그 적용에 중대한 변화를 초래하였다. 보통법 상의 여러 제한적 특권은 복잡하지만, 그 공통된 특징을 보면 각개의 특권은 한정된 상황에 개별적으로 적용되는 것이어서, 한정된 상황에서 특정 진술의 사회적 가치에 관한 판단을 반영하고 있다. 그러나 뉴욕타임스 판결과 후속 판례들에 의해 범주적으로 적용되는 헌법적 특권은 보도의 한정된 상황이나 내용을 무시한 채 공표사항이 허위임을 요건으로 원고가 공인인가 사인인가 여부에 따라 적용될 특권이 현실적 악의인가 과실인가를 각각 결정하게 된다.[92] 그것은 보도 사실의 진실 여부에 집착하여 공동체 기반의 외적 명예를 보호한다는 명예훼손법의 기본

---

91) Epstein, id., p. 800.
92) Bezanson, id. p. 550.

적 틀을 떠나게 된 것을 의미한다.[93] 과거 수백년간 경험에 따른 기존 보통법상의 형량 기준은 적용될 수 없었고, 결국 언론과 인격권의 조화적 절충에 의한 형량은 등한시되게 되었다.

5) 명예훼손 소송의 장기화 및 고비용화

넷째, 동 판결은 이미 복잡하고 어려운 보통법의 명예훼손법을 더욱 복잡하고 어렵게 하였으며,[94] 이후 명예훼손 소송은 복잡성과 혼란 속에서 더 큰 시간과 비용을 요하는 제도로 변하였고, 그 사회적 효용을 잃게 되었다. 결국 남소의 폐단과 더불어 소송상 화해에 의한 해결을 어렵게 하여 소송을 장기화 고비용화하는 사회적 피해를 키우게 된다. 이 때문에 미국의 판례는 피해자 개인의 이익뿐 아니라 미디어의 언론 자유를 보호함에도 실패하였으며,[95] 명예훼손제도가 목적으로 하는 사회적 이익을 보호함에도 실패하였다는 비판이 제기된다. 심지

93) 명예는 타인에 의해 인식된 명예로서 성질상 관계적인 것이고 그에 대한 손해는 타인들의 눈에 의한 것인데, 허위는 공동체 기반의 이슈가 아니기 때문에 이러한 상황과 외적 인식은 원고 입증의 주된 요인이거나 피고의 가용적 항변이 되지 않게 된다(Randall P. Bezanson, THE LIBEL TORT TODAY, 548).

94) 야서교수는 "판사들이 애써 보통법의 미궁에서 길을 찾는다 하더라도 그들은 단지 혼동만을 더한 잘못된 또는 부분적 통로만을 찾는 데 성공할 뿐이었다. 그런데 1964년 연방대법원은 고심한 끝에 대담하게 미국식 해법을 찾았다고 자신했으나, 그 노고의 결과는 미궁에서 가장 혼란스런 시험적 통로를 찾았을 뿐이었다"고 비판한다(Ray Yasser, Defamation As a Constitutional Tort. With Actual Malice for All, Tulsa Law Review Volume 12 | Issue 4 Article 1, 601, 602 (1977). https://digitalcommons.law.utulsa.edu/cgi/viewcontent.cgi?article=1388&context=tlr).

95) 명예훼손 소송은 뉴욕타임스 판결에 의해 저지되기는커녕 그 이후 건수와 배상액 양자에서 증가하였다고 한다. 현실적 악의 규칙은 미디어의 편집과정에 관한 상세한 조사를 필요로 하기 때문에 결국 디스카버리 및 심리의 시간을 증가시키고 실제로 언론의 이익에 대한 위협을 감소시키기보다 증가시킨다. 그것은 소송 비용을 극적으로 증가시키며, 제한된 자금밖에 없는 원고들에게 법적 구제를 어렵게 할 것이다(Hill v. Church of Scientology of Toronto, [1995] 2 S.C.R. 1130 참조).

어 David Anderson교수는 미국의 명예훼손법은 개혁할 가치가 없고, 폐지할 것을 주장하였다.[96]

6) 진위 입증이 불가능한 경우

다섯째, 보도의 진위 여부가 입증되지 않는 경우에는 피해자(원고)에게 현저히 불리한 결과가 생길 수 있다. 소송 실무상 진술이 진실 또는 허위 어느 쪽으로도 입증이 불가능한 상황("unknowably true or false")이 적지 않게 나타나는데, 예를 들어 아무 증거도 없는 사안에 관한 보도 또는 제출된 모든 증거에 의해서도 진위가 판명될 수 없는 경우가 있을 수 있고, 더욱이 피고가 취재원의 신원 공개를 거부하는 경우 이러한 상황은 쉽게 야기되기도 한다. 이 경우 입증책임의 분배가 결정적인 의미를 갖는데, 피고가 진실입증 책임을 부담하는 전통적인 보통법에서는 그것이 허위로 추정되고 따라서 원고가 승소함에 반해, 원고가 허위 입증책임을 부담하게 하는 미국 판례에서는 그것이 진실로 추정되어 원고가 패소하는 효과를 갖게 된다. 이렇게 진위 판명이 불가능한 경우 피고가 작심하고 악의적으로 이야기를 날조한다면 심각한 피해를 받은 원고에게는 아무 구제수단이 주어질 수 없다는데 심각한 문제가 생긴다.[97]

---

96) "현 상태에서 명예훼손법은 지킬 필요가 없다. 우리는 대부분의 청구가 값비싼 소송 후에 법원에 의해 거부되는 시스템을 가지고 있다. 그것은 거대한 횡재의 망상을 주며, 피고들에게는 침입적이고 장기화된 소송의 악몽을 주고, 공공은 법이 허위보다 진실을 선호한다는 점에 확신을 주지 못한다. 만일 우리가 더 낫게 할 수 없다면 명예훼손법을 폐지하는 것이 정직과 효율의 요구이다."(David A. Anderson, Rethinking Defamation, Arizona Law Review, Vol. 48, p. 1047, [2006]). 그럼에도 그는 언론의 가치가 얼마나 크든 문명사회는 명예보호를 거부할 수 없다고 한다(David A. Anderson, Is Libel Law Worth Reforming? 140 U. PA. L. REV. 487, 497 (1991)).

97) Philadelphia Newspapers v. Hepps, 475 U.S. 767 (1986) 사건에서 Stevens대법관의 반대의견은 진정 원고가 보통법 상의 악의 및 헌법적 악의를 입증할 수 있었으나 허위를 입증할 수 없는 경우 피고가 반대입증할 수 없는 수단 방법으

이렇게 진위 입증이 불가능한 사실이 전파될 수 있다는 사실은 공적 담론에서 허위일 가능성이 큰 사실이 제약 없이 전파될 수 있으며, 그만큼 그로 인한 사회적 코스트가 발생할 수 있음을 의미하는 것이다.[98]

1985년 화이트 대법관은 Dun & Bradstreet, Inc. v. Greenmoss Builders 판결[99]의 동의의견에서 "뉴욕타임스 사건에서 대법원은 공무원 및 공적 사안에 관해 완전히 알 공적 이익과 그에 경합되는 피해자의 명예를 회복할 이익 간에 선견지명 없는 형량을 내렸다고 하면서 다음과 같은 비판적 의견을 피력하였다.

"뉴욕타임스 사건에서 공무원의 제소는 그가 알았거나 무사려한 허위라고 주장하여 배심의 판단을 받지 않으면 배척될 것이다. 그러한 입증이 없으면, 설사 도전받은 공표가 허위라고 자백되었다 하더라도 그에게 유리한 배심의 평결이나 어떤 종류의 판결도 없을 것이다. 거짓은 지속될 것이고, 공공은 계속 공적 사항에 관해 잘못된 정보를 받을 것이다. … 더구나 원고가 실패하면 배심은 일반적 평결을 회수하게 될 것이고, 그 공표가 허위였다는 판결은, 실제로 그것이 근거가 없을지라도, 나오지 않을 것이다. 공공은 도전받은 진술이 결국 진실이었다는 결론을 갖게 된다. 그들이 정확하게 통보받을 유일한 기회는, 법원의 도움이 없이, 거짓에 대항할 공무원

로 원고를 명예훼손한다면 원고에게는 구제수단이 없다고 비판한다. 환언하면 그가 고심하여 입증될 수 없는 비난을 하는 경우 인격 살해자는 명예훼손의 헌법적 허가를 갖게 된다("character assassin has a constitutional license to defame")는 것이다 (Id. at 785 (Stevens, J., dissenting)). 그러한 입증불능이 단지 억측적이 아닌 이유로 반대의견이 제시하는 바에 의하면 "제3자에 관한 앎의 결여, 결정적인 기록의 상실, 아마도 특별한 스트레스 기간 동안 발생한 오래전 사건에 관한 불확실한 기억, 증인의 부재 등 다수의 요인들은 존경받을 인사가 그의 과거의 행위, 그의 친족, 친구, 사업 동료에 관한 악의적 가십에 대한 반증을 불가능하게 할 것이다."(Id. at 785-86 (Stevens, J., dissenting)).

98) See L. C. Bollinger, The End of New York Times v Sullivan: Reflections on Masson v New Yorker Magazine, [1991] Sup. Ct. Rev. 1, at p. 6; J. A. Barron, "Access to the Press A New First Amendment Right" (1966 67), 80 Harv. L. Rev. 1641, at pp. 1657-58.

99) 472 U.S. 749 (1985).

자신들의 능력에 의해서만 측정된다. 그것은 수정헌법 제1조의 옹호를 위해 의존할 결정적으로 허약한 갈대이다."" 또 뉴욕타임스 규칙은 거짓을 바로잡지 않음으로써 공무원에게 분명히 그의 명예에 대한 손해를 구제받지 못하도록 방치하였다."" 이렇게 뉴욕타임스 규칙은 두 가지 해악을 묵인하는데, 첫째 공무원과 공적 사항에 관한 정보의 흐름이 오염되고 종종 허위 정보로 오염된채 남아 있는 것, 둘째 패소한 원고의 명예와 직업적 생활이 합리적인 사실 수사 노력으로 회피될 수 있었을 허위에 의해 파괴되는 것이다. 이들은 문제되는 수정헌법 제1조의 이익과 명예의 이익의 의미에서 엄청나게 도착된 결과로 보인다."

이상 미국의 경험을 살펴보면, 표현의 자유와 명예보호, 양자의 이익을 모두 존중하면서 타협을 꾀하는 실천적 조화의 원칙에 부합할 수 있도록 다루어야 한다는 관점이 전혀 몰각되고 있음을 알 수 있다. 그 때문에 뉴욕타임스 판결은 미국 기타 지역에서 법관과 학자들에 의해 비판받았을 뿐 아니라 영국과 호주나 캐나다 법원에서도 채택되지 않았다.

우리 대법원 역시 민사 명예훼손에 있어서는 위와 같은 미국 판례의 현실적 악의 규칙을 배척하고,[100] 진실의 입증책임(立證責任)은 피해자가 공적 인물인 경우에도 가해자(표현행위자)가 부담한다는 입장을 확립하고 있다.[101] 그럼에도 형법 제307조 제1항이 폐지되고 동조 제2항만이 남게 된다면 형사 명예훼손의 분야에서는 결국 상술한 바와 같이 미국에서와 같은 법적 상황이 연출될 것이고, 그 결과 형사사법에 의한 명예권 보호가 형해화하는 동시에 언론과 인격권 간의 균형 있는 조화적 해결은 어렵게 될 것이다.

---

100) 대법원 1998. 5. 8. 선고 97다34563.
101) 대법원 1996. 10. 11. 선고 95다36329 판결; 대법원 1997. 9. 30. 선고 97다24207 판결, 대법원 1998. 5. 8. 선고 97다34563 판결 [논픽션 드라마], 대법원 2003. 9. 2. 선고 2002다63558 판결, 대법원 2004. 2. 27. 선고 2001다53387 판결 등.

6. 추상적 위험범으로서의 명예훼손죄

일설에 의하면 진실적시를 구성요건으로 하는 형법 제307조 제1항은 헌법상 표현의 자유와 명예권 간의 형량에서 원칙적인 명예권 우선의 태도를 취한 것이라고 보고, 명예훼손이 타인의 명예를 저하시킬 경향이 있는 진술의 공표로 성립된다는 법리에 의하면 형법의 개입시기를 법익침해 전 단계로 앞당기게 된다고 주장한다.[102)]

명예훼손이 타인의 명예를 저하시킬 경향이 있는 진술의 공표로 성립된다는 법리[103)]는 명예훼손제도를 갖는 어느 나라에서나 공통된 것으로 민사나 형사 명예훼손 양자에 공통적으로 적용되는 것이다. 영미 보통법의 전통적 견해는 명예 피해를 야기할 경향이 있으면 명예훼손이 성립하고 현실적으로 침해가 발생할 필요가 없다고 보아왔다.[104)] 이것은 보통법에서 직관적으로 알려진 경험적 사실의 상식적 귀결인데, 통상 명예훼손에서는 현실적으로 손해는 생기지 않으며, 만일 그렇다면 그것은 입증이 불가능하다고 하는 경험적 사실의 소산이었다.[105)] 우리 대법원도 최근 판결에서 같은 취지로 판시하고 있다.[106)]

---

102) 김성돈의 전게 논문, 7면 이하.

103) 명예훼손 여부의 심사는 원고가 실제로 해를 입었는가 여부가 아니라 그것이 명예를 저하할 경향이 있는 부류에 속하는가 여부이다(Lyrissa Barnett Lidsky, DEFAMATION, REPUTATION, AND THE MYTH OF COMMUNITY, Washington Law Review Vol. 71:1[11], 1996).

104) "명예훼손이 되려면 진술이 현실적으로 타인의 명예를 해하거나 또는 제3자가 그와 교섭하거나 거래하는 것을 저지함을 요하지 않는다. 그 성질은 그러한 효과를 가질 일반적 경향에 의존한다."(Restatement (Second) of Torts § 559 cmt. d (1977))

105) Randall P. Bezanson, THE LIBEL TORT TODAY, p. 544.

106) 대법원 2020. 11. 19. 선고 2020도5813 전원합의체 판결 [전파가능성]: "명예훼손죄 규정이 '명예를 훼손한'이라고 규정되어 있음에도 이를 침해범이 아니라 추상적 위험범으로 보는 것은 명예훼손이 갖는 행위반가치와 결과반가치의 특수성에 있다. 즉, 명예훼손죄의 보호법익인 명예에 대한 침해가 객관적으로 확인될 수 없고 이를 증명할 수도 없기 때문이다. 따라서 불특정 또는 다수인이 적시된 사실을 실제 인식하지 못하였다고 하더라도 그러한 상태에 놓인 것만으로도 명

이러한 명예훼손행위의 정의와 특징 때문에 형사 상 명예훼손죄가 범죄론상 이른바 '추상적 위험범'[107]으로 취급되는 것은 당연하다. 그렇다 하더라도 그것은 구성요건 단계의 개념일 뿐, 그러한 구성요건을 충족하는 행위가 바로 처벌되는 것은 아니다. 그러한 행위는 위법한 것이어야 처벌될 수 있고, 진실의 입증 등 각종 항변사유의 입증으로 그 위법성은 조각될 수 있다. 형법상의 행위론 내지 범죄론 체계에 따르면 범죄는 구성요건, 위법성, 책임 등 3단계로 구성되지만 이것들은 논리적 분석의 순서를 설명하기 위한 것이지 시간적 선후 관계로 분석될 수 있는 개념은 아니다. 결국 한 범죄의 성립과 처벌에 관한 형법 규정은 구성요건 해당성과 위법성 및 그 조각사유의 유무 등을 통일적으로 판단하여 표현행위자의 형사책임 여부가 결정되는 것이다.

따라서 진실적시 명예훼손행위를 구성요건으로 정한 조항이 진실한 사실을 적시하는 표현행위보다 명예권을 우선시하는 법적 사고의 표현이라거나,[108] 민사 명예훼손의 경우보다 형법의 개입시기를 앞당기

예가 훼손된 것으로 보아야 하고 이를 불능범이나 미수로 평가할 수 없다. 공연성에 관한 위와 같은 해석은 불특정 또는 다수인이 인식할 수 있는 가능성의 측면을 말하는 것이고, 죄형법정주의에서 허용되는 해석이며, 그와 같은 행위에 대한 형사처벌의 필요성이 있다. 추상적 위험범으로서 명예훼손죄는 개인의 명예에 대한 사회적 평가를 진위에 관계없이 보호함을 목적으로 하고, 적시된 사실이 특정인의 사회적 평가를 침해할 가능성이 있을 정도로 구체성을 띠어야 하나(대법원 1994. 10. 25. 선고 94도1770 판결, 대법원 2000. 2. 25. 선고 98도2188 판결 등 참조), 위와 같이 침해할 위험이 발생한 것으로 족하고 침해의 결과를 요구하지 않으므로, 다수의 사람에게 사실을 적시한 경우뿐만 아니라 소수의 사람에게 발언하였다고 하더라도 그로 인해 불특정 또는 다수인이 인식할 수 있는 상태를 초래한 경우에도 공연히 발언한 것으로 해석할 수 있다."

107) 형법의 법익 이론에 의하면 각개의 범죄는 구체적으로 보호법익의 침해가 요구되는 침해범(侵害犯)과 법익 침해의 위험만으로 처벌되는 위험범(危險犯)으로 구별되며, 위험범은 다시 실제 위험이 발생하지 않아도 추상적으로 위험이 있는 것으로 간주하여 처벌하는 추상적 위험범과 구체적 위험이 발생하는 경우에만 처벌하는 구체적 위험범이 구별된다(이에 관한 상세한 논의는 박용상, 언론의 자유(박영사 2013), 594-597 참조). 명예훼손죄는 전형적인 추상적 위험범으로 분류된다.

고 있다는 주장은 범죄론의 체계적 구성을 간과한 주장이다.

명예훼손죄의 구성요건해당성을 판단함에 있어 '전파가능성 이론'을 택함으로써 불필요하게 처벌 범위를 넓히고 있다는 주장[109]은 상당한 이유가 있다고 보이나, 그것은 명예훼손죄의 운영에 관한 논의이며, 이를 폐지하자는 주장의 근거가 될 수는 없다고 보아야 할 것이다.

7. 명예훼손의 위법성 조각사유 - 체계적 고찰과 미비점

1) 형법 제310조 - 불충분한 위법성 조각사유

전술한 바와 같이 한 표현행위가 법적 제재를 받는 여부는 구성요건에 해당할 뿐 아니라 위법성을 판단하는 단계까지 종합적으로 고려되어야 하므로 위법성 조각사유가 실질적으로 충분히 규정되어 있고 실제로도 충실하게 적용된다면 양자의 균형을 살리는 조화적 형량이 가능하고 위헌 논란은 피할 수 있다.

폐지론자들은 여러 이유를 들어 형법 제310조가 진실적시 명예훼손을 위해 충분한 위법성 조각사유를 제공하지 못한다고 비판하고 있다. 그러나 언론보도의 위법성 조각사유를 규정하는 형법 제310조가 그 운영에 다소간 문제가 있다 하더라도 그것이 진실적시 명예훼손죄를 폐지하는 근거로 될 수는 없으며, 다만 표현 언론의 자유와 인격권 보호 간의 균형적 양형을 위해 끊임없이 개선되어야 할 일뿐이다.[110]

공익성 요건에 관해서 대법원의 일관된 입장은 이를 가급적 넓게

---

108) 이것은 "언론·출판은 타인의 명예나 권리…를 침해하여서는 아니된다"는 헌법 제21조 제4항을 형법에 반복하여 규정한데 불과한 것이다.

109) 조서연, 사실 적시 명예훼손죄의 문제점 및 개선방향, 국회입법조사처 이슈와 논점 제1441호 (2018년 3월 29일).

110) 조서연, 전게 논문도 "사실 적시 명예훼손죄를 폐지하지 않고 구성요건을 존치하는 이상, 구성요건에서 특정 사안을 배제하는 방안보다는 위법성 조각사유의 확대부터 논의하는 것이 보다 용이한 방법으로 문제점을 보완할 수 있을 것으로 보인다."고 하여 같은 입장을 취한다.

인정한다는 것이고,[111] 실제로도 미디어가 관련된 사안에서 공익성이 부인되어 형법 제310조의 적용이 거부된 사례는 극히 소수에 불과하다. 그리고 최근 대법원[112]은 사적인 사안에 관한 진실한 사실적시가 명예훼손으로 처벌되지 않도록 형법 제310조의 공익 관련성을 보다 넓게 해석할 것을 요구하면서 공공의 이익에 관한 것에는 ① 널리 국가·사회 그 밖에 일반 다수인의 이익에 관한 것뿐만 아니라 ② 특정한 사회집단이나 그 구성원 전체의 관심과 이익에 관한 것도 포함되며, ③ 사실적시의 내용이 사회 일반의 일부 이익에만 관련된 사항이라도 다른 일반인과의 공동생활에 관계된 사항, 그리고 ④ 개인에 관한 사항이더라도 그것이 공공의 이익과 관련되어 있고 사회적인 관심을 획득한 경우에는 이를 공익 연관성이 있는 것으로 보아 형법 제310조를 적용하도록 요구하였다.[113]

그러나 간과할 수 없는 점은 비공적 사안에 관해 사적인 이익을 위해 진실한 사실을 적시하는 경우 형법 제310조는 적용될 수 없고, 이러한 경우 현행법상 진실적시 명예훼손행위를 보호하는 조치가 충분히 이루어지지 않고 있다는 점은 전술한 바 있고, 이 점에서 폐지론자들의 지적은 상당한 이유가 있다고 생각된다. 그에 대한 대책이 마련

---

111) 판례에 의하면 "그 목적이 오로지 공공의 이익을 위한 것일 때"라고 규정되어 있으나 "행위자의 주요한 목적이나 동기가 공공의 이익을 위한 것이라면 부수적으로 다른 사익적 목적이나 동기가 내포되어 있더라도 무방하다"고 한다(대법원 1993. 6. 22. 선고 92도3160 판결, 대법원 2000. 2. 25. 선고 98도2188 판결, 대법원 2006. 3. 23. 선고 2003다52142 판결, 대법원 2005. 10. 14. 선고 2005도5068 판결, 대법원 2011. 7. 14. 선고 2010도17173 판결, 대법원 2011. 11. 24. 선고 2010도10864 판결 등).

112) 대법원 2020. 11. 19. 선고 2020도5813 전원합의체 판결.

113) 최근의 대법원 2022. 4. 28. 선고 2020도15738 판결은 과거 자신이 근무했던 스타트업 회사의 대표가 회식 자리에서 직원들에게 술을 '강권'하였다는 취지의 글을 자신의 페이스북에 게시한 사안에서 "스타트업 기업의 바람직한 사내 문화 등은 스타트업 기업에 종사하거나 종사할 사람들 전체의 관심과 이익에 관한 사항으로서 사회구성원 다수의 공통의 이익과 관련된다고 볼 수 있"다는 것을 전제로 피고인의 행위에 관해 '비방할 목적'을 인정하지 않고 있다.

될 필요가 있음은 물론이다.

2) 정당한 이익 보호를 위한 항변

대법원은 위와 같은 법적 흠결을 보완하기 위해 자신의 (공익이 아닌) 정당한 이익을 옹호하기 위해 피해자의 명예를 손상할 진실한 사실을 진술한 경우 단편적으로 이른바 형법 제20조의 정당행위의 이론을 원용하거나 때로는 피고인의 표현행위에게 범의나 사실적시가 있다고 볼 수 없다는 이유로 이를 면책시키는 입장을 취하여 왔음은 전술한 바 있다. 그러나 경직된 정당행위의 법리를 표현행위에 적용하는 것은 표현의 자유의 요청에 충분히 부응할 수 없고, 범의나 사실적시의 부존재를 이유로 한 논증은 적합한 논증이 될 수 없기 때문에 이 문제에 대한 대책으로서는 전술한 바와 같이 영미 보통법상 제한적 특권의 법리나 독일 형법상 정당한 이익의 옹호에 의한 위법성 조각의 법리를 도입하여 해결되어야 한다고 하는 것이 필자의 생각이다. 이들 법리를 보면 헌법상 중요한 의미를 갖는 기본권으로서 표현의 자유를 고려하는 독특한 이익형량 기준이 방대한 판례로써 완비되어 있고, 이러한 법리를 도입한다면 대법원이 어렵게 정당행위의 개념을 동원하거나 어색하게 범의를 부인하는 등 궁색한 이유를 들지 않고도 해결할 수 있는 방안이 마련될 수 있기 때문이다.

제한적 특권에 관한 영미 판례를 보면, 공익에 해당한다고 볼 수 없으나 표현행위자나 수용자 또는 제3자 등의 사적 이익을 위해 진실한 사실이더라도 피해자의 명예를 손상하게 될 사실을 함부로 아무에게나 진술하여 피해자의 명예를 훼손하는 것은 허용되지 않으며,[114] 다만, 일정한 범위 내의 인물에게 자기 또는 타인의 이익을 옹호하기 위해 필요한 한도 내의 진술만이 허용되고 있음을 알 수 있다.[115] 미

---

114) 이에 비추어 보면 이들 진실한 사실 적시에 행위반가치성이 없다고 보는 폐지론자의 주장은 이유가 없음을 알 수 있다.

국에서 미디어를 피고로 하거나 공적 사안에 관한 명예훼손 소송에서는 현실적 악의 규칙이 적용되나, 사인 간의 비공적 사안에 관한 명예훼손에서는 아직도 이 제한적 특권의 법리가 적용된다.

그리고 이들 진실한 사실에는 피해자의 사생활 비밀에 해당하는 것이 있을 수도 있고, 그렇지 않은 사실도 있을 수 있다. 그 때문에 사생활의 비밀이 아닌 진실한 사실적시를 처벌하지 말자는 헌법재판소의 반대의견에 문제가 있음은 전술한 바와 같다.

그렇다면 오히려 진실적시 명예훼손죄를 폐지하는 방안보다는 진실적시에 의해 손상되는 명예보다 그에 의해 옹호 또는 방어되는 정당한 이익이 더 큰 경우에는 표현의 자유를 우선시켜 면책될 수 있도록 위법성 조각사유를 확충 정리하는 한편, 실무에서 그 해석 적용을 활성화하는 방안이 더 바람직하다고 생각한다. 폐지론자들은 이러한 역사적·상식적 사실을 인식하지도 언급하지도 않아 간과하고 있는데, 그들 주장과 같이 진실적시 명예훼손을 처벌하지 않는다면 위와 같은 정당화요건 없이 명예훼손적 사실의 공개가 만연할 것이고, 그 결과는 명예권의 형해화뿐 아니라 사회적인 법적 평화를 깨뜨려 현저한 사회적 혼란을 초래하게 될 것이다.

3) 진실 적시 명예훼손죄 폐지 후 형법 제310조의 운명

진실적시 명예훼손이 폐지되면 형법 제310조는 무용하거나 체제에 맞지 않는 조문으로서 역시 폐지될 수밖에 없다. 오직 허위사실적시 명예훼손죄로 기소하여야 하게 되는 검사는 구성요건 단계에서 피고의 진술이 허위이고 피고가 이를 안 사실까지 주장·입증하여야 하는데, 이러한 입증이 성공하면 논리적으로 진술이 진실이라고 하는 피고의 주장은 양립할 수 없고 그에 의해 위법성이 조각된다는 주장은 의

---

115) Montgomery v. Dennison, 363 Pa. 255, n. 2, at 263, 69 A.2d 520 (1949).

미를 잃게 된다. 검사의 입증이 성공하지 못하거나 미정인 경우에도 피고의 진실 주장은 구성요건 해당성이 없다는 부인주장에 불과하고, 진위 입증불명의 불이익이 검사(원고)에게 돌아가게 됨은 구성요건과 입증책임의 법리에 비추어 명확하다.

이러한 결과가 우리 명예훼손법제의 오랜 전통에 어긋나는 것이고, 법제 체계를 뒤흔들어 종국적으로 명예권을 형해화하게 한 점은 전술한 미국의 경험에서 쉽게 알 수 있다.

8. 폐지론자들이 주장하는 사례들

1) 개 관

폐지론자들은 진실한 사실적시를 처벌하는 명예훼손죄는 "성폭력 피해를 호소하는 미투(#Me Too) 운동, 노동자가 임금체불이나 직장 갑질 피해를 호소하는 행위, 소비자가 기업으로부터 입은 피해를 적시하는 행위 등 각종 사회 고발 활동[116] 및 언론 활동을 크게 위축시켜, 사회의 감시·비판 기능을 마비시키고 사회 구성원의 자성 및 경각을 통한 진보의 기회를 박탈하는 폐단을 낳고 있다"고 주장한다.

■ '배드파더스'의 사례

폐지론자들이 제시하는 사례 중 대표적인 것은 양육비 미지급 부모들의 신상을 공개하며 양육비 지급을 촉구하는 활동을 했던 배드파더스 사례이다.

배드파더스는 이혼 후 양육비 이행을 거부하는 부모의 신상을 공개하는 인터넷 사이트로 2018년부터 3년간 900여건의 양육비 이행을 이끌어 냈다고 한다.[117] 사이트 운영자 구본창은 양육비 이행을 강제하기 위해

---

116) 최근에는 성범죄 피의자의 신상을 올려 공유하는 '디지털 교도소'를 둘러싼 논란까지 문제되고 있다.

117) 심정, 배드파더스, 왜 명예훼손 무죄가 유죄로 바뀌었나 – 수원고등법원 2020노

부모의 얼굴, 직업, 직장, 주소를 공개하였기 때문에 정보통신망법 상 명예훼손 혐의로 기소되었다. 제1심(수원지방법원 2020. 1. 15.자 2019고합425 판결)은 양육비 이행은 자녀의 생존권을 위해 필수적이고 미이행자의 지급 확보 방안의 강구는 사회적으로 주요 관심 대상이며, 피고인은 양육비 지급을 촉구하기 위해 대가를 받지 않고 운영하였으며, 양육비 미지급 부모들에게 비하, 모욕, 악의적 표현을 사용하지 않은 점 등을 내세워 비방의 목적이 없음을 이유로 무죄를 선고하였다.

그러나 최근 항소심은 양육비 미지급문제가 자녀의 복리와 생존권이 달린 사회적으로 매우 중요한 사안이라고 해도 피고인 운영의 사적 단체가 법률상 허용된 절차를 따르지 않고 초상 등 사생활의 비밀을 과도하게 노출하는 사적 제재수단을 써서 그러한 목적을 추구하는 것은 위법성이 부인될 수 없다고 판시하였다.

■ 미투 사건

최근 미투(#Me Too) 운동과 관련해 성폭력 피해자들이 가해자들에 의해 사실 적시 명예훼손으로 고소되는 사례들이 빈번해지자 양자 간에 격렬한 논란이 전개되고 있다. 성폭력 피해자가 미투 폭로에 의해 성폭력 범죄로 기소된 피고인이 성폭행 사실을 부인하면서 피해자를 상대로 명예훼손죄로 고소하게 되면 성폭력 피해자가 명예훼손죄의 피고인으로 되는 2중의 법률관계가 형성된다. 미투 형태를 취한 폭로 사건이 명예훼손으로 처벌될 수 있는가 여부에 관해서도 명예훼손의 일반적 요건이 적용되어야 함에는 의문이 없다. 이들 사건의 가해자가 유명인사나 공인인 경우에는 공익성이 인정되고 형법 제310조에 의해 해결될 수 있으며, 언론이 이를 보도함에도 지장이 없다.

문제는 더 빈번하게 발생하는 사인 가해자에 의한 성폭력 사례이다. 이러한 사안에 관해서는 공익성을 요하는 형법 제310조가 적용되기 어렵고, 실제로 익명보도의 원칙이 확립·시행되고 있는 상황에서 엄격한 요

---

70 정보통신망법(명예훼손) 판결 분석—, 언론중재 2022년 봄호, 62면 이하 참조.

건이 충족되지 않는 경우에는 실명보도도 허용되지 않는다. 그러나 앞서 본 바와 같이 피해자는 피해구제를 위한 자신의 정당한 이익을 옹호하기 위해 피고인의 성폭력 사실을 공개하는 것은 정당화되며, 이러한 정당화 사유가 있는 경우 성폭력 행위가 허위라는 입증책임은 피고인이 부담하게 될 것이다.

최근 진실 적시 명예훼손죄에 관한 위헌소원 사건(헌재 2021. 2. 25. 2017헌마1113 등)에서 논란된 사안을 보면, 반려견의 치료를 받은 심판청 구인이 당시 부당한 진료를 받아 반려견이 불필요한 수술을 하고 실명 위 기까지 겪게 되었다고 생각하여 반려견의 치료를 담당하였던 수의사의 실 명 및 잘못된 진료행위 등을 구체적으로 적시하고자 하였으나 동조에 의 해 처벌될 것을 우려하여 위헌 소원을 제기한 사례였다.

이들 사례에서 논자들이 제기하는 불만을 분석해 보면, 첫째 언론 매체에 의한 보도가 아니라, 일반 사인 간의 관계에서 사실을 적시하 여 명예를 훼손하는 경우가 문제되고 있으며, 둘째 주장 또는 적시 사 실의 진실 여부가 불명인 상태에서 자신의 권리를 옹호하거나 방어하 기 위해 피해자의 명예를 손상하는 사실을 적시하여 문제된 것이고, 셋째 선뜻 공적 관심사라고 할 수 없거나 공익성이 쉽게 인정되지 않 는 사안에 관한 진술에 있어서 진실 증명이 있어도 형법 제310조의 적용이 거부되는 사례가 있을 수 있고, 넷째 그 폭로 고발자의 명예훼 손행위가 권리의 옹호 또는 방어에 필요한 범위와 정도를 넘지 않았 는가 하는 점이 공통된 쟁점으로 제기된다는 점이다.

이상의 문제는 우리가 일반적인 명예훼손 사건에서 적용하는 법리 와 다름이 없이 적용하여 해결되어야 한다. 다만, 사안에 따라서는 사회적 약자인 성폭력 피해자 등 표현행위자의 입장을 배려하여 형평 을 이루는 노력이 필요할 것이다. 이상의 문제에 대해 다음에서 상술 한다.

2) 비공적 분쟁에서 정당한 이익에 의한 위법성 조각

첫째, 비공적 분쟁에서 명예훼손으로 문제된 표현행위가 공익성을 인정받지 못하는 경우 형법 제310조가 원용될 수 없어도, 전술한 바와 같이 정당한 이익의 옹호를 위해 한 경우에는 영미의 제한적 특권의 법리나 독일의 정당한 이익 옹호의 법리에 의해 그 요건과 범위를 지키는 한 위법성이 조각될 수 있을 것이다. 즉, 진실적시 명예훼손행위가 공익사항에 관한 비판을 위한 것이라면 형법 제310조가 적용될 수 있고, 공익성이 인정되지 않는 사안에서는 정당한 이익 옹호나 제한적 면책특권의 법리를 원용한 이익형량론에 의해 그 위법성이 부인되게 될 것이어서 논자들이 우려하는 문제는 해소될 것이다. 이 점에서 위법성 조각사유에 관한 영미나 독일의 법리를 도입하여 정비하는 것이 중요함을 알 수 있다.

3) 진위의 입증책임 분배

둘째, 폐지론자들이 주장하는 대부분의 사례에서 문제는 진위가 확인되지 아니한 일방적 사실 주장으로 피해자의 명예가 훼손되었다는 불만에 있다. 이 경우 관건은 그 주장 사실의 진위의 입증책임을 누가 부담하게 할 것인가 하는 문제에 귀착하게 된다. 이에 관해서는 현행 법제에 의한 입증책임 분배의 상황과 폐지 후의 입증책임분배의 상황을 비교 고찰할 필요가 있을 것이고, 항목을 나누어 후술한다.

공익사항에 관한 진술이라고 볼 수 없는 사인 간의 명예훼손인 경우 피고인이 정당한 이익 옹호의 항변 또는 제한적 특권의 항변을 제기하면서 그 항변의 요건을 제시하면, 그 항변을 물리치려는 검사는 피고의 적시사실이 허위라고 주장 입증하여야 하게 된다.[118] 허위임이

---

118) 민사상으로도 피고가 조건부 특권(conditional privilege)의 적용을 주장하면 진술의 진실성에 관한 입증책임은 자동적으로 원고에게 전환되었다(R. SACK, LIBEL, SLANDER, AND RELATED PROBLEMS (1980), at 134.) 즉, 일단 피고가 특권

입증되면 명예권에 유리한 형량이 가능하기 때문이다. 따라서 영미의 제한적 특권의 법리를 적용할 경우 피고인이 일응 그 요건에 해당하는 사실을 주장 입증하면 그러한 사실이 허위라는 입증책임은 피해자 측(검사)에게 돌아가고 허위라는 입증을 하지 않으면 무죄 판결을 면치 못하게 된다.

4) 수단의 적합성

셋째, 가장 중요한 문제는 표현행위자의 권리를 옹호하거나 방어하는 명예훼손행위가 그 목적 달성을 위해 필요하고 적합한 수단에 해당하는 것인가 하는 점이다. 즉, 공개로 추구된 목적과 피해받은 이익 간에 적합한 관계가 있어야 하며,[119] 타인의 명예에 대한 공격은 정당한 목적을 위해 적정한 수단을 사용할 것을 요한다.[120]

독일의 확립된 판례에 의하면 독일 형법 제193조의 정당한 이익의 옹호에 의한 위법성 심사에서는 "타인의 권리범위에 대한 폄훼적 비판을 수단으로 한 침해는, 그것이 내용, 형태 및 부수정황에 따라 법적으로 승인된 목적의 달성을 위해 객관적으로 필요했던 범위에서, 허용될 수 있다"고 한다.[121][122] 그에 따르면 정당화를 주장하는 표현행

을 주장하면 원고는 그 진술이 허위임을 입증함에 의해서만 그 특권을 극복할 수 있다.

119) 목적 달성을 위해 적정한 수단이면 족할 뿐, 이용 가능한 수단 중 가장 설제적 수단("schonendste" Mittel)을 요구하는 것이 아니다(Löffler, aaO S. 322).

120) SCHÖNKE SCHRÖDER, STRAFGESETZBUCH KOMMENTAR, 18., neubearbeitete Auflage, VERLAG C. H. BECK, S. 1214.

121) vgl. BGHZ 3, 270, 281, 283 [BGH 26.10.1951-Ⅰ ZR 8/51]-Constanze Ⅰ; BGHZ 8, 142, 145 [BGH 28.11.1952-Ⅰ ZR 21/52]-Schwarze Listen; BGH in GRUR 1957, 360-Erdstrahlen; BGH 16.05.1961-Ⅰ ZR 175/58-„Torsana"

122) "이익충돌의 모든 사례에 적용되는 이익 및 의무형량의 원칙에 따르면 권리침해적 표현행위는, 내용, 형태 및 부수상황에 따라 법적으로 승인된 목적의 달성에 객관적으로 필요한 경우에만 정당한 이익의 옹호에 의해 정당화된다."(BGHZ 3, 270, 281, 283 [BGH 26.10.1951-Ⅰ ZR 8/51]-Constanze Ⅰ)

위자는 이렇게 그의 명예훼손행위가 인적, 내용적, 수단적 한계를 지켜야 한다.

5) 사적인 권리분쟁과 공공에 호소?

여기서 사인 간의 사적인 권리 분쟁을 해결하기 위해 피해자의 명예를 훼손하는 사실을 공개하여 언론 또는 공공에 호소하는 것이 허용될 것인가 하는 문제가 제기된다. 엄밀하게 말하면 민주적 법치국가에서 사적 분쟁의 해결은 사법부의 전속적 관할로 되어 있다. 따라서 사적인 권리 분쟁은 법원 기타 적법절차에 따라 제소하여 해결하는 것이 원칙일 뿐, 언론이나 여론에 호소하여 해결하려 하는 것은 민주적 법치국가에서 정당한 해결방식이 될 수 없을 것이다.[123] 헌법재판소는 이와 관련하여 "타인으로부터 부당한 피해를 받았다고 생각하는 사람이 법률상 허용된 민·형사상 절차에 따르지 아니한 채 사적 제재수단으로 명예훼손을 악용하는 것을 규제할 필요성이 있"다고 한다.[124]

왜냐하면, 이런 분쟁에서 언제나 문제되는 것은 그 주장사실의 진위일텐데, 언론이나 여론은 사실인정과 그에 대한 법의 적용을 통해 그러한 사적 권리의 존부와 효력에 관해 판정할 능력도 기대도 없기 때문이다. 한편 언론에 접근할 수단을 갖지 못하는 경우가 대부분일 피해자의 입장에서 보면 언론을 동원하여 비난 공격해 오는 가해자에 대처할 방도가 없어 형평에 어긋날 뿐 아니라, 진위나 법적 권리의 존부가 확정되지 않은 상태에서 피해자의 명예나 신용을 저해하는 사실을 공개하여 일방적으로 비난함으로써 피해자의 피해를 증가시킨다는 점에서 보면 이를 허용할 수 없는 이유가 있다.[125] 그렇다고 하여 피

---

123) 언론 매체의 관점에서 보면 이러한 사적 분쟁을 뉴스로 다루기 어려울 것인데, 왜냐하면 공익사항이 아니어서 진실입증을 하더라도 면책될 수 없을 것이기 때문이다.
124) 헌법재판소 2021. 2. 25. 2017헌마1113, 2018헌바330(병합) 결정.
125) 만약 진실 여부가 불명인 사실주장을 일방적으로 언론이나 일반 공공에 호소하

고가 원고의 주장에 대응하기 위해 "오직 법원이나 특허관청에 제소하였어야 한다고만 할 수는 없다. 그것이 동시에 법질서에 의해 승인된, 위협받은 자신의 이익을 보전하기에 충분히 효과적인 수단이 된다고 보이지 않는 경우, 피고는, 원고의 입장에서 보아 외관상 특히 절제적 수단의 사용에, 제한받을 필요가 없다."[126]는 것이 독일 판례의 입장이다.

대법원의 다음 판결은 이러한 문제를 다루고 있다. 폐지론자들은 이 판결의 결론에 불만을 나타내고 있지만, 상술한 바와 같은 이유에서 그 결론은 지지되어야 할 것이다.

> ■ **대법원 2004. 10. 15. 선고 2004도3912 판결**
>
> 노조 수석위원장이던 피고인은 회사의 대표이사에게 압력을 가하여 단체협상에서 양보를 얻어내기 위한 방법의 하나로 위 회사의 다른 직원들과 함께 "회사 사장은 체불임금 지급하고 단체교섭에 성실히 임하라", "노동임금 갈취하는 악덕업주 사장은 각성하라"는 등의 내용이 기재된 현수막과 피켓을 들고 확성기를 사용하여 위와 같은 내용을 반복해서 불특정 다수의 행인을 상대로 소리치면서 위 회사의 정문을 출발하여 부산광역시청을 경유, 부산지방경찰청 앞 인도까지 거리 행진하였다.
>
> 대법원은 피고인의 이 사건 행위의 동기 및 목적, 당해 사실의 공표가 이루어진 상대방의 범위 등에 비추어 볼 때, 피고인의 판시 행위가 공공의 이익을 위하여 사실을 적시한 것으로 볼 수는 없다는 이유로 피고인을 유죄로 한 원심을 지지하였다. 피고인의 이 사건 각 행위는 근로조건의 개선을 위한 노사 간의 자치적 교섭을 조성하려는 행위로 볼 수 없고, 수단과 방법에 있어서 정당성도 인정될 수 없다는 것이었다.

게 되면, 피해자의 입장에서는 법정에서 다툴 여지를 상실한 채, 언론 수용자들(공공)에게 불리한 인상을 주게 되고 명예를 손상당할 우려가 커질 것이다.
126) BGH 16.05.1961- I ZR 175/58-„Torsana"

■ **대법원 2004. 5. 28. 선고 2004도1497 판결 (제약회사 갑질 고발)**

제약도매상(피고인)이 특정 제약회사의 불공정한 거래 행위(소위 "갑질")를 비난하는 취지의 글을 작성하여 국회의원이나 언론사, 다른 제약회사 등의 홈페이지에 게재한 행위가 형법 제310조 및 제20조에 해당하지 아니한다고 한 사례이다.

대법원은 "피고인의 위와 같은 행위가 그 수단과 방법에 있어서 상당성이 인정된다고 보기 어려우며, 이와 같은 인터넷 게재가 긴급하고 불가피한 수단이었다고도 볼 수 없어 사회상규에 위배되지 아니하는 정당행위로 볼 수 없다"고 판단한 원심을 지지하였다.

위와 같은 대법원 판결 이후 헌법재판소는 "타인으로부터 어떤 부당한 피해를 받았다고 생각하는 사람은 손해배상청구 또는 형사고소와 같은 민·형사상 절차에 따라 이를 해결하는 것이 바람직하다. 이러한 법적 절차를 거치지 아니한 채 공연히 사실을 적시하여 가해자의 명예를 훼손하려는 것은 가해자가 져야 할 책임에 부합하지 아니하는 사적 제재수단으로 악용될 수 있으므로, 심판대상조항을 통해 그러한 악용 가능성을 규제할 필요성이 있다."고 판시하여 대법원 판결을 뒷받침하는 취지의 판시를 내고 있다.[127]

어쨌든 위와 같은 사례에서 폭로·공개행위는 진위 여부에 관해 다툼이 있기 마련이지만, 진실이 입증되는 경우에는 피해자의 명예권과 대비하여 이익형량에 의해 보호받을 수 있다. 즉, 공익성 요건이 충족되지 않아 형법 제310조가 적용될 수 없다고 하더라도 당해 진술의 위법성 여부에 관하여는 상술한 제한적 면책특권의 법리나 독일 형법의 정당한 이익 옹호 법리가 취하는 기준을 본받아 위법성 조각 여부를 판단할 수 있을 것이다. 그리고 이 경우 명예훼손적 표현행위가 행

---

127) 헌재 2021. 2. 25. 2017헌마1113 등, 판례집 33-1, 271.

해진 범위 및 그 효과에 비추어 과도한 명예 침해가 야기된 경우에는 위법성이 조각되지 않는다는 점에 주목해야 할 것이다.[128]

　이상 폐지론자들이 불만을 가지고 제시하는 사례들을 보면 우리의 명예훼손에 관한 위법성 조각사유가 체계적으로 충분히 마련되어 있지 않기 때문임을 알 수 있고, 특히 공적 사항이 아닌 사적 분쟁에서 당사자 일방이 자기 또는 타인의 이익을 옹호하기 위해 진실한 사실을 들어 공격한 경우 충분히 위법성 조각이 이루어질 수 없다는 데 있음을 알 수 있다. 그렇다면 앞서 본 바와 같이 사인 간의 사적 이익에 관한 논쟁에서 영미나 독일의 법리를 도입하든, 아니면 우리의 헌법상 법익형량론을 세련시키든 진실적시 명예훼손행위의 위법성 조각사유를 확대하여 해결하는 것이 더 바람직한 것이다. 더욱이 뒤에서 보는 바와 같이 진실적시 명예훼손을 폐지함으로 인해 야기될 여러 부작용을 방지하려면 이와 같이 위법성 조각사유를 확충 정비함으로써 대처하는 것이 더 바람직하다.

　법률의 개폐운동이 사회적 고발 등 표현행위를 하려는 자 한쪽의 이익만을 생각하면 그에 의해 비판받는 당사자의 명예권이 등한시되고, 결국 형평과 균형을 잃게 된다. 그러한 조치나 노력은 지속가능성을 잃거나 스스로 소멸될 수 있다.

9. 허위 사실적시 명예훼손죄의 입증책임 문제

1) 현행 및 폐지 후의 비교

　폐지론자들의 주장과 같이 진실적시 명예훼손행위를 처벌에서 배제하는 경우 허위사실적시 명예훼손행위만을 처벌하게 될 것인데, 그 경우 표현행위자와 검사(피해자 측) 간의 입증책임 분배에 관해 살펴볼

---

128) 대법원이 위 양 사례에서 내린 결론은 전술한 영미의 제한적 특권의 법리나 독일의 정당한 이익 옹호의 법리를 원용했을 경우와 같은 결론이라고 할 것이다.

필요가 있다.

우선 현행 규율에 의하면 제307조 제1항에 의해 명예훼손죄로 기소하는 경우[129] 검사는 피고인의 명예훼손적 사실적시(진위 불문)가 있음을 주장·입증하면 족하고, 면책을 주장하려는 피고인은 제310조의 위법성 조각사유를 들어 ① "공익사항에 관해" ② "진실한 사실적시"였던 점을 주장·입증해야 할 것이다. 이 경우 입증책임의 소재는 민사 명예훼손의 경우와 다를 바 없다.[130]

그런데 진실 적시 명예훼손죄(형법 제307조 제1항)가 폐지되어 불가벌로 된다면 어떻게 될 것인가? 그러면 우선 검사는 언제나 허위사실 적시 명예훼손죄(제307조 제2항)로 기소하게 될 것이고, (피고인이 자백하지 않는 한) 검사는 언제나 해당 적시 사실이 허위임과 함께 피고인이 허위사실임을 인식하였다는 점도 입증하지 않으면 안될 것이다. 그리고 형사 명예훼손죄에서 이러한 입증책임 분배 상황은 미국 판례상 현실적 악의 규칙이 적용되는 경우와 같아지게 됨을 알 수 있다.[131] 그렇다면 위에서 본 뉴욕타임스 판결 이후 현실적 악의규칙을 적용한 결과 미국 명예훼손법제에 의해 결과된 명예권 경시의 문제가 그대로 드러날 수밖에 없다. 그러한 법적 상황이 바람직한 것이 아님

---

129) 현행법 하에서 명예훼손죄로 고소가 제기된 경우 검사는 특별한 사유가 없는 한 어려운 입증의 부담을 피하기 위해 제307조 제2항으로 기소하는 것은 가급적 피하고, 형법 제307조 제1항의 죄로 기소하게 될 것이다.

130) 다만, 민사사건에서 원고가 정정청구나 부작위청구를 구하는 경우 원고가 허위를 입증해야 하는 것은 원고가 청구취지로 구하는 청구권의 요건 때문에 부득이한 것이다.

131) 이것은 민사상 사실적시에 의한 명예훼손의 경우 진실 여부를 불문하면서도 표현행위자에게 진실의 입증책임이 주어지는 것과 비교하면 현저히 표현행위자에게는 유리하고, 피해자에게는 불리한 법적 환경이다. 즉, 검사(피해자)의 입장에서 보아 피고인의 피해자에 관한 부정적 언급이 허위임을 입증해야 한다면, 피고인의 명예훼손적 사실 진술은 언제나 진실을 말한 것으로 사실상 추정되게 됨을 의미하는데, 그러한 사고가 명예훼손자와 피해자 간의 형평에 적합한가는 의문이다.

은 전술한 바와 같다.

또 형법 제307조 제1항이 폐지되면 검사는 언제나 제307조 제2항의 죄로 기소할 수밖에 없고, 피고인이 자백하지 않는 한 언제나 허위 및 그 인식의 입증책임을 검사가 부담하게 되는데, 더 나아가 그 중 어느 하나가 입증되지 않으면 법원은 후술하는 바와 같이 피고인을 형법 제307조 제1항으로 의율 처단할 수 있다는 점에서 제1항은 제2항의 흠결을 보완하는 역할을 하게되어 그 존재의의는 두드러진다. 그러나 제307조 제1항이 폐지되면 피고인은 무죄방면될 수밖에 없을 것이고 뒤에서 보는 바와 같이 균형적 형량의 결과가 어긋나게 될 것이다. 예상치 못했던 형법 제307조 제2항의 흠결을 메우는 형법 제307조 제1항의 기능과 의미가 상실될 것이기 때문이다.

2) 허위의 입증방법

이 경우 어쨌든 검사가 하여야 할 허위의 입증은 이른바 소극사실의 입증, 즉 부존재 사실의 입증이고 그 입증에는 증거법상 현저한 어려움이 있다. 이렇게 진위 여부의 입증이 불가능한 경우 피해자는 피고인의 허위 진술에 의해 명예를 훼손당하였음에도 구제받을 수 없고, 그렇게 된다면, 우려하는 바와 같이 헌법적으로 보호받아야 할 명예권은 형해화하고 표현의 자유와 인격권 보호 간의 조화로운 균형을 도모한다는 명예훼손법의 기본 목표는 몰각되게 된다.

그 때문에 대법원은 이에 관한 입증에 특칙을 개발하여 "피고인이 사실의 존재를 수긍할 만한 소명자료를 제시할 부담을 지고, 소명자료의 제시가 없거나 그 자료의 신빙성이 탄핵된 때에는 허위가 입증된 것으로 보"는 입장을 취하고 있다.[132] 또 나아가 피고인이 허위임을

---

132) 대법원 2003. 2. 20. 선고 2001도6138 전원합의체 판결 [병역 면제 의혹], 대법원 2004. 2. 26. 선고 99도5190 판결 [15대 대선 후보 사상검증], 대법원 2005. 7. 22. 선고 2005도2627 판결[박정희 스위스은행 부패자금].

인식하였는지 여부는 내심의 주관적 태도 여하의 문제이기 때문에 피고인이 시인하지 않는 한 이를 인정하기란 극히 어렵다. 그렇다면 검사가 제307조 제2항으로 기소하여 유죄 판결을 받아낼 가능성은 희박하다고 보인다.[133)134)]

이러한 경우에 대비하여 대법원은 일련의 판결에서 제307조 제2항으로 기소하였으나 허위임 또는 그에 대한 피고인의 인식에 관해 입증이 없는 경우 또는 제309조(출판물 등에 의한 명예훼손) 제2항으로 기소하였는데 비방의 목적이 인정되지 않는 경우 법원은 검사의 공소장 변경 신청 없이 형법 제307조 제1항으로 처단할 수 있게 하는 조치를 취하고 있다.[135)] 그러나 폐지론자들의 주장과 같이 진실적시 명예훼손죄가 폐지되어 처벌할 수 없게 된다면 위 사안에서 명백히 허위임이 드러났다 하더라도, 그리고 피고인이 응분의 주의의무를 다하여 충실히 취재하지 아니하였기 때문에 그러한 잘못이 발생한 경우(이른바 상

---

133) 이와 같이 허위가 입증되었다 하더라도 피고인이 그 허위임을 알았다는 점에 관한 검사의 입증이 실패하는 경우 형법 제307조 제1항이 폐지되기 전에는 그에 의해 처벌이 가능하였지만, 폐지된 후에는 처벌이 불가능해진다. 즉, 제307조 제2항의 구성요건이 충족되지 않으면, (폐지되기 전) 동조 제1항이 적용되어 위와 같은 흠결을 보정할 수 있었으나, 폐지되면 그러한 기대도 할 수 없게 된다. 처벌을 면하게 된 표현행위자에게는 그만큼 유리하다고 생각될 수 있으나, 허위에 의해 명예를 훼손당한 피해자의 입장에서 보면 이를 수인할 의무가 없음에도 구제를 받을 수 없게 되어 형평과 균형을 잃게 될 것이다.

134) 예를 들면, 미국산 쇠고기의 우려에 관한 PD수첩 사건에서 보는 바와 같이 3년여에 걸친 소송에서 방송사 PD들이 제작 방송한 프로그램 내용이 그 중요 사항에서 모두 허위임이 밝혀졌음에도 대법원은 피고인들이 허위인 점을 알지 못했다는 이유로 무죄를 선고하였다. 그 사건에서 중요한 교훈은 제307조 제2항이 무죄로 판단되는 경우 동조 제1항에 의한 처단이 가능하였음에도 이를 적용하지 않았다는 점에 있으나, 만일 동 조항이 폐지된다면 그러한 가능성조차도 없어질 것이고, 중대한 사안에 관한 허위보도가 아무 처벌없이 행해질 수 있게 되어 중대한 법적 공백이 생길 수 있다는 점이다(박용상, 『판례 평석』 대법원 2011. 9. 2. 선고 2010도17237 판결 ['PD수첩' 광우병 보도], 언론과 법 제21권 제1호(한국언론법학회, 2022. 4.), 73, 92 참조).

135) 대법원 1993. 9. 24. 선고 93도1732 판결, 대법원 1997. 2. 14. 선고 96도2234 판결 등.

당성 항변이 배척되는 경우)에도 피고인을 처벌하지 못하는 법적 공백이 생긴다. 피고인은 당해 적시 사실이 허위임을 알지 못했다 하더라도 그것이 (진위 여부를 불문하고) 피해자의 사회적 평가를 저하하는 사실이었음을 알았다면, 형법 제307조 제1항에 의해 처벌을 면할 수 없지만, 동 조항이 폐지됨으로써 피해자는 허위 사실에 의해 명예를 손상당했음에도 불구하고 구제받을 수 있는 방도가 없어지게 된다.

3) 소 결

이상 논의를 종합하면 결국 입증책임 여하에 관한 고려 없이 진실 적시 명예훼손죄를 폐지한다면 위와 같이 명예보호의 견지에서 현저히 형평에 불합리한 상황이 전개될 것이고, 표현의 자유와 명예권 간의 균형은 무너질 것이다. 이렇게 명예훼손 행위의 처벌 여부는 범죄론의 실체적 측면[136]과 함께 진위의 입증이라는 소송법적 측면을 고려하지 않을 수 없는데, 이렇게 (마땅히 그래야 하는데) 종합적으로 고찰함이 없이 종전 명예훼손죄의 기본적 구성요건으로 기능하여 오던 (진실한) 사실적시 행위를 처벌에서 배제한다면, 법의 공백에 의해 구제의 사각지대가 발생하게 될 것이고, 기존 판례가 그 존재를 전제로 구축해 왔던 표현의 자유와 명예권 양자 간의 균형은 무너지게 될 것이다.

이 점에서 우선 진위를 불문하고 명예를 훼손하는 진술을 제소할 수 있게 하는 형법 제307조 제1항은 우리 명예훼손법제의 토대가 되는 조항으로서 없앨 수 없는 기본적 구성요건을 의미하는 것이라고 할 수 있다. 이러한 상황을 보면 현행법제가 가해자가 적시한 사실이 진실인지 여부를 불문하고 우선 구성요건이 충족되는 것으로 본 후에 그것이 진실하거나 진실이라고 믿음에 상당한 이유가 있는 경우에는 면책되는 것으로 보는 현행 형법의 입법태도는 합리적이고 균형을 도

---

136) 형법상 범죄론에 의할 때 하나의 행위가 범죄로 처벌되려면, ① 구성요건에 해당하고, ② 위법해야 하며, ③ 책임요건을 충족해야 한다.

모하는 것이어서 합헌적이라고 보아야 한다. 그 때문에 미국 이외의 대부분의 나라에서는 진술의 진실 여부를 불문하고 구성요건에 해당하는 것으로 보고 표현행위자로 하여금 진실을 입증하게 하는 체제를 취하고 있음은 주지하는 바와 같다.

10. 기타 법정책적 고찰

진실 사실적시 명예훼손죄의 개폐에 관한 논의는 이상 실체법적 및 법리적 논의 이외에 법정책적 논의도 중요한 몫을 점한다.

헌법재판소는 "사실 적시 명예훼손죄를 비범죄화하기 위해서는 개개인이 표현의 자유의 무게를 충분히 인식하고, 그 결과에 대해 당연히 책임을 져야 한다는 분위기가 성숙되어, 형사처벌이라는 수단을 활용하지 아니하여도 개인의 명예 보호라는 가치가 희생되지 아니할 것이라는 국민적 공감대가 형성되어야 한다. 그러나 명예훼손죄로 기소되어 처벌되는 사례는 점차 증가하고, 명예훼손적 표현이 유통되는 경로도 다양해짐에 따라 그 피해가 더 커지고 있는 상황에서, 사실 적시 명예훼손죄를 형사처벌하지 아니하여야 한다는 점에 국민적 합의나 공감대가 형성되어 있다고 보기 어렵다."고 판시한다.[137]

1) 명예훼손죄는 권력자의 명예를 보호하기 위해 남용된다는 비판

역사적으로 보면 명예훼손죄가 애초에 국가나 국왕 및 귀족 등 권력자의 권위와 존엄을 보호하기 위해 생긴 것이기는 하지만, 민주화가 이루어진 현대 자유 사회 국가에서 국가나 지방자치단체는 명예권을 갖지 아니하며,[138] 권력자의 권위를 보호하는 명예훼손죄는 이미 폐지되었다.[139] 현대 국가에서 명예훼손죄는 개인간 또는 미디어와 개인

---

137) 헌재 2021. 2. 25. 2017헌마1113 등, 판례집 33-1, 266-7.
138) 대법원 2016. 12. 27. 선고 2014도15290 판결.

사이에서 생기는 분쟁을 대상으로 하며,[140] 특히 미디어에 대한 관계에서 개인은 약자라는 점이 간과되어서는 안된다.[141] 명예훼손죄를 악용하여 비판을 봉쇄하려는 사례가 있고 이를 방지하여야 하지만, 그것은 별도로 대처되어야 할 문제이다.

2) 명예 보호의 효율적 구제수단으로서의 명예훼손죄

명예훼손죄의 운영현황에 관한 우리나라의 통계에서 보는 바와 같이 명예훼손죄의 고소 및 기소 건수가 적지 않고 점차 증가하고 있는 현상을 보면,[142] 그만큼 형사적 구제의 필요성을 반증하는 것이다. 이러한 우리의 현상은 독일이나 일본의 경우와 다르지 않다. 현행법 상

---

139) 대법원 2016.12.27. 선고 2014도15290 판결 등 참조. 형법상 대통령 등 비방죄 폐지.

140) 여기서도 공적인 사안에 관한 미디어의 보도는 특별한 보호를 받으며, 허위 사실의 적시도 진실이라고 믿음에 상당한 이유가 있는 경우(이른바 상당성항변)에는 보호받는다.

141) "불법행위법의 한 지류로서 명예훼손법은 사회 규범을 정의하고 집행한다. 그러나 여타 불법행위와 달리 명예훼손법은 언론의 영역에서 운영된다. 그 결과 이들 규범에 영향미치는 [언론의] 힘은 무적이다"(Ardia, David S., Reputation in a Networked World: Revisiting the Social Foundations of Defamation Law (September 12, 2012). Harvard Civil Rights-Civil Liberties Law Review, Vol. 45, p. 261, 2010. Available at SSRN: http://ssrn.com/abstract=1689865).

142) 최근 10년간 검찰 통계를 보면 이들 형사사건의 고소 및 기소 건수가 급격히 증가하고 있다. 형법상이 명예에 관한 죄로 고소된 사건은 2004년 12,678건에서 2013년 34,383건으로 약 2.7배 증가하였고, 그 중 기소건수는 2,477건에서 11,579건으로 약 4.7배 증가하였다. 사이버 명예훼손 관련 고소 사건도 1,333건에서 7,595건으로 5.7배 증가하였고, 접수 사건 중 기소건수는 382건에서 1,233건으로 3.2배 증가하였다(윤해성·김재현, 사실적시 명예훼손죄의 비범죄화 논의와 대안에 관한 연구 (한국형사정책연구원, 2018) 44면 이하(http://www.dbpia.co.kr/Journal/ArticleDetail/NODE07091222) 참조). 이들 통계를 보면 고소 사건이 급격히 증가함에 비해 그 기소 건수는 상대적으로 적어지고 있으며, 고소 사건 중 절반 이상이 불기소 처분으로 귀결되고, 기소된 사건도 대체로 벌금형으로 끝나는 구약식 기소나 불구속 기소되는 경우가 대부분이었고, 구속 기소된 사건은 지난 7년간 모두 74건으로 나타났다.

명예훼손에 대해서는 여러 민사적 구제수단이 마련되어 있으나, 그것은 시간과 비용을 과도하게 요한다는 점에서 구제수단으로서 충분치 않다는 현실이 반영되고 있는 것이다. 이러한 점에서 진실적시행위에 대한 형법적 개입은 형법의 보충성원칙에 반한다는 폐지론자들의 주장에 대응할 수 있다.[143]

3) 인터넷상 명예 구제의 유용성

인터넷이 보급되고 온라인상의 명예훼손도 급증하는 현상에 비추어 형사적 명예훼손죄는 더욱 제도적 유용성이 강조되고 있다. 헌법재판소 역시 다음과 같이 정보통신망에서 명예훼손적 표현의 규제필요성을 강조하고 있다.

> ■ **헌법재판소 2016.02.25. 선고 2015헌바234 결정**
>
> 이 사건에서 헌법재판소는 "비방할 목적으로 정보통신망을 이용하여 공공연하게 사실을 드러내어 다른 사람의 명예를 훼손한 자"를 처벌하고 있는 구 '정보통신망 이용촉진 및 정보보호에 관한 법률' 제70조 제1항[144]이 합헌이라고 선언하면서 다음과 같은 요지로 판시하였다.
>
> 우리나라는 현재 인터넷 이용이 상당히 보편화됨에 따라 정보통신망을 이용한 명예훼손범죄가 급증하는 추세에 있고, 인터넷 등 정보통신망을 이용하여 사실에 기초하더라도 왜곡된 의혹을 제기하거나 편파적인 의견이나 평가를 추가로 적시함으로써 실제로는 허위의 사실을 적시하여 다른

---

143) "민사상 손해배상 등 명예훼손 구제에 관한 다른 제도들이 형사처벌을 대체하여 인터넷 등 정보통신망에서의 악의적이고 공격적인 명예훼손행위를 방지하기에 충분한 덜 제약적인 수단이라고 보기 어렵다." "그러므로 심판대상조항은 과잉금지원칙을 위반하여 표현의 자유를 침해하지 않는다."(헌법재판소 2016.02.25. 선고 2015헌바234 결정)

144) 동 조항은 2014, 5. 28. 개정으로 "사람을 비방할 목적으로 정보통신망을 통하여 공공연하게 사실을 드러내어 다른 사람의 명예를 훼손한 자는 3년 이하의 징역 또는 3천만원 이하의 벌금에 처한다."로 개정되었다.

사람의 명예를 훼손하는 경우와 다를 바 없거나 적어도 다른 사람의 사회적 평가를 심대하게 훼손하는 경우가 적지 않게 발생하고 있고, 이로 인한 사회적 피해는 심각한 상황이다. 따라서 이러한 명예훼손적인 표현을 규제함으로써 인격권을 보호해야 할 필요성은 매우 크다.

심판대상조항은 이러한 명예훼손적 표현을 규제하면서도 '비방할 목적'이라는 초과주관적 구성요건을 추가로 요구하여 그 규제 범위를 최소한도로 하고 있고, 헌법재판소와 대법원은 정부 또는 국가기관의 정책결정이나 업무수행과 관련된 사항에 관하여는 표현의 자유를 최대한 보장함으로써 정보통신망에서의 명예보호가 표현의 자유에 대한 지나친 위축효과로 이어지지 않도록 하고 있다. 또한, 민사상 손해배상 등 명예훼손 구제에 관한 다른 제도들이 형사처벌을 대체하여 인터넷 등 정보통신망에서의 악의적이고 공격적인 명예훼손행위를 방지하기에 충분한 덜 제약적인 수단이라고 보기 어렵다.

그러므로 심판대상조항은 명확성원칙에 위배되지 아니하고, 과잉금지원칙을 위반하여 표현의 자유를 침해하지 않는다.

■ 헌법재판소 2021. 2. 25. 선고 2017헌마1113 등, 판례집 33-1, 267

최근에는 명예훼손적 표현이 유통되는 경로가 단순히 언어, 문서, 도화나 출판물 등에 국한되지 않고 정보통신망을 통하여서도 광범위하게 이루어지고 있다. 정보통신망에서의 정보는 신속하고 광범위하게 반복·재생산되기 때문에 피해자가 명예훼손적 표현을 모두 찾아내어 반박하거나 일일이 그 삭제를 요구하는 것은 사실상 불기능하므로(헌재 2016. 2. 25. 2013헌바105등 참조), 가처분 등을 명예훼손에 대한 실효적 구제방법으로 보기 어렵다. 나아가 '언론중재 및 피해구제 등에 관한 법률' 제14조 내지 제17조의2가 정하고 있는 정정보도청구, 반론보도청구, 추후보도청구 등의 구제수단 역시 언론사 등이 아닌 일반 개인이 행한 명예훼손적 표현에 대하여는 적합한 구제수단이 될 수 없다.

이처럼 명예훼손적 표현행위에 대한 실효적인 구제방법이 마련되어 있지 않은 상황에서, 피해자로서는 그 행위의 즉각적인 중단, 출판물 등의 자발적 폐기, 정보통신망 게시물의 자발적 삭제 등을 유도하기 위한 수단으로 형법상 명예훼손죄에 의지할 수밖에 없는 것이 오늘날의 현실이다.

대법원 역시 최근 판결에서 명예훼손 행위에 대한 처벌의 필요성을 다음과 같이 역설하고 있다.

■ 대법원 2020. 11. 19. 선고 2020도5813 전원합의체 판결

사실적시 명예훼손죄(형법 제307조 제1항)에 관한 폐지 논의도 있으나, 과학기술의 발전으로 명예를 훼손하는 방법이나 명예훼손이 이루어지는 공간도 다양해지고 새로워지면서 명예훼손죄는 이제 형법상의 범죄에 머물지 않고 인터넷을 이용한 경우 정보통신망법의 적용을 받으며, 명예훼손 행위의 목적, 수단 및 방법에 따라 특별법을 통해 그에 대한 처벌 범위와 규제가 오히려 더 확대되고 있다. 사회적으로 알려진 사실이 진실이든 진실이 아니든 보호받아야 할 부분이 존재하고, 특히 인격권의 핵심을 이루는 개인 사생활의 본질적 측면에 관한 공개는 그 자체로 개인의 기본권을 중대하게 침해할 가능성이 있다. 인터넷과 SNS의 발달로 그러한 명예에 대한 침해가 대량으로 발생하고, 건전한 인터넷 문화의 미성숙으로 사생활 폭로, 왜곡된 의혹 제기, 혐오와 증오적 표현 및 편파적 의견으로 인한 개인의 인격권이 회복이 불가능한 상태로 심각한 침해가 이루어져 자살 등과 같은 부작용이 양산되고 있다. 현재 형벌을 대체할 만한 적절하고 효과적인 수단이 활성화되어 있지 않다. 이러한 점에서 진실한 사실을 적시한 것이든 허위의 사실을 적시한 것이든 명예훼손 행위에 대한 형사처벌의 필요성은 여전히 존재한다.

Ⅳ 결 론

명예훼손 소송에서 표현행위자(가해자)의 입장과 피해자(비판의 대상)의 입장이 상반 충돌하게 됨은 물론이다. 언론의 자유에 우월적 지위를 부여하는 미국의 법제와 달리 여타 세계 각국과 우리 법제에서는 양자의 이익은 모두 인간의 존엄에서 연원하는 것으로 동등하고 헌법상 우열을 가릴 수 없다는 점에서 합의가 이루어지고 있다.

진실 사실적시 명예훼손죄를 폐지하자는 논의에서 가장 중요한 포인트는 표현의 자유와 피해자의 인격권이 조화롭게 균형을 이루는 방안을 마련하는 데 있다. 표현의 자유와 인격권 간의 균형있는 실천적 조화는 헌법적 목표일 뿐 아니라 명예훼손제도의 존재의의라고 할 수 있기 때문이다. 따라서 헌법 전체적 관점에서 표현의 자유의 가치 및 기능과 개인의 인간으로서의 존엄을 기초로 하는 인격권 간의 신중한 비교형량이 이루어져야 한다.

여기서 우리는 종전의 법익형량론에서 간과되어온 관점을 파악해야 한다. 종전 표현의 자유와 인격권이 대립 충돌하는 경우 그 형량에 있어서 법원은 종종 헌법상 표현의 자유의 중요성에 치중하여 그 기본권 제한에 엄격한 요건을 적용하여 왔고, 명예 등 인격권은 그것을 제한하는 반대법익으로서 부수적 의미만이 주어졌을 뿐, 표현의 자유와 대등한 형량이 행해질 수 없었다. 이러한 우선적 구도설정(preferential framing) 때문에 야기된 불형평을 개선할 필요가 있고, 피해자가 그의 인격권 침해를 수인할 수 있는가 하는 피해자의 관점이 더 신중하게 고려되어야 하는 것이다.

최근 유럽의 유력한 학설은 기본권 충돌의 상황에서는 야기되는 이러한 이른바 '우선적 구도 설정'(preferential framing)의 문제에 대처하는 방안을 강구하려 하고 있다.[145] 새로운 학설은 기본권의 수평적 효과를 인식하면서 우선적 구도설정으로 인한 폐단을 해소하기 위해 새로운 대안을 제시하고 있다.[146][147] 그 철저한 반성은 스스로가 표현행위자가 되어 보는 동시에 그 피해자의 입장이 되어 보는 것이다. 어느 누구든 양자의 입장에 처할 수 있고, 그 경우 피해자로서 수인할 수 있고 수인해야 하는 것이 정의와 형평에 맞는가를 생각하지 않으면 균형있는 형량과 공정한 법의 적용이 행해졌다고 할 수 없을 것이기 때문이다.

이러한 관점에서 폐지론을 본다면, 주로 표현의 자유를 옹호·주장하는 입장에서 특정한 유형의 사례를 근거로, 특히 공익을 위한 내부고발, 약자들의 미투 행위 등을 내세우면서 그러한 폭로·공개활동에 위축효과를 야기하는 명예훼손죄를 폐지할 것을 주장하고 있다. 그러나 법은 표현행위자가 추구하는 이익보다 더 큰 피해자의 명예 침해를 야기하는 경우에 이를 제한 제재할 필요가 있고, 이를 위해 양자간의 형량에서 균형을 추구하는 것은 헌법론상 주어진 법원의 임무이다. 어느 경우든 표현행위자의 입장과 피해자의 입장을 똑같이 존중 평가

---

145) Eva Brems, Conflicting Human Rights: An Exploration in the Context of the Right to a Fair Trial in the European Convention for the Protection of Human Rights and Fundamental Freedoms, 27 HUM. RTS. Q. 294, 303 (2005).

146) 그에 관한 새로운 대안을 제시한 대표적 학자는 Eva Brems이다. 그는 인권이 충돌하는 경우 해결하기 위한 모델의 기준으로서 ① 외관상 충돌(fake conflicts)의 제거, ② 우선적 타협 및 ③ 권리의 우선순위를 위한 기준을 제시하였다. 이에 관한 상세한 논의는 박용상, 영미 명예훼손법, 292-295면 참조.

147) Stijn Smet는 이러한 문제를 지적하고 이러한 불균형을 시정하기 위해 양 인권의 충돌을 해결하는 구성적(constructive) 어프로치를 주장하면서, 첫째 대립관계의 올바른 확인, 둘째 어느 일방 당사자의 인권을 타자의 배제 하에 고려하는 것을 피하여 투명하고 일관성 있는 해결을 도모해야 한다고 주장한다(Stijn Smet, "Freedom of Expression and the Right to Reputation: Human Rights in Conflict." American University International Law Review 26 no. 1 (2010): 183, p. 185).

하여 통일적인 기준에 의해 양자 간의 실천적 조화를 꾀해야 한다.

상술한 바와 같이 우리 법제에서 명예훼손의 위법성 조각 사유의 체계는 형법상 유일한 위법성 조각 사유(제310조)가 공익사항을 다루는 언론 미디어에만 적용될 뿐, 사적인 사항에서 자신의 정당한 이익을 실현·옹호하기 위해 피해자의 잘못을 지적하는 표현행위자의 진실한 사실적시 행위가 충분히 보호받지 못함에 문제가 있다. 대법원은 그러한 사안에서 이따금 형법 제20조의 정당행위의 법리를 원용하거나 피고인의 표현행위에 범의가 없다는 등 이유를 들어 표현행위자를 보호하려 하고 있지만, 그러한 논증에 의하여는 양자의 균형적 형량을 달성함에 한계가 있고 충분한 대책이 되지 못함을 살펴보았다. 사인간의 비공적 사안의 분쟁에서 진실 적시 명예훼손행위의 위법성을 조각하는 사유를 체계적·포괄적으로 구축하고 있는 영미 보통법의 제한적 특권의 법리나 독일의 정당한 이익 옹호 법리를 도입하여 진실적시 행위를 안정적 통일적으로 면책시켜 이 법 분야에서 표현의 자유를 확대하는 해법을 강구하여야 할 것이다.

어쨌든 그 해결 방안이 해당 진실적시 명예훼손죄를 폐지하는 데 있다고 볼 수는 없다. 진실을 적시하여 명예를 훼손하는 행위가 일정한 요건과 한계를 지키지 않는 경우 제한되어야 할 뿐 아니라 이를 폐지하는 경우 그로 인해 야기될 부작용이 너무 크기 때문이다. 오히려 진실적시 명예훼손죄를 폐지하는 방안보다는 진실적시에 의해 손상되는 명예보다 그에 의해 옹호 또는 방어되는 정당한 이익이 더 큰 경우에는 표현의 자유를 우선시켜 면책될 수 있도록 위법성 조각사유를 확충 정리하는 한편, 실무에서 그 해석 적용을 활성화하는 방안이 더 바람직하다고 생각한다.

필자가 제시한 제안은 새로운 입법이나 큰 변혁을 의도하기보다 비교법적 고찰에 의해 이미 경험에 의해 축적된 법리를 도입하여 종전에 미비되었던 위법성 조각사유를 보완 정비하자는 것이다. 그것은 우리 대법원도 원칙적으로 수용하여 오던 이익형량 원칙 기준을 새로운 관점에서 심화 내지 세련시키는 데 불과한 것이기 때문에 도입에 무리가 없고, 과격한 변화로 인한 불안정성의 우려를 피할 수 있다. 명예훼손법제는 인간의 모든 생활사에서 야기되는 표현행위와 인격권의 충돌을 파악하여 왔으며, 그것이 미묘하고 복잡할수록 그에 대한 해결의 법체계는 세련을 거듭하여 왔다. 우리의 기존 명예훼손법 체계 역시 장기간 무수한 노력으로 나름대로 양자의 균형 체계를 구축하여 왔음을 상기하여야 한다. 막연하게 명예훼손의 구성요건에 관한 단편적이고 추상적 판단으로 표현행위에 위축효과를 가져온다는 이유로 이를 폐지하여야 한다고만 말할 수 없다.

이상 살펴본 바에 의하면, 폐지론은 실체적 법리적 논의에서뿐 아니라 법정책적 견지에서도 그 논거가 빈약함을 알 수 있다. 그러나 폐지론쟁은 우리 명예훼손법 체계에 대한 전반적인 재검토를 요하게 하였고, 그에 대한 반성과 함께 개선책을 촉진하는 계기를 마련하였다. 이 논문에서 필자는 우리 명예훼손법제를 체계적 포괄적으로 검토할 기회를 가지게 되었다. 진실 사실적시 명예훼손죄의 폐지론은 우리의 현행 명예훼손법제에 관한 전반적 체계적 고찰과 반성의 기회를 제시하였으며, 그에 대한 개선 및 혁신의 논의를 촉발하였다는 점에 큰 의미를 갖는다고 보아야 할 것이다.

참고문헌

[제1부]

Brude W. Sanford, Libel and Privacy, Second Edition, Prentice Hall Law & Business (1993).

ch 25: Defamation [25.300]-Thomson Reuters, https://legal.thomsonreuters.com.au ˃ chapter_25.

David A. Elder, Defamation: A Lawyer's Guide, Clark Boardman Callaghan (1993).

David A. Elder, Truth, Accuracy and Neutral Reportage: Beheading the Media Jabberwock's Attempts to Circumvent New York Times v. Sullivan https://scholarship.law.vanderbilt.edu/jetlaw/vol9/iss3/7/

Jason Bosland, Republication of Defamation under the Doctrine of Reportage-The Evolution of Common Law Qualified Privilege in England and Wales, http://papers.ssrn.com/sol3/papers.cfm?abstract_id = 1619735

Jennifer L. Del Medico, ARE TALEBEARERS REALLY AS BAD AS TALEMAKERS?: RETHINKING REPUBLISHER LIABILITY IN AN INFORMATION AGE, 31 FDMULJ(Fordham Urban Law Journal, November, 2004) 1409.

Jonathan Donnellan & Justin Peacock, Truth and Consequences: First Amendment Protection for Accurate Reporting on Government Investigations, 50 N.Y.L. SCH. L. REV. 237 (2005). http://www.nylslawreview.com/wp-content/uploads/sites/16/2013/11/50-1.Donnellan-Peacock.pdf

Joseph M Fernandez, Loosening the Shackles of the Truth Defence on Free Speech: Making the Truth Defence in Australian Defamation Law More User Friendly For Media Defendants (2008), file:///C:/Users/user/Downloads/Fernandez_Joseph_2008%20(3).pdf

Justin H. Wertman, Newsworthiness Requirement of the Privilege of Neutral Reportage is a Matter of Public Concern, 65 Fordham L. Rev. 789 (811) (1996), http://ir.lawnet.fordham.edu/flr/vol65/iss2/12; Dickey v. CBS Inc., 583 F.2d 1221 (3d Cir. 1978).

Martin Löffler, Presserecht Band I Allgemeines Presserecht, 2. Aufl. C.H.Beck München 1969.

Randall P. Bezanson, THE LIBEL TORT TODAY, 45 Wash. & Lee L. Rev. 535 (1988) http://scholarlycommons.law.wlu.edu/cgi/viewcontent.cgi?article = 2343&context = wlulr

Ray Yasser, Defamation As a Constitutional Tort: With Actual Malice for All, Tulsa Law Review Volume 12 | Issue 4 Article 1, 601, 604 (1977) https://digitalcommons.law.utulsa.edu/cgi/viewcontent.cgi?article = 1388&context = tlr

Restatement (Second) of Torts (1977).

Robert D. Sack and Sandra S. Baron, Libel, Slander, and Related Problems, second edition, Practising Law Institute (1994).

Rodney A. Smolla, Law of Defamation, Clark Boardman Callaghan (November 1995).

SCHÖNKE SCHRÖDER, STRAFGESETZBUCH KOMMENTAR, 18., neubearbeitete Auflage, VERLAG C. H. BECK,

Wenzel, Das Recht der Wort- und Bildberichterstattung, 4. Auflage, Verlag Dr. Otto Schmitt KG, 1994.

김선화, 정현기, 언론중재법상 정정보도의 대상이 되는 사실적 주장에 관한 검토-'인용보도'의 경우를 중심으로-, 사법논집 제64집 199-260 (2017).

김준호, 공인에 대한 명예훼손-그 민형사상 면책구조에 관한 판례 이론의 분석, 동북아법연구, 제9권 제2호, 353.

박경신, 표현·통신의 자유(논형 2013).

박용상, 명예훼손법 (현암사, 2008).

박용상, 언론과 개인법익 (조선일보사, 1997).

박용상, 영미명예훼손법 (한국학술정보 2019).

염규호, 뉴욕타임스 판결 50주년과 언론의 자유: 제1수정헌법의 국제적인 영
　　향, 언론중재, 2014년 봄호 56면 이하.

　　http://www.pac.or.kr/kor/pages/?p＝60&magazine＝M01&cate＝M
　　A02&nPage＝&idx＝619&m＝view&f＝&s＝

전원열, "名譽毀損 不法行爲에 있어서 違法性 要件의 再構成", 서울대학교
　　대학원 박사학위논문 (2001).

한위수, "통신사제공기사의 게재와 명예훼손 책임", 언론관계소송(2008), 188～
　　189.

[제2부]

53 C.J.S. Libel and Slander § 210, at 317 (1948).

Criminal Defamation Laws in Europe,https://www.rcmediafreedom.eu/
　　Publications/Reports/Criminal-Defamation-Laws-in-Europe

Criminalizing Speech About Reputation: The Legacy of Criminal Libel in
　　the U.S. After Sullivan & Garrison, Media Law Research Center
　　Bulletin (Media Law Research Center, New York, N.Y.), Mar.
　　2003, at 42.

David A. Anderson, Is Libel Law Worth Reforming? 140 U. PA. L. REV.
　　487 (1991).

David A. Anderson, Rethinking Defamation, Arizona Law Review, Vol.
　　48, p. 1047, [2006].

David A. Logan, Libel Law in the Trenches: Reflections on Current Data
　　on Libel Litigation, 87 VA. L. REV. 503, 519-20 (2001).

David Lepofsky, Making Sense of the Libel Chill Debate: Do Libel Laws
　　'Chill' the Exercise of Freedom of Expression? (1994), 4 N.J.C.L.
　　169, at p. 197.

David S. Ardia, Reputation in a Networked World: Revisiting the Social
　　Foundations of Defamation Law, Harvard Civil Rights-Civil

Liberties Law Review, Vol. 45, p. 261, 303 [2010] http://ssrn. com/abstract=1689865

Defamation — Thomson Reuters, https://legal.thomsonreuters.com.au chapter_25.

Eva Brems, Conflicting Human Rights: An Exploration in the Context of the Right to a Fair Trial in the European Convention for the Protection of Human Rights and Fundamental Freedoms, 27 HUM. RTS. Q. 294, 303 (2005).

Gerald G. Ashdown, Journalism Police, 89 MARQ. L. REV. 739 (2006), https://scholarship.law.marquette.edu/cgi/viewcontent.cgi?article= 1118&context=mulr

Gregory Lisby, No Place in the Law: The Ignominy of Criminal Libel in American Jurisprudence, 9 Comm. L. & Pol'y 433, 479 (2004).

J. A. Barron, Access to the Press — A New First Amendment Right (1966 67), 80 Harv. L. Rev. 1641.

Joseph E. Wyse, The Complaint in Libel and Slander: A Dilemma for Plaintiff, 33 Chi. — Kent L. Rev. 313 (1955). https://scholarship.kentlaw.iit.edu/cklawreview/vol33/iss4/3

Keeton, Defamation and Freedom of the Press, 54 Tax. L. REv. 1221, 1236 (1976)).

L. C. Bollinger, The End of New York Times v Sullivan: Reflections on Masson v New Yorker Magazine, [1991] Sup. Ct. Rev. 1, at p. 6.

LAURENCE H. ELDREDGE, THE LAW OF DEFAMATION (1978).

Lyrissa Barnett Lidsky, Defamation, Reputation, and the Myth of Community, 71 Wash. L. Rev. 1, 14 (1996).

Marc A. Franklin and Daniel J. Bussel, The Plaintiff's Burden in Defamation: Awareness and Falsity, 25 Wm. & Mary L. Rev. 825 (1984), https://scholarship.law.wm.edu/wmlr/ vol25/iss5/6

Marian Paschke, Medienrecht, 2. Aufl., Springer — Verlag.

Milmo P and Rogers WVH (2004) Gatley on Libel and Slander, 10th

Edn, Sweet & Maxwell, London.

R. SACK, LIBEL, SLANDER, AND RELATED PROBLEMS (1980).

Randall P. Bezanson, THE LIBEL TORT TODAY, 45 Wash. & Lee L. Rev. 535 (1988). http://scholarlycommons.law.wlu.edu/cgi/viewcontent.cgi?article = 2343&context = wlulr

Ray Yasser, Defamation As a Constitutional Tort: With Actual Malice for All, Tulsa Law Review Volume 12 | Issue 4 Article 1, 601 (1977). https://digitalcommons.law.utulsa.edu/cgi/viewcontent. cgi? article = 1388&context = tlr

RESTATEMENT (SECOND) OF TORTS (1977).

Richard A. Epstein, Was New York Times v. Sullivan Wrong? 53 University of Chicago Law Review 782 (1986).

Robert C. Post, The Social Foundations of Defamation Law: Reputation and the Constitution, 74 Cal. L. Rev. 691 (1986). https://scholarship.law.berkeley.edu/cgi/viewcontent.cgi?article = 2002&context = california lawreview

Rodney A. Smolla, Let the Author Beware: The Rejuvenation of the American Law of Libel, 132 U. PA. L. REV. 1, 18 (1983).

RUSSELL L. WEAVER ET AL., THE RIGHT TO SPEAK ILL: DEFAMATION, REPUTATION, AND FREE SPEECH (2006).

Salil K. Mehra, POST A MESSAGE AND GO TO JAIL: CRIMINALIZING INTERNET LIBEL IN JAPAN AND THE UNITED STATES, 78 U. Colo. L. Rev. 767.

SCHÖNKE SCHRÖDER, STRAFGESETZBUCH KOMMENTAR, 18., neubearbeitete Auflage, VERLAG C. H. BECK,

Slaughter, The Development of Common Law Defamation Privileges: From Communitarian Society to Market Society (1992) 14 Cardozo L Rev 351.

Stijn Smet, Freedom of Expression and the Right to Reputation: Human Rights in Conflict. American University International Law Review

26 no. 1 (2010): 183.

Von Vechten Veeder, The History and Theory of the Law of Defamation I, 4 Colum. L. Rev. 33 (1904).

Wenzel, Das Recht der Wort─ und Bildberichterstattung, 4. Auflage, Verlag Dr. Otto Schmitt KG, 1994.

권순민, '명예훼손죄의 비범죄화에 대한 논의와 그 대안에 대한 연구─형법 제307조 제1항의 사실 적시 명예훼손죄를 중심으로─'(file:///C:/Users/user/Downloads/KCI_FI002126201.pdf)

김성돈, '진실적시명예훼손죄 폐지론', 서울지방변호사회 2016. 5. 20. 주최 사실적시 명예훼손죄에 관한 심포지엄 주제 논문, 8면.
https://www.seoulbar.or.kr/cop/bbs/selectBoardList.do#LINK)

박경신, 표현·통신의 자유(논형 2013).

박용상, 『판례 평석』 대법원 2011. 9. 2. 선고 2010도17237 판결 ['PD수첩' 광우병 보도], 언론과 법 제21권 제1호(한국언론법학회, 2022. 4.), 73.

박용상, 명예훼손법 (현암사, 2008).

박용상, 언론의 자유 (박영사, 2013).

신평, 명예훼손법(청림출판, 2004).

심정, 배드파더스, 왜 명예훼손 무죄가 유죄로 바뀌었나─수원고등법원 2020 노70 정보통신망법(명예훼손) 판결 분석─, 언론중재 2022년 봄호, 62면 이하.

염규호, 뉴욕타임스 판결 50주년과 언론의 자유: 제1수정헌법의 국제적인 영향, 언론중재, 2014년 봄호 56면 이하.
http://www.pac.or.kr/kor/pages/?p=60&magazine=M01&cate=MA02&nPage=&idx=619&m=view&f=&s=

윤해성·김재현, 사실적시 명예훼손죄의 비범죄화 논의와 대안에 관한 연구 (한국형사정책연구원, 2018) 44면 이하(http://www.dbpia.co.kr/Journal/ArticleDetail/ NODE07091222).

조서연, 사실 적시 명예훼손죄의 문제점 및 개선방향, 국회입법조사처 이슈와 논점 제1441호 (2018년 3월 29일).

[집필자]

문 소 영 (서울신문 논설위원)

문 재 완 (한국외국어대학교 교수)

박 용 상 (변호사)

박 진 우 (가천대학교 교수)

원 우 현 (고려대학교 명예교수)

지 성 우 (성균관대학교 교수)

황 성 기 (한양대학교 교수)

한국 민주주의와 언론의 자유

2023년 11월 25일 초판 인쇄
2023년 11월 30일 초판 1쇄 발행

편 자   유기천교수기념사업출판재단

발행인   배   효   선

발행처 도서
        출판   法 文 社

주 소 10881 경기도 파주시 회동길 37-29
등 록 1957년 12월 12일/제2-76호(윤)
전 화 (031)955-6500~6 FAX (031)955-6525
E-mail (영업) bms@bobmunsa.co.kr
        (편집) edit66@bobmunsa.co.kr
홈페이지 http://www.bobmunsa.co.kr

조 판 법 문 사 전 산 실

정가 32,000원   ISBN 978-89-18-91450-3